해커스 중국어 간체자 쓰기노트 717

학습을 위한 추가 혜택

원어민 교재 MP3

이용방법 1 해커스중국어(china.Hackers.com) 접속 후 로그인 ▶ 페이지 상단 [교재/MP3 → 교재 MP3/자료] 클릭 ▶ [중국어 - 간체자] 클릭 ▶ 본 교재 선택 후 이용하기

이용방법 2 [해커스 ONE] 어플 다운로드 후 로그인 ▶ 나의 관심학습과정 [중국어] 선택 ▶ [교재·MP3] 클릭 ▶ 본 교재 선택 후 이용하기

▲ [해커스 ONE] 어플 다운받기

- HSK 1-4급 빈출 단어 300 쓰기 연습장 (PDF)
- 모양이 비슷한 간체자 모아보기 (PDF)
- 간체자 쓰기 연습장 (PDF)

이용방법 해커스중국어(china.Hackers.com) 접속 후 로그인 ▶ 페이지 상단 [교재/MP3 → 교재 MP3/자료] 클릭 ▶ [중국어 - 간체자] 클릭 ▶ 본 교재 선택 후 이용하기

HSK 무료 특강

이용방법 해커스중국어(china.Hackers.com) 접속 후 로그인 ▶ 페이지 상단 [무료 자료 → 무료강의] 클릭 ▶ 원하는 강의 수강하기

중국어 레벨테스트

이용방법 해커스중국어(china.Hackers.com) 접속 후 로그인 ▶ 페이지 상단 [이벤트 → HSK/회화 무료레벨테스트] 클릭하여 이용하기

중국어 평생패스 패키지 3만원 할인쿠폰

CEFC 7AD4 CDA5 B747

이용방법 해커스중국어(china.Hackers.com) 접속 후 로그인 ▶ 나의강의실 ▶ 내 쿠폰 확인하기 ▶ 쿠폰번호 등록

* 쿠폰 등록 후 30일간 사용 가능
* 본 쿠폰은 평생패스 패키지 구매 시 사용 가능합니다.
* 본 쿠폰은 1회에 한해 등록 가능합니다.
* 이외 쿠폰 관련 문의는 해커스중국어 고객센터(02-537-5000)으로 연락 바랍니다.

▲ 쿠폰 등록하기

중국어도 역시 1위 해커스중국어
약 900여 개의 체계적인 무료 학습자료

레벨 \ 분야	공통	회화	HSK	HSKK/TSC
공통	철저한 성적분석 **무료 레벨테스트**	빠르게 궁금증 해결 **1:1 학습 케어**	HSK 전 급수 **프리미엄 모의고사**	TSC 급수별 **발음 완성 트레이너**
초급	초보자가 꼭 알아야 할 **초보 중국어 단어**	기초 무료 강의 제공 **초보 중국어 회화**	HSK 4급 쓰기+어휘 완벽 대비 **쓰기 핵심 문장 연습**	TSC 급수별 만능 표현 **& 필수 암기 학습자료**
중급	매일 들어보는 **사자성어 & 한자상식**	입이 트이는 자동발사 **중국어 팟캐스트**	기본에서 실전까지 마무리 **HSK 무료 강의**	HSKK/TSC 실전 정복! **고사장 소음 버전 MP3**
고급	실생활 고급 중국어 완성! **중국어 무료 강의**	상황별 다양한 표현 학습 **여행/비즈니스 중국어**	HSK 고득점을 위한 **무료 쉐도잉 프로그램**	고급 레벨을 위한 **TSC 무료 학습자료**

[중국어인강 1위] 주간동아 선정 2019 한국 브랜드 만족지수 교육(중국어인강) 부문 1위
[900개] 해커스중국어 사이트 제공 총 무료 콘텐츠 수(~2021.02.19)

중국어 인강 **1위 해커스중국어** china.Hackers.com 검색 무료 학습자료 확인하기 ▶

쓰다 보면 저절로 외워지는

해커스
중국어 간체자
쓰기노트

717

해커스

해커스 교재만의 구성과 특징	4
간체자, 이것만은 알고 시작하자!	6

01일차	**숫자·순서** [001~024]	10
02일차	**시간·시기** [025~048]	18
03일차	**방향** [049~072]	26
04일차	**가족** [073~096]	34
05일차	**관계·직업** [097~120]	42
06일차	**날씨·계절** [121~141]	50
07일차	**자연·동식물** [142~165]	58
08일차	**장소** [166~189]	66
09일차	**사물·가구·가전** [190~213]	74
10일차	**음식·맛** [214~237]	82
11일차	**단위** [238~261]	90
12일차	**상태·상황 ①** [262~285]	98
13일차	**상태·상황 ②** [286~309]	106
14일차	**일상생활·단순 동작** [310~333]	114
15일차	**취미·운동** [334~357]	122

해커스 중국어 간체자 쓰기노트 717

16일차	신체·건강 [358~381]	130
17일차	쇼핑·패션 [382~405]	138
18일차	교통·여행 [406~429]	146
19일차	문화·예술·언어 [430~453]	154
20일차	학업·비즈니스 [454~477]	162
21일차	감정·태도 [478~501]	170
22일차	사교·자기소개 [502~525]	178
23일차	의견·생각 ① [526~549]	186
24일차	의견·생각 ② [550~573]	194
25일차	경제 [574~597]	202
26일차	과학·기술 [598~621]	210
27일차	국제·사회 [622~645]	218
28일차	삶·경험 [646~669]	226
29일차	문장 구성 표현 ① [670~693]	234
30일차	문장 구성 표현 ② [694~717]	242

병음으로 바로 찾는 간체자 717   251

해커스 교재만의 구성과 특징

1 30개 주제, 717개 간체자
챕터마다 같은 주제의 간체자 21~24개가 수록되어 있어 30일을 학습하면 717개의 간체자를 모두 써 볼 수 있습니다.

2 MP3 음원
모든 간체자와 예시 단어에 대한 MP3 음원을 제공합니다. 모든 음원은 QR코드를 스캔하여 쉽게 들을 수 있습니다.

3 번체자
간체자 간화 이전의 정식 글자인 번체자를 함께 제공하여 글자의 본래 형태도 학습할 수 있습니다.

4 병음
표제 간체자의 중국어 발음입니다.

5 품사 및 뜻
표제 간체자의 품사와 뜻입니다.

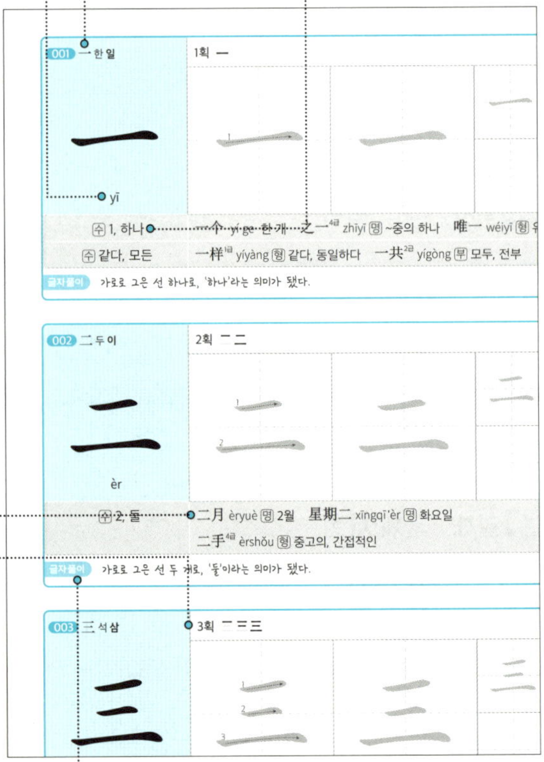

6 획순
표제 간체자를 쓰는 순서입니다.

7 예시 단어 및 급수
표제 간체자가 포함된 핵심 단어이며, HSK3.0 단어에는 급수 표시를 해두었습니다.

8 글자 풀이
글자의 모양이 어떻게 만들어졌는지, 뜻이 어떻게 변해왔는지를 소개합니다. 이런 과정을 이해하면 간체자를 훨씬 쉽고 오래 기억할 수 있습니다.

*교재에 사용된 약호
명 명사　동 동사　형 형용사　부 부사　대 대사　조동 조동사　수 수사　양 양사　조 조사　접 접속사　개 개사　성 성어　고유 고유명사

9 대표 단어
같은 챕터에서 학습한 간체자로만 이루어진 HSK 빈출 단어입니다.

10 급수
HSK3.0 단어에는 급수 표시를 해두었습니다.

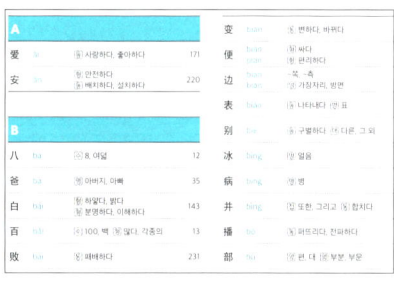

병음으로 바로 찾는 간체자 717
717개의 간체자를 병음순으로 정렬하여 해당 간체자가 수록된 페이지를 쉽게 찾을 수 있습니다. 또한 간체자의 발음, 품사, 뜻을 한눈에 확인할 수 있습니다.

 추가 학습 자료

다양한 PDF 무료 학습 자료
① <HSK 1-4급 빈출 단어 300 쓰기 연습장>
② <모양이 비슷한 간체자 모아보기>
③ <간체자 쓰기 연습장>

MP3 음원
모든 간체자와 예시 단어의 MP3 음원을 원어민 발음으로 들어볼 수 있습니다. 음원은 해커스중국어 사이트에서 다운로드 가능하며, QR코드를 스캔하면 별도의 다운로드 없이 바로 음원을 들을 수 있습니다.

*모든 추가 학습 자료는 해커스중국어 사이트(china.Hackers.com)에서 무료로 다운로드 가능합니다.

간체자, 이것만은 알고 시작하자!

 간체자(简体字)란?

간단한(简) 모양(体)의 글자(字)라는 뜻으로, 복잡한 자형의 전통 한자를 쉽게 익히고 쓰기 위해 간략화(간화)한 글자예요. 중국 본토, 싱가포르 등에서는 간체자를 공식 문자로 사용하고 있고, 대만, 홍콩, 마카오 등 일부 지역에서는 여전히 번체자를 사용하고 있어요. 한국에서 쓰이는 한자는 번체자와 비슷한 형태를 유지하고 있지만, 일부 글자의 생김새나 사용 방식이 다를 수 있어요. 중국어를 학습하려면, 현재 가장 널리 사용되고 있는 간체자를 반드시 익혀야 해요.

번체자 　간화　 간체자
漢　➡　汉

 간체자를 만드는 방식

간체자는 크게 생략, 변형, 대체, 창조의 네 가지 유형에 따라 간화됐어요.

유형	간화 방식	예시
생략	글자의 일부 요소만 남기고 나머지는 생략한다.	• 飛 → 飞 • 號 → 号 • 習 → 习
변형	글자의 일부분을 매우 간단한 획 또는 기호로 바꾼다.	• 齊 → 齐 • 彌 → 弥 • 區 → 区
대체	복잡한 글자를 같은 음 또는 비슷한 음을 가진 단순한 글자로 대체한다.	• 後(뒤 후)를 后(임금 후)로 대체함 • 醜(추할 추)를 丑(소 축)으로 대체함 • 穀(곡식 곡)을 谷(골 곡)으로 대체함
창조	새로운 형태의 글자로 만든다.	• 叢 → 丛 • 護 → 护 • 驚 → 惊

간체자 주요 부수의 모양과 뜻

부수	나타내는 의미	대표 단어 예시
氵	물, 액체	洗(씻다), 汤(탕), 汁(즙)
扌	손으로 하는 동작	打(때리다), 找(찾다), 拉(당기다)
亻	사람	你(당신), 他(그), 们(~들)
艹	식물, 약재	草(풀), 花(꽃), 药(약)
宀	집, 건물	家(집), 室(방, 실), 宫(궁전)
口	먹거나 말하는 동작	吃(먹다), 喝(마시다), 唱(부르다)
女	여성, 가족	她(그녀), 妈(엄마), 妻(아내)
忄	감정, 의식	情(감정), 快(상쾌하다), 怕(무섭다)
木	나무, 사물	树(나무), 杯(컵), 桌(책상)
日	시간, 빛, 날씨	时(시간), 明(명확하다), 晴(맑다)
月	시간, 신체	期(기간), 脸(얼굴), 脚(발)
灬	불, 조리	热(뜨겁다), 照(비추다), 煮(끓이다)
讠	언어, 말	语(언어), 话(말), 说(말하다)
犭	동물, 짐승	狗(개), 猫(고양이), 狼(늑대)
贝	돈, 재물	贵(비싸다), 费(비용), 财(재물)
纟	실, 문서	线(선), 细(가늘다), 纸(종이)
钅	돈, 금속	钱(돈), 银(은), 铁(철)
辶	이동, 방향	进(들어가다), 运(운반하다), 远(멀다)

간체자, 이것만은 알고 시작하자!

간체자 획순의 기본 규칙

1. 위에서 아래로 쓴다.

三 ➡ 三 三 三 | 车 ➡ 车 车 车 车

2. 왼쪽에서 오른쪽으로 쓴다.

川 ➡ 川 川 川 | 林 ➡ 林 林 林 林 林 林 林 林

3. 가로 획을 먼저 쓰고 세로 획을 나중에 쓴다.

十 ➡ 十 十 | 木 ➡ 木 木 木 木

4. 왼쪽으로 치는 획(삐침)을 먼저 쓰고 오른쪽으로 치는 획(파임)을 나중에 쓴다.

入 ➡ 入 入 | 八 ➡ 八 八

5. 바깥을 먼저 쓰고 안을 나중에 쓴다.

同 ➡ 同 同 同 同 同 同   网 ➡ 网 网 网 网 网 网

6. 가운데 획을 먼저 쓰고 좌우 대칭 획을 나중에 쓴다.

业 ➡ 业 业 业 业 业   山 ➡ 山 山 山

7. 가운데를 꿰뚫는 획은 가장 마지막에 쓴다.

半 ➡ 半 半 半 半 半   伟 ➡ 伟 伟 伟 伟 伟

8. 오른쪽 점은 가장 마지막에 찍는다.

术 ➡ 术 术 术 术 术   求 ➡ 求 求 求 求 求 求

01일차 숫자·순서

一(하나), 先(먼저)처럼 숫자·순서와 관련된 간체자를 써 볼 거예요.
음성을 들으며 한자와 단어의 발음도 함께 익혀 보세요.

001 一 yī	002 二 èr	003 三 sān	004 四 sì	005 五 wǔ	006 六 liù
수 1, 하나 수 같다, 모든	수 2, 둘	수 3, 셋 수 여러 번	수 4, 넷	수 5, 다섯	수 6, 여섯

007 七 qī	008 八 bā	009 九 jiǔ	010 十 shí	011 零 líng	012 百 bǎi
수 7, 일곱	수 8, 여덟	수 9, 아홉 수 여러 번, 다수	수 10, 열 형 완전한	수 0, 영 형 낱개의	수 100, 백 형 많다, 각종의

013 千 qiān	014 万 wàn	015 两 liǎng	016 俩 liǎ	017 半 bàn	018 几 jǐ, jī
수 1000, 천	수 10000, 만 부 절대	수 2, 둘	수 두 사람, 두 개	수 반, 절반	수 몇, 얼마나 부 거의

019 首 shǒu	020 先 xiān	021 后 hòu	022 每 měi	023 第 dì	024 数 shù, shǔ
부 먼저, 처음	부 먼저, 우선 명 앞, 전, 윗대	명 뒤, 후	대 매, 각, 모두	제, ~번째	명 수, 수량 동 세다, 계산하다

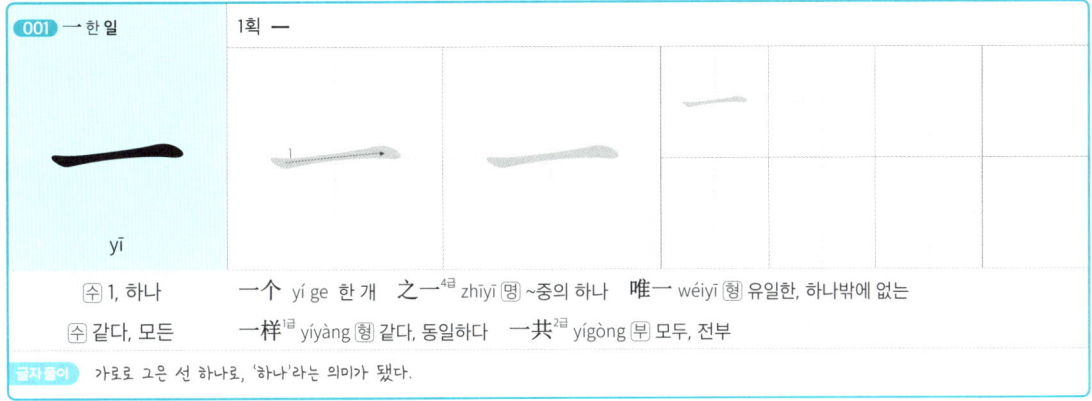

001 一 한 일 — 1획 一

yī

- 수 1, 하나
- 수 같다, 모든

一个 yí ge 한 개   之一⁴급 zhīyī 명 ~중의 하나   唯一 wéiyī 형 유일한, 하나밖에 없는
一样¹급 yíyàng 형 같다, 동일하다   一共²급 yígòng 부 모두, 전부

글자풀이 가로로 그은 선 하나로, '하나'라는 의미가 됐다.

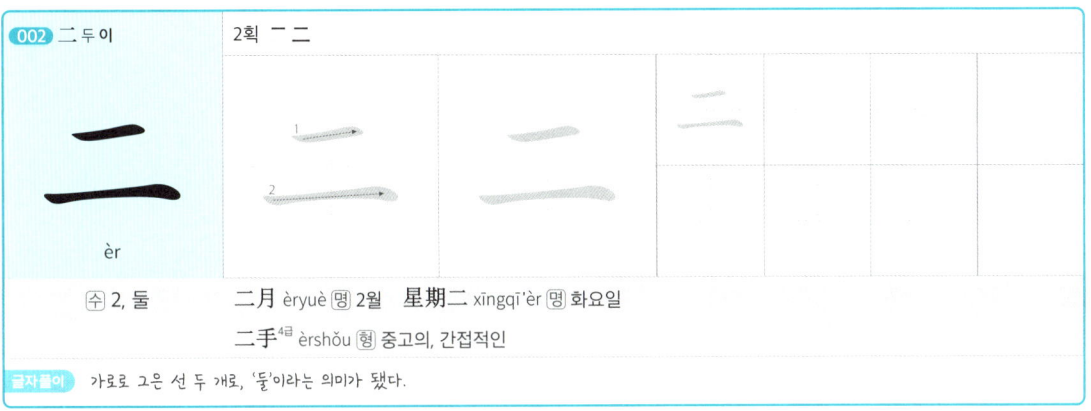

002 二 두 이 — 2획 一 二

èr

- 수 2, 둘

二月 èryuè 명 2월   星期二 xīngqī'èr 명 화요일
二手⁴급 èrshǒu 형 중고의, 간접적인

글자풀이 가로로 그은 선 두 개로, '둘'이라는 의미가 됐다.

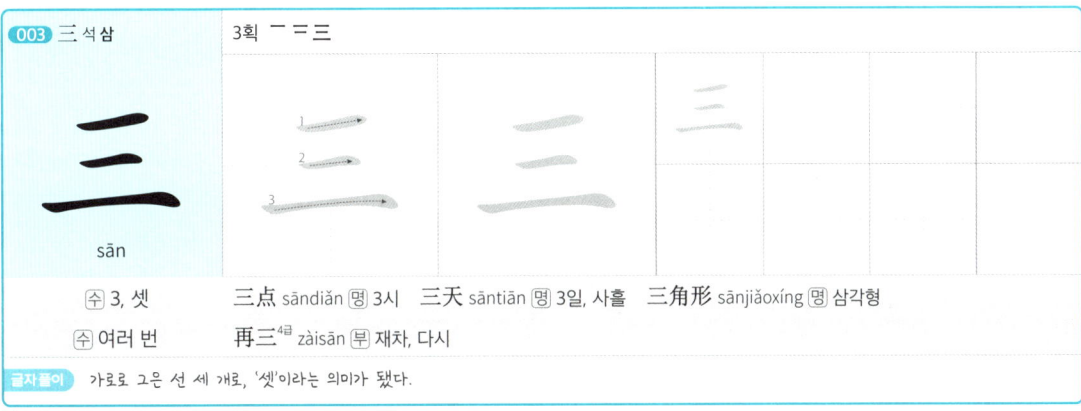

003 三 석 삼 — 3획 一 二 三

sān

- 수 3, 셋
- 수 여러 번

三点 sāndiǎn 명 3시   三天 sāntiān 명 3일, 사흘   三角形 sānjiǎoxíng 명 삼각형
再三⁴급 zàisān 부 재차, 다시

글자풀이 가로로 그은 선 세 개로, '셋'이라는 의미가 됐다.

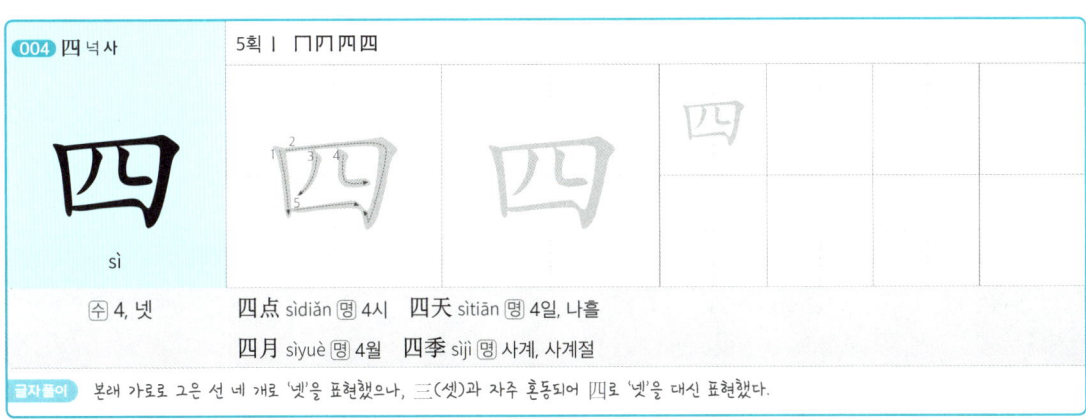

004 四 넉 사 — 5획 丨 冂 冏 四 四

sì

- 수 4, 넷

四点 sìdiǎn 명 4시   四天 sìtiān 명 4일, 나흘
四月 sìyuè 명 4월   四季 sìjì 명 사계, 사계절

글자풀이 본래 가로로 그은 선 네 개로 '넷'을 표현했으나, 三(셋)과 자주 혼동되어 四로 '넷'을 대신 표현했다.

1급 = HSK 1급   2급 = HSK 2급   3급 = HSK 3급   4급 = HSK 4급

005 五 다섯 오 | 4획 一 丅 开 五

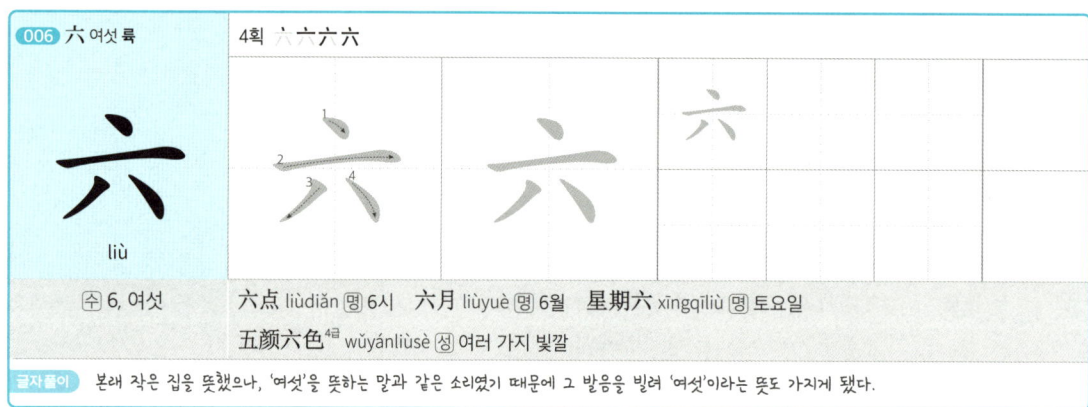

수 5, 다섯

五点 wǔdiǎn 명 5시   五月 wǔyuè 명 5월
星期五 xīngqīwǔ 명 금요일

글자풀이 본래 가로로 그은 선 다섯개로 표현했으나, 이후 乂로 표시했고 여기에 위아래 가로획을 추가해 지금의 五가 됐다.

006 六 여섯 륙 | 4획 ㆍ 一 六 六

수 6, 여섯

六点 liùdiǎn 명 6시   六月 liùyuè 명 6월   星期六 xīngqīliù 명 토요일
五颜六色 4급 wǔyánliùsè 성 여러 가지 빛깔

글자풀이 본래 작은 집을 뜻했으나, '여섯'을 뜻하는 말과 같은 소리였기 때문에 그 발음을 빌려 '여섯'이라는 뜻도 가지게 됐다.

007 七 일곱 칠 | 2획 一 七

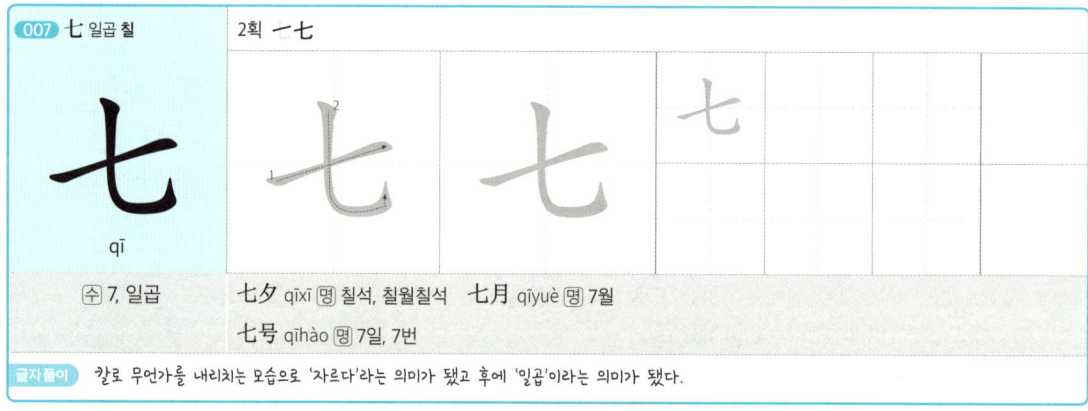

수 7, 일곱

七夕 qīxī 명 칠석, 칠월칠석   七月 qīyuè 명 7월
七号 qīhào 명 7일, 7번

글자풀이 칼로 무언가를 내리치는 모습으로 '자르다'라는 의미가 됐고 후에 '일곱'이라는 의미가 됐다.

008 八 여덟 팔 | 2획 八 八

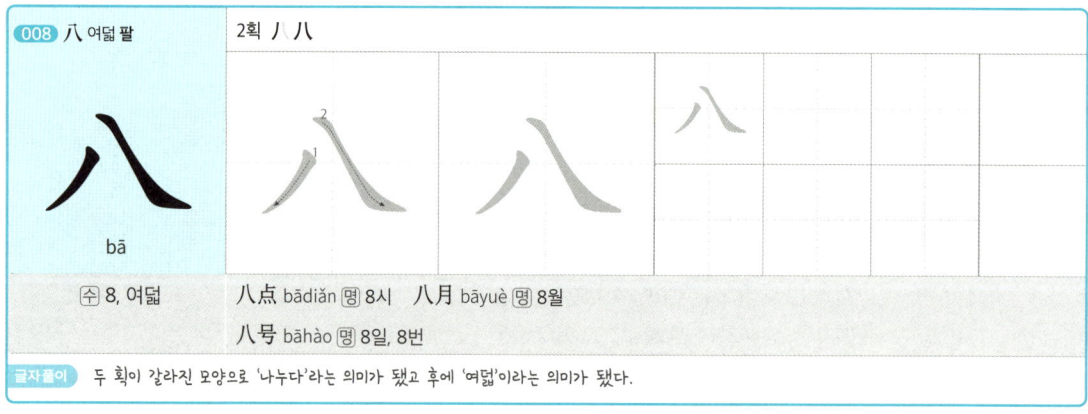

수 8, 여덟

八点 bādiǎn 명 8시   八月 bāyuè 명 8월
八号 bāhào 명 8일, 8번

글자풀이 두 획이 갈라진 모양으로 '나누다'라는 의미가 됐고 후에 '여덟'이라는 의미가 됐다.

009 九 아홉 구 · 2획 ノ九

jiǔ

- 수 9, 아홉 — 九点 jiǔdiǎn 명 9시   九月 jiǔyuè 명 9월   九号 jiǔhào 명 9일, 9번
- 수 여러 번, 다수 — 九死一生 jiǔsǐyìshēng 성 구사일생, 죽을 고비를 여러 차례 넘기고 겨우 살아남다

글자풀이 팔꿈치처럼 굽은 모양을 표현한 것으로 후에 '아홉'이라는 의미가 됐다.

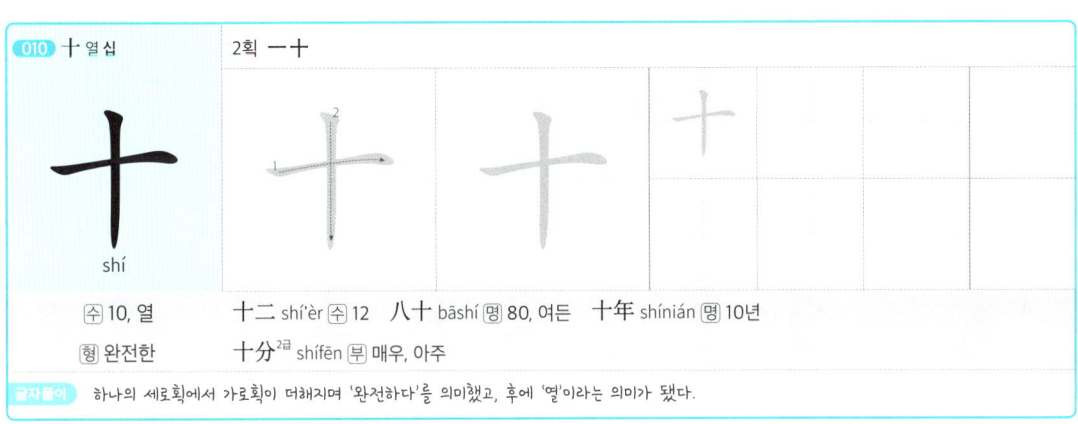

010 十 열 십 · 2획 一十

shí

- 수 10, 열 — 十二 shí'èr 수 12   八十 bāshí 명 80, 여든   十年 shínián 명 10년
- 형 완전한 — 十分 ²급 shífēn 부 매우, 아주

글자풀이 하나의 세로획에서 가로획이 더해지며 '완전하다'를 의미했고, 후에 '열'이라는 의미가 됐다.

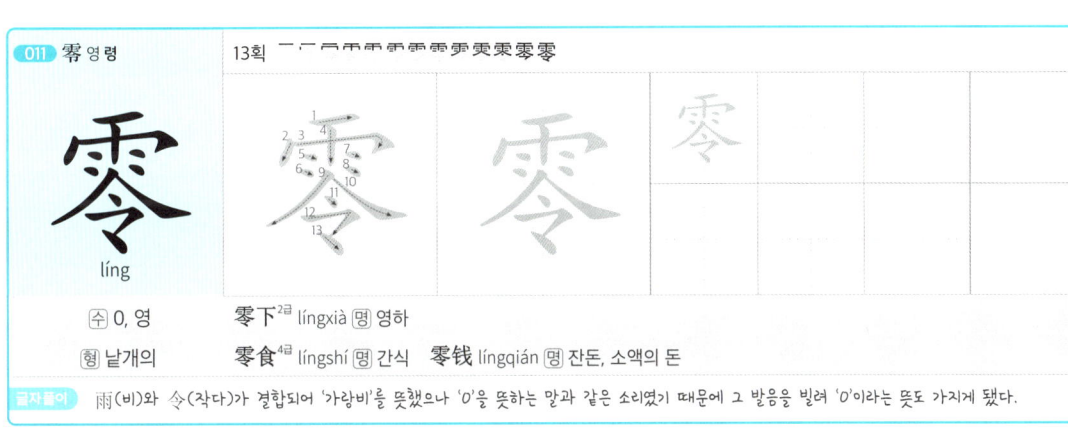

011 零 영 령 · 13획 一一雨雨雨雨雨雨零零零零零

líng

- 수 0, 영 — 零下 ²급 língxià 명 영하
- 형 낱개의 — 零食 ⁴급 língshí 명 간식   零钱 língqián 명 잔돈, 소액의 돈

글자풀이 雨(비)와 令(작다)가 결합되어 '가랑비'를 뜻했으나 '0'을 뜻하는 말과 같은 소리였기 때문에 그 발음을 빌려 '0'이라는 뜻도 가지게 됐다.

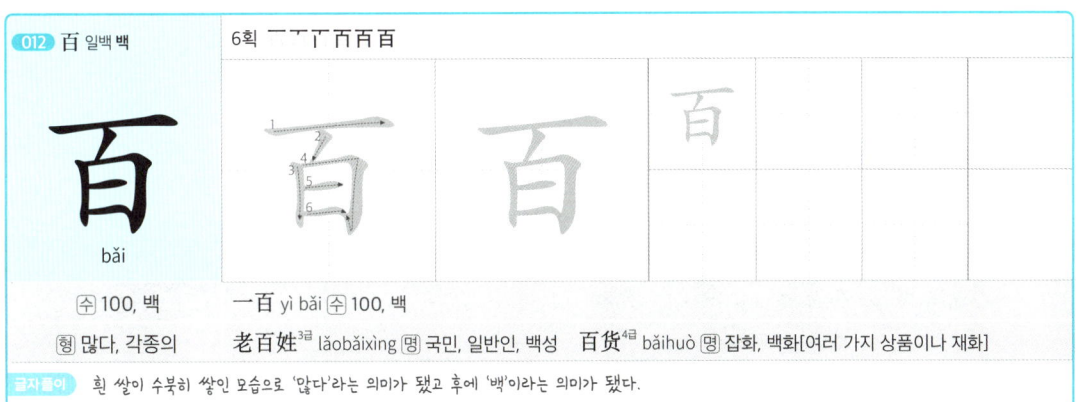

012 百 일백 백 · 6획 一一丆百百百

bǎi

- 수 100, 백 — 一百 yìbǎi 수 100, 백
- 형 많다, 각종의 — 老百姓 ³급 lǎobǎixìng 명 국민, 일반인, 백성   百货 ⁴급 bǎihuò 명 잡화, 백화[여러 가지 상품이나 재화]

글자풀이 흰 쌀이 수북히 쌓인 모습으로 '많다'라는 의미가 됐고 후에 '백'이라는 의미가 됐다.

013 千 일천 천

3획 一二千

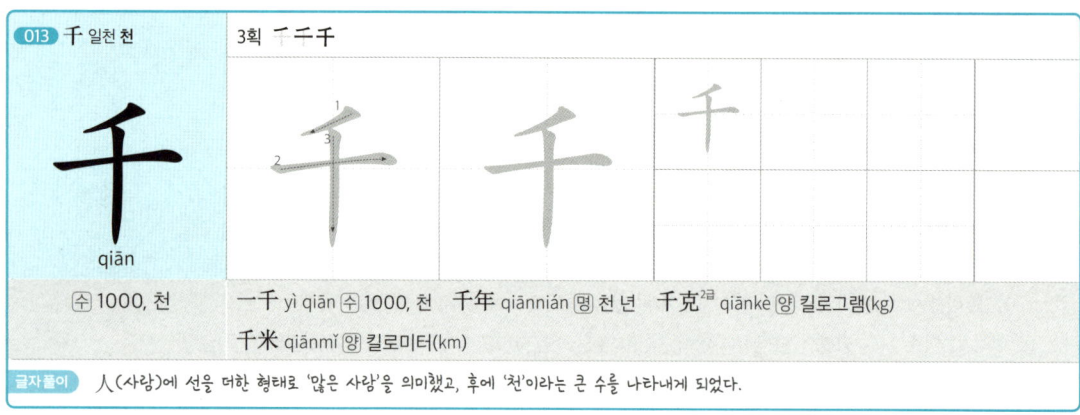

qiān

㈜ 1000, 천

一千 yì qiān ㈜ 1000, 천　千年 qiānnián 몡 천 년　千克²급 qiānkè 양 킬로그램(kg)

千米 qiānmǐ 양 킬로미터(km)

글자풀이　人(사람)에 선을 더한 형태로 '많은 사람'을 의미했고, 후에 '천'이라는 큰 수를 나타내게 되었다.

014 萬 일만 만

3획 一丆万

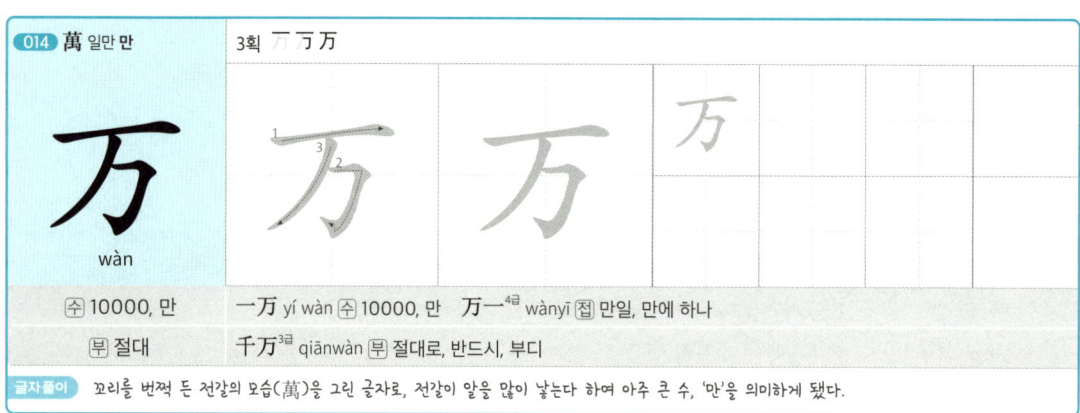

wàn

㈜ 10000, 만

一万 yí wàn ㈜ 10000, 만　万一⁴급 wànyī 접 만일, 만에 하나

🔵 절대

千万³급 qiānwàn 뷔 절대로, 반드시, 부디

글자풀이　꼬리를 번쩍 든 전갈의 모습(萬)을 그린 글자로, 전갈이 알을 많이 낳는다 하여 아주 큰 수, '만'을 의미하게 됐다.

015 兩 두 량

7획 一丆丙丙两两

liǎng

㈜ 2, 둘

两个 liǎng ge 두 개　两点 liǎngdiǎn 몡 2시

两次 liǎng cì 두 번　两天 liǎngtiān 몡 이틀

글자풀이　마차를 끌던 두 마리 말의 모습으로 '둘'이라는 의미가 됐다.

016 倆 재주 량

9획 亻伊伊伊伊俩俩俩

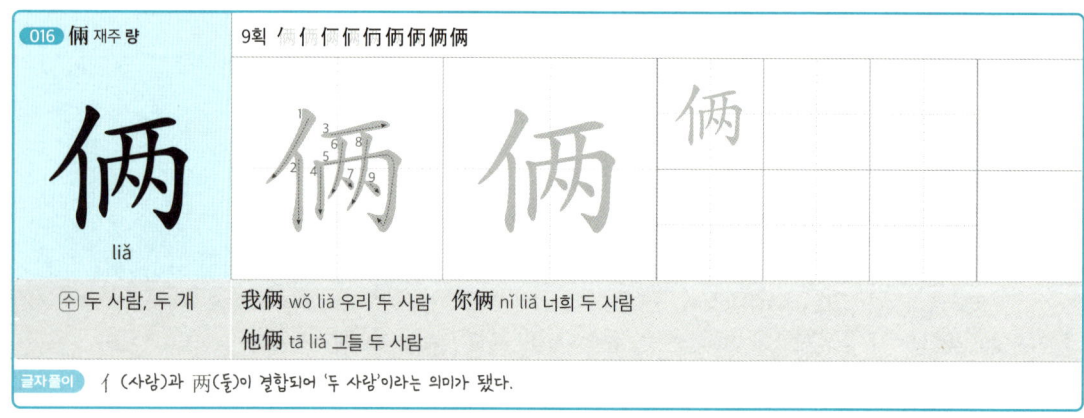

liǎ

㈜ 두 사람, 두 개

我俩 wǒ liǎ 우리 두 사람　你俩 nǐ liǎ 너희 두 사람

他俩 tā liǎ 그들 두 사람

글자풀이　亻(사람)과 两(둘)이 결합되어 '두 사람'이라는 의미가 됐다.

017 半 반 반

5획 ` ` ㄴ ㅜ 半

㊤ 반, 절반
一半[1급] yíbàn ㊤ 반, 절반 半年[1급] bànnián [명] 반년, 6개월 半天[1급] bàntiān [명] 반나절
半夜[2급] bànyè [명] 심야, 한밤중

글자풀이 牛(소)와 八(나누다)가 결합되어 소를 정확히 반으로 가른다 하여 '절반'이라는 의미가 됐다.

018 幾 조짐 기

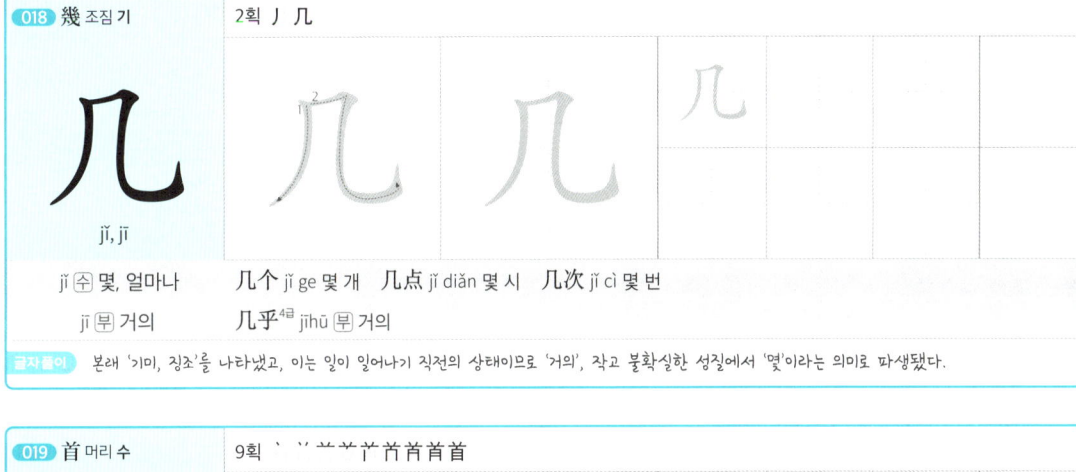

2획 丿 几

jǐ ㊤ 몇, 얼마나
几个 jǐ ge 몇 개 几点 jǐ diǎn 몇 시 几次 jǐ cì 몇 번
jī [부] 거의
几乎[4급] jīhū [부] 거의

글자풀이 본래 '기미, 징조'를 나타냈고, 이는 일이 일어나기 직전의 상태이므로 '거의', 작고 불확실한 성질에서 '몇'이라는 의미로 파생됐다.

019 首 머리 수

9획 ` ` ㅛ ㅛ 产 产 首 首 首

[부] 먼저, 처음
首都 shǒudū [명] 수도
首字母 shǒu zìmǔ 머리글자, 이니셜

글자풀이 사람의 머리를 형상화한 것으로, 머리가 가장 앞선 위치에 있다 하여 '먼저, 처음'이라는 의미까지 확장됐다.

020 先 먼저 선

6획 ` ㄴ 生 生 先 先

xiān
[부] 먼저, 우선
首先[3급] shǒuxiān [부] 가장 먼저, 맨 먼저
[명] 앞, 전, 윗대
先生[1급] xiānsheng [명] 선생님[성인 남성에 대한 경칭] 事先[4급] shìxiān [명] 미리, 사전에

글자풀이 止(발)이 人(사람)보다 앞서 나가는 모습으로 '먼저, 앞'이라는 의미가 됐다.

021 後 뒤 후 — 6획

hòu

⑲ 뒤, 후

先后 xiānhòu ⑲ 전후, 선후　最后²급 zuìhòu ⑲ 마지막, 최후　后来²급 hòulái ⑲ 나중, 훗날
以后 yǐhòu ⑲ 이후, ~한 후

글자풀이 尸(사람이 쭉 몸을 펴고 있는 모습)과 口(구멍)이 결합되어 몸 뒤에 있는 구멍, 즉 '항문'이라는 의미가 됐고, 후에 '뒤'라는 의미가 됐다.

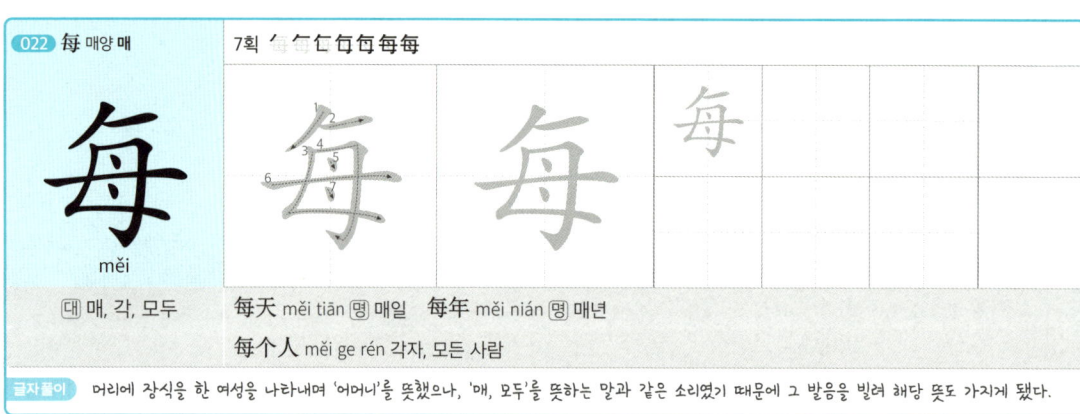

022 每 매양 매 — 7획

měi

⑭ 매, 각, 모두

每天 měi tiān ⑲ 매일　每年 měi nián ⑲ 매년
每个人 měi ge rén 각자, 모든 사람

글자풀이 머리에 장식을 한 여성을 나타내며 '어머니'를 뜻했으나, '매, 모두'를 뜻하는 말과 같은 소리였기 때문에 그 발음을 빌려 해당 뜻도 가지게 됐다.

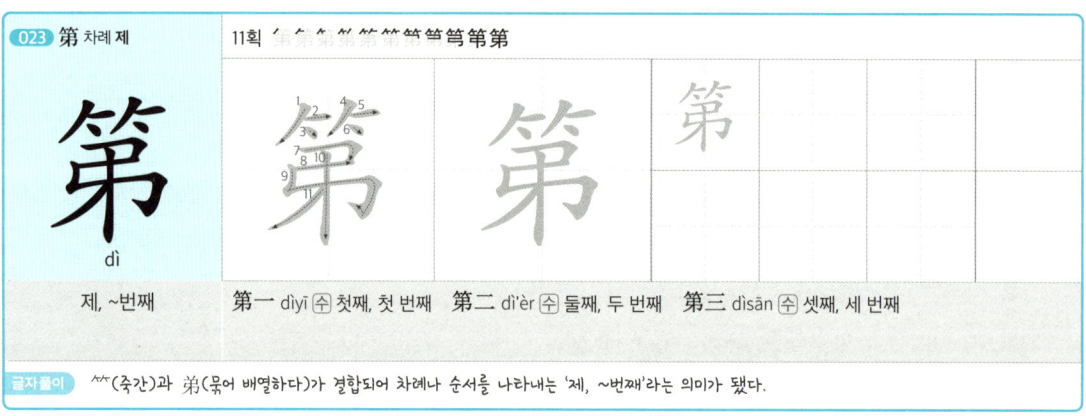

023 第 차례 제 — 11획

dì

제, ~번째

第一 dìyī ㉔ 첫째, 첫 번째　第二 dì'èr ㉔ 둘째, 두 번째　第三 dìsān ㉔ 셋째, 세 번째

글자풀이 ⺮(죽간)과 弟(묶어 배열하다)가 결합되어 차례나 순서를 나타내는 '제, ~번째'라는 의미가 됐다.

024 数 셈 수 — 13획

shù, shǔ

shù ⑲ 수, 수량
shǔ ⑧ 세다, 계산하다

数字²급 shùzì ⑲ 숫자, 디지털　多数²급 duōshù ⑲ 다수　数量³급 shùliàng ⑲ 수량, 양
数一数 shǔ yi shǔ 세어 보다

글자풀이 婁(끈을 묶는 모양)과 攵(손에 도구를 든 모습)이 결합되어 끈을 세는 모습을 나타냈고 후에 '세다, 수'라는 의미가 됐다.

단어로 써 보기

오늘 써 본 한자들로 조합된 HSK 빈출 단어들이에요. 칸에 맞춰 정확히 써 보세요.

1급
一半
yíbàn
[수] 반, 절반

3급
千万
qiānwàn
[부] 절대로, 반드시, 부디

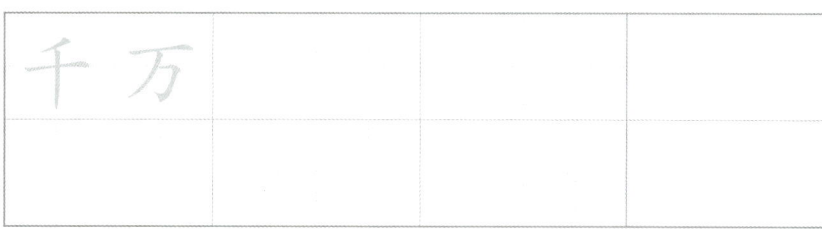

一百
yì bǎi
[수] 100, 백

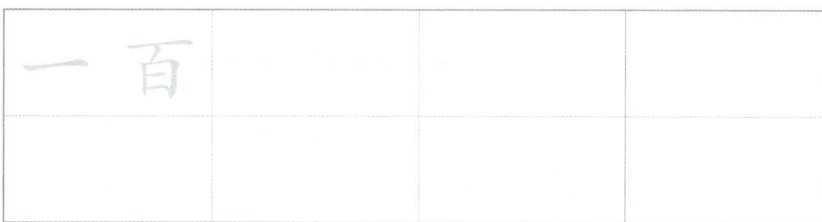

3급
首先
shǒuxiān
[부] 가장 먼저, 맨 먼저

先后
xiānhòu
[명] 전후, 선후

02일차 시간·시기

 年(년), 时(시간, 시기)처럼 시간·시기와 관련된 간체자를 써 볼 거예요. 음성을 들으며 한자와 단어의 발음도 함께 익혀 보세요.

025 **年** nián
명 년, 해
명 한 시기, 시대

026 **月** yuè
명 월, 달

027 **日** rì
명 일, 날, 해

028 **时** shí
명 시, 시간, 시기

029 **候** hòu
명 때, 계절, 시기
동 안부를 묻다

030 **星** xīng
명 별, 연예인

031 **期** qī
명 시기, 기간

032 **周** zhōu
명 요일, 주
명 주위, 주변

033 **末** mò
명 끝, 마지막

034 **今** jīn
명 지금, 현재

035 **明** míng
형 내일의, 내년의
형 분명하다

036 **昨** zuó
명 어제

037 **早** zǎo
명 아침
부 진작, 이미

038 **午** wǔ
명 정오

039 **晚** wǎn
명 저녁, 밤
형 늦다

040 **点** diǎn
명 시, 장소, 부분
양 좀, 조금

041 **分** fēn
명 분, 부분
동 나누다

042 **刻** kè
양 1각
명 시간
형 정도가 심하다

043 **刚** gāng
부 방금, 막

044 **才** cái
부 방금, 이제야
명 재능, 인재

045 **过** guò, guo
동 지나다, 경험하다
조 ~한 적이 있다

046 **去** qù
형 과거의, 이전의
동 가다, 떠나다

047 **现** xiàn
명 현재, 현금
동 나타나다

048 **在** zài
동 존재하다, ~에 있다
부 ~하는 중이다

025 年 해 년

nián

6획 ノ ヒ ㄠ ㅕ 疟 年

- 명 년, 해
- 명 (일생의) 한 시기, 시대

去年[1급] qùnián 명 작년　新年[1급] xīnnián 명 신년, 새해
青少年[2급] qīngshàonián 명 청소년　年代[3급] niándài 명 연대, 시대

글자풀이 사람이 곡식을 짊어진 모습으로, 곡식이 익는 주기, 즉 1년이라는 의미가 됐다.

026 月 달 월

yuè

4획 ノ 刀 月 月

- 명 월, 달

月份[2급] yuèfèn 명 (어떤) 달, 월　上个月[4급] shàng ge yuè 지난달　下个月[4급] xià ge yuè 다음 달
月亮[2급] yuèliang 명 달

글자풀이 초승달의 모습을 형상화한 것으로, '달'이라는 의미가 됐다.

027 日 날 일

rì

4획 丨 冂 日 日

- 명 일, 날, 해

生日[1급] shēngrì 명 생일　节日[2급] jiérì 명 명절, 기념일　日子[2급] rìzi 명 날, 날짜
日常[3급] rìcháng 형 일상적인

글자풀이 태양의 모습을 형상화한 것으로, '해, 날'이라는 의미가 됐다.

028 时 때 시

shí

7획 丨 冂 日 日 日─ 时 时

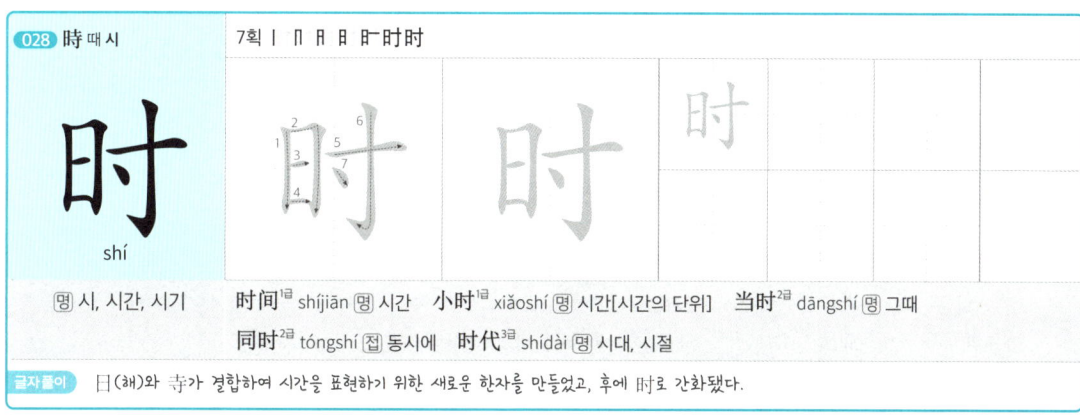

- 명 시, 시간, 시기

时间[1급] shíjiān 명 시간　小时[1급] xiǎoshí 명 시간[시간의 단위]　当时[2급] dāngshí 명 그때
同时[2급] tóngshí 접 동시에　时代[3급] shídài 명 시대, 시절

글자풀이 日(해)와 寺가 결합하여 시간을 표현하기 위한 새로운 한자를 만들었고, 후에 时로 간화됐다.

1급 = HSK 1급　**2급** = HSK 2급　**3급** = HSK 3급　**4급** = HSK 4급

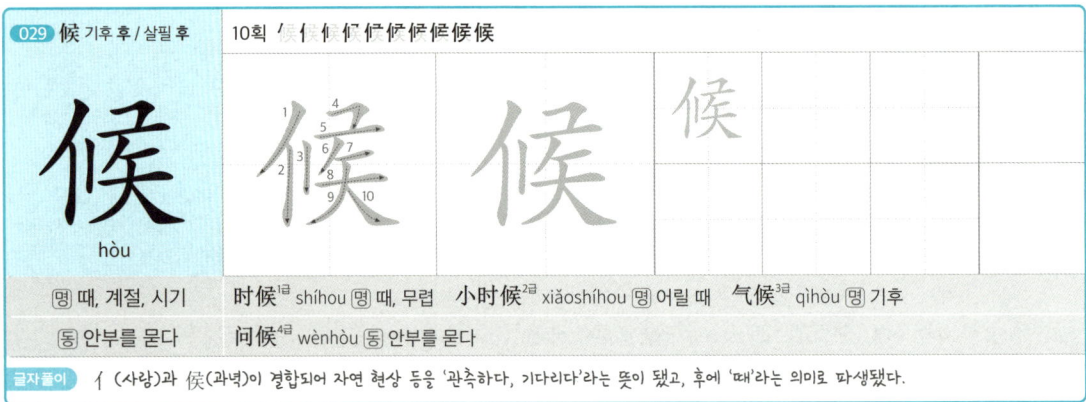
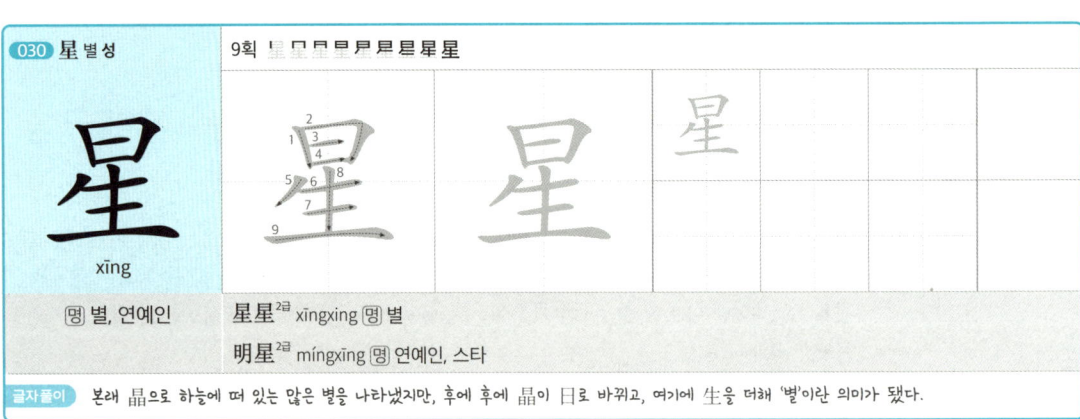

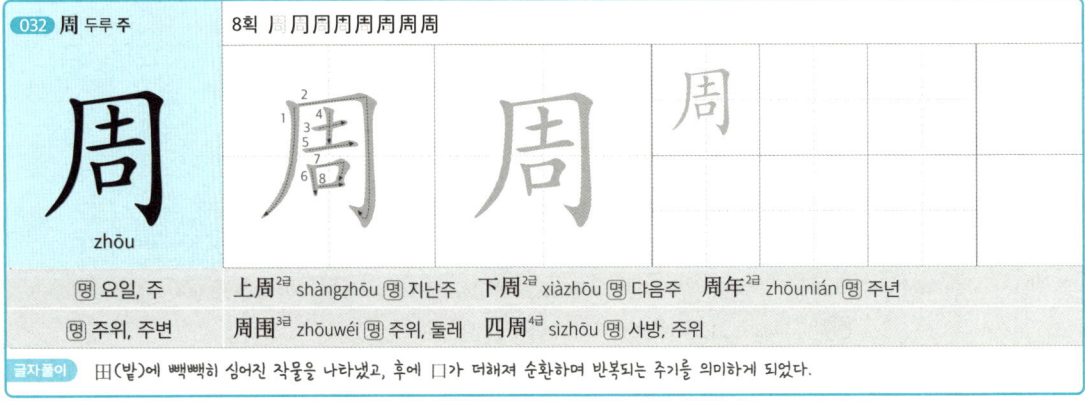

033 末 끝 말 — 5획 一 二 キ 才 末

mò

명 끝, 마지막

周末²급 zhōumò 명 주말   期末⁴급 qīmò 명 기말

月末 yuèmò 명 월말

글자풀이: 木(나무)의 상단에 점을 찍어 나무의 끝 부분을 표현했고 '(시간의) 끝'이라는 의미가 됐다.

034 今 이제 금 — 4획 ノ 人 人 今

jīn

명 지금, 현재

今天¹급 jīntiān 명 오늘   今年¹급 jīnnián 명 올해   今后²급 jīnhòu 명 앞으로, 이후

至今³급 zhìjīn 부 지금까지   如今⁴급 rújīn 명 오늘날, 지금

글자풀이: 본래 입을 다물고 읊조리는 모습을 나타냈으며, '지금, 현재'를 뜻하는 말과 같은 소리였기 때문에 그 발음을 빌려 해당 뜻도 가지게 됐다.

035 明 밝을 명 — 8획 ㅣ 冂 月 月 明 明 明

míng

형 내일의, 내년의

형 분명하다

明天¹급 míngtiān 명 내일   明年¹급 míngnián 명 내년

明白¹급 míngbai 형 분명하다, 명백하다   说明²급 shuōmíng 동 설명하다   证明³급 zhèngmíng 동 증명하다

글자풀이: 日(해)와 月(달)이 결합되어 해와 달이 번갈아 나오는 것이 시간의 흐름을 나타낸다 하여 '내일의, 내년의'라는 의미까지 확장됐다.

036 昨 어제 작 — 9획 ㅣ 冂 日 日 日' 日' 昨 昨 昨

zuó

명 어제

昨天¹급 zuótiān 명 어제

昨晚 zuówǎn 명 어젯밤

글자풀이: 日(날)과 乍(잠깐)이 결합되어 잠깐 전에 지나간 날, 즉 '어제'라는 의미가 됐다.

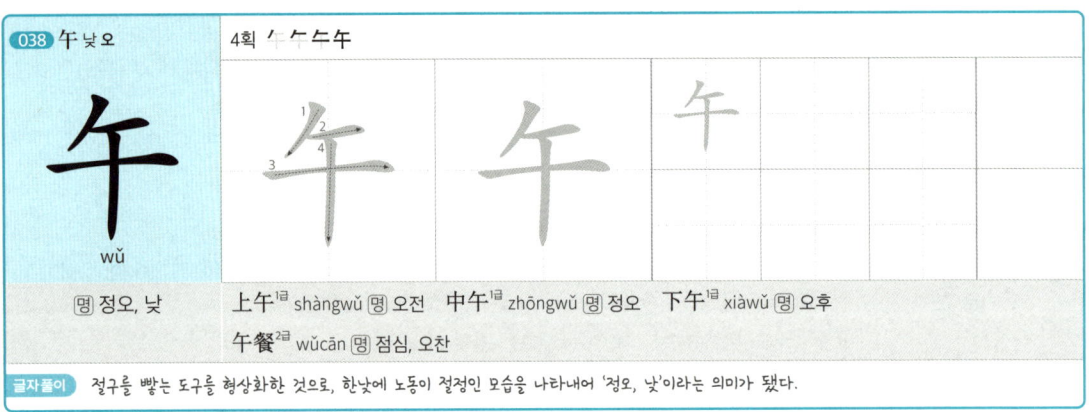

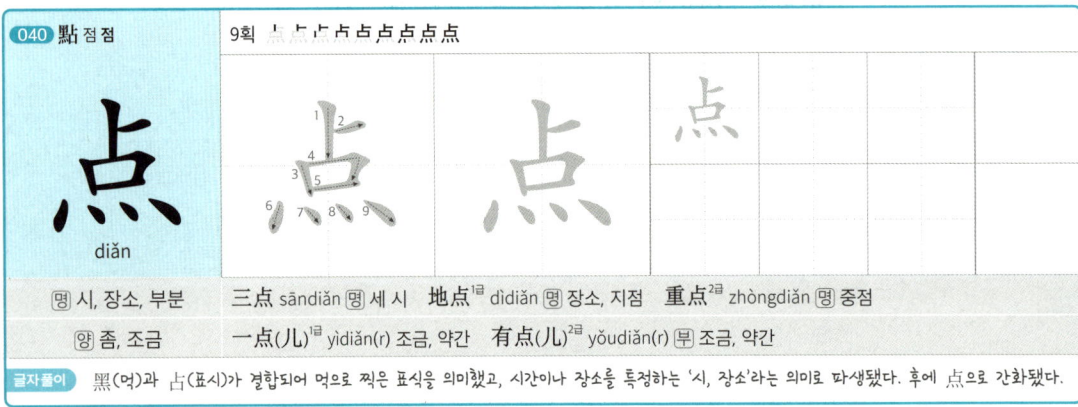

041 分 나눌 분 | 4획 ノ 八 今 分

分 fēn

- 명 분, 부분
- 동 나누다, 분배하다

分钟² fēnzhōng 명 분[시간의 단위]   部分² bùfen 명 부분
分开² fēnkāi 동 나누다   分配³ fēnpèi 동 분배하다, 배급하다   分布⁴ fēnbù 동 분포하다

글자풀이 刀(칼)과 八(나누다)가 결합되어 칼로 물건을 '나누다'라는 의미가 됐고, 시간의 세분화 단위로 의미가 파생됐다.

042 刻 새길 각 | 8획 ` 亠 亥 亥 亥 刻 刻

刻 kè

- 양 1각(15분)
- 명 시간
- 형 정도가 심하다

一刻 yí kè 15분   三刻 sān kè 45분
立刻³ lìkè 부 즉각, 즉시   时刻³ shíkè 명 순간, 때
深刻³ shēnkè 형 (인상이) 깊다, (느낌이) 강렬하다

글자풀이 亥과 刂(칼)이 결합되어 '새기다'라는 의미가 됐고, 물시계에 눈금을 새겨 시간을 측정하는 시간 단위로 의미가 확장됐다.

043 剛 굳셀 강 | 6획 丨 冂 冈 冈 刚 刚

刚 gāng

- 부 방금, 막

刚刚² gānggāng 부 방금, 막

글자풀이 岡(산등성이)와 刂(칼)이 결합되어 '날카롭다'는 뜻이 되었고, 칼이 순식간에 자르듯 '짧고 빠르게 일어남'을 비유해 '방금, 막'의 의미로 확장됐다.

044 纔 겨우 재 / 才 재주 재 | 3획 一 十 才

才 cái

- 부 방금, 이제야
- 명 재능, 인재

刚才² gāngcái 명 방금, 막
人才³ réncái 명 인재   才能³ cáinéng 명 재능

글자풀이 纔의 필획이 너무 복잡하여 발음이 비슷한 才로 대체하여 썼고, 의미도 자연스럽게 합쳐져 '방금, 재능'이란 의미를 모두 갖게 됐다.

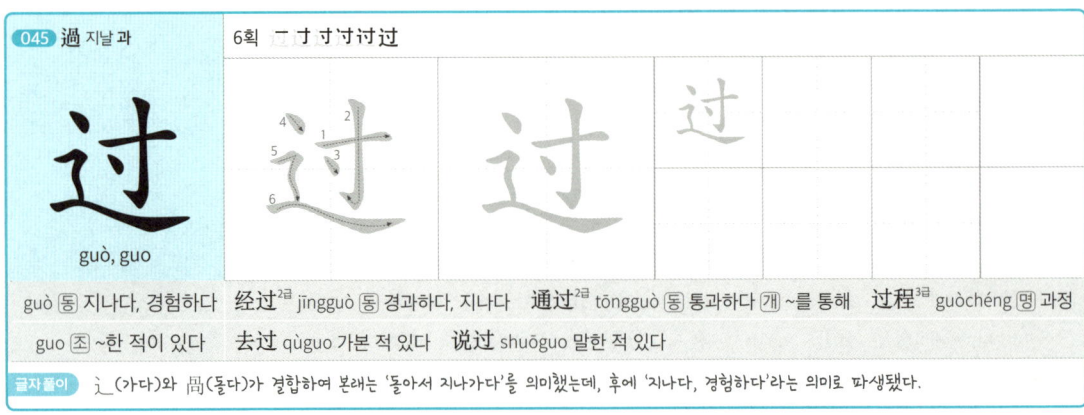

045 過 지날 과 — 6획 过

过 guò, guo

guò 동 지나다, 경험하다 | 经过²급 jīngguò 동 경과하다, 지나다 | 通过²급 tōngguò 동 통과하다 개 ~를 통해 | 过程³급 guòchéng 명 과정
guo 조 ~한 적이 있다 | 去过 qùguo 가본 적이 있다 | 说过 shuōguo 말한 적 있다

글자풀이 辶(가다)와 咼(돌다)가 결합하여 본래는 '돌아서 지나가다'를 의미했는데, 후에 '지나다, 경험하다'라는 의미로 파생됐다.

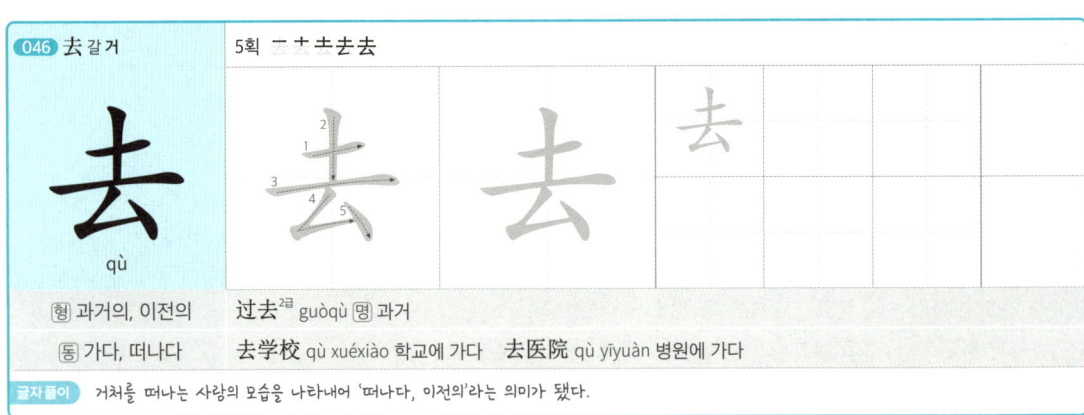

046 去 갈 거 — 5획 去

去 qù

형 과거의, 이전의 | 过去²급 guòqù 명 과거
동 가다, 떠나다 | 去学校 qù xuéxiào 학교에 가다 | 去医院 qù yīyuàn 병원에 가다

글자풀이 거처를 떠나는 사람의 모습을 나타내어 '떠나다, 이전의'라는 의미가 됐다.

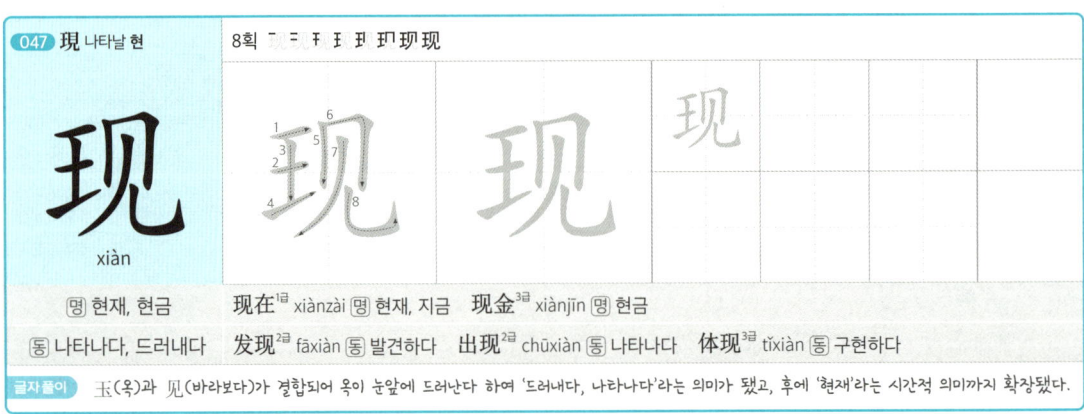

047 現 나타날 현 — 8획 现

现 xiàn

명 현재, 현금 | 现在¹급 xiànzài 명 현재, 지금 | 现金³급 xiànjīn 명 현금
동 나타나다, 드러내다 | 发现²급 fāxiàn 동 발견하다 | 出现²급 chūxiàn 동 나타나다 | 体现³급 tǐxiàn 동 구현하다

글자풀이 玉(옥)과 见(바라보다)가 결합되어 옥이 눈앞에 드러난다 하여 '드러내다, 나타나다'라는 의미가 됐고, 후에 '현재'라는 시간적 의미까지 확장됐다.

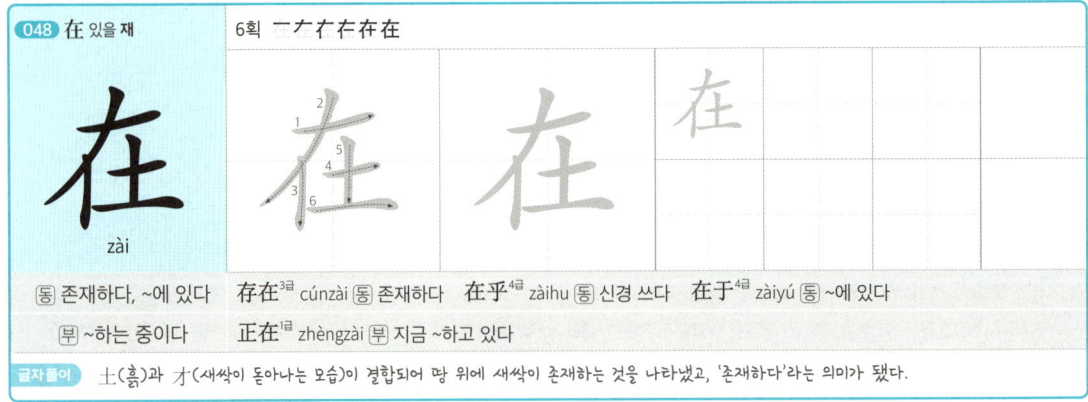

048 在 있을 재 — 6획 在

在 zài

동 존재하다, ~에 있다 | 存在³급 cúnzài 동 존재하다 | 在乎⁴급 zàihu 동 신경 쓰다 | 在于⁴급 zàiyú 동 ~에 있다
부 ~하는 중이다 | 正在¹급 zhèngzài 부 지금 ~하고 있다

글자풀이 土(흙)과 才(새싹이 돋아나는 모습)이 결합되어 땅 위에 새싹이 존재하는 것을 나타냈고, '존재하다'라는 의미가 됐다.

단어로 써 보기

오늘 써 본 한자들로 조합된 HSK 빈출 단어들이에요. 칸에 맞춰 정확히 써 보세요.

1급 时候 shíhou
명 때, 무렵

1급 星期 xīngqī
명 요일

2급 周末 zhōumò
명 주말

2급 刚才 gāngcái
명 방금, 막

1급 现在 xiànzài
명 현재, 지금

02일차 해커스 중국어 간체자 쓰기노트 기초

03일차 방향

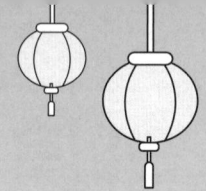

 上(위), 下(아래)처럼 방향과 관련된 간체자를 써 볼 거예요.
음성을 들으며 한자와 단어의 발음도 함께 익혀 보세요.

MP3 바로 듣기

049 上 shàng	050 下 xià	051 边 bian, biān	052 面 mian, miàn	053 左 zuǒ	054 右 yòu
몡 위 동 오르다	몡 아래, 다음 동 내려가다	~쪽, ~측 몡 가장자리, 방면	쪽, 면 몡 얼굴, 표면	몡 왼쪽	몡 오른쪽

055 前 qián	056 里 lǐ	057 内 nèi	058 外 wài	059 旁 páng	060 东 dōng
몡 앞, 이전	몡 안, 내부	몡 안, 속, 내부	몡 밖, 바깥 형 외국의, ~외에	몡 옆, 측	몡 동쪽 몡 주인

061 西 xī	062 南 nán	063 北 běi	064 中 zhōng	065 间 jiān	066 对 duì
몡 서쪽, 서양	몡 남쪽	몡 북쪽	몡 가운데, 안	몡 사이, 중간 몡 방, 칸	형 맞은편의 동 대응하다

067 方 fāng	068 向 xiàng	069 进 jìn	070 出 chū	071 回 huí	072 转 zhuǎn
몡 ~방, ~측, 장소 몡 방법	몡 방향 개 ~을 향하여	동 들어가다, 나아가다	동 나가다 동 생기다, 발생하다	동 되돌리다 동 대답하다	동 바꾸다 동 전달하다

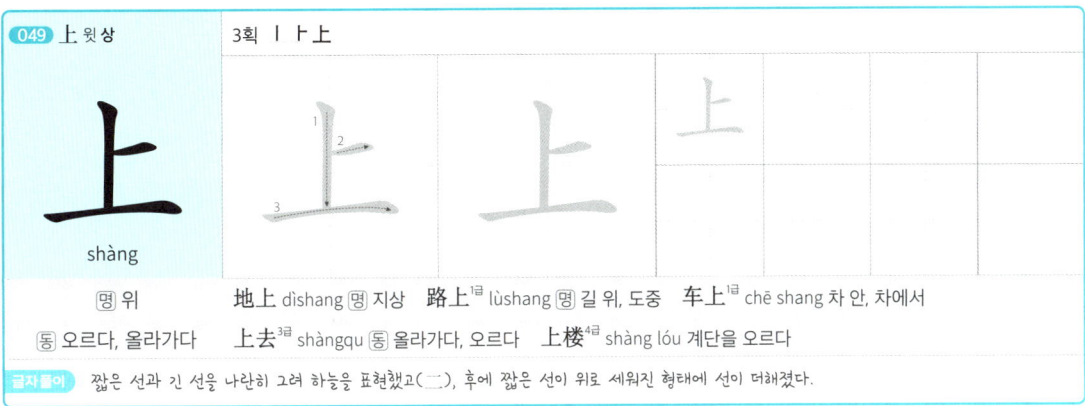

049 上 윗 상 — 3획 丨 卜 上 — shàng

- 몡 위
- 툉 오르다, 올라가다

地上 dìshang 몡 지상   路上¹급 lùshang 몡 길 위, 도중   车上¹급 chē shang 차 안, 차에서
上去³급 shàngqu 툉 올라가다, 오르다   上楼⁴급 shàng lóu 계단을 오르다

글자풀이 짧은 선과 긴 선을 나란히 그려 하늘을 표현했고(二), 후에 짧은 선이 위로 세워진 형태에 선이 더해졌다.

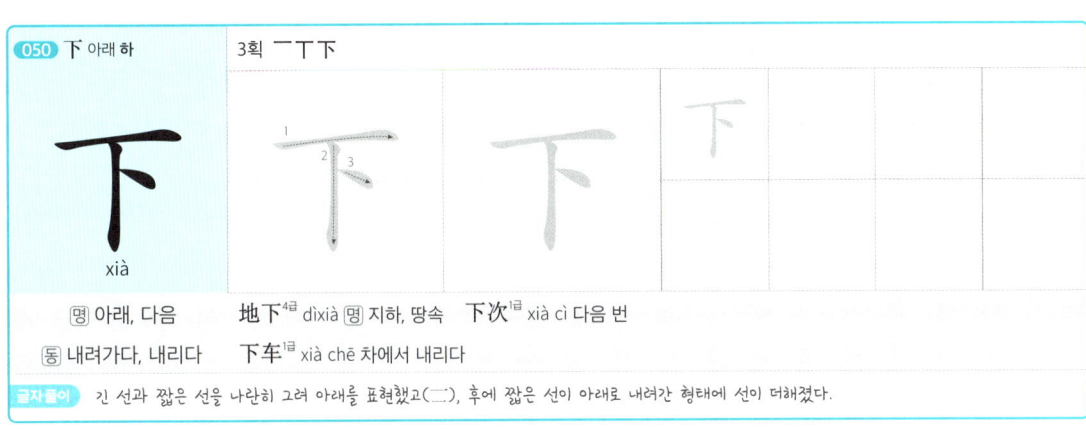

050 下 아래 하 — 3획 一 丅 下 — xià

- 몡 아래, 다음
- 툉 내려가다, 내리다

地下⁴급 dìxià 몡 지하, 땅속   下次¹급 xià cì 다음 번
下车¹급 xià chē 차에서 내리다

글자풀이 긴 선과 짧은 선을 나란히 그려 아래를 표현했고(二), 후에 짧은 선이 아래로 내려간 형태에 선이 더해졌다.

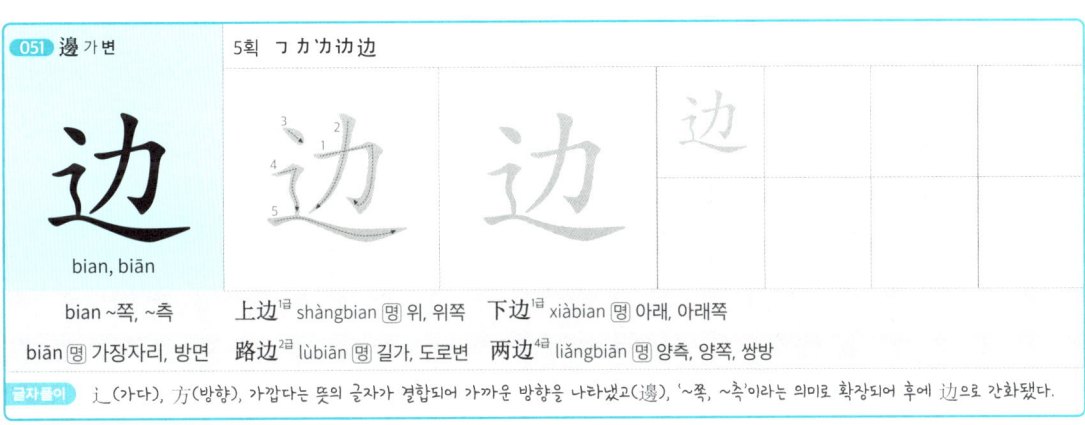

051 邊 가 변 — 5획 ㄱ 力 边 边 边

- bian ~쪽, ~측
- biān 몡 가장자리, 방면

上边¹급 shàngbian 몡 위, 위쪽   下边¹급 xiàbian 몡 아래, 아래쪽
路边²급 lùbiān 몡 길가, 도로변   两边⁴급 liǎngbiān 몡 양측, 양쪽, 쌍방

글자풀이 辶(가다), 方(방향), 가깝다는 뜻의 글자가 결합되어 가까운 방향을 나타냈고(邊), '~쪽, ~측'이라는 의미로 확장되어 후에 边으로 간화됐다.

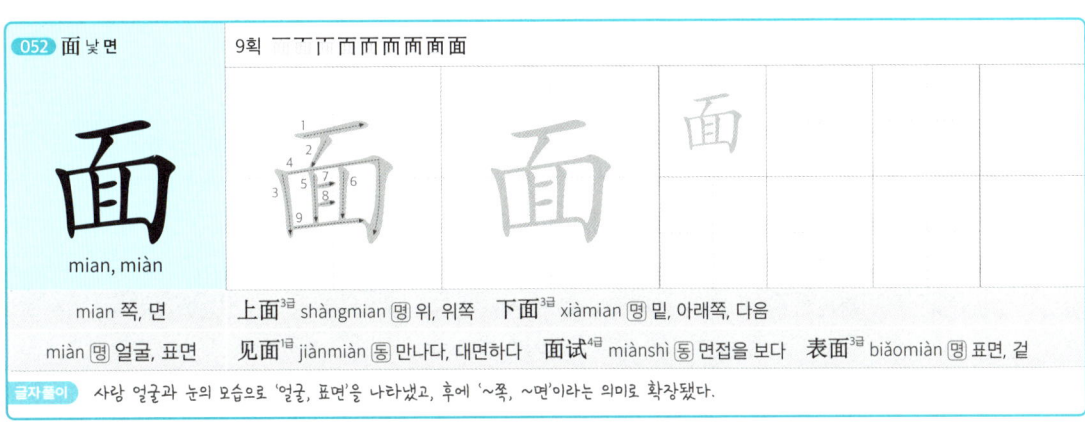

052 面 낯 면 — 9획 一 丆 丆 丆 而 而 面 面 面

- mian 쪽, 면
- miàn 몡 얼굴, 표면

上面³급 shàngmian 몡 위, 위쪽   下面³급 xiàmian 몡 밑, 아래쪽, 다음
见面¹급 jiànmiàn 툉 만나다, 대면하다   面试⁴급 miànshì 툉 면접을 보다   表面³급 biǎomiàn 몡 표면, 겉

글자풀이 사람 얼굴과 눈의 모습으로 '얼굴, 표면'을 나타냈고, 후에 '~쪽, ~면'이라는 의미로 확장됐다.

1급 = HSK 1급   2급 = HSK 2급   3급 = HSK 3급   4급 = HSK 4급

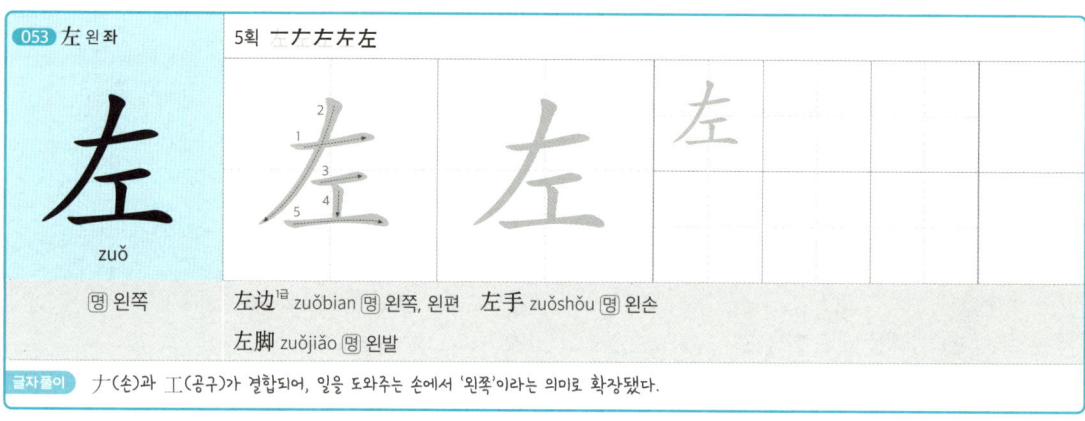

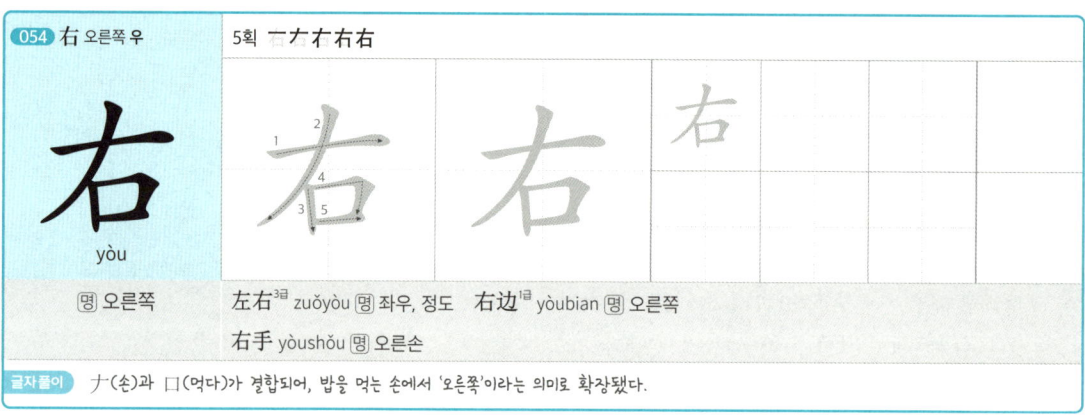

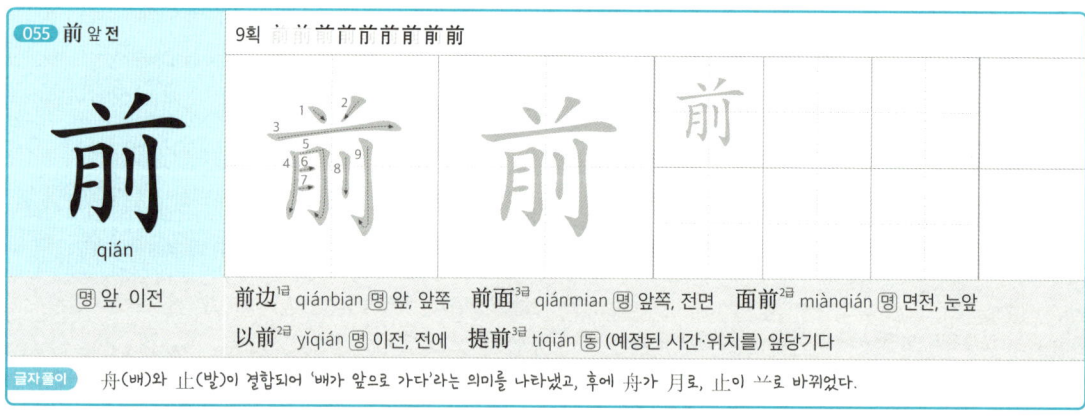

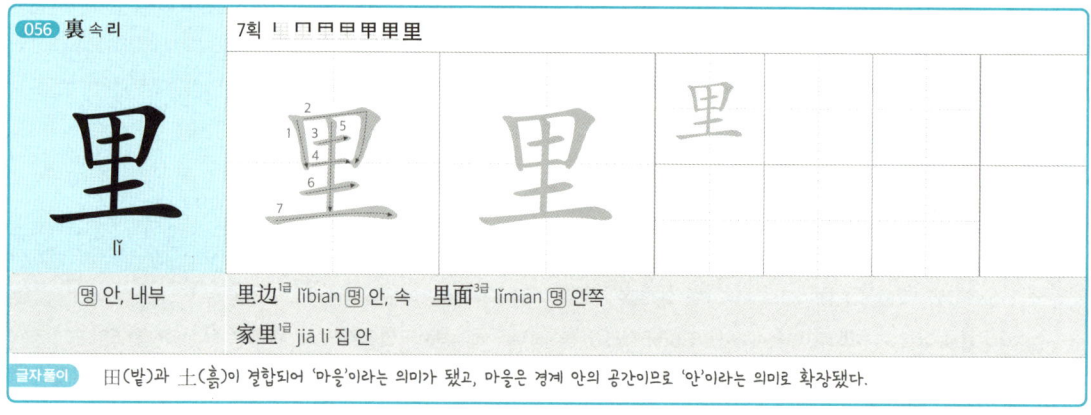

057 内 안 내 | 4획 丨 冂 内 内

nèi

- 명 안, 속, 내부
- 형 외국의, 바깥의, ~외에

国内³급 guónèi 명 국내   内心³급 nèixīn 명 마음속, 속마음   内容³급 nèiróng 명 내용
内部⁴급 nèibù 명 내부

글자풀이 지붕을 받치고 있는 집의 내부 모습을 본떠 만들어진 글자로, '안, 내부'라는 의미가 됐다.

058 外 바깥 외 | 5획 丿 ㄅ 夕 夘 外

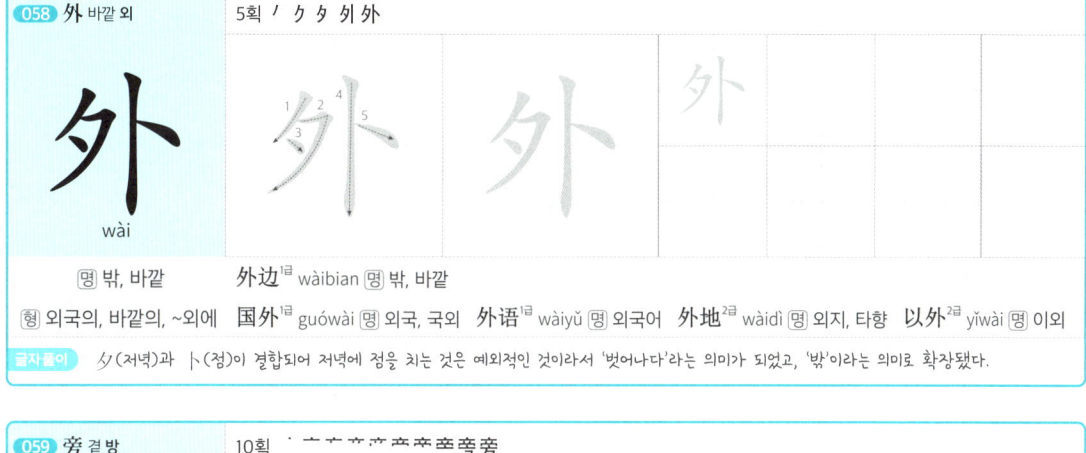

wài

- 명 밖, 바깥
- 형 외국의, 바깥의, ~외에

外边¹급 wàibian 명 밖, 바깥
国外¹급 guówài 명 외국, 국외   外语¹급 wàiyǔ 명 외국어   外地²급 wàidì 명 외지, 타향   以外²급 yǐwài 명 이외

글자풀이 夕(저녁)과 卜(점)이 결합되어 저녁에 점을 치는 것은 예외적인 것이라서 '벗어나다'라는 의미가 되었고, '밖'이라는 의미로 확장됐다.

059 旁 곁 방 | 10획 ` 亠 亠 产 产 产 产 旁 旁 旁

páng

- 명 옆, 측

旁边¹급 pángbiān 명 옆, 근처, 부근
两旁 liǎngpáng 명 양쪽, 양옆

글자풀이 方(사방)의 의미를 따라 '사방, 주변'을 나타냈고, 후에 '옆, 근처'라는 의미로 확장됐다.

060 東 동녘 동 | 5획 一 ㄅ 左 东 东

dōng

- 명 동쪽
- 명 주인

东边¹급 dōngbian 명 동쪽   东方³급 dōngfāng 명 동방, 동쪽, 동부 지역
房东³급 fángdōng 명 집주인

글자풀이 해가 나무 사이에서 떠오르는 모습을 형상화하여 '동쪽'이라는 의미가 됐다(東). 후에 东으로 간화됐다.

061 西 서녘 서

6획 一 一 丌 丙 西 西

xī

명 서쪽, 서양

西边¹급 xībian 명 서쪽　　西方²급 xīfāng 명 서방, 서쪽　　东西¹급 dōngxi 명 것, 물건
西餐²급 xīcān 명 양식　　西瓜⁴급 xīguā 명 수박　　西红柿⁴급 xīhóngshì 명 토마토

글자풀이　새둥지의 모습을 형상화하여 '새가 둥지에 머무른다'를 의미하게 되었고, 후에 해가 지는 '서쪽'이라는 의미가 됐다.

062 南 남녘 남

9획 一 十 冂 冂 冋 冋 南 南 南

nán

명 남쪽

南边¹급 nánbian 명 남쪽　　南方²급 nánfāng 명 남방, 남쪽
东南²급 dōngnán 명 동남쪽

글자풀이　남방의 부족이 쓰던 악기인 종을 형상화하여 '남쪽'이라는 의미가 됐다.

063 北 북녘 북

5획 丨 ㅓ 才 北 北

běi

명 북쪽

北方²급 běifāng 명 북방, 북쪽, 북부 지역　　东北²급 dōngběi 명 동북　　东西南北 dōngxīnánběi 동서남북
北京¹급 Běijīng 고유 베이징, 북경[중국의 수도]

글자풀이　서로 등을 맞댄 두 사람의 모습으로, 남향을 향해 짓던 집에서 등지는 방향, 즉 '북쪽'이라는 의미가 됐다.

064 中 가운데 중

4획 丨 冂 中 中

zhōng

명 가운데, 안

中国¹급 Zhōngguó 고유 중국　　中心²급 zhōngxīn 명 중심
其中²급 qízhōng 명 그중, 그 안

글자풀이　군 진영 정중앙에 꽂아진 깃발의 모습으로 '가운데, 안'이라는 의미가 됐다.

065 間 사이 간 — 7획 丶丨冂冂问问间间

jiān

- 명 사이, 중간
- 명 방, 칸

中间¹급 zhōngjiān 명 중간, 사이　空间⁴급 kōngjiān 명 공간　之间⁴급 zhījiān 명 사이
房间¹급 fángjiān 명 방　洗手间¹급 xǐshǒujiān 명 화장실

글자풀이　門(문)과 月(달)이 결합되어 문틈으로 비치는 달빛에서 '사이'라는 의미가 됐다. 후에 月이 日로 바뀌었다.

066 對 대할 대 — 5획 フ 又 ㇏ 对 对

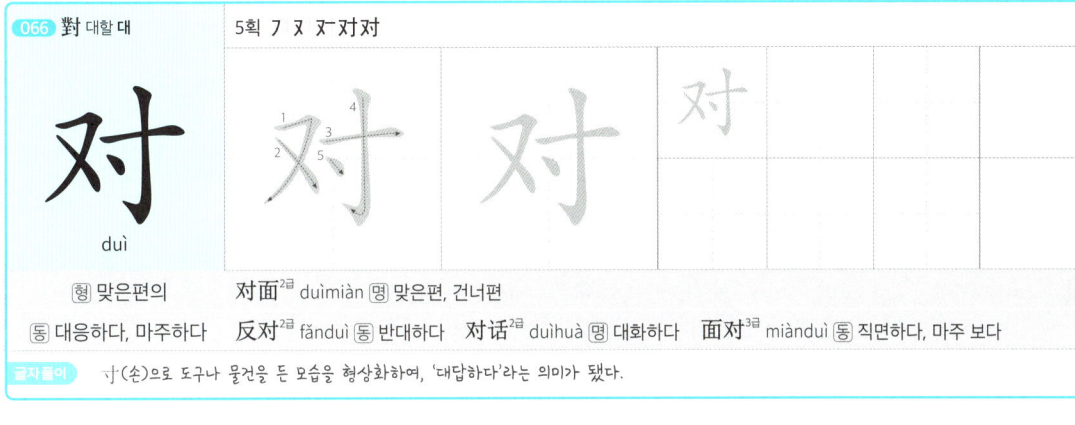

duì

- 형 맞은편의
- 동 대응하다, 마주하다

对面²급 duìmiàn 명 맞은편, 건너편
反对²급 fǎnduì 동 반대하다　对话²급 duìhuà 명 대화하다　面对³급 miànduì 동 직면하다, 마주 보다

글자풀이　寸(손)으로 도구나 물건을 든 모습을 형상화하여, '대답하다'라는 의미가 됐다.

067 方 모 방 — 4획 丶 亠 方 方

fāng

- 명 ~방, ~측, 장소
- 명 방법

对方³급 duìfāng 명 상대방, 상대편　方面²급 fāngmiàn 명 분야, 방면　地方¹급 dìfang 명 곳, 장소
方法²급 fāngfǎ 명 방법, 수단　方式³급 fāngshì 명 방식, 방법

글자풀이　소가 끄는 쟁기의 모습으로, 밭을 갈 때는 소가 일정한 방향으로 나아간다 하여 '~측'이라는 의미가 됐고, 후에 '방법'이라는 의미까지 확장됐다.

068 向 향할 향 — 6획 丶 丨 冂 向 向 向

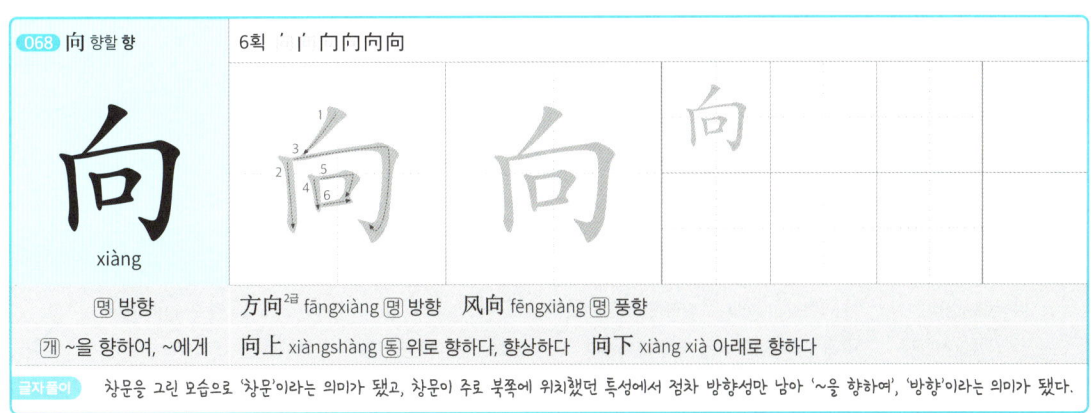

xiàng

- 명 방향
- 개 ~을 향하여, ~에게

方向²급 fāngxiàng 명 방향　风向 fēngxiàng 명 풍향
向上 xiàngshàng 동 위로 향하다, 향상하다　向下 xiàng xià 아래로 향하다

글자풀이　창문을 그린 모습으로 '창문'이라는 의미가 됐고, 창문이 주로 북쪽에 위치했던 특성에서 점차 방향성만 남아 '~을 향하여', '방향'이라는 의미가 됐다.

069 進 나아갈 진

7획 进 一 亍 井 进 进

进 jìn

- 동 들어가다, 나아가다
- 进来¹급 jìnlai 동 들어오다
- 进去¹급 jìnqu 동 들어가다
- 前进³급 qiánjìn 동 (앞을 향해) 나아가다, 전진하다
- 进步³급 jìnbù 동 진보하다

글자풀이: 辶_(가다)와 隹(새)가 결합되어, 새가 앞으로 날아간다 하여 '나아가다'라는 의미가 됐다. 후에 进으로 간화됐다.

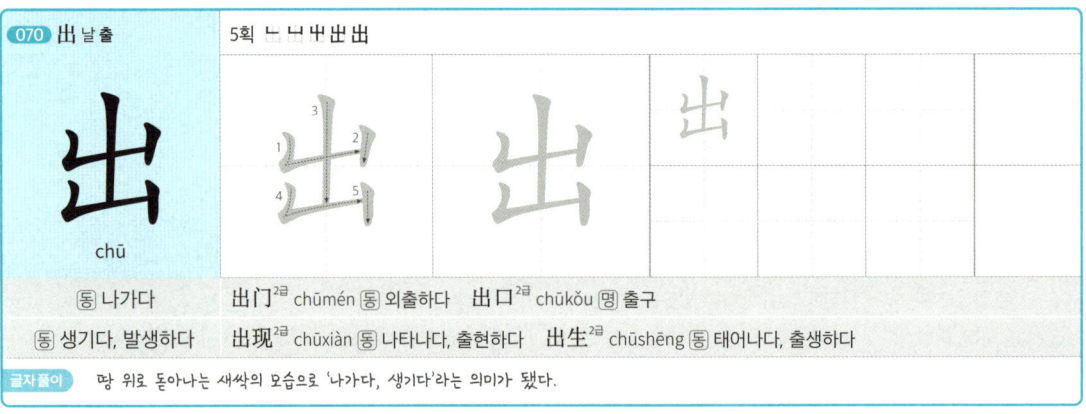

070 出 날 출

5획 一 屮 屮 出 出

出 chū

- 동 나가다
- 出门²급 chūmén 동 외출하다
- 出口²급 chūkǒu 명 출구
- 동 생기다, 발생하다
- 出现²급 chūxiàn 동 나타나다, 출현하다
- 出生²급 chūshēng 동 태어나다, 출생하다

글자풀이: 땅 위로 돋아나는 새싹의 모습으로 '나가다, 생기다'라는 의미가 됐다.

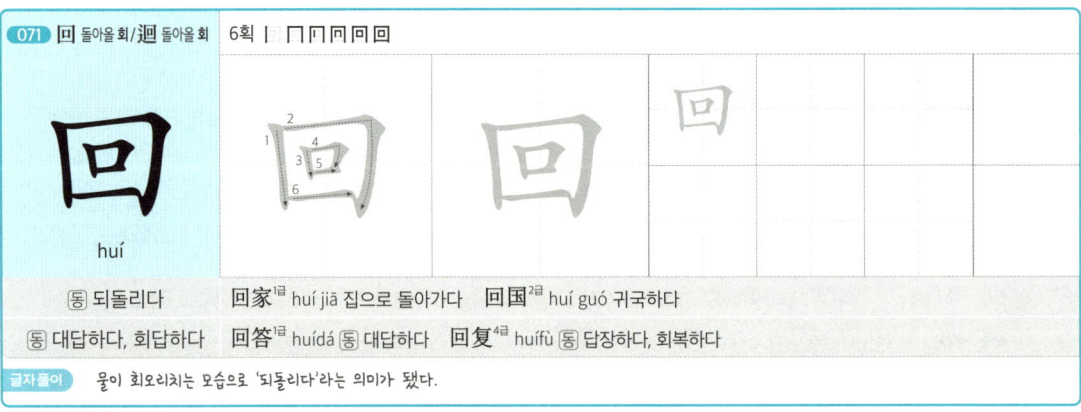

071 回 돌아올 회 / 迴 돌아올 회

6획 丨 冂 冂 回 回 回

回 huí

- 동 되돌리다
- 回家¹급 huí jiā 집으로 돌아가다
- 回国²급 huí guó 귀국하다
- 동 대답하다, 회답하다
- 回答¹급 huídá 동 대답하다
- 回复⁴급 huífù 동 답장하다, 회복하다

글자풀이: 물이 회오리치는 모습으로 '되돌리다'라는 의미가 됐다.

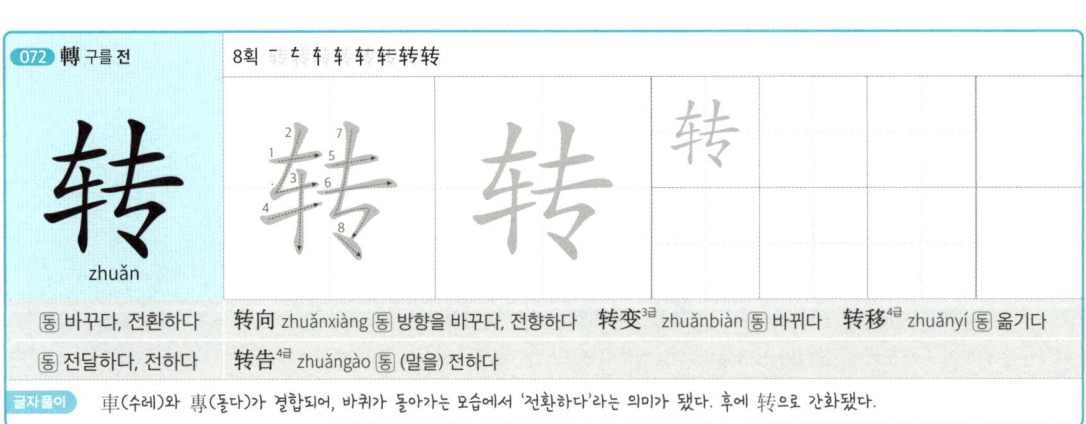

072 轉 구를 전

8획 一 左 车 车 车 转 转 转

转 zhuǎn

- 동 바꾸다, 전환하다
- 转向 zhuǎnxiàng 동 방향을 바꾸다, 전향하다
- 转变³급 zhuǎnbiàn 동 바뀌다
- 转移⁴급 zhuǎnyí 동 옮기다
- 동 전달하다, 전하다
- 转告⁴급 zhuǎngào 동 (말을) 전하다

글자풀이: 車(수레)와 專(돌다)가 결합되어, 바퀴가 돌아가는 모습에서 '전환하다'라는 의미가 됐다. 후에 转으로 간화됐다.

단어로 써 보기

오늘 써 본 한자들로 조합된 HSK 빈출 단어들이에요. 칸에 맞춰 정확히 써 보세요.

3급 下面 xiàmian
명 밑, 아래쪽, 다음

3급 左右 zuǒyòu
명 좌우, 정도

1급 旁边 pángbiān
명 옆, 근처, 부근

1급 中间 zhōngjiān
명 중간, 사이

3급 对方 duìfāng
명 상대방, 상대편

04일차 가족

父(아버지), 母(어머니)처럼 가족과 관련된 간체자를 써 볼 거예요.
음성을 들으며 한자와 단어의 발음도 함께 익혀 보세요.

MP3 바로 듣기

073 父 fù
명 아버지

074 母 mǔ
명 어머니
명 사물의 근본

075 爸 bà
명 아버지, 아빠

076 妈 mā
명 어머니, 엄마

077 亲 qīn
형 가족 관계의
형 사이가 좋다

078 哥 gē
명 형, 오빠

079 姐 jiě
명 언니, 누나

080 妹 mèi
명 여동생

081 弟 dì
명 남동생

082 爷 yé
명 할아버지

083 奶 nǎi
명 할머니
명 젖, 우유

084 叔 shū
명 삼촌, 아저씨

085 夫 fū
명 남편, 사나이

086 妻 qī
명 아내

087 男 nán
형 남자의

088 女 nǚ
형 여자의

089 子 zǐ
명 사람, 자식

090 儿 ér
명 아이, 아들

091 孩 hái
명 어린아이

092 孙 sūn
명 손자, 후손

093 家 jiā
명 가정, 집
~하는 사람

094 人 rén
명 사람, 인간

095 自 zì
대 스스로, 자기
개 ~에서부터

096 己 jǐ
대 자기, 자신

073 父 아버지 부

4획 ノ ハ ゥ 父

fù

명 아버지

父子 fùzǐ 명 아버지와 아들, 부자
父女 fùnǚ 명 아버지와 딸, 부녀

글자풀이 손에 도구를 든 사람의 모습으로, 권위와 책임을 가진 어른 즉 '아버지'라는 의미가 됐다.

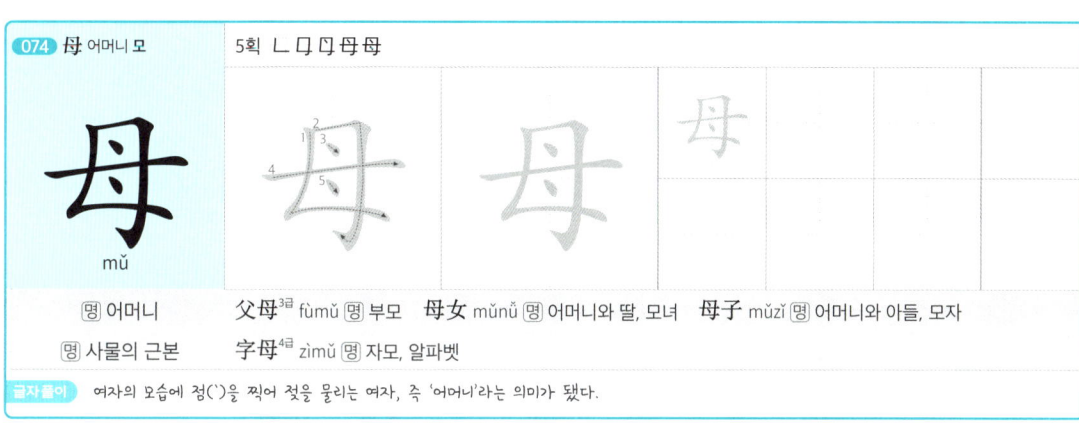

074 母 어머니 모

5획 ㄴ 口 囚 母 母

mǔ

명 어머니
명 사물의 근본

父母³급 fùmǔ 명 부모   母女 mǔnǚ 명 어머니와 딸, 모녀   母子 mǔzǐ 명 어머니와 아들, 모자
字母⁴급 zìmǔ 명 자모, 알파벳

글자풀이 여자의 모습에 점(´)을 찍어 젖을 물리는 여자, 즉 '어머니'라는 의미가 됐다.

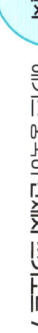

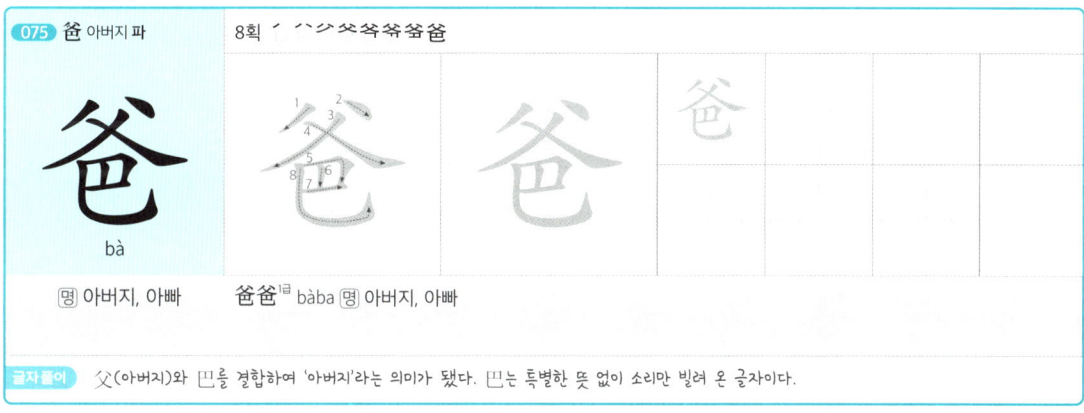

075 爸 아버지 파

8획 ノ ハ ゥ 父 父 爷 爸 爸

bà

명 아버지, 아빠

爸爸¹급 bàba 명 아버지, 아빠

글자풀이 父(아버지)와 巴를 결합하여 '아버지'라는 의미가 됐다. 巴는 특별한 뜻 없이 소리만 빌려 온 글자이다.

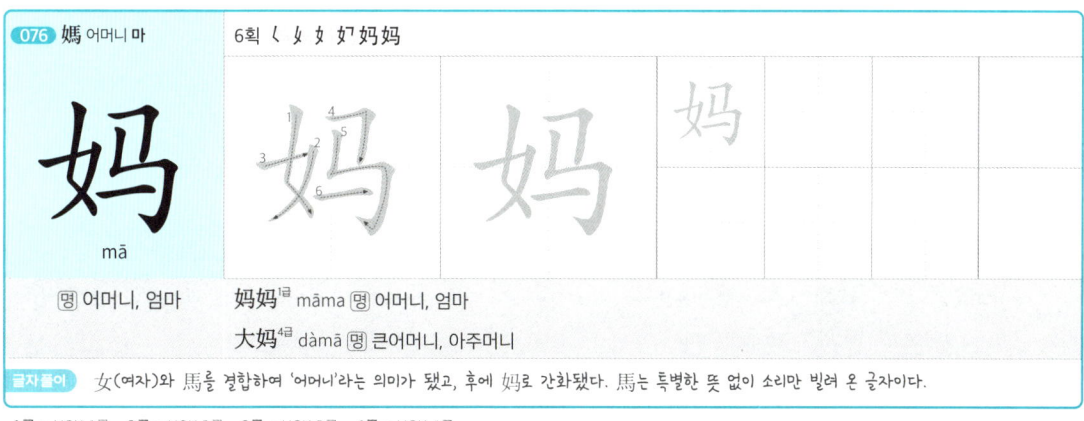

076 妈 어머니 마

6획 く 女 女 如 妈 妈

mā

명 어머니, 엄마

妈妈¹급 māma 명 어머니, 엄마
大妈⁴급 dàmā 명 큰어머니, 아주머니

글자풀이 女(여자)와 馬를 결합하여 '어머니'라는 의미가 됐고, 후에 妈로 간화됐다. 馬는 특별한 뜻 없이 소리만 빌려 온 글자이다.

1급 = HSK 1급   2급 = HSK 2급   3급 = HSK 3급   4급 = HSK 4급

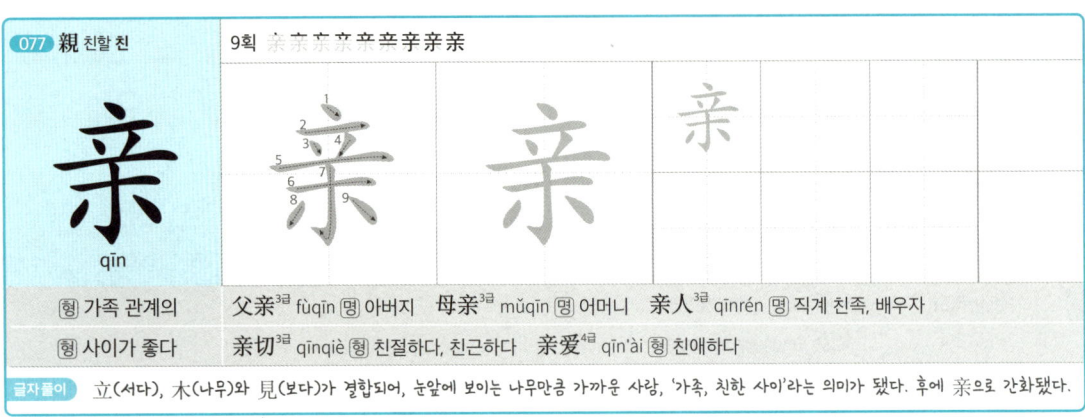

077 親 친할 친 9획 亲亠亠亠亲亲辛亲亲

亲 qīn

[형] 가족 관계의   父亲³급 fùqīn [명] 아버지   母亲³급 mǔqīn [명] 어머니   亲人³급 qīnrén [명] 직계 친족, 배우자
[형] 사이가 좋다   亲切³급 qīnqiè [형] 친절하다, 친근하다   亲爱⁴급 qīn'ài [형] 친애하다

글자풀이 立(서다), 木(나무)와 見(보다)가 결합되어, 눈앞에 보이는 나무만큼 가까운 사랑, '가족, 친한 사이'라는 의미가 됐다. 후에 亲으로 간화됐다.

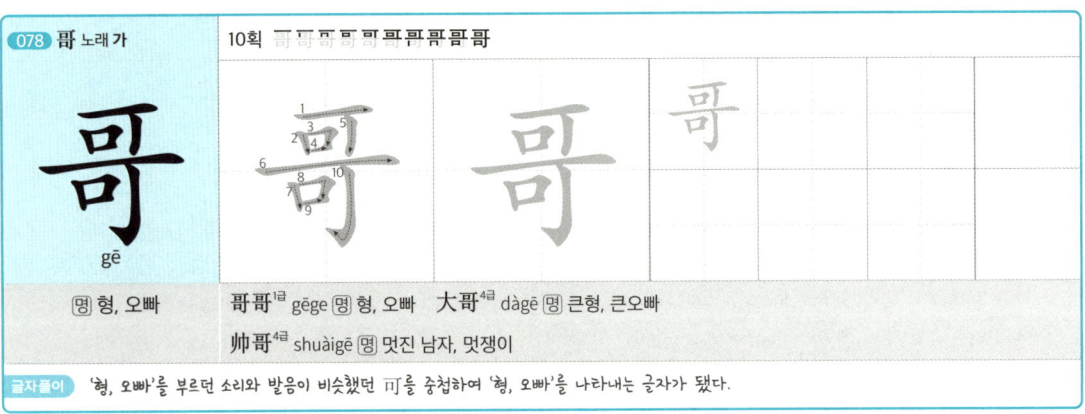

078 哥 노래 가 10획 哥一一一一一一可哥哥哥

哥 gē

[명] 형, 오빠   哥哥¹급 gēge [명] 형, 오빠   大哥⁴급 dàgē [명] 큰형, 큰오빠
帅哥⁴급 shuàigē [명] 멋진 남자, 멋쟁이

글자풀이 '형, 오빠'를 부르던 소리와 발음이 비슷했던 可를 중첩하여 '형, 오빠'를 나타내는 글자가 됐다.

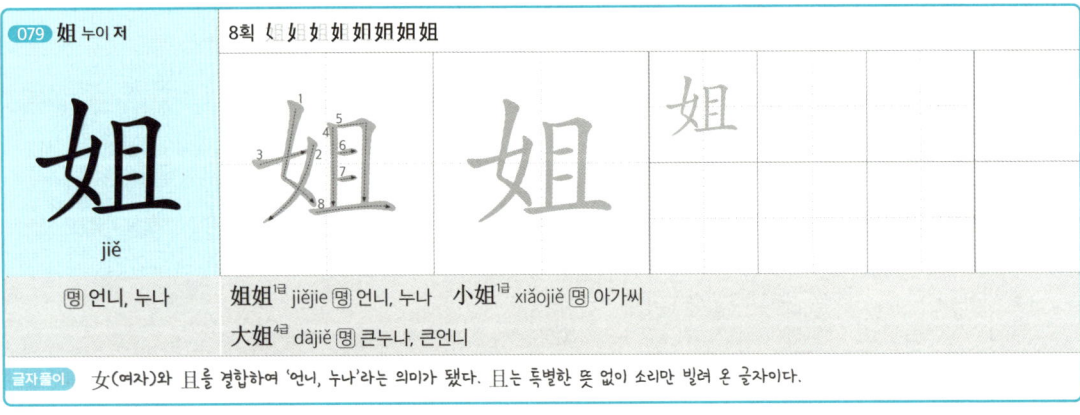

079 姐 누이 저 8획 ㇄女女如如姐姐姐

姐 jiě

[명] 언니, 누나   姐姐¹급 jiějie [명] 언니, 누나   小姐¹급 xiǎojiě [명] 아가씨
大姐⁴급 dàjiě [명] 큰누나, 큰언니

글자풀이 女(여자)와 且를 결합하여 '언니, 누나'라는 의미가 됐다. 且는 특별한 뜻 없이 소리만 빌려 온 글자이다.

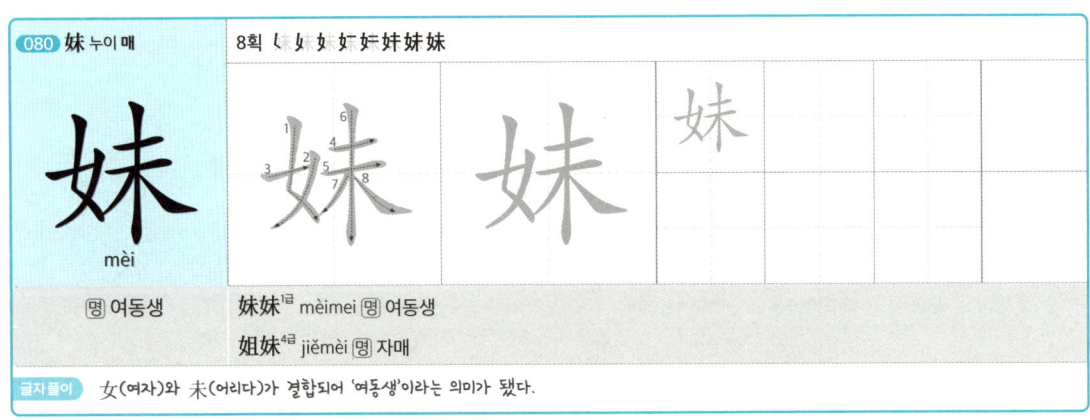

080 妹 누이 매 8획 ㇄女女女 妹妹妹妹

妹 mèi

[명] 여동생   妹妹¹급 mèimei [명] 여동생
姐妹⁴급 jiěmèi [명] 자매

글자풀이 女(여자)와 未(어리다)가 결합되어 '여동생'이라는 의미가 됐다.

081 弟 아우 제 — dì

7획 弟弟

명 남동생

弟弟 ¹급 dìdi 명 남동생
兄弟 ⁴급 xiōngdì 명 형제

글자풀이 줄이 순서대로 감긴 모습으로 '차례'라는 의미가 됐고, 후에 형제 간의 순서를 나타내면서 '남동생'이라는 의미가 됐다.

082 爺 아버지 야 — yé

6획 爷爷

명 할아버지

爷爷 ¹급 yéye 명 할아버지
大爺 ⁴급 dàye 명 큰아버지, 백부, 어르신

글자풀이 父(아버지)와 耶를 결합하여 '할아버지'라는 의미가 됐다. 후에 爷로 간화됐다.

083 奶 젖 내 — nǎi

5획 奶奶

명 할머니
명 젖, 우유

奶奶 ¹급 nǎinai 명 할머니
牛奶 ¹급 niúnǎi 명 우유   奶茶 ³급 nǎichá 명 밀크티   酸奶 ⁴급 suānnǎi 명 요구르트

글자풀이 女(여자)와 乃를 결합하여 '젖, 가슴'이라는 의미가 됐고, 후에 '할머니'라는 의미로 확장됐다.

084 叔 아저씨 숙 — shū

8획 叔叔

명 삼촌, 아저씨

叔叔 shūshu 명 삼촌, 아저씨
大叔 dàshū 명 아저씨, 큰삼촌

글자풀이 콩(朿)을 손으로(又) 줍는 모습으로, 콩깍지에 들어있는 콩들이 형제들과 비슷하다 하여 '삼촌, 아저씨'라는 의미가 됐다.

04일차 가족

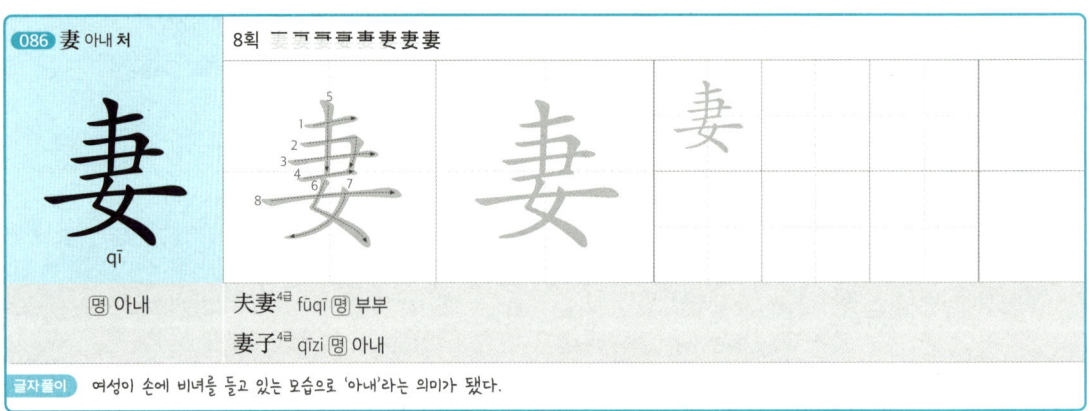

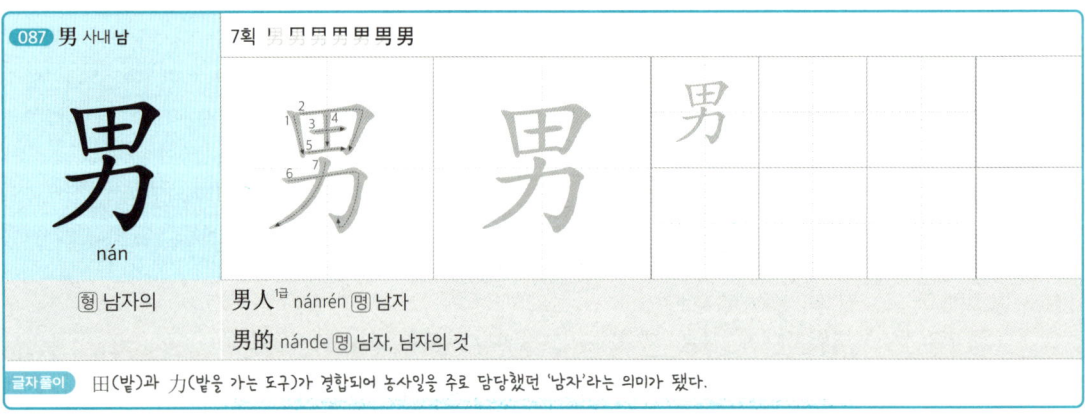

089 子 아들 자

3획 　了子

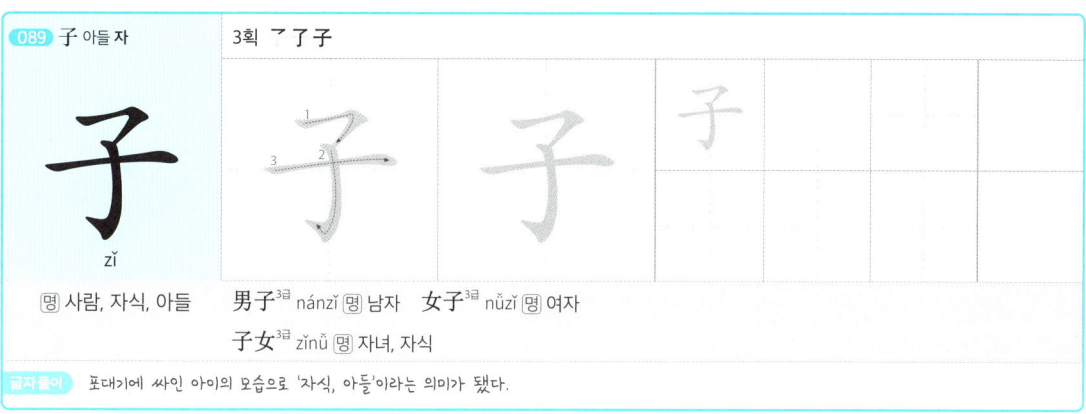

zǐ

명 사람, 자식, 아들

男子³급 nánzǐ 명 남자　女子³급 nǚzǐ 명 여자

子女³급 zǐnǚ 명 자녀, 자식

글자풀이　포대기에 싸인 아이의 모습으로 '자식, 아들'이라는 의미가 됐다.

090 兒 아이 아

2획 丿儿

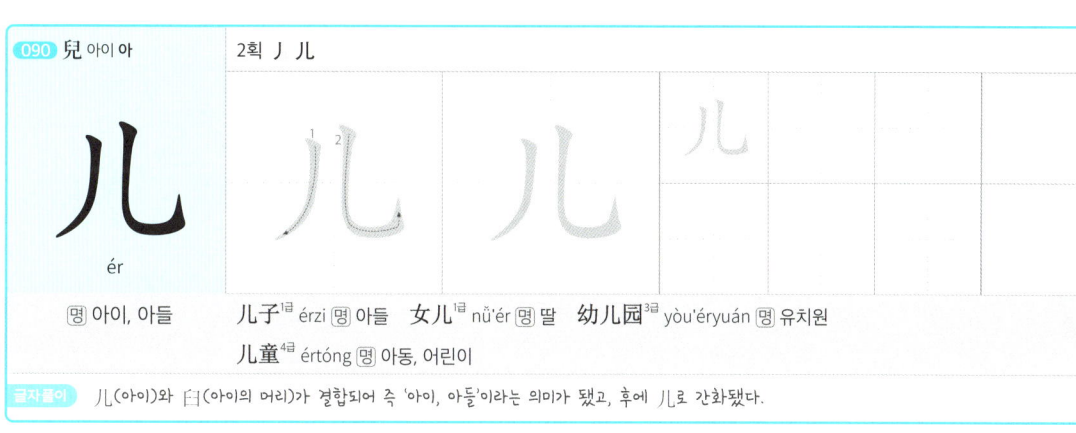

ér

명 아이, 아들

儿子¹급 érzi 명 아들　女儿¹급 nǚ'ér 명 딸　幼儿园³급 yòu'éryuán 명 유치원

儿童⁴급 értóng 명 아동, 어린이

글자풀이　儿(아이)와 臼(아이의 머리)가 결합되어 즉 '아이, 아들'이라는 의미가 됐고, 후에 儿로 간화됐다.

091 孩 어린아이 해

9획 　了孑孑孑孑孑孩孩

hái

명 어린아이

孩子¹급 háizi 명 아이, 어린이　男孩儿¹급 nánháir 명 남자아이　女孩儿¹급 nǚháir 명 여자아이

小孩儿¹급 xiǎoháir 명 아이, 어린이

글자풀이　子(자식)과 亥을 결합하여 '어린아이'라는 의미가 됐다.

092 孫 손자 손

6획 　了孑孑孙孙

sūn

명 손자, 후손

孙子⁴급 sūnzi 명 손자

孙女⁴급 sūnnǚ 명 손녀

글자풀이　子(자식)과 系(계승하다)가 결합되어 자손이 이어지는 것, 즉 '손자, 후손'이라는 의미가 됐다.

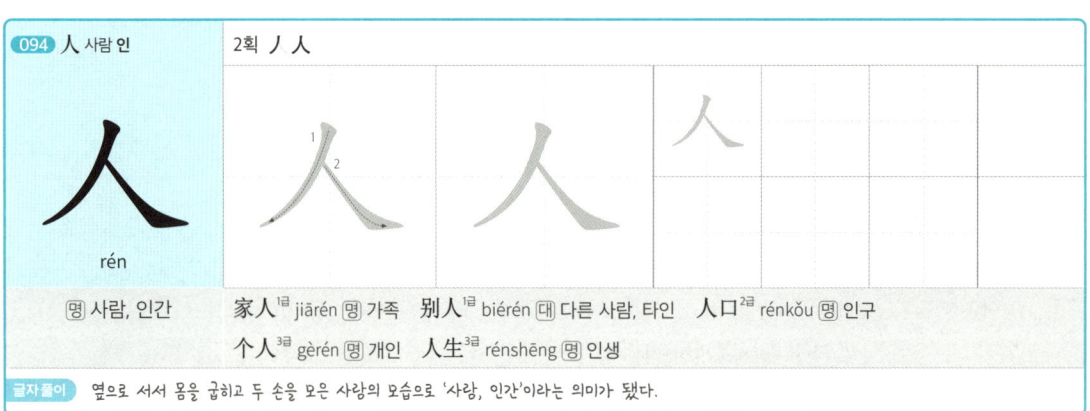

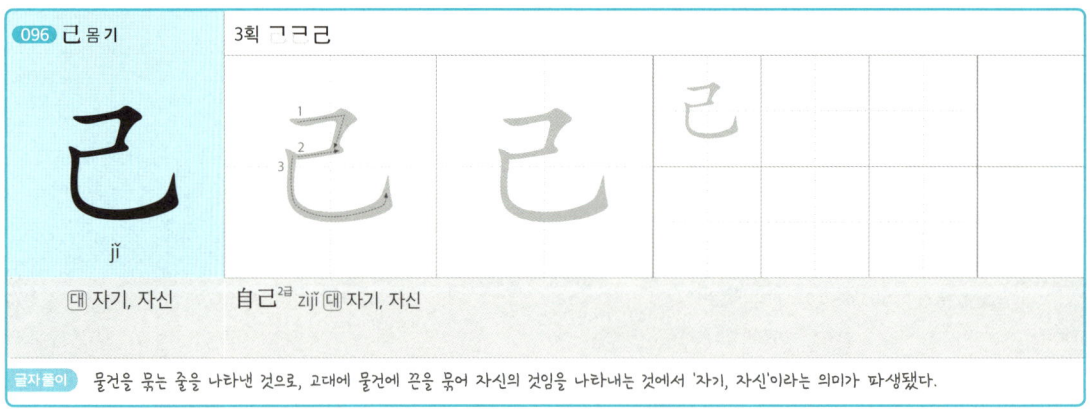

단어로 써 보기

오늘 써 본 한자들로 조합된 HSK 빈출 단어들이에요. 칸에 맞춰 정확히 써 보세요.

3급
父母
fùmǔ

몡 부모

4급
夫妻
fūqī

몡 부부

1급
儿子
érzi

몡 아들

1급
孩子
háizi

몡 아이, 어린이

1급
家人
jiārén

몡 가족

05 일차 관계·직업

我(나), 员(종사자)처럼 관계·직업과 관련된 간체자를 써 볼 거예요.
음성을 들으며 한자와 단어의 발음도 함께 익혀 보세요.

097 我 wǒ	098 们 men	099 你 nǐ	100 您 nín	101 他 tā	102 她 tā
대 나, 저	~들	대 너, 당신	대 당신	대 그 / 대 다른 것	대 그녀

103 它 tā	104 咱 zán	105 朋 péng	106 友 yǒu	107 顾 gù	108 客 kè
대 그것[사람 이외의 것을 가리킴]	대 우리, 나	명 친구	명 친구 / 형 우호적이다	명 손님, 고객 / 동 돌보다	명 손님, 고객 / 형 독립적이다

109 老 lǎo	110 师 shī	111 记 jì	112 者 zhě	113 演 yǎn	114 员 yuán
형 늙은, 오래된 / 부 늘, 항상	명 스승, 전문가	동 기록하다, 기억하다	조 자[사람을 가리킴]	동 공연하다, 연기하다	명 종사자, 구성원

115 司 sī	116 机 jī	117 导 dǎo	118 游 yóu	119 警 jǐng	120 察 chá
동 경영하다, 담당하다	명 기계, 비행기 / 명 기회, 시기	동 인도하다	동 유람하다, 놀다	동 경계하다, 경고하다	동 살피다, 조사하다

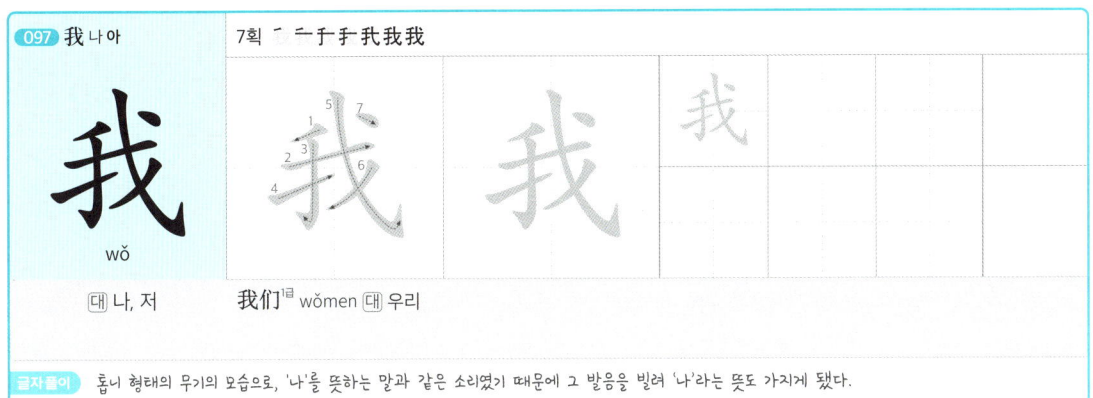

097 我 나 아 — wǒ

[대] 나, 저

我们¹급 wǒmen [대] 우리

글자풀이: 톱니 형태의 무기의 모습으로, '나'를 뜻하는 말과 같은 소리였기 때문에 그 발음을 빌려 '나'라는 뜻도 가지게 됐다.

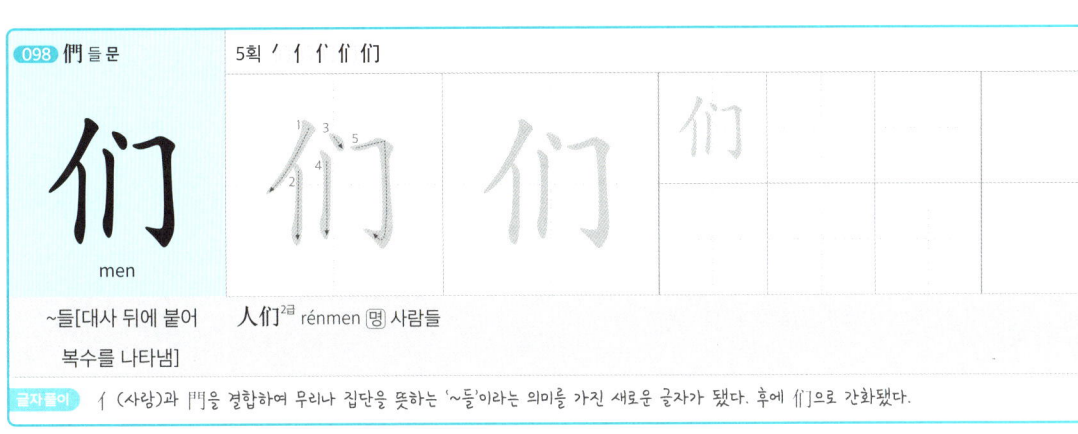

098 們 들 문 — men

~들[대사 뒤에 붙어 복수를 나타냄]

人们²급 rénmen [명] 사람들

글자풀이: 亻(사람)과 門을 결합하여 무리나 집단을 뜻하는 '~들'이라는 의미를 가진 새로운 글자가 됐다. 후에 们으로 간화됐다.

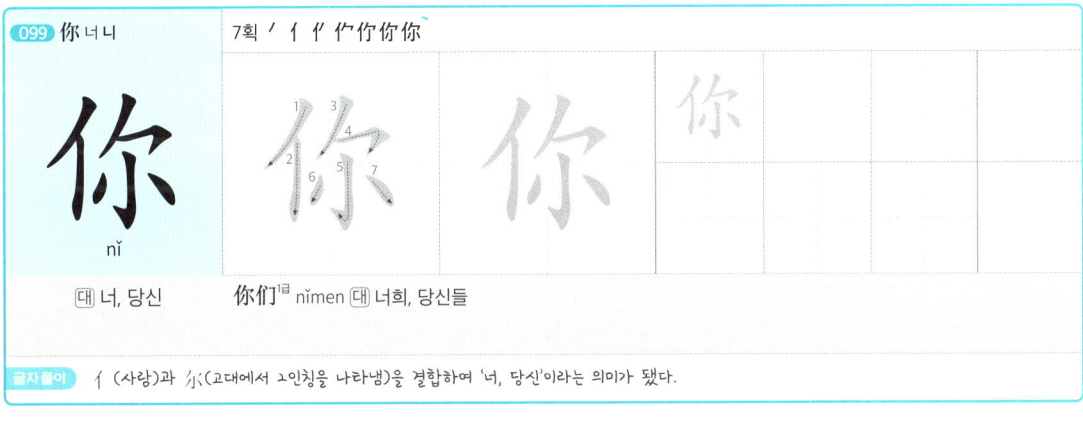

099 你 너 니 — nǐ

[대] 너, 당신

你们¹급 nǐmen [대] 너희, 당신들

글자풀이: 亻(사람)과 尔(고대에서 2인칭을 나타냄)을 결합하여 '너, 당신'이라는 의미가 됐다.

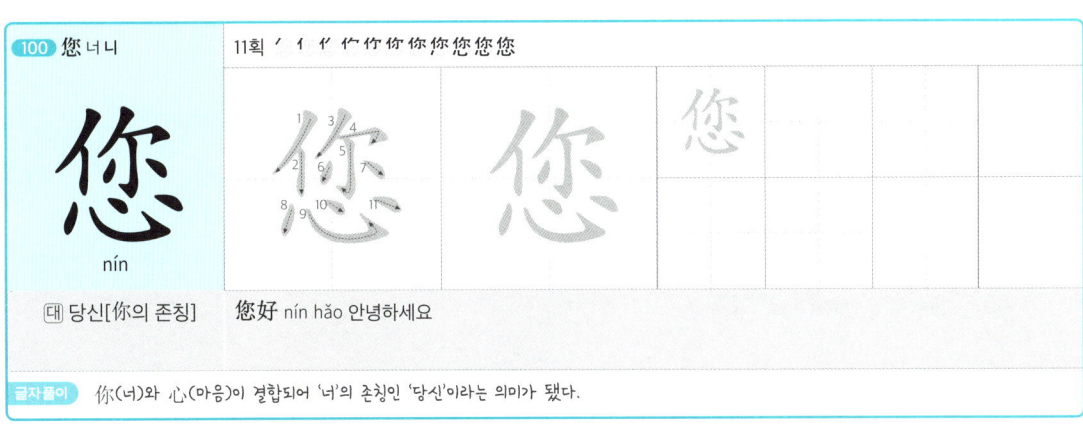

100 您 너 니 — nín

[대] 당신[你의 존칭]

您好 nín hǎo 안녕하세요

글자풀이: 你(너)와 心(마음)이 결합되어 '너'의 존칭인 '당신'이라는 의미가 됐다.

1급 = HSK 1급 2급 = HSK 2급 3급 = HSK 3급 4급 = HSK 4급

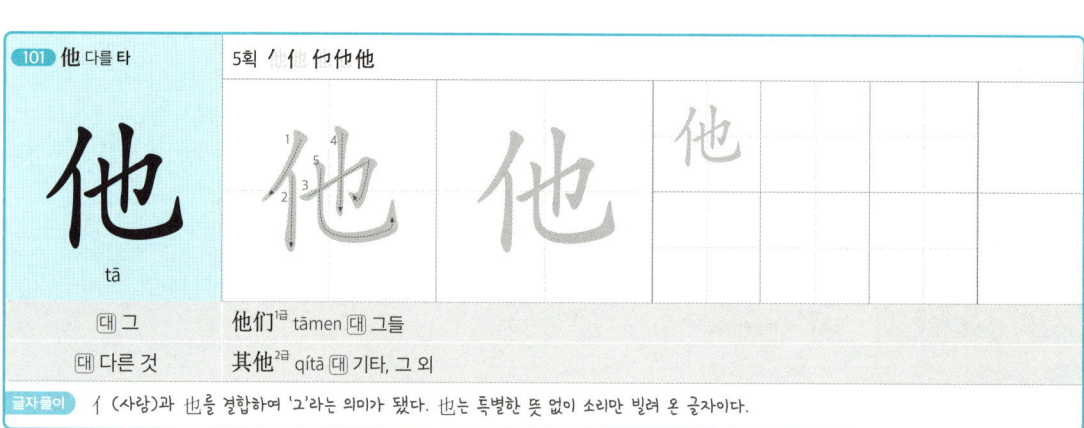

101 他 다를 타 — 5획 ノ 亻 亻 仲 他

tā

[대] 그 — 他们¹급 tāmen [대] 그들
[대] 다른 것 — 其他²급 qítā [대] 기타, 그 외

글자풀이 亻(사람)과 也를 결합하여 '그'라는 의미가 됐다. 也는 특별한 뜻 없이 소리만 빌려 온 글자이다.

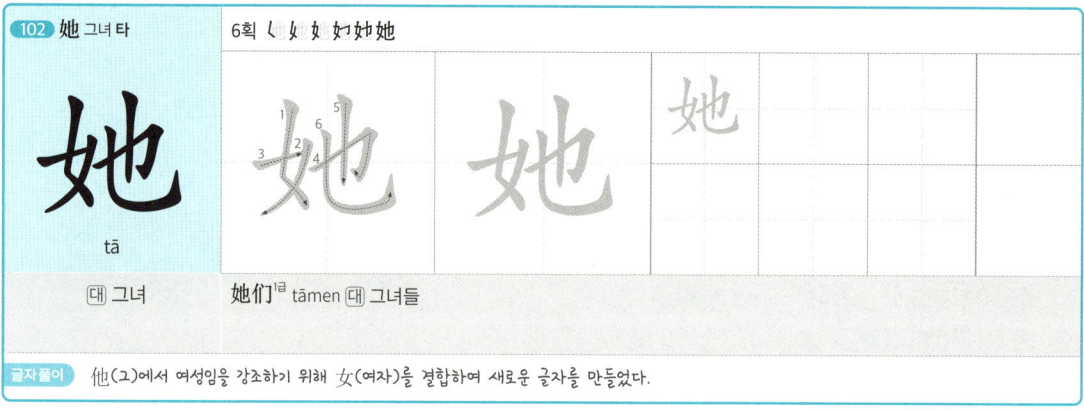

102 她 그녀 타 — 6획 ㄑ 女 女 奵 妒 她

tā

[대] 그녀 — 她们¹급 tāmen [대] 그녀들

글자풀이 他(그)에서 여성임을 강조하기 위해 女(여자)를 결합하여 새로운 글자를 만들었다.

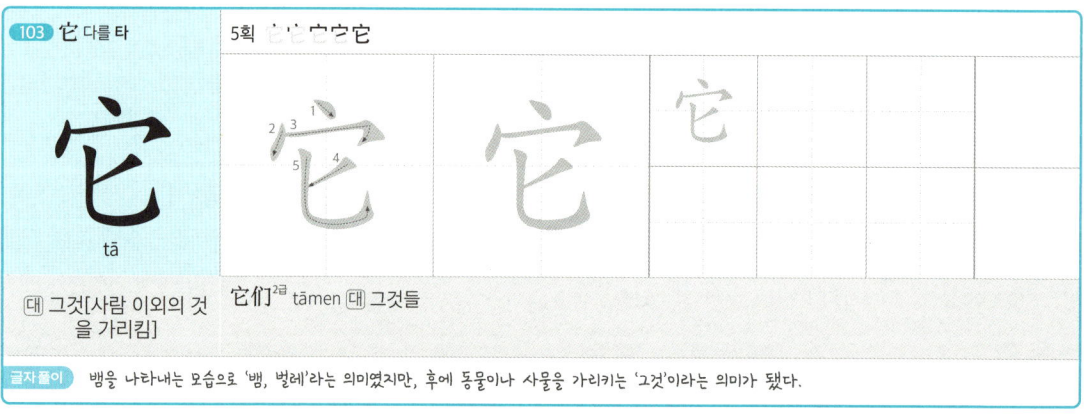

103 它 다를 타 — 5획 ㄧ ㄣ 宀 宀 它

tā

[대] 그것[사람 이외의 것을 가리킴] — 它们²급 tāmen [대] 그것들

글자풀이 뱀을 나타내는 모습으로 '뱀, 벌레'라는 의미였지만, 후에 동물이나 사물을 가리키는 '그것'이라는 의미가 됐다.

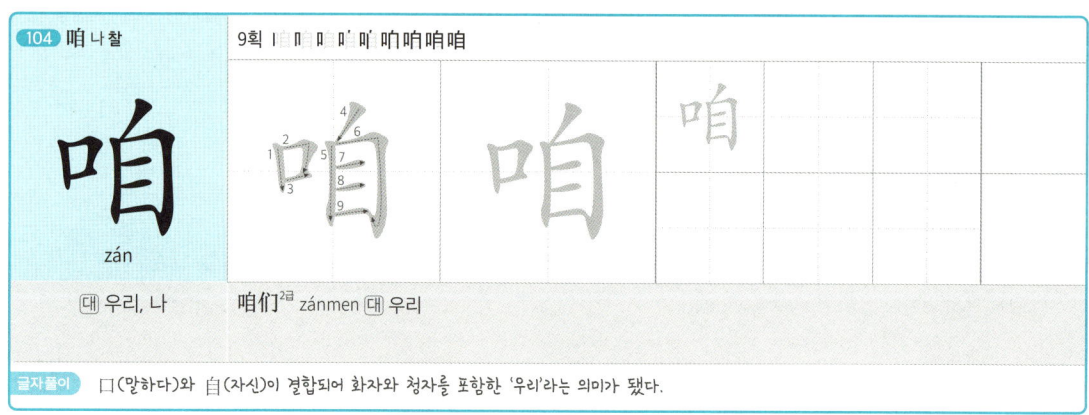

104 咱 나 찰 — 9획 丨 ㄇ ㄩ ㄩ' 叭 叭 咱 咱 咱

zán

[대] 우리, 나 — 咱们²급 zánmen [대] 우리

글자풀이 口(말하다)와 自(자신)이 결합되어 화자와 청자를 포함한 '우리'라는 의미가 됐다.

105 朋 벗 붕 — 8획 丿 刀 刀 月 月 刖 朋 朋

péng

- 명 친구
- 朋友¹급 péngyou 명 친구
- 男朋友¹급 nánpéngyou 명 남자 친구
- 女朋友¹급 nǚpéngyou 명 여자 친구

글자풀이: 화폐로 쓰였던 조개의 모습으로, 평등한 교환 관계에서 '친구'라는 의미가 됐다.

106 友 벗 우 — 4획 一 ナ 方 友

yǒu

- 명 친구
- 형 우호적이다
- 网友¹급 wǎngyǒu 명 인터넷상의 친구
- 好友⁴급 hǎoyǒu 명 친한 친구
- 友好²급 yǒuhǎo 형 우호적이다

글자풀이: 두 손이 협력하는 모습으로, 상호 협조라는 의미에서 '친구'라는 의미가 됐다.

107 顾 돌아볼 고 — 10획 一 厂 戶 戶 戶 雇 顾 顾 顾 顾

gù

- 명 손님, 고객
- 동 돌보다
- 顾客²급 gùkè 명 고객
- 照顾²급 zhàogù 동 돌보다, 보살피다

글자풀이: 雇(새가 돌아보는 모습)과 頁(머리)가 결합되어 '고개를 돌리다, 돌보다'라는 뜻이 됐고 주의를 기울이는 대상인 '손님'이라는 의미로 확장됐다.

108 客 손 객 — 9획 丶 宀 宀 宀 宊 安 客 客 客

kè

- 명 손님, 고객
- 형 독립적이다
- 客人²급 kèrén 명 손님
- 客观³급 kèguān 형 객관적이다

글자풀이: 宀(집)으로 各(발)이 들어오는 모습으로, '손님'이라는 의미가 됐다.

113 演 펼 연

14획 ` ` ` ` ` 氵氵氵沪沪浒浒浒演演演演

yǎn

[동] 공연하다, 연기하다　　表演³급 biǎoyǎn [동] 공연하다　　演唱会³급 yǎnchànghuì [명] 콘서트, 음악회
演讲⁴급 yǎnjiǎng [동] 강연하다

글자풀이　氵(물)과 寅(늘어나다)가 결합되어 '물이 흐르다'라는 의미가 됐고, 후에 무언가를 펼쳐 보임, 즉 '공연하다'라는 의미로 파생됐다.

114 員 인원 원

7획 ` 口 口 口 吊 员 员

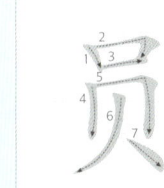 

yuán

[명] 종사자, 구성원　　演员³급 yǎnyuán [명] 배우　　人员³급 rényuán [명] 인원, 요원　　员工³급 yuángōng [명] 직원, 종업원
售货员⁴급 shòuhuòyuán [명] 판매원

글자풀이　솥의 둥근 입구를 그린 모습으로 그릇의 용량을 나타냈고, 후에 '정해진 수의 사람, 구성원'이라는 의미로 확장됐다.

115 司 맡을 사

5획 ` 刁 司 司 司

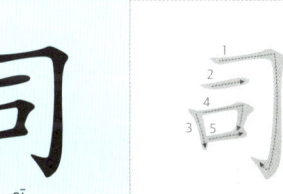 

sī

[동] 경영하다, 담당하다　　公司²급 gōngsī [명] 회사

글자풀이　손으로 입을 가려 명령하는 모습으로 '관리자'라는 의미가 됐고, 후에 '경영하다, 담당하다'라는 의미가 됐다.

116 機 틀 기

6획 ` 十 木 木 机 机

jī

[명] 기계, 비행기　　司机²급 sījī [명] 기사, 운전사　　飞机¹급 fēijī [명] 비행기　　机场¹급 jīchǎng [명] 공항　　机器³급 jīqì [명] 기계
[명] 기회, 시기　　机会²급 jīhuì [명] 기회

글자풀이　几(활을 쏘는 기계)와 木(나무)가 결합되어 나무로 된 장치를 나타냈고, 이후 '기계'라는 의미로 확장됐다.

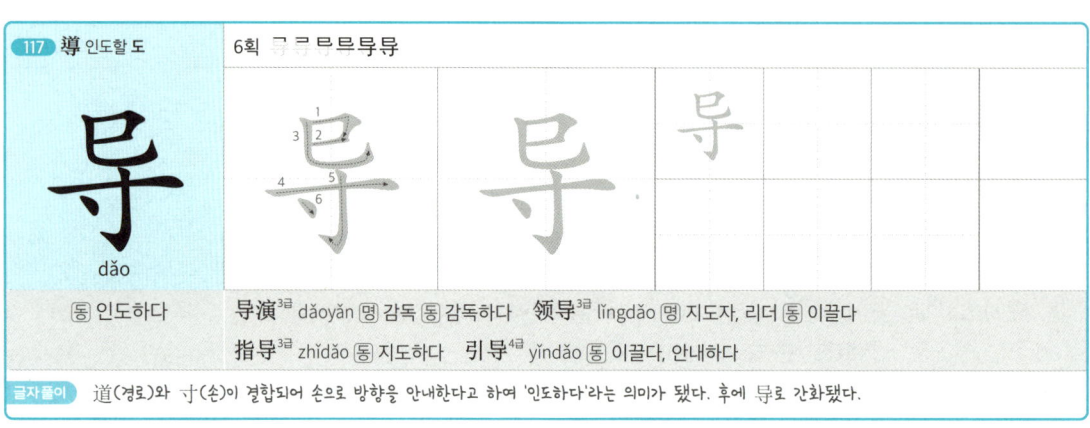

117 导 인도할 도 — dǎo

(동) 인도하다

导演³급 dǎoyǎn (명) 감독 (동) 감독하다　领导³급 lǐngdǎo (명) 지도자, 리더 (동) 이끌다
指导³급 zhǐdǎo (동) 지도하다　引导⁴급 yǐndǎo (동) 이끌다, 안내하다

글자풀이　道(경로)와 寸(손)이 결합되어 손으로 방향을 안내한다고 하여 '인도하다'라는 의미가 됐다. 후에 导로 간화됐다.

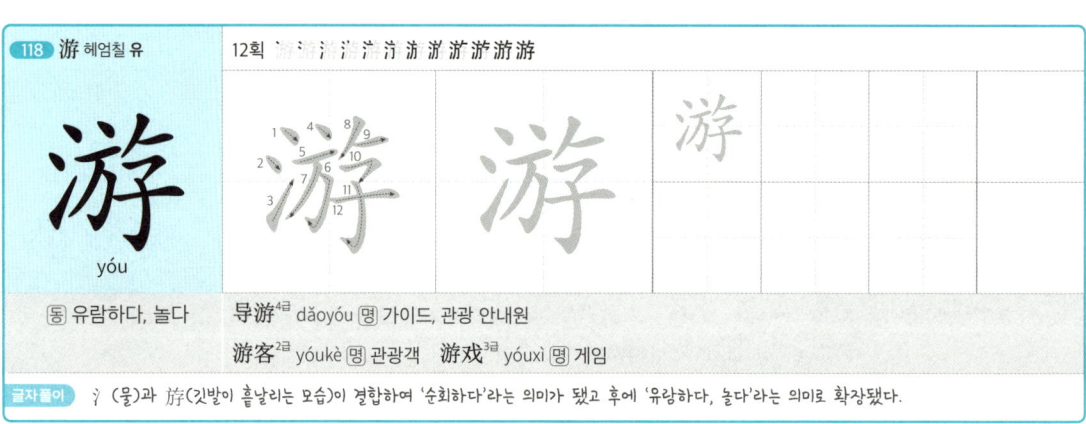

118 游 헤엄칠 유 — yóu

(동) 유람하다, 놀다

导游⁴급 dǎoyóu (명) 가이드, 관광 안내원
游客²급 yóukè (명) 관광객　游戏³급 yóuxì (명) 게임

글자풀이　氵(물)과 斿(깃발이 흩날리는 모습)이 결합하여 '순회하다'라는 의미가 됐고 후에 '유랑하다, 놀다'라는 의미로 확장됐다.

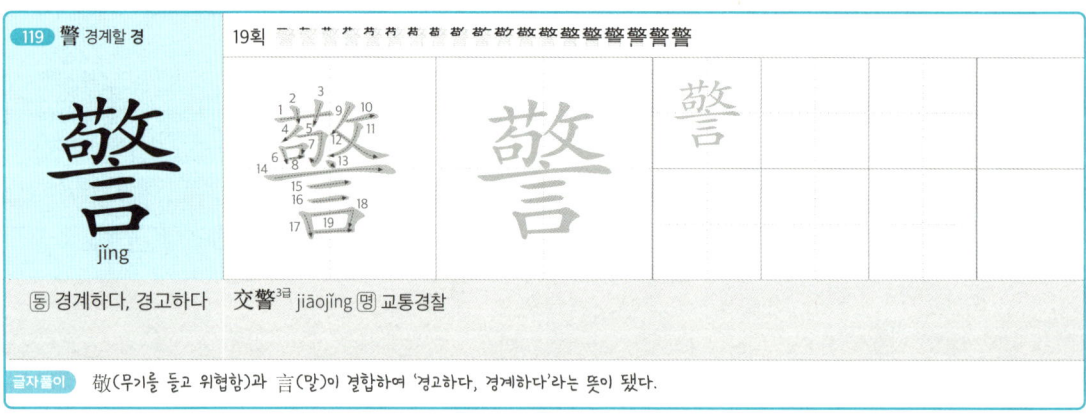

119 警 경계할 경 — jǐng

(동) 경계하다, 경고하다

交警³급 jiāojǐng (명) 교통경찰

글자풀이　敬(무기를 들고 위협함)과 言(말)이 결합하여 '경고하다, 경계하다'라는 뜻이 됐다.

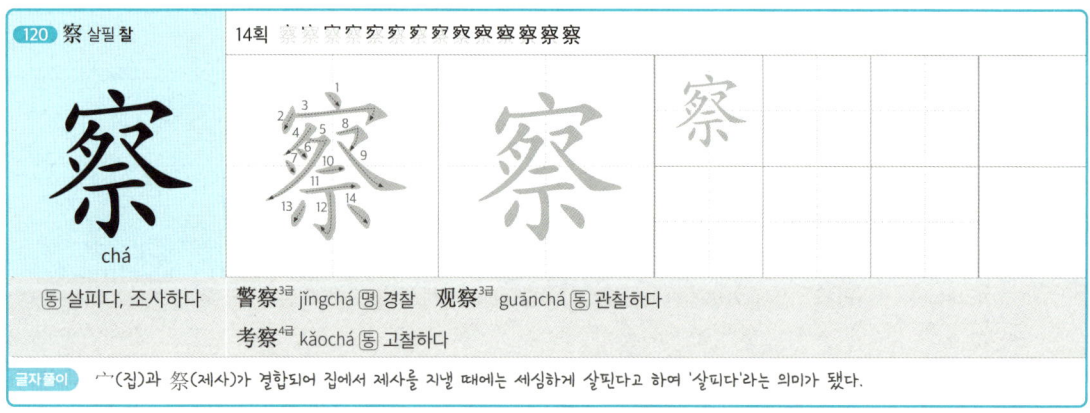

120 察 살필 찰 — chá

(동) 살피다, 조사하다

警察³급 jǐngchá (명) 경찰　观察³급 guānchá (동) 관찰하다
考察⁴급 kǎochá (동) 고찰하다

글자풀이　宀(집)과 祭(제사)가 결합되어 집에서 제사를 지낼 때에는 세심하게 살핀다고 하여 '살피다'라는 의미가 됐다.

단어로 써 보기

오늘 써 본 한자들로 조합된 HSK 빈출 단어들이에요. 칸에 맞춰 정확히 써 보세요.

06일차 날씨·계절

云(구름), 春(봄)처럼 날씨·계절과 관련된 간체자를 써 볼 거예요.
음성을 들으며 한자와 단어의 발음도 함께 익혀 보세요.

121 天 tiān
명 날, 하늘

122 气 qì
명 기후, 공기
동 화내다, 성내다

123 雨 yǔ
명 비

124 雪 xuě
명 눈

125 云 yún
명 구름

126 阴 yīn
형 날이 흐리다

127 晴 qíng
형 날이 맑다

128 热 rè
형 덥다, 뜨겁다
형 열정적이다

129 温 wēn
형 따뜻하다
명 온도

130 和 hé
형 온화하다, 평화롭다
접 ~와(과)

131 暖 nuǎn
형 따뜻하다, 온화하다

132 寒 hán
형 춥다, 차다

133 冷 lěng
형 춥다, 차갑다
형 냉정하다

134 凉 liáng
형 서늘하다, 선선하다

135 快 kuài
형 상쾌하다
형 빠르다

136 季 jì
명 계절, 분기

137 节 jié
명 절기, 명절, 사항
동 절약하다

138 春 chūn
명 봄

139 夏 xià
명 여름

140 秋 qiū
명 가을

141 冬 dōng
명 겨울

121 天 하늘 천

4획 ー ニ 千 天

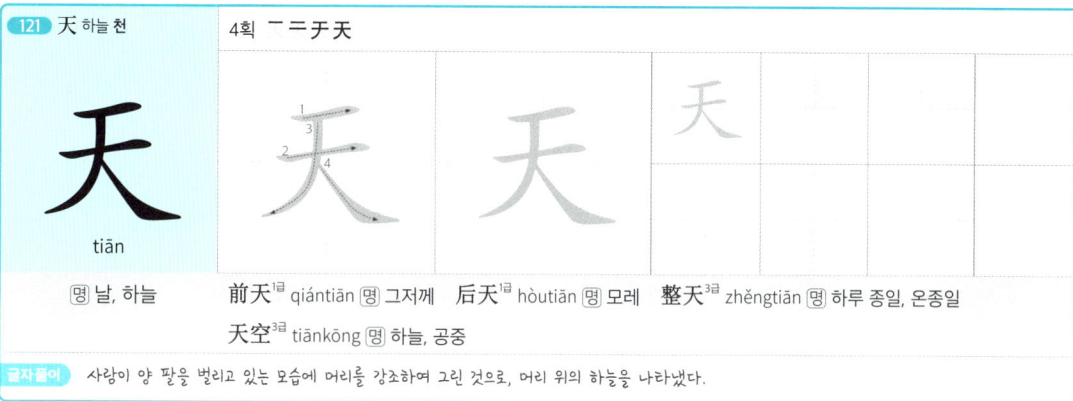

tiān

[명] 날, 하늘

前天[1급] qiántiān [명] 그저께　后天[1급] hòutiān [명] 모레　整天[3급] zhěngtiān [명] 하루 종일, 온종일
天空[3급] tiānkōng [명] 하늘, 공중

글자풀이 사람이 양 팔을 벌리고 있는 모습에 머리를 강조하여 그린 것으로, 머리 위의 하늘을 나타냈다.

122 氣 기운 기

4획 ノ ノ 气 气

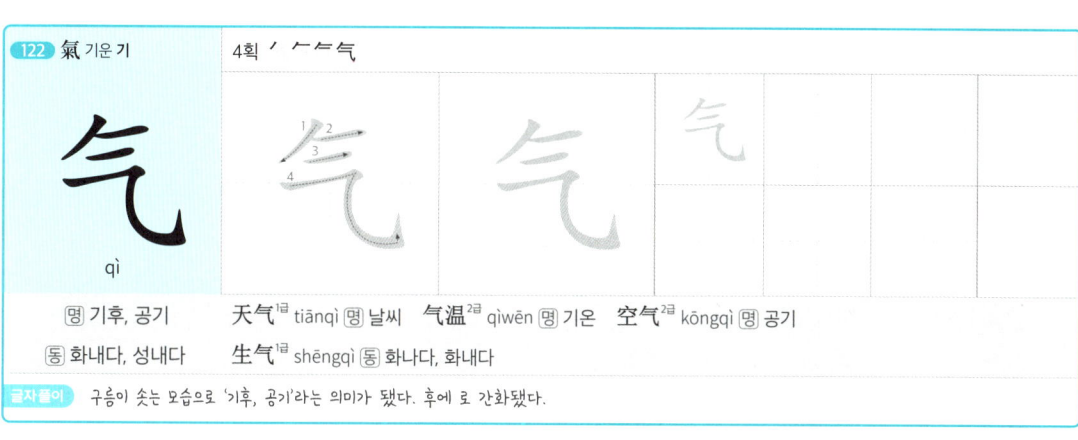

qì

[명] 기후, 공기
[동] 화내다, 성내다

天气[1급] tiānqì [명] 날씨　气温[2급] qìwēn [명] 기온　空气[2급] kōngqì [명] 공기
生气[1급] shēngqì [동] 화나다, 화내다

글자풀이 구름이 솟는 모습으로 '기후, 공기'라는 의미가 됐다. 후에 로 간화됐다.

123 雨 비 우

8획 ー 丆 亓 币 币 雨 雨 雨

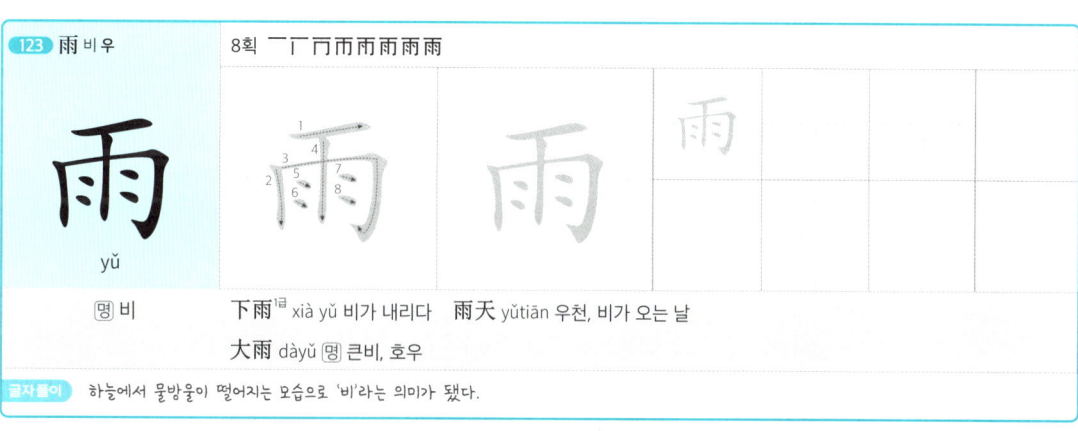

yǔ

[명] 비

下雨[1급] xià yǔ 비가 내리다　雨天 yǔtiān 우천, 비가 오는 날
大雨 dàyǔ [명] 큰비, 호우

글자풀이 하늘에서 물방울이 떨어지는 모습으로 '비'라는 의미가 됐다.

124 雪 눈 설

11획 ー 丆 亓 币 币 雨 雨 雪 雪 雪 雪

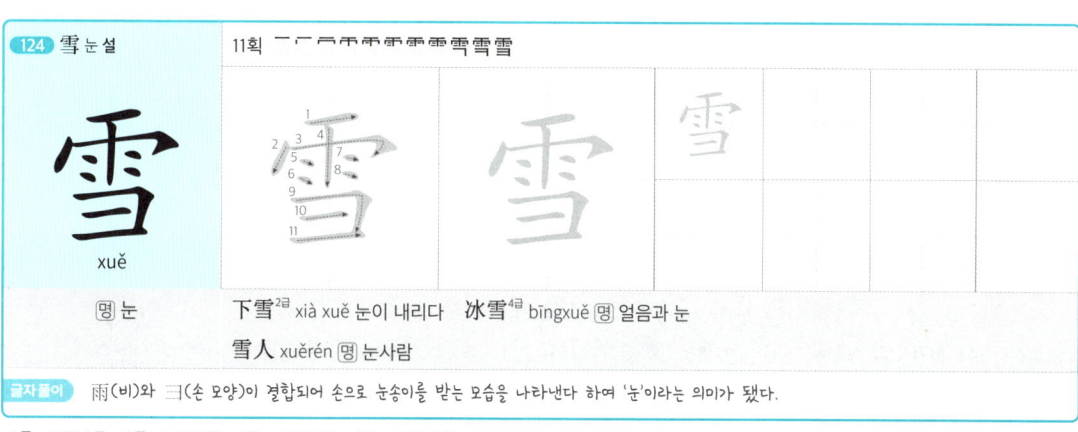

xuě

[명] 눈

下雪[2급] xià xuě 눈이 내리다　冰雪[4급] bīngxuě [명] 얼음과 눈
雪人 xuěrén [명] 눈사람

글자풀이 雨(비)와 彐(손 모양)이 결합되어 손으로 눈송이를 받는 모습을 나타낸다 하여 '눈'이라는 의미가 됐다.

1급 = HSK 1급　2급 = HSK 2급　3급 = HSK 3급　4급 = HSK 4급

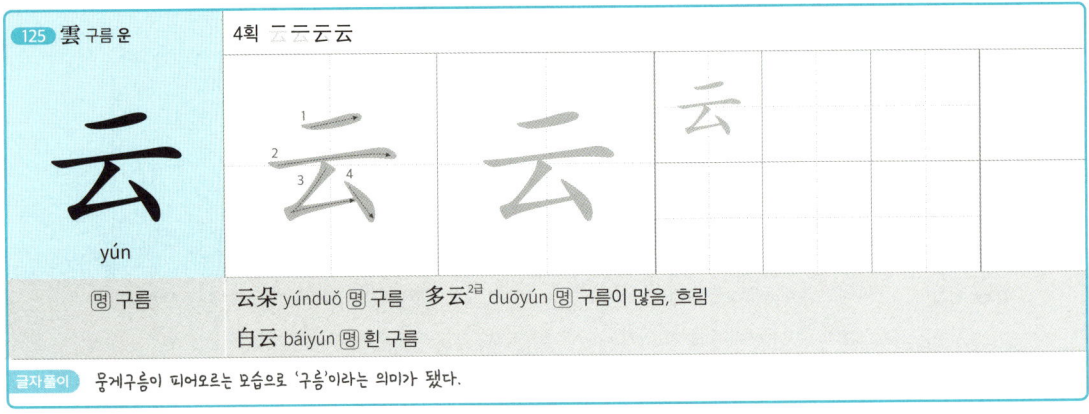

125 雲 구름 운 — 4획 二 テ 云 云

云 yún

형 구름

云朵 yúnduǒ 명 구름   多云² duōyún 형 구름이 많은, 흐림
白云 báiyún 명 흰 구름

글자풀이: 뭉게구름이 피어오르는 모습으로 '구름'이라는 의미가 됐다.

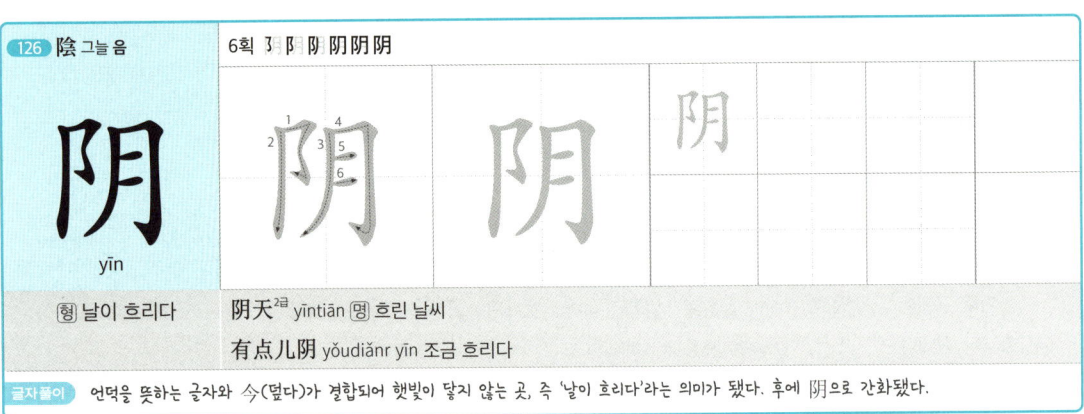

126 陰 그늘 음 — 6획 ⺆ 阝 阴 阴 阴 阴

阴 yīn

형 날이 흐리다

阴天² yīntiān 명 흐린 날씨
有点儿阴 yǒudiǎnr yīn 조금 흐리다

글자풀이: 언덕을 뜻하는 글자와 今(덮다)가 결합되어 햇빛이 닿지 않는 곳, 즉 '날이 흐리다'라는 의미가 됐다. 후에 阴으로 간화됐다.

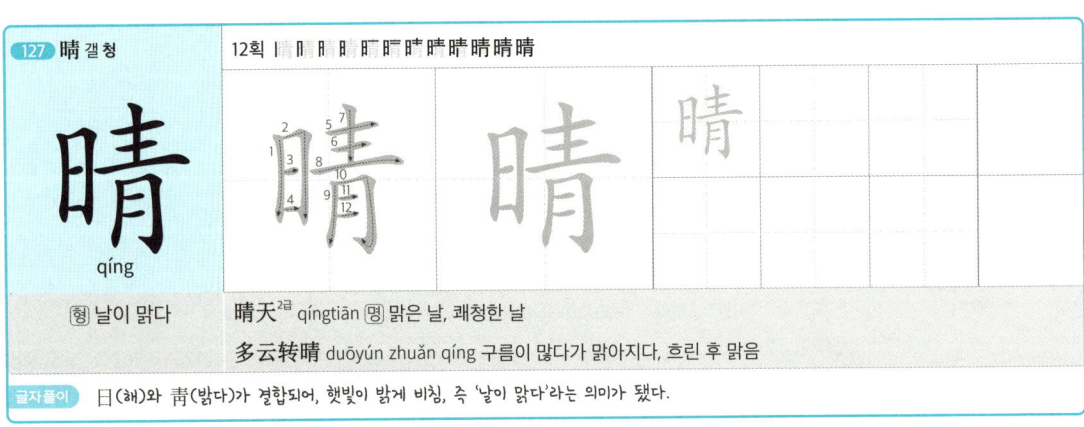

127 晴 갤 청 — 12획 丨 冂 冂 日 旷 旷 旷 旷 晴 晴 晴 晴

晴 qíng

형 날이 맑다

晴天² qíngtiān 명 맑은 날, 쾌청한 날
多云转晴 duōyún zhuǎn qíng 구름이 많다가 맑아지다, 흐린 후 맑음

글자풀이: 日(해)와 青(밝다)가 결합되어, 햇빛이 밝게 비침, 즉 '날이 맑다'라는 의미가 됐다.

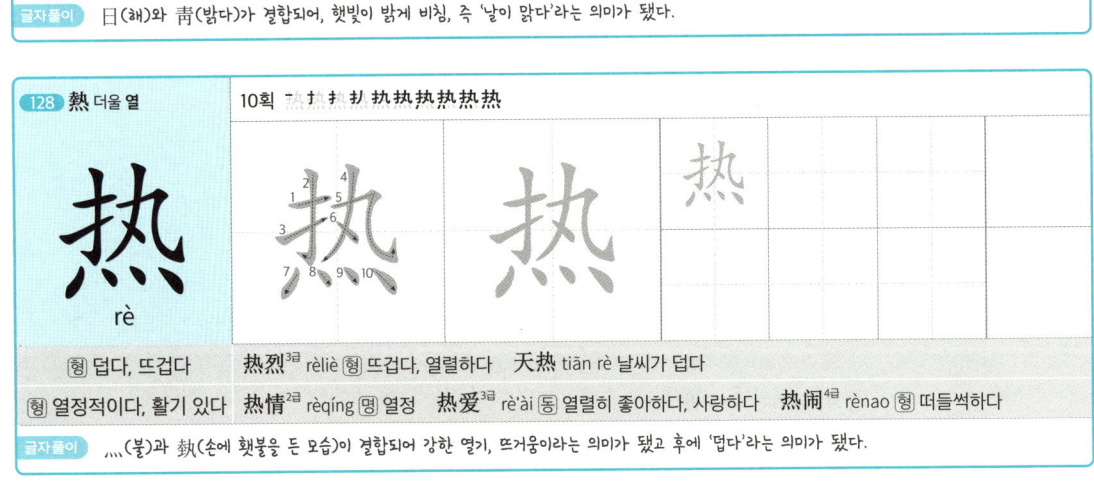

128 熱 더울 열 — 10획 一 十 扌 扌 执 执 执 热 热 热

热 rè

형 덥다, 뜨겁다   热烈³ rèliè 형 뜨겁다, 열렬하다   天热 tiān rè 날씨가 덥다
형 열정적이다, 활기 있다   热情³ rèqíng 명 열정   热爱³ rè'ài 동 열렬히 좋아하다, 사랑하다   热闹⁴ rènao 형 떠들썩하다

글자풀이: 灬(불)과 埶(손에 횃불을 든 모습)이 결합되어 강한 열기, 뜨거움이라는 의미가 됐고 후에 '덥다'라는 의미가 됐다.

129 温 따뜻할 온

12획 `丶丶氵氵沪沪沪沪温温温温`

wēn

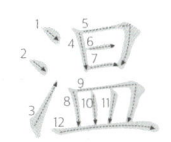

- 형 따뜻하다, 온화하다
- 명 온도

温水 wēnshuǐ 명 온수
气温² qìwēn 명 기온 温度² wēndù 명 온도

글자풀이 氵(물)과 皿(그릇에 데우다)가 결합되어 적당하게 데운 물이라는 의미가 됐고, '따뜻하다'라는 의미로 확장됐다.

---

130 和 화할 화

8획 `丿二千禾禾和和`

hé

- 형 온화하다, 평화롭다
- 접 ~와(과)

温和 wēnhé 형 (기후가) 따뜻하다, (성질·태도 등이) 온화하다   和平³ hépíng 명 평화 형 평화롭다
你和我 nǐ hé wǒ 너와 나

글자풀이 禾(악기의 한 종류)와 口(입)이 결합되어 음악이 조화롭다는 의미가 됐고, '온화하다, 평화롭다'라는 의미로 확장됐다.

06일차 해커스 중국어 간체자 쓰기노트 717

---

131 暖 따뜻할 난

13획 `丨冂冃日旷旷旷旷呼呼呼暖暖`

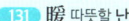

nuǎn

- 형 따뜻하다, 온화하다

温暖³ wēnnuǎn 형 따뜻하다, 포근하다   暖和³ nuǎnhuo 형 따뜻하다
暖气⁴ nuǎnqì 명 온기, 라디에이터

글자풀이 日(햇빛)과 爰(끌어당기다)가 결합되어 '(햇빛으로 인해) 따뜻하다'라는 의미가 됐다.

---

132 寒 찰 한

12획

hán

- 형 춥다, 차다

寒假⁴ hánjià 명 겨울 방학
寒风 hánfēng 명 찬바람, 한풍

글자풀이 宀(집) 안에 艹(풀)과 冫(얼음)이 깔려 있고 덜덜 떨고 있는 사람의 모습으로, 집 안에서 얼음이 얼 정도로 '춥다'라는 의미가 됐다.

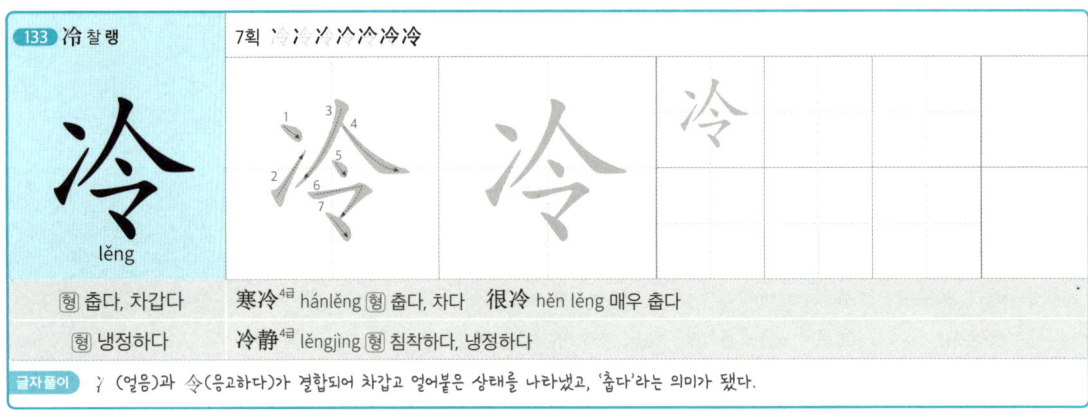

133 冷 찰 랭 — 7획

lěng

- 형 춥다, 차갑다 — 寒冷⁴급 hánlěng 형 춥다, 차다 / 很冷 hěn lěng 매우 춥다
- 형 냉정하다 — 冷静⁴급 lěngjìng 형 침착하다, 냉정하다

글자풀이: 冫(얼음)과 令(음고하다)가 결합되어 차갑고 얼어붙은 상태를 나타냈고, '춥다'라는 의미가 됐다.

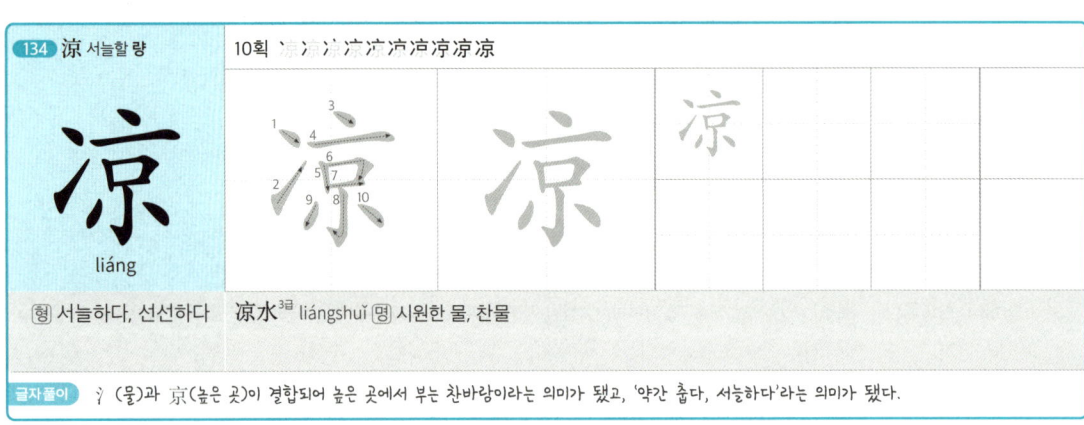

134 涼 서늘할 량 — 10획

liáng

- 형 서늘하다, 선선하다 — 涼水³급 liángshuǐ 명 시원한 물, 찬물

글자풀이: 冫(물)과 京(높은 곳)이 결합되어 높은 곳에서 부는 찬바람이라는 의미가 됐고, '약간 춥다, 서늘하다'라는 의미가 됐다.

135 快 쾌할 쾌 — 7획

kuài

- 형 상쾌하다, 기분이 좋다 — 涼快²급 liángkuai 형 시원하다, 서늘하다 / 快乐²급 kuàilè 형 즐겁다, 행복하다
- 형 빠르다 — 快速 kuàisù 형 쾌속의, 신속한 / 赶快³급 gǎnkuài 부 얼른, 재빨리

글자풀이: 忄(마음)과 夬(해소되다)가 결합되어 '마음이 해방되다', 즉 '상쾌하다'라는 의미가 됐다.

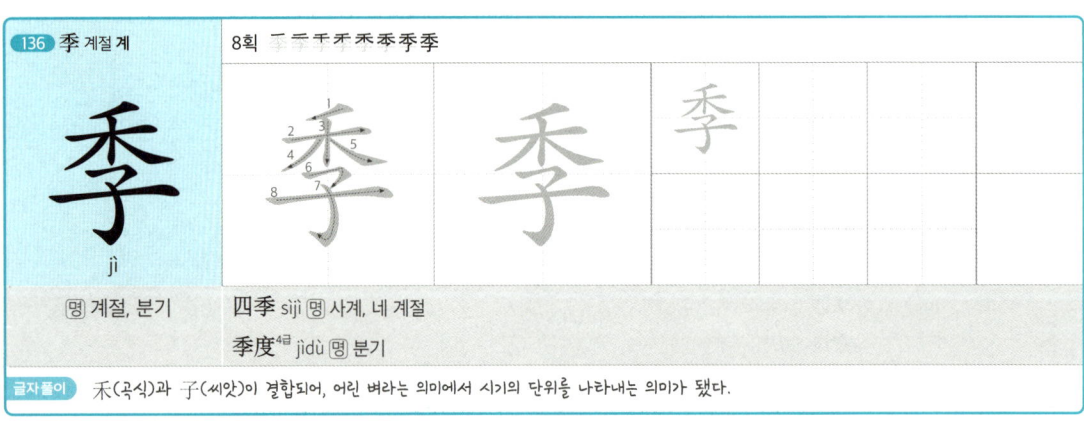

136 季 계절 계 — 8획

jì

- 명 계절, 분기 — 四季 sìjì 명 사계, 네 계절 / 季度⁴급 jìdù 명 분기

글자풀이: 禾(곡식)과 子(씨앗)이 결합되어, 어린 벼라는 의미에서 시기의 단위를 나타내는 의미가 됐다.

137 節 마디 절

5획 一十卄节节

jié

(명) 절기, 명절, 사항
(동) 절약하다

季节⁴급 jìjié (명) 계절　节日²급 jiérì (명) 명절, 기념일　细节⁴급 xìjié (명) 세부 사항, 디테일
节约³급 jiéyuē (동) 절약하다, 아끼다　节省⁴급 jiéshěng (동) 절약하다, 경제적으로 쓰다

글자풀이 ⺮(대나무)와 卩(묶다)가 결합되어 '대나무 마디'라는 의미가 됐고, 대나무의 마디처럼 1년을 끊어서 나눈다 하여 '절기'라는 의미가 됐다.

138 春 봄 춘

9획 一二三声夫未春春春

chūn

(명) 봄

春天²급 chūntiān (명) 봄　春季⁴급 chūnjì (명) 봄철　春节²급 Chūnjié (명) 춘절[음력 1월 1일]
青春⁴급 qīngchūn (명) 청춘

글자풀이 日(햇살)을 받고 올라오는 새싹의 모습으로, 새싹이 올라오는 계절인 '봄'이라는 의미가 됐다.

139 夏 여름 하

10획 一一十十万页页页夏夏

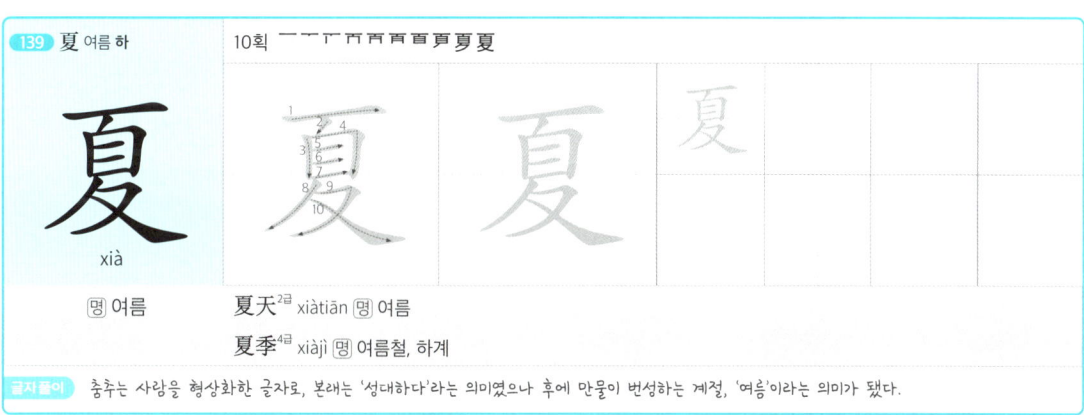

xià

(명) 여름

夏天²급 xiàtiān (명) 여름
夏季⁴급 xiàjì (명) 여름철, 하계

글자풀이 夏추는 사람을 형상화한 글자로, 본래는 '성대하다'라는 의미였으나 후에 만물이 번성하는 계절, '여름'이라는 의미가 됐다.

140 秋 가을 추

9획 一二千千禾禾利利秋秋

qiū

(명) 가을

秋天²급 qiūtiān (명) 가을
秋季⁴급 qiūjì (명) 가을철

글자풀이 禾(벼)와 火(불)이 결합되어, 곡식을 거둔 후 남은 뿌리와 줄기를 태우는 시기, 즉 '가을'이라는 의미가 됐다.

141 冬 겨울 동

dōng

5획 冬 ク 冬 冬 冬

명 겨울

冬天 [2급] dōngtiān 명 겨울   冬季 [4급] dōngjì 명 겨울철, 동계

春夏秋冬 chūnxiàqiūdōng 춘하추동, 봄·여름·가을·겨울

글자풀이 줄의 끝을 묶은 매듭의 모습으로, 매듭을 지어 끝냈다는 의미가 됐고, 冫(얼음)을 더해 한 해의 끝인 '겨울'이라는 의미가 됐다.

단어로 써 보기

오늘 써 본 한자들로 조합된 HSK 빈출 단어들이에요. 칸에 맞춰 정확히 써 보세요.

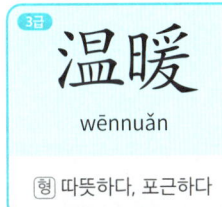 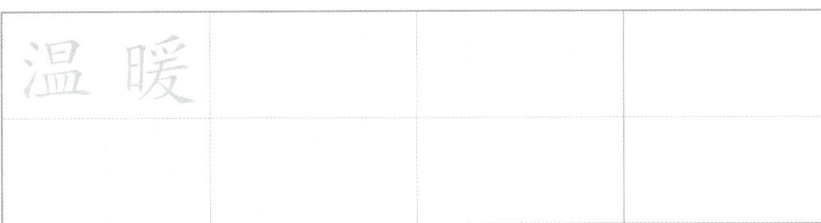

 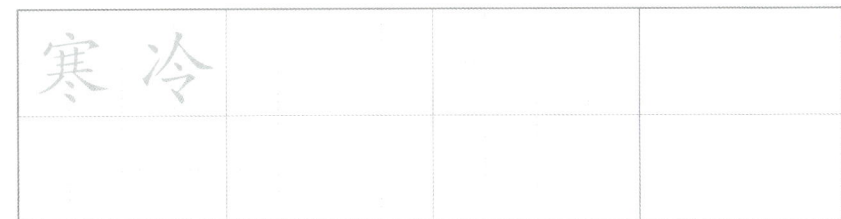

07 일차 자연·동식물

 山(산), 猫(고양이)처럼 자연·동식물과 관련된 간체자를 써 볼 거예요. 음성을 들으며 한자와 단어의 발음도 함께 익혀 보세요.

MP3 바로 듣기

142 山 shān 명 산

143 树 shù 명 나무

144 草 cǎo 명 풀

145 花 huā 명 꽃 / 동 쓰다, 들이다

146 水 shuǐ 명 물

147 火 huǒ 명 불

148 海 hǎi 명 바다

149 沙 shā 명 모래

150 太 tài 부 너무, 매우 / 형 나이가 가장 많은

151 阳 yáng 명 태양, 햇살

152 光 guāng 명 빛 / 부 오로지, ~만

153 烟 yān 명 연기, 담배

154 狗 gǒu 명 개

155 猫 māo 명 고양이

156 鸟 niǎo 명 새

157 马 mǎ 명 말

158 牛 niú 명 소

159 鱼 yú 명 물고기, 생선

160 世 shì 명 세상, 세대

161 界 jiè 명 경계, 범위

162 环 huán 동 주위를 돌다

163 境 jìng 명 경계, 구역

164 保 bǎo 동 보호하다 / 동 보증하다

165 护 hù 동 보호하다, 보살피다

142 山 메 산 — 3획 丨 山 山

명 산

爬山 pá shān 등산하다 登山⁴급 dēngshān 동 등산하다, 산에 오르다
山顶 shāndǐng 명 산꼭대기, 산 정상

글자풀이 우뚝 솟은 3개의 산봉우리의 모습으로 '산'이라는 의미가 됐다.

143 樹 나무 수 — 9획 一 十 十 才 木 村 权 权 树 树 树

shù

명 나무

树木 shùmù 명 나무, 수목 树林⁴급 shùlín 명 수풀, 숲 树叶⁴급 shùyè 명 나뭇잎
松树⁴급 sōngshù 명 소나무

글자풀이 木(나무)와 尌(세우다)가 결합되어 '나무'라는 의미가 됐다. 후에 树로 간화됐다.

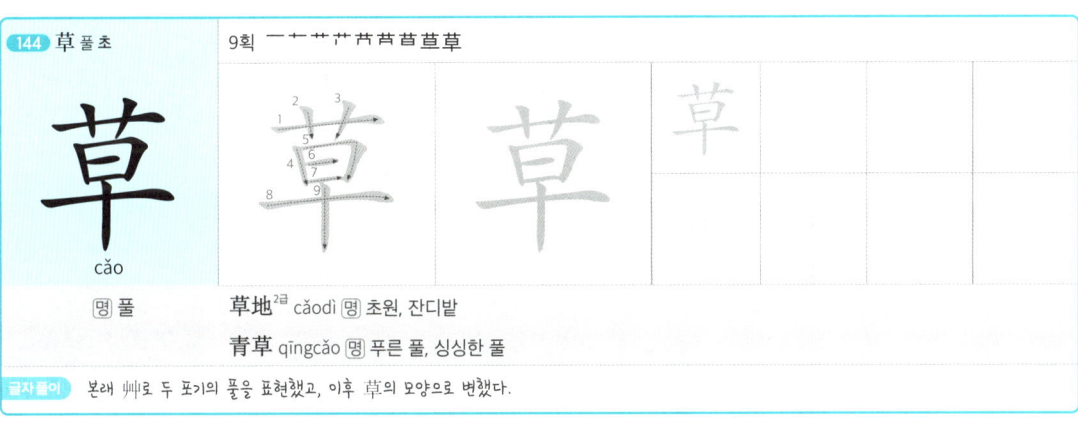

144 草 풀 초 — 9획 一 十 艹 艹 艹 苩 苩 草 草

cǎo

명 풀

草地²급 cǎodì 명 초원, 잔디밭
青草 qīngcǎo 명 푸른 풀, 싱싱한 풀

글자풀이 본래 艸로 두 포기의 풀을 표현했고, 이후 草의 모양으로 변했다.

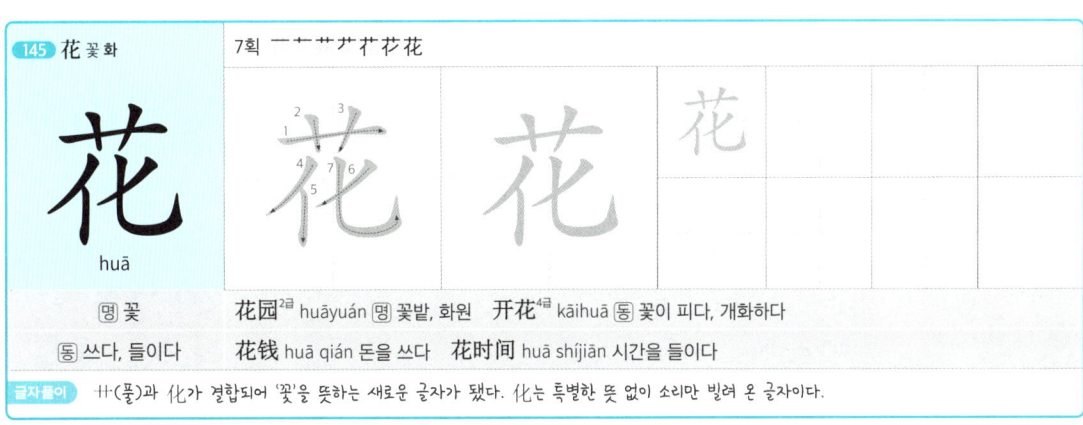

145 花 꽃 화 — 7획 一 十 艹 艹 艹 芐 花

huā

명 꽃
동 쓰다, 들이다

花园²급 huāyuán 명 꽃밭, 화원 开花⁴급 kāihuā 동 꽃이 피다, 개화하다
花钱 huā qián 돈을 쓰다 花时间 huā shíjiān 시간을 들이다

글자풀이 艹(풀)과 化가 결합되어 '꽃'을 뜻하는 새로운 글자가 됐다. 化는 특별한 뜻 없이 소리만 빌려 온 글자이다.

1급 = HSK 1급   2급 = HSK 2급   3급 = HSK 3급   4급 = HSK 4급

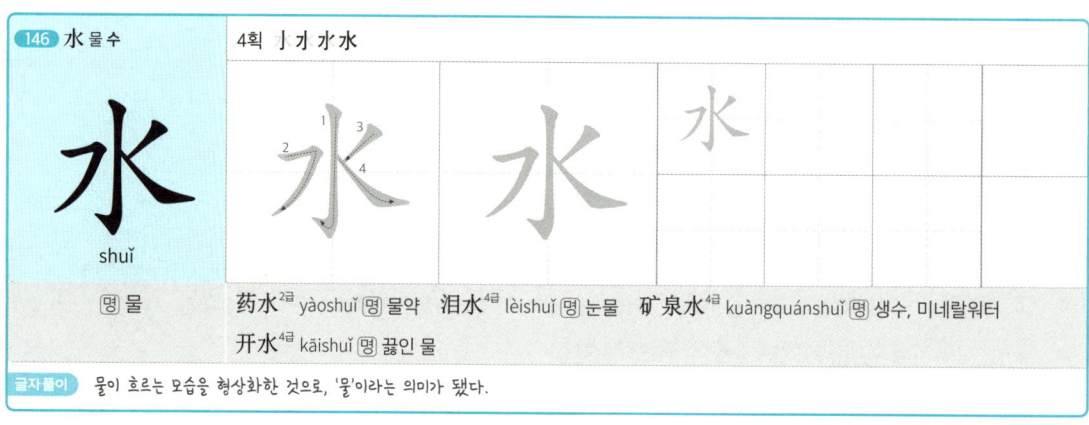

146 水 물 수

4획 亅 亅 水 水

- 명 물
- 药水 ²급 yàoshuǐ 명 물약
- 泪水 ⁴급 lèishuǐ 명 눈물
- 矿泉水 ⁴급 kuàngquánshuǐ 명 생수, 미네랄워터
- 开水 ⁴급 kāishuǐ 명 끓인 물

글자풀이 물이 흐르는 모습을 형상화한 것으로, '물'이라는 의미가 됐다.

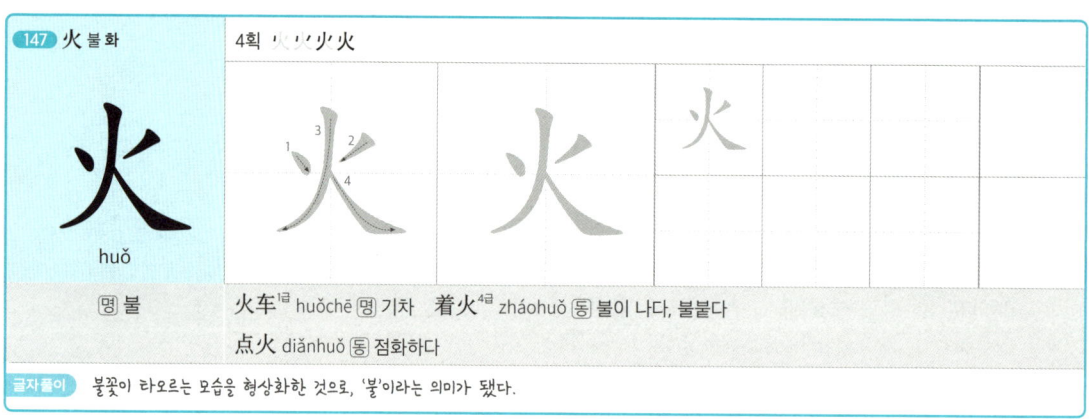

147 火 불 화

4획 火 火 火 火

- 명 불
- 火车 ¹급 huǒchē 명 기차
- 着火 ⁴급 zháohuǒ 동 불이 나다, 불붙다
- 点火 diǎnhuǒ 동 점화하다

글자풀이 불꽃이 타오르는 모습을 형상화한 것으로, '불'이라는 의미가 됐다.

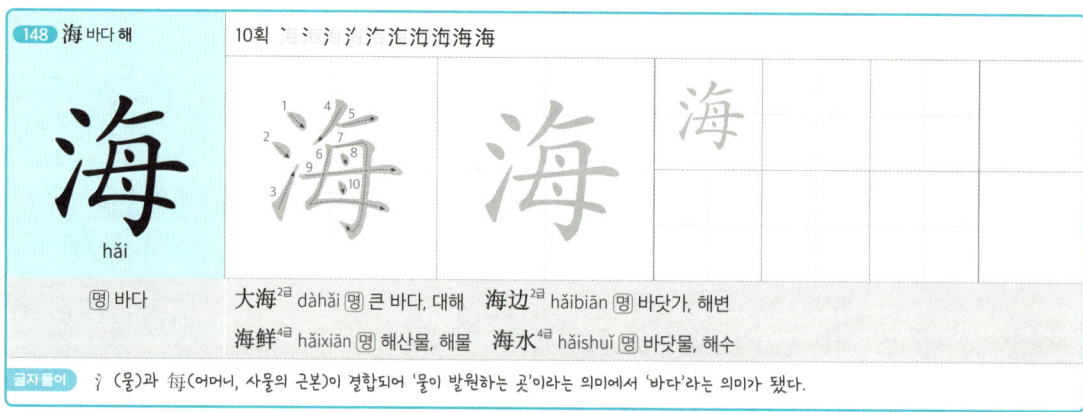

148 海 바다 해

10획 氵 氵 氵 氵 汇 汇 海 海 海 海

- 명 바다
- 大海 ²급 dàhǎi 명 큰 바다, 대해
- 海边 ²급 hǎibiān 명 바닷가, 해변
- 海鲜 ⁴급 hǎixiān 명 해산물, 해물
- 海水 ⁴급 hǎishuǐ 명 바닷물, 해수

글자풀이 氵(물)과 每(어머니, 사물의 근본)이 결합되어 '물이 발원하는 곳'이라는 의미에서 '바다'라는 의미가 됐다.

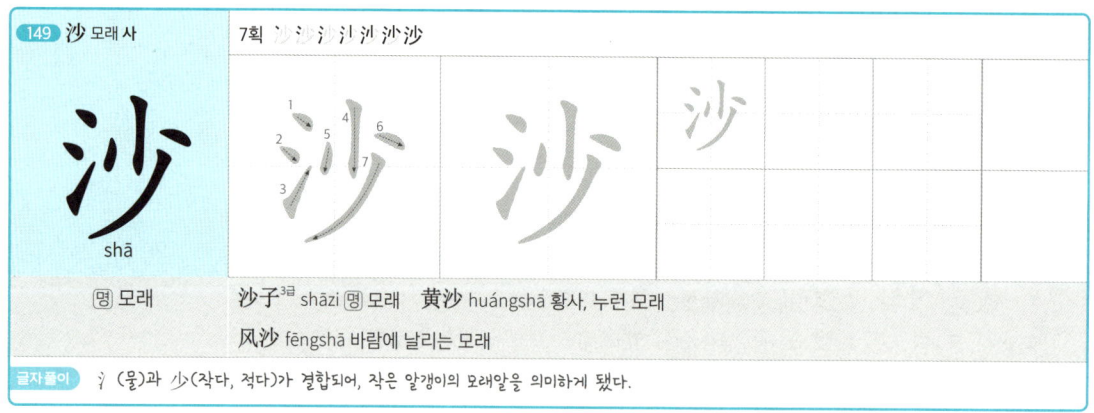

149 沙 모래 사

7획 氵 氵 氵 氵 沙 沙 沙

- 명 모래
- 沙子 ³급 shāzi 명 모래
- 黄沙 huángshā 황사, 누런 모래
- 风沙 fēngshā 바람에 날리는 모래

글자풀이 氵(물)과 少(작다, 적다)가 결합되어, 작은 알갱이의 모래알을 의미하게 됐다.

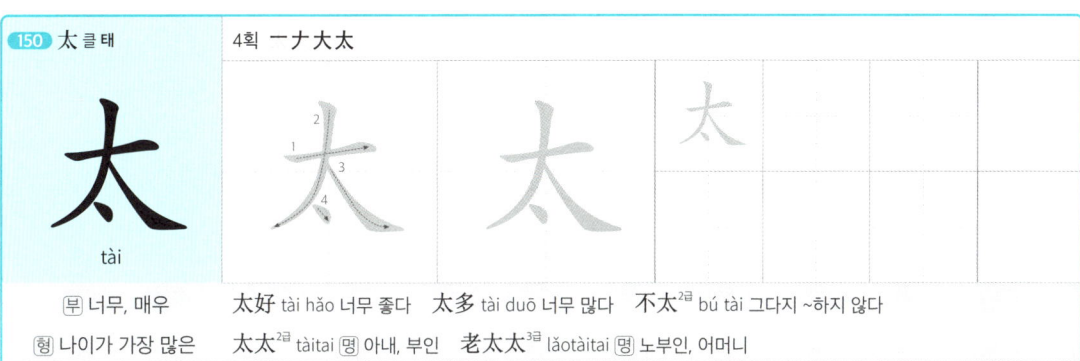

150 太 클 태 — 4획 一ナ大太

tài

[부] 너무, 매우
[형] 나이가 가장 많은

太好 tài hǎo 너무 좋다   太多 tài duō 너무 많다   不太²급 bú tài 그다지 ~하지 않다
太太²급 tàitai [명] 아내, 부인   老太太³급 lǎotàitai [명] 노부인, 어머니

글자풀이 大(크다)에 점(`)을 더해 더 크거나 심한 것을 뜻하는 글자를 만들었다.

151 陽 볕 양 — 6획 ３阝阳阳阳

yáng

[명] 태양, 햇살, 양(陽)

太阳²급 tàiyáng [명] 태양   阳台⁴급 yángtái [명] 베란다, 발코니
阴阳 yīnyáng 음과 양

글자풀이 阝(언덕)과 昜(햇볕)이 결합되어 햇볕이 비추는 곳을 나타냈고, 후에 '태양, 햇살'이라는 의미가 됐다. 후에 阳으로 간화됐다.

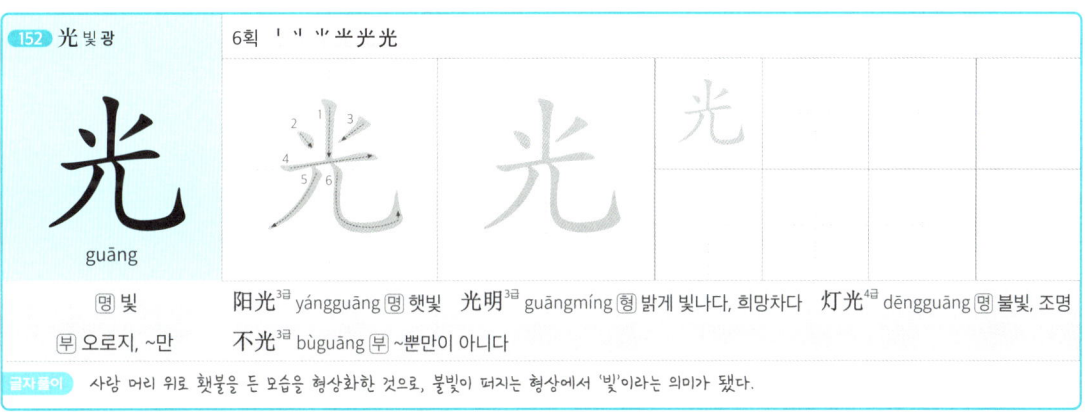

152 光 빛 광 — 6획 ⺊⺊⺌⺍光光

guāng

[명] 빛
[부] 오로지, ~만

阳光³급 yángguāng [명] 햇빛   光明³급 guāngmíng [형] 밝게 빛나다, 희망차다   灯光⁴급 dēngguāng [명] 불빛, 조명
不光³급 bùguāng [부] ~뿐만이 아니다

글자풀이 사람 머리 위로 횃불을 든 모습을 형상화한 것으로, 불빛이 퍼지는 형상에서 '빛'이라는 의미가 됐다.

153 煙 연기 연 — 10획 ⼂⼂⺊⽕⺣炉炉烟烟烟

yān

[명] 연기, 담배

抽烟⁴급 chōuyān [동] 담배를 피우다   吸烟⁴급 xīyān [동] 담배를 피우다
烟火 yānhuǒ [명] 연기와 불

글자풀이 火(불)과 垔(아궁이에 불이 타오르는 모습)이 결합되어, '연기'라는 의미가 됐다. 후에 烟으로 간화됐다.

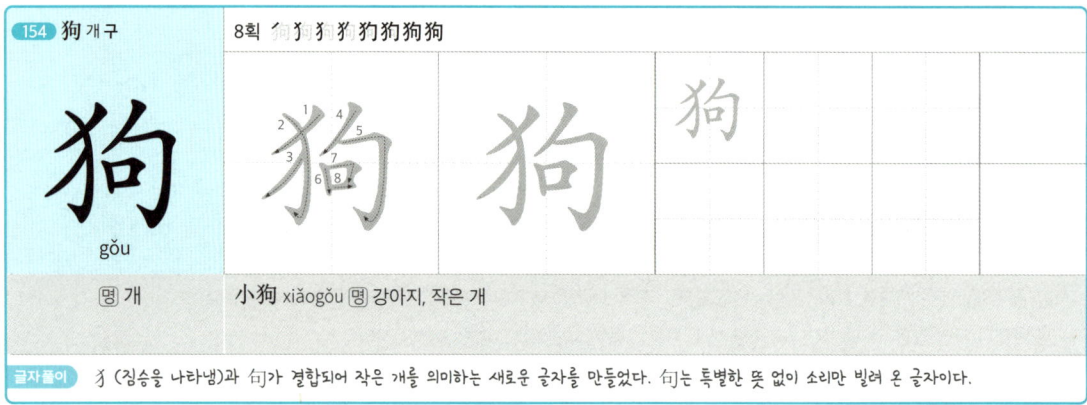

154 狗 개 구 — gǒu

8획 狗狗狗狗狗狗狗狗

명 개

小狗 xiǎogǒu 명 강아지, 작은 개

글자풀이 犭(짐승을 나타냄)과 句가 결합되어 작은 개를 의미하는 새로운 글자를 만들었다. 句는 특별한 뜻 없이 소리만 빌려 온 글자이다.

155 猫 고양이 묘 — māo

11획 猫猫猫猫猫猫猫猫猫猫猫

명 고양이

小猫 xiǎomāo 명 고양이, 새끼 고양이　黑猫 hēi māo 검정 고양이　流浪猫 liúlàng māo 길고양이
熊猫 xióngmāo 명 판다

글자풀이 犭(짐승을 나타냄)과 苗가 결합되어 고양이를 의미하는 새로운 글자를 만들었다. 苗는 특별한 뜻 없이 소리만 빌려 온 글자이다.

156 鳥 새 조 — niǎo

5획 鸟鸟鸟鸟鸟

명 새

小鸟 xiǎoniǎo 명 작은 새　鸟类 niǎolèi 명 조류　鸟窝 niǎowō 명 둥지, 새집
鸟巢 niǎocháo 명 둥지, 니아오챠오[베이징올림픽 주 경기장]

글자풀이 새의 머리, 몸, 꼬리를 나타낸 모습으로 '새'라는 의미가 됐다. 후에 鸟로 간화됐다.

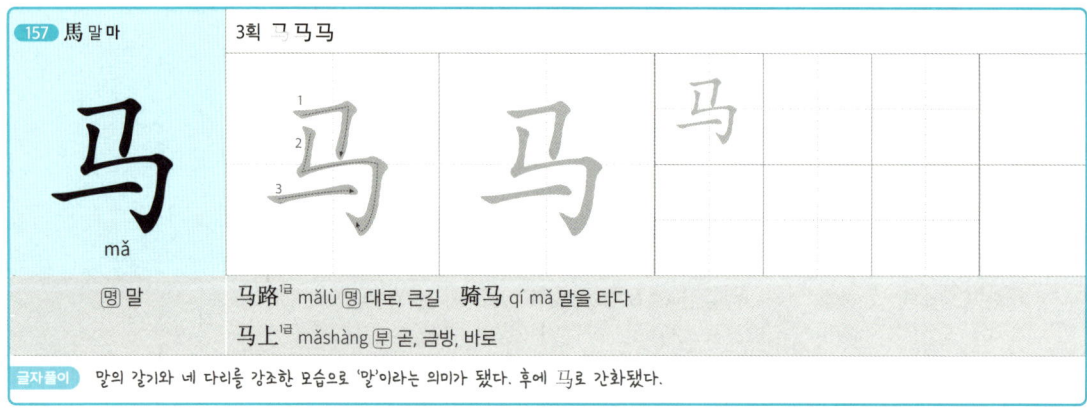

157 馬 말 마 — mǎ

3획 马马马

명 말

马路¹급 mǎlù 명 대로, 큰길　骑马 qí mǎ 말을 타다
马上¹급 mǎshàng 부 곧, 금방, 바로

글자풀이 말의 갈기와 네 다리를 강조한 모습으로 '말'이라는 의미가 됐다. 후에 马로 간화됐다.

158 牛 소 우 4획 ノ ㇑ 二 牛

niú

명 소

牛肉 niúròu 명 소고기
牛仔裤 niúzǎikù 명 청바지

글자풀이 뿔 두 개가 달린 소의 모습으로 '소'라는 의미가 됐다.

159 魚 물고기 어 8획 ノ ㇉ 亽 什 甴 甶 角 鱼

yú

명 물고기, 생선

鲜鱼 xiānyú 명 생선, 선어   活鱼 huóyú 명 활어, 생어   生鱼片 shēngyúpiàn 명 생선회
烤鱼 kǎo yú 생선을 굽다

글자풀이 물고기의 머리, 몸통, 꼬리를 나타낸 모습으로 '물고기'라는 의미가 됐다. 후에 鱼로 간화됐다.

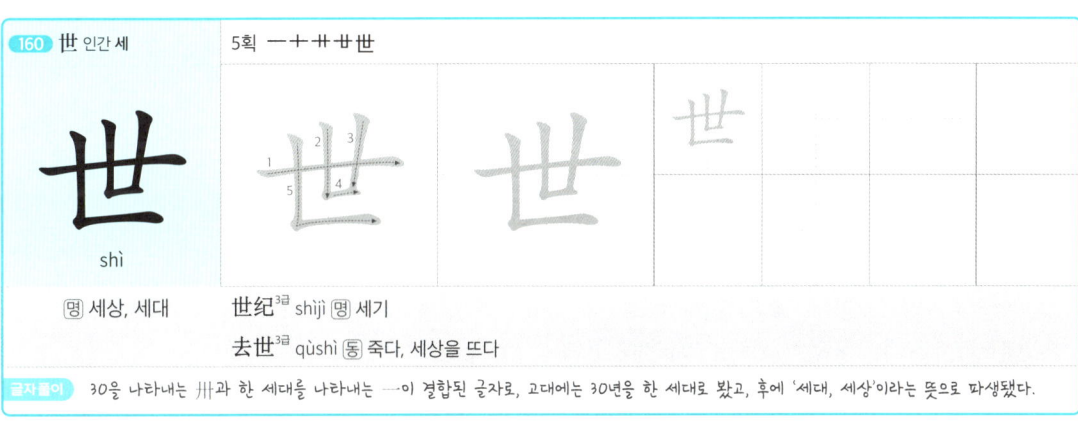

160 世 인간 세 5획 一 十 卅 廿 世

shì

명 세상, 세대

世纪³급 shìjì 명 세기
去世³급 qùshì 동 죽다, 세상을 뜨다

글자풀이 30을 나타내는 卅과 한 세대를 나타내는 一이 결합된 글자로, 고대에는 30년을 한 세대로 봤고, 후에 '세대, 세상'이라는 뜻으로 파생됐다.

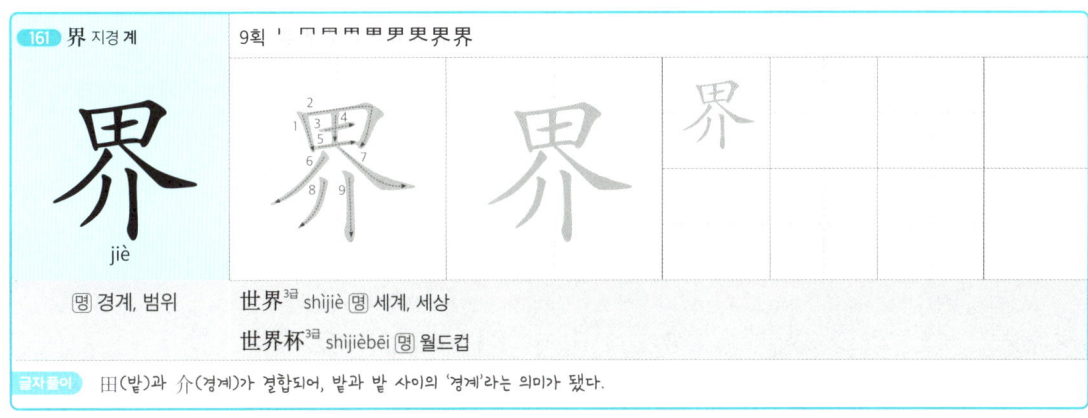

161 界 지경 계 9획 ノ 口 日 旦 甲 甲 昇 昇 界

jiè

명 경계, 범위

世界³급 shìjiè 명 세계, 세상
世界杯³급 shìjièbēi 명 월드컵

글자풀이 田(밭)과 介(경계)가 결합되어, 밭과 밭 사이의 '경계'라는 의미가 됐다.

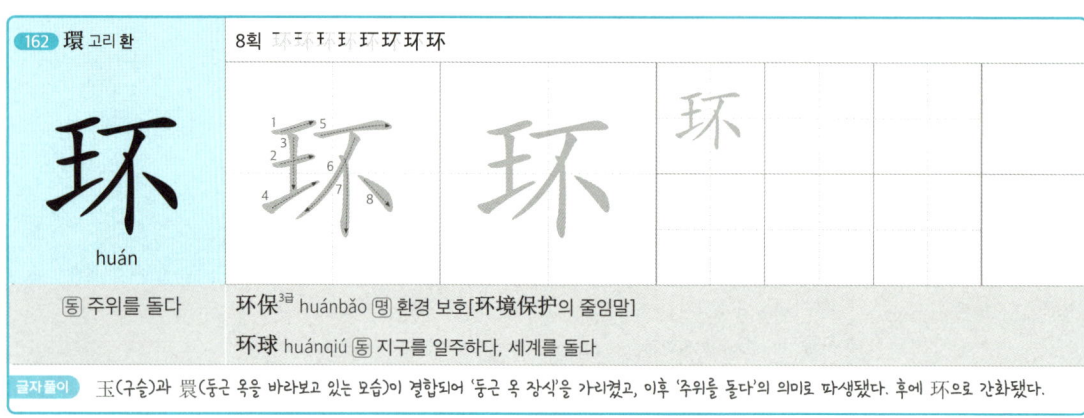

162 環 고리 환

8획 环 环 环 环 环 环 环 环

huán

동 주위를 돌다

环保³급 huánbǎo 명 환경 보호[环境保护의 줄임말]

环球 huánqiú 동 지구를 일주하다, 세계를 돌다

글자풀이 玉(구슬)과 睘(둥근 옥을 바라보고 있는 모습)이 결합되어 '둥근 옥 장식'을 가리켰고, 이후 '주위를 돌다'의 의미로 파생됐다. 후에 环으로 간화됐다.

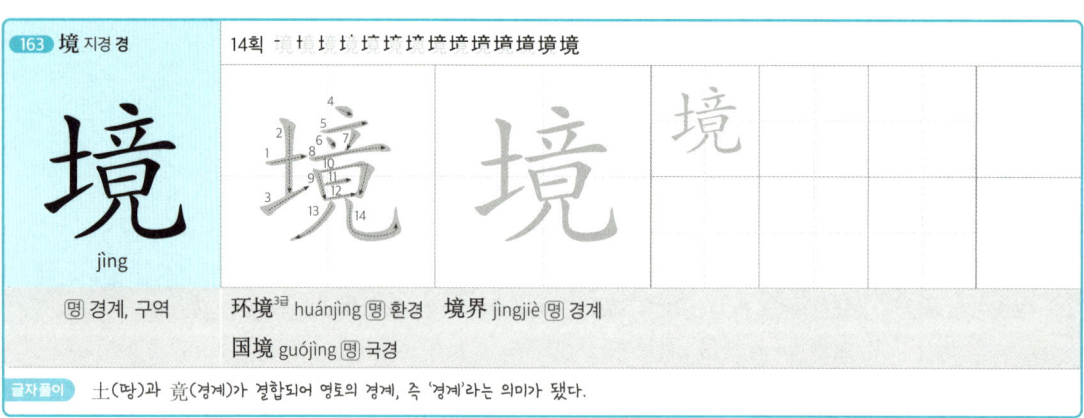

163 境 지경 경

14획 境 境 境 境 境 境 境 境 境 境 境 境 境 境

jìng

명 경계, 구역

环境³급 huánjìng 명 환경   境界 jìngjiè 명 경계

国境 guójìng 명 국경

글자풀이 土(땅)과 竟(경계)가 결합되어 영토의 경계, 즉 '경계'라는 의미가 됐다.

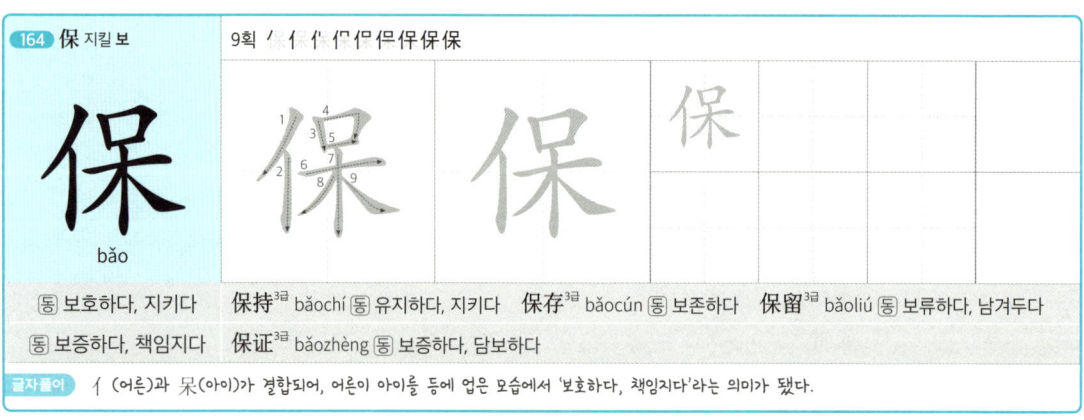

164 保 지킬 보

9획 保 保 保 保 保 保 保 保 保

bǎo

동 보호하다, 지키다

保持 bǎochí 동 유지하다, 지키다   保存³급 bǎocún 동 보존하다   保留³급 bǎoliú 동 보류하다, 남겨두다

동 보증하다, 책임지다

保证³급 bǎozhèng 동 보증하다, 담보하다

글자풀이 亻(어른)과 呆(아이)가 결합되어, 어른이 아이를 등에 업은 모습에서 '보호하다, 책임지다'라는 의미가 됐다.

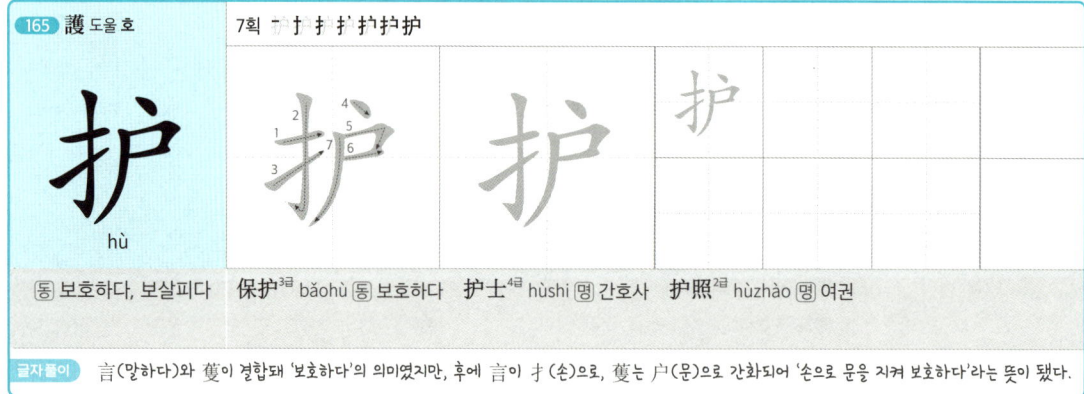

165 護 도울 호

7획 护 护 护 护 护 护 护

hù

동 보호하다, 보살피다

保护³급 bǎohù 동 보호하다   护士⁴급 hùshi 명 간호사   护照²급 hùzhào 명 여권

글자풀이 言(말하다)와 蒦이 결합돼 '보호하다'의 의미였지만, 후에 言이 扌(손)으로, 蒦는 户(문)으로 간화되어 '손으로 문을 지켜 보호하다'라는 뜻이 됐다.

단어로 써 보기

오늘 써 본 한자들로 조합된 HSK 빈출 단어들이에요. 칸에 맞춰 정확히 써 보세요.

太阳

阳光

世界

环境

保护

08일차 장소

校(학교), 馆(관, 건물, 회관)처럼 장소와 관련된 간체자를 써 볼 거예요.
음성을 들으며 한자와 단어의 발음도 함께 익혀 보세요.

MP3 바로 듣기

166 公 gōng	167 园 yuán	168 医 yī	169 院 yuàn	170 学 xué	171 校 xiào
형 공공의, 공동의 동 공개하다	명 유원지, 정원	명 의사, 의학 동 치료하다	명 병원, 전문 기관	동 배우다, 학습하다	명 학교

172 教 jiào	173 室 shì	174 图 tú	175 书 shū	176 馆 guǎn	177 城 chéng
동 가르치다	명 방, 실	명 그림, 도화	명 책, 서적	명 관, 건물, 회관	명 도시, 성벽

178 市 shì	179 场 chǎng	180 商 shāng	181 店 diàn	182 邮 yóu	183 局 jú
명 도시, 시장	명 장, 장소, 곳	명 상업, 상인 동 상의하다	명 가게, 상점	명 우편	명 국, 부서

184 道 dào	185 路 lù	186 站 zhàn	187 楼 lóu	188 房 fáng	189 都 dū, dōu
명 길, 도로, 도리 동 말하다	명 도로	명 역, 정거장 동 서다, 일어서다	명 건물, 층	명 방, 집	명 수도, 대도시 부 모두, 다

166 公 공평할 공

4획 ノ 八 公 公

公 gōng

 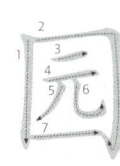 公

- 형 공공의, 공동의
- 동 공개하다

公交车²급 gōngjiāochē 명 버스　公司²급 gōngsī 명 회사　公共³급 gōnggòng 형 공공의, 공용의
公布³급 gōngbù 동 공포하다　公开³급 gōngkāi 동 공개하다 형 공개적인

글자풀이 八(나누다)와 厶(사적 이익)이 결합되어, 사익을 나누어 공평하게 분배한다는 의미가 됐고, 후에 '공공의, 공동의'라는 의미로 파생됐다.

167 園 동산 원

7획 丨 冂 冂 冃 呙 园 园

园 yuán

 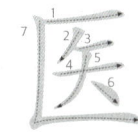 园

- 명 유원지, 정원

公园²급 gōngyuán 명 공원　花园²급 huāyuán 명 꽃밭, 화원　动物园²급 dòngwùyuán 명 동물원
幼儿园⁴급 yòu'éryuán 명 유치원

글자풀이 囗(둘러싼 벽)과 袁이 결합되어 담으로 둘러싼 밭을 의미했고, 후에 '유원지, 정원'이라는 의미가 됐다.

168 醫 의원 의

7획 一 ア テ 矢 歹 医 医

医 yī

 医 医

- 명 의사, 의학
- 동 치료하다

医生¹급 yīshēng 명 의사　医学⁴급 yīxué 명 의학　中医²급 zhōngyī 명 중의학, 중의학 의사
医疗⁴급 yīliáo 동 치료하다, 고치다

글자풀이 의료인을 나타내는 글자와 殳(외과 도구) 및 酉(약술)이 결합되어, '의사, 의학'이라는 의미가 됐다. 후에 医로 간화됐다.

169 院 집 원

9획 ㇇ 阝 阝' 阝'' 阝宀 阝宀 阝宀 院 院

院 yuàn

院 院 院

- 명 병원, 전문 기관

医院¹급 yīyuàn 명 병원　住院²급 zhùyuàn 동 입원하다　出院²급 chūyuàn 동 퇴원하다
电影院¹급 diànyǐngyuàn 명 영화관　法院⁴급 fǎyuàn 명 법원

글자풀이 阝(언덕, 성벽)과 完(완전하다)가 결합되어 성벽으로 둘러싸인 관청을 의미했고, 후에 '병원, 전문 기관'이라는 의미가 됐다.

1급 = HSK 1급　2급 = HSK 2급　3급 = HSK 3급　4급 = HSK 4급

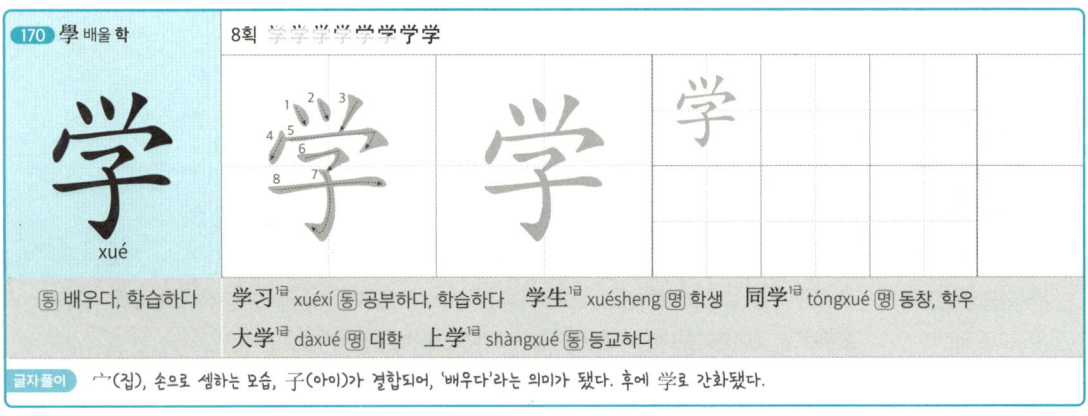

170 學 배울 학 8획 学学学学学学学学

xué

동 배우다, 학습하다

学习¹급 xuéxí 동 공부하다, 학습하다   学生¹급 xuésheng 명 학생   同学¹급 tóngxué 명 동창, 학우
大学¹급 dàxué 명 대학   上学¹급 shàngxué 동 등교하다

글자풀이: 宀(집), 손으로 셈하는 모습, 子(아이)가 결합되어, '배우다'라는 의미가 됐다. 후에 学로 간화됐다.

171 校 학교 교 10획 校校校校校校校校校校

xiào

명 학교

学校¹급 xuéxiào 명 학교   校园²급 xiàoyuán 명 캠퍼스, 교정   校长²급 xiàozhǎng 명 교장
校服 xiàofú 명 교복

글자풀이: 木(나무)와 交(교차하다)가 결합되어 죄수에게 끼우던 형틀을 나타냈고, 후에 '훈련장, 기관'에서 교육 기관인 '학교'라는 의미로 파생됐다.

172 敎 가르칠 교 11획 教教教教教教教教教教教

jiào

동 가르치다

教师²급 jiàoshī 명 교사   教学²급 jiàoxué 명 수업, 교육   教育²급 jiàoyù 동 교육하다
教材³급 jiàocái 명 교재   教授⁴급 jiàoshòu 명 교수

글자풀이: 孝(자식이 부모를 따르다)와 攵(징계하다)가 결합되어 '훈계하다'라는 의미가 됐고, 후에 '가르치다'라는 의미가 됐다.

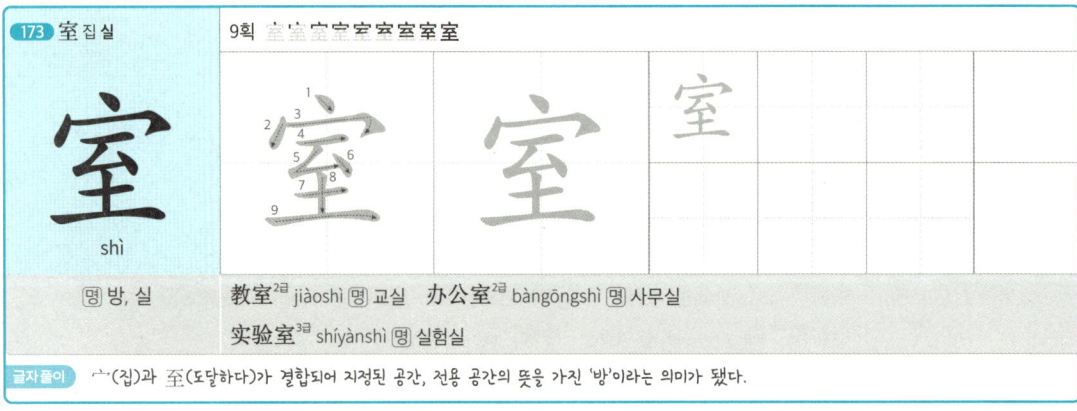

173 室 집 실 9획 室室室室室室室室室

shì

명 방, 실

教室²급 jiàoshì 명 교실   办公室²급 bàngōngshì 명 사무실
实验室³급 shíyànshì 명 실험실

글자풀이: 宀(집)과 至(도달하다)가 결합되어 지정된 공간, 전용 공간의 뜻을 가진 '방'이라는 의미가 됐다.

174 圖 그림 도

8획 | 冂 冂 冈 冈 图 图 图

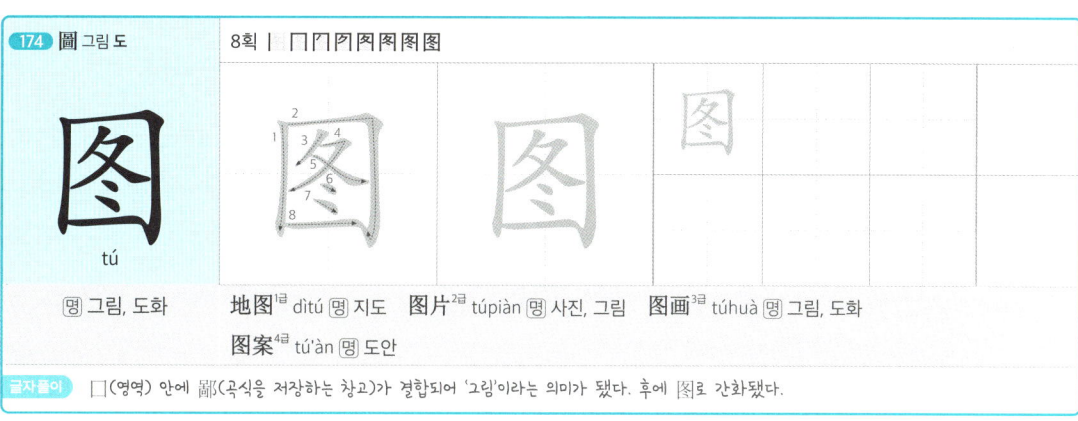

tú

[명] 그림, 도화

地图[1급] dìtú [명] 지도 图片[2급] túpiàn [명] 사진, 그림 图画[3급] túhuà [명] 그림, 도화
图案[4급] tú'àn [명] 도안

글자풀이 囗(영역) 안에 啚(곡식을 저장하는 창고)가 결합되어 '그림'이라는 의미가 됐다. 후에 图로 간화됐다.

175 書 글 서

4획 ㄱ ㅋ 书 书

shū

[명] 책, 서적

书店[1급] shūdiàn [명] 서점 读书[1급] dúshū [동] 책을 읽다, 공부하다 书包[1급] shūbāo [명] 책가방
书架[3급] shūjià [명] 책꽂이 图书 túshū [명] 도서, 서적

글자풀이 聿(손에 붓을 쥔 모습)과 者가 결합되어, '글을 쓰다'라는 뜻에서 '책'이라는 의미가 됐다. 者는 특별한 뜻 없이 소리만 빌려 온 글자이다.

176 館 집 관

11획 ′ ″ ⺈ ⺈ ⺈ 伫 伫 馆 馆 馆 馆

guǎn

[명] 관, 건물, 회관

图书馆[1급] túshūguǎn [명] 도서관 饭馆[2급] fànguǎn [명] 식당, 음식점
大使馆[3급] dàshǐguǎn [명] 대사관

글자풀이 食(음식)과 官(벼슬)이 결합되어 나랏일을 하던 사람들이 기거하던 곳, 즉 '관, 건물'이라는 의미가 됐다.

177 城 재 성

9획 一 十 土 圤 圢 圻 城 城 城

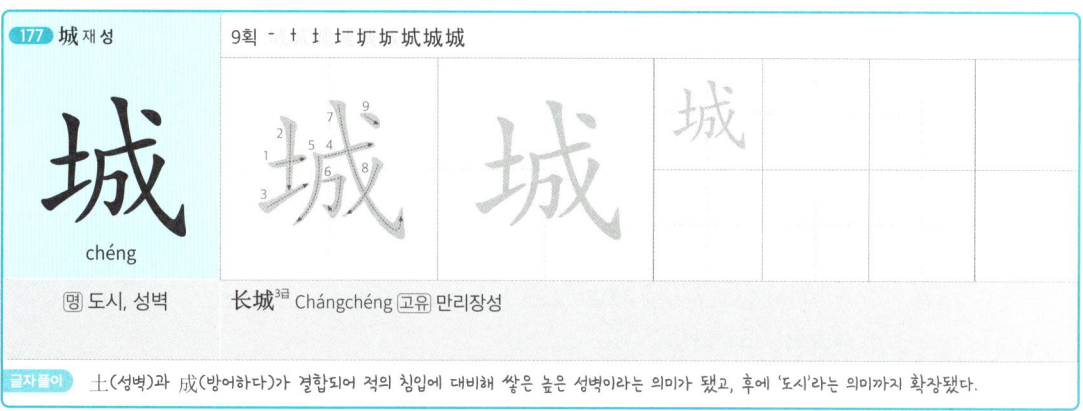

chéng

[명] 도시, 성벽

长城[3급] Chángchéng [고유] 만리장성

글자풀이 土(성벽)과 成(방어하다)가 결합되어 적의 침입에 대비해 쌓은 높은 성벽이라는 의미가 됐고, 후에 '도시'라는 의미까지 확장됐다.

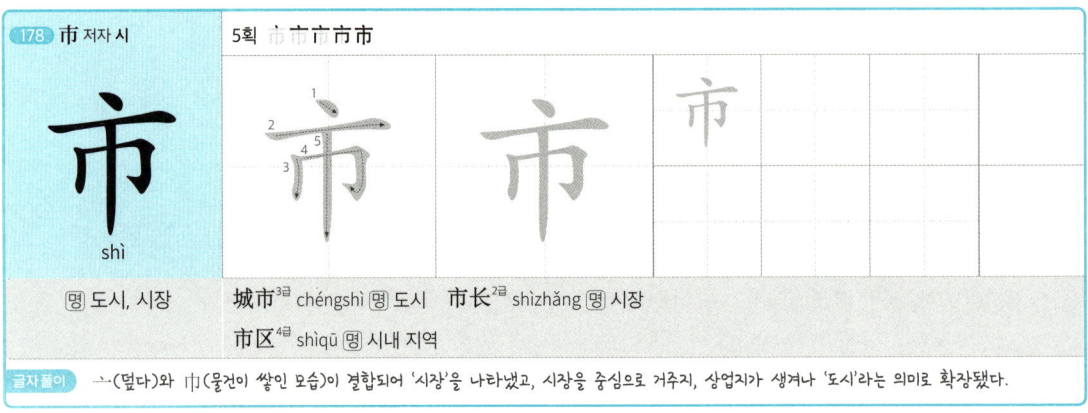

178 市 저자 시

shì

⑲ 도시, 시장

城市³급 chéngshì ⑲ 도시　市长²급 shìzhǎng ⑲ 시장
市区⁴급 shìqū ⑲ 시내 지역

글자풀이 ⼀(덮다)와 巾(물건이 쌓인 모습)이 결합되어 '시장'을 나타냈고, 시장을 중심으로 거주지, 상업지가 생겨나 '도시'라는 의미로 확장됐다.

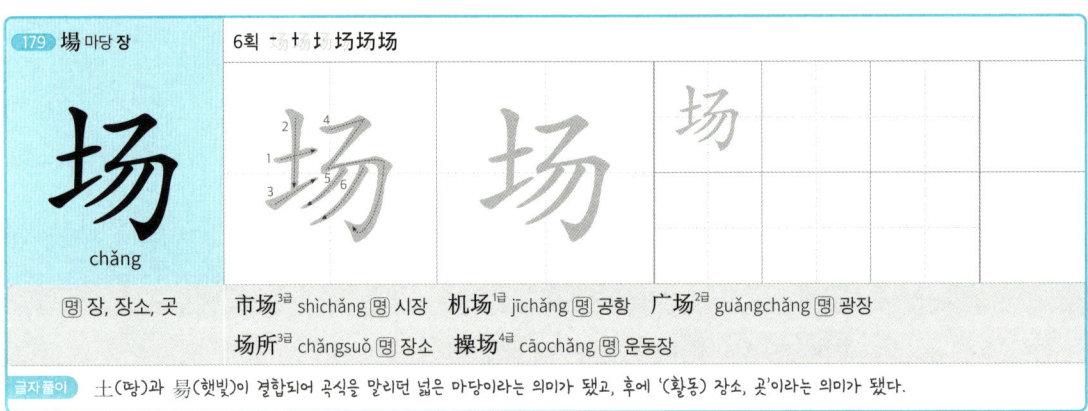

179 场 마당 장

chǎng

⑲ 장, 장소, 곳

市场³급 shìchǎng ⑲ 시장　机场¹급 jīchǎng ⑲ 공항　广场²급 guǎngchǎng ⑲ 광장
场所⁴급 chǎngsuǒ ⑲ 장소　操场⁴급 cāochǎng ⑲ 운동장

글자풀이 土(땅)과 昜(햇빛)이 결합되어 곡식을 말리던 넓은 마당이라는 의미가 됐고, 후에 '(활동) 장소, 곳'이라는 의미가 됐다.

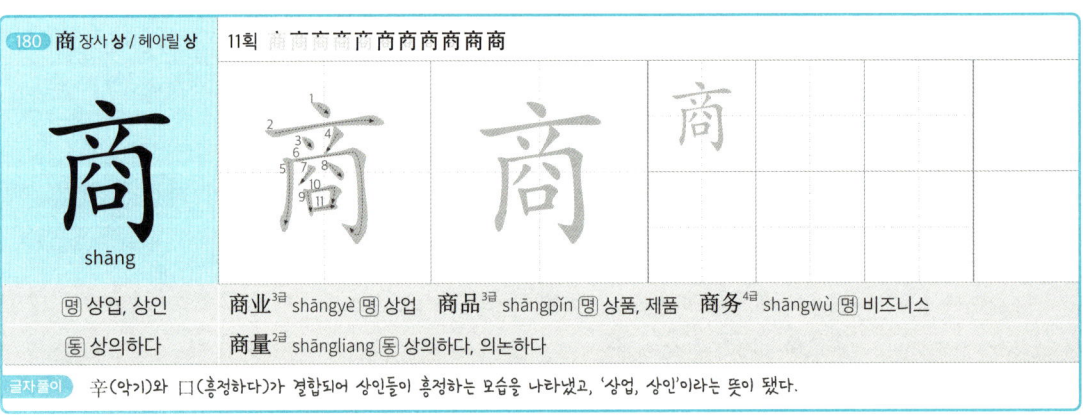

180 商 장사 상 / 헤아릴 상

shāng

⑲ 상업, 상인
⑱ 상의하다

商业³급 shāngyè ⑲ 상업　商品³급 shāngpǐn ⑲ 상품, 제품　商务⁴급 shāngwù ⑲ 비즈니스
商量²급 shāngliang ⑱ 상의하다, 의논하다

글자풀이 辛(악기)와 口(흥정하다)가 결합되어 상인들이 흥정하는 모습을 나타냈고, '상업, 상인'이라는 뜻이 됐다.

181 店 가게 점

diàn

⑲ 가게, 상점

商店¹급 shāngdiàn ⑲ 상점　酒店²급 jiǔdiàn ⑲ (비교적 크고 시설이 좋은) 호텔, 술집
药店³급 yàodiàn ⑲ 약국

글자풀이 广(건물)과 占(차지하다)가 결합되어, 시장 한쪽 부분을 차지한 건물, 즉 '가게'라는 의미가 됐다.

182 邮 우편 우

7획 ｜ 丨 亻 亣 由 由 邮 邮

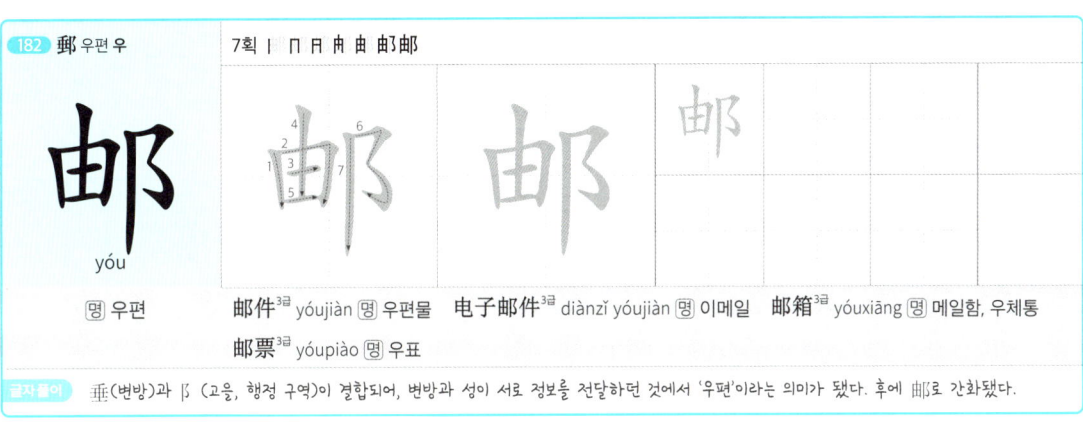

yóu

몡 우편

邮件³급 yóujiàn 몡 우편물　电子邮件³급 diànzǐ yóujiàn 몡 이메일　邮箱³급 yóuxiāng 몡 메일함, 우체통
邮票³급 yóupiào 몡 우표

글자풀이　垂(변방)과 阝(고을, 행정 구역)이 결합되어, 변방과 성이 서로 정보를 전달하던 것에서 '우편'이라는 의미가 됐다. 후에 邮로 간화됐다.

183 局 판 국

7획 ⼀ ⼆ 尸 局 局 局 局

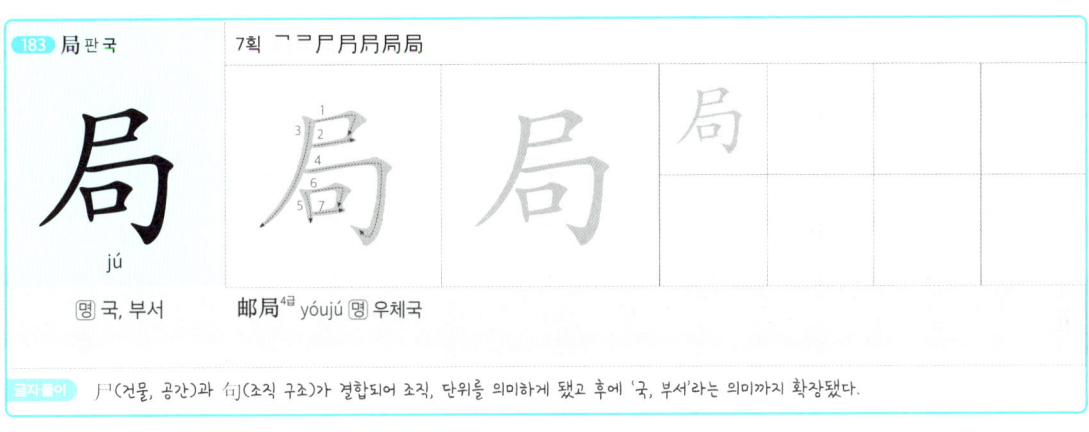

jú

몡 국, 부서

邮局⁴급 yóujú 몡 우체국

글자풀이　尸(건물, 공간)과 句(조직 구조)가 결합되어 조직, 단위를 의미하게 됐고 후에 '국, 부서'라는 의미까지 확장됐다.

184 道 길 도

12획 ⼀ ⼆ ⺌ ⺌ 丷 首 首 首 首 道 道

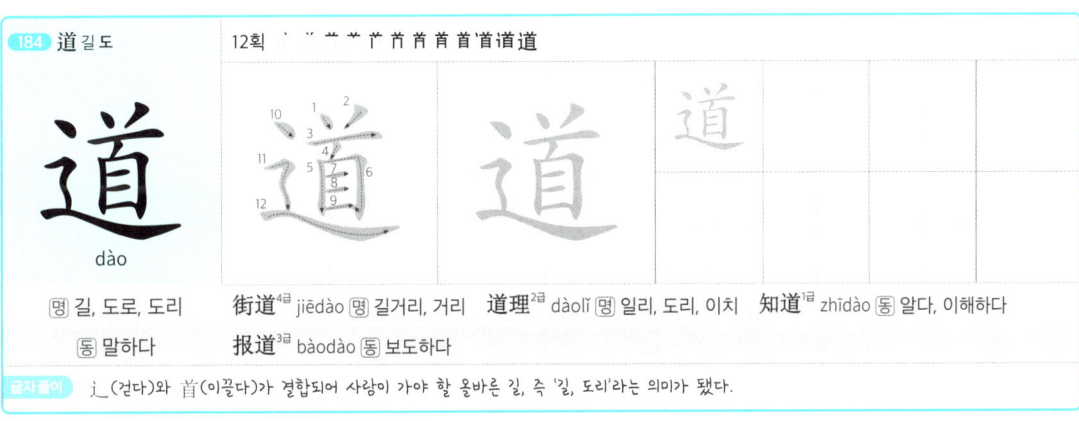

dào

몡 길, 도로, 도리
동 말하다

街道⁴급 jiēdào 몡 길거리, 거리　道理²급 dàolǐ 몡 일리, 도리, 이치　知道¹급 zhīdào 동 알다, 이해하다
报道³급 bàodào 동 보도하다

글자풀이　辶(걷다)와 首(이끌다)가 결합되어 사람이 가야 할 올바른 길, 즉 '길, 도리'라는 의미가 됐다.

185 路 길 로

13획 ｜ 丨 口 口 子 子 足 足 足 足 路 路 路

lù

몡 도로

道路²급 dàolù 몡 도로, 길　马路¹급 mǎlù 몡 대로, 큰길　路口¹급 lùkǒu 몡 길목
问路²급 wènlù 길을 묻다　高速公路³급 gāosù gōnglù 몡 고속도로

글자풀이　足(가다)와 各(도달하다)가 결합되어 '길'이라는 의미가 됐고, 후에 구체적인 '도로'라는 의미가 됐다.

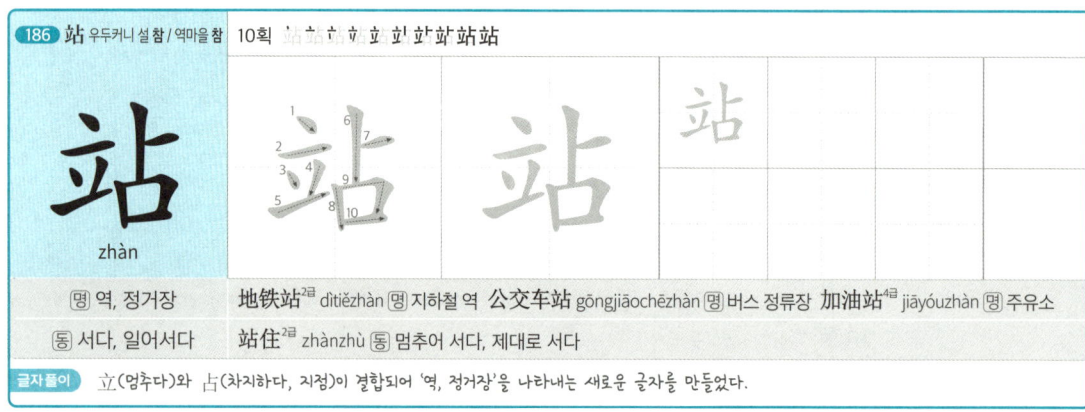

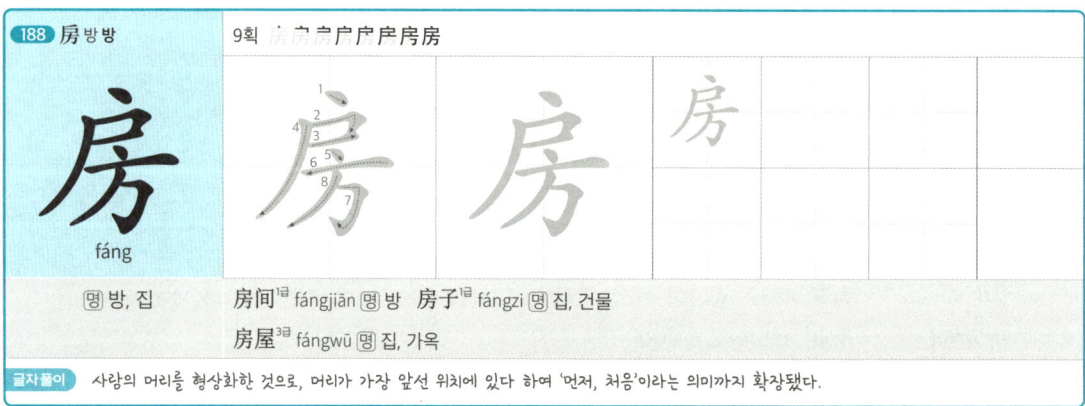

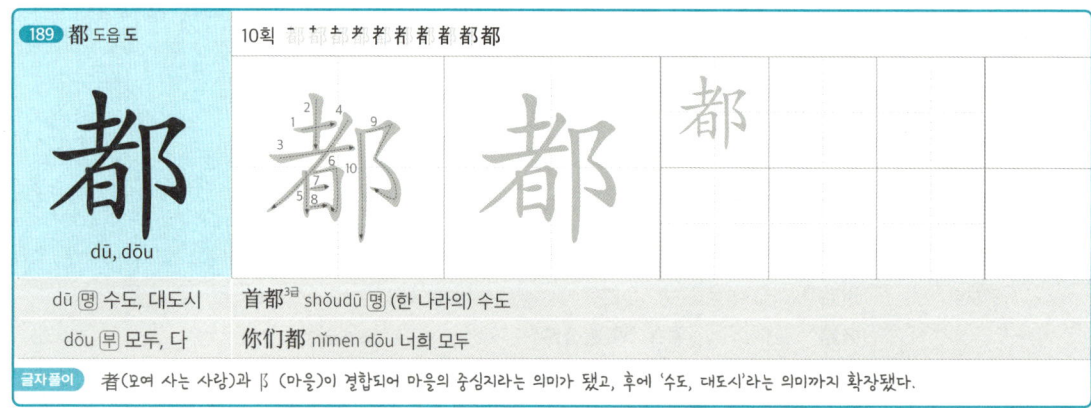

단어로 써 보기

오늘 써 본 한자들로 조합된 HSK 빈출 단어들이에요. 칸에 맞춰 정확히 써 보세요.

 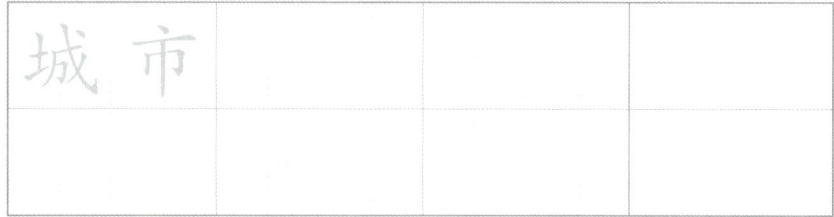

09일차 사물·가구·가전

 伞(우산), 床(침대)처럼 사물·가구·가전과 관련된 간체자를 써 볼 거예요. 음성을 들으며 한자와 단어의 발음도 함께 익혀 보세요.

MP3 바로 듣기

190
这 zhè
대 이것, 이

191
那 nà
대 저것, 그것

192
各 gè
대 각, 모든

193
具 jù
명 도구, 기구
동 갖추다

194
伞 sǎn
명 우산

195
笔 bǐ
명 펜
동 쓰다

196
词 cí
명 단어, 말

197
典 diǎn
명 서적
명 표준, 법칙

198
灯 dēng
명 등, 램프

199
刀 dāo
명 칼, 검

200
杯 bēi
명 컵, 잔
양 컵, 잔

201
瓶 píng
명 병
양 병

202
碗 wǎn
명 그릇, 사발
양 그릇, 공기

203
筷 kuài
명 젓가락

204
镜 jìng
명 거울, 렌즈

205
床 chuáng
명 침대

206
桌 zhuō
명 책상, 테이블

207
椅 yǐ
명 의자

208
冰 bīng
명 얼음

209
箱 xiāng
명 상자, 박스

210
空 kōng, kòng
명 하늘, 공중
명 틈, 빈 공간

211
调 tiáo, diào
동 조절하다
동 조사하다
명 어조

212
电 diàn
명 전기

213
脑 nǎo
명 뇌, 머리

190 這 이 저

7획 丶 亠 亍 文 文 这 这

zhè

때 이것, 이

这个 zhège 때 이, 이것　　这里/这儿 [1급] zhèli/zhèr 때 이곳, 여기　　这边 [1급] zhèbiān 때 여기, 이쪽
这样 [2급] zhèyàng 때 이러하다　　这时候 [2급] zhè shíhou 이때, 요즘

글자풀이 辶(가다)와 言(말하다)가 결합되어 가까이 있는 것을 가리키는 대명사로 쓰이게 됐다. 후에 这로 간화됐다.

191 那 어찌 나

6획 丨 ㄱ ㅋ 刂 那 那

nà

때 저것, 그것

那个 nàge 때 그, 저, 저것　　那里/那儿 [1급] nàli/nàr 때 그곳, 저곳, 거기　　那边 [1급] nàbiān 때 저기, 그곳
那时候 nà shíhou 그때　　那样 [2급] nàyàng 때 그렇게, 저렇게

글자풀이 冉(다른 부족의 모습)과 阝(마을)이 결합되어 먼 부족을 지칭했고, 후에 먼 것을 가리키는 대명사로 쓰이게 됐다.

192 各 각각 각

6획 丿 夂 夂 冬 各 各

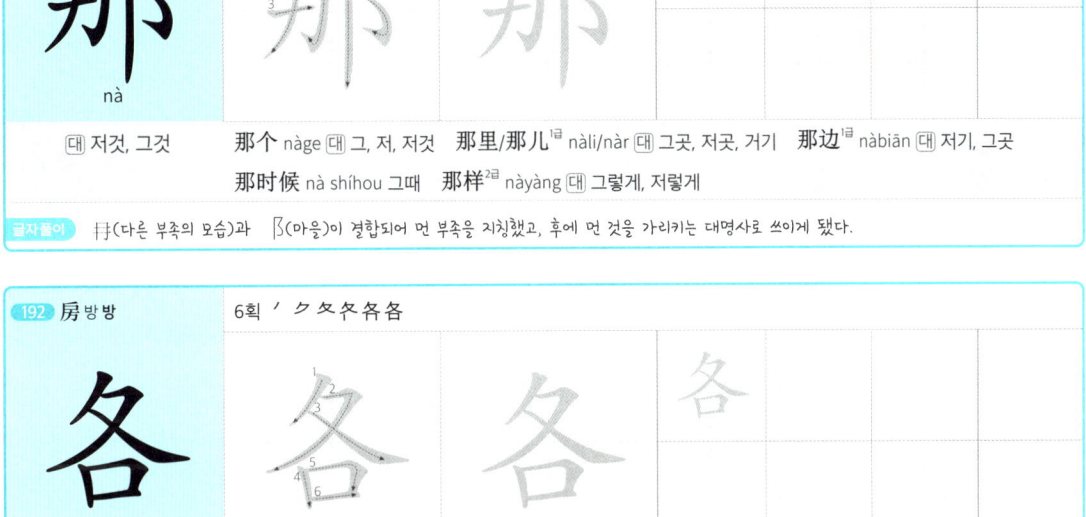

gè

때 각, 모든

各自 [3급] gèzì 때 각자　　各地 [3급] gè dì 명 각지, 여러 지역　　各种 [3급] gè zhǒng 각종, 여러 가지
各个 [4급] gègè 때 각각, 각개

글자풀이 夂(발의 모양)과 口(집)이 결합되어 발이 밖으로 향하는 모습, 각자 다른 방향을 나타냈고 후에 '각각'이라는 의미가 됐다.

193 具 갖출 구

8획 丨 冂 冂 月 月 且 具 具

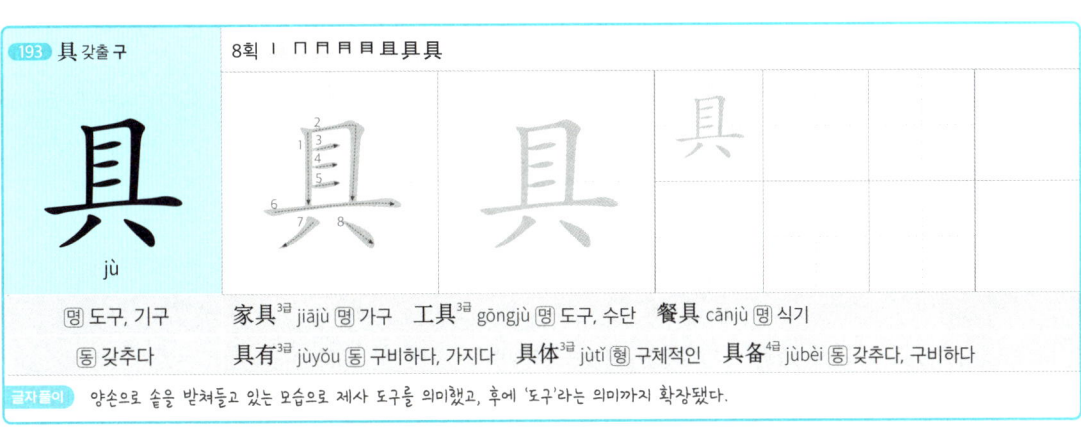

jù

명 도구, 기구
동 갖추다

家具 [3급] jiājù 명 가구　　工具 [3급] gōngjù 명 도구, 수단　　餐具 cānjù 명 식기
具有 [3급] jùyǒu 동 구비하다, 가지다　　具体 [3급] jùtǐ 형 구체적인　　具备 [4급] jùbèi 동 갖추다, 구비하다

글자풀이 양손으로 솥을 받쳐들고 있는 모습으로 제사 도구를 의미했고, 후에 '도구'라는 의미까지 확장됐다.

1급 = HSK 1급　2급 = HSK 2급　3급 = HSK 3급　4급 = HSK 4급

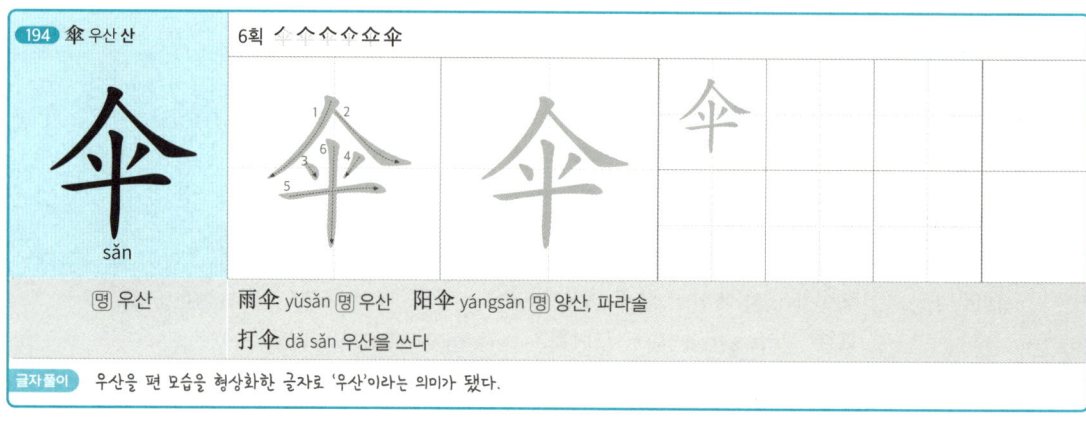

194 傘 우산 산 — 6획

명 우산

雨伞 yǔsǎn 명 우산   阳伞 yángsǎn 명 양산, 파라솔
打伞 dǎ sǎn 우산을 쓰다

글자풀이 우산을 편 모습을 형상화한 글자로 '우산'이라는 의미가 됐다.

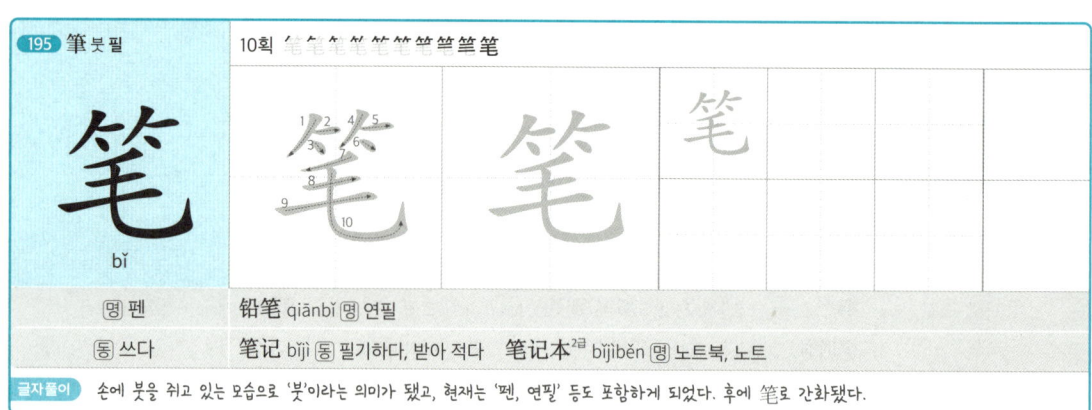

195 筆 붓 필 — 10획

명 펜
동 쓰다

铅笔 qiānbǐ 명 연필
笔记 bǐjì 동 필기하다, 받아 적다   笔记本²급 bǐjìběn 명 노트북, 노트

글자풀이 손에 붓을 쥐고 있는 모습으로 '붓'이라는 의미가 됐고, 현재는 '펜, 연필' 등도 포함하게 되었다. 후에 笔로 간화됐다.

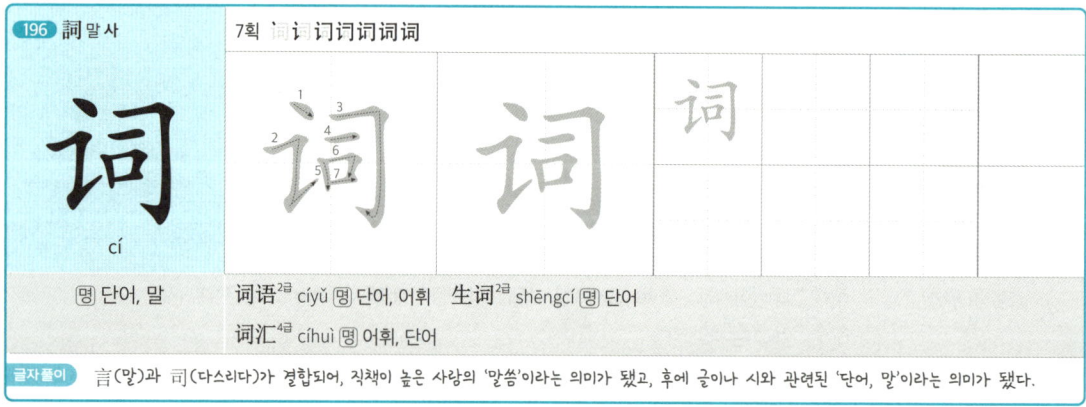

196 詞 말 사 — 7획

명 단어, 말

词语²급 cíyǔ 명 단어, 어휘   生词²급 shēngcí 명 단어
词汇⁴급 cíhuì 명 어휘, 단어

글자풀이 言(말)과 司(다스리다)가 결합되어, 직책이 높은 사람의 '말씀'이라는 의미가 됐고, 후에 글이나 시와 관련된 '단어, 말'이라는 의미가 됐다.

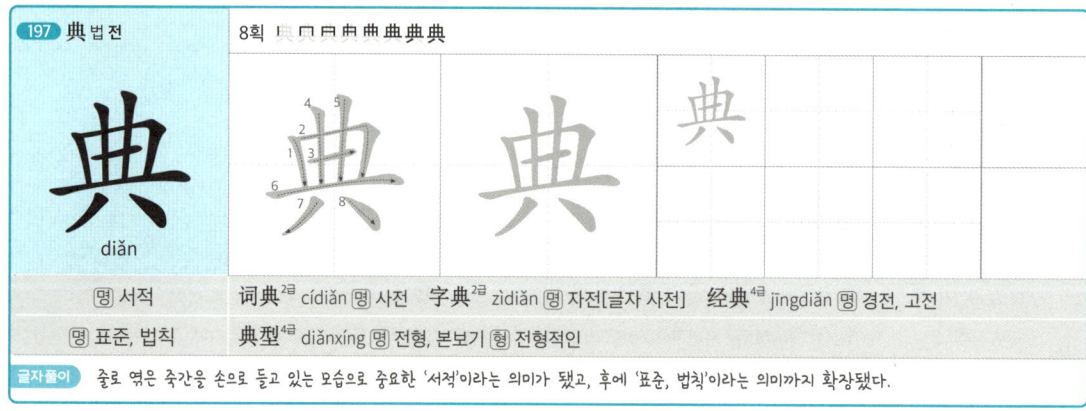

197 典 법 전 — 8획

명 서적
명 표준, 법칙

词典²급 cídiǎn 명 사전   字典²급 zìdiǎn 명 자전[글자 사전]   经典⁴급 jīngdiǎn 명 경전, 고전
典型⁴급 diǎnxíng 명 전형, 본보기   형 전형적인

글자풀이 줄로 엮은 죽간을 손으로 들고 있는 모습으로 중요한 '서적'이라는 의미가 됐고, 후에 '표준, 법칙'이라는 의미까지 확장됐다.

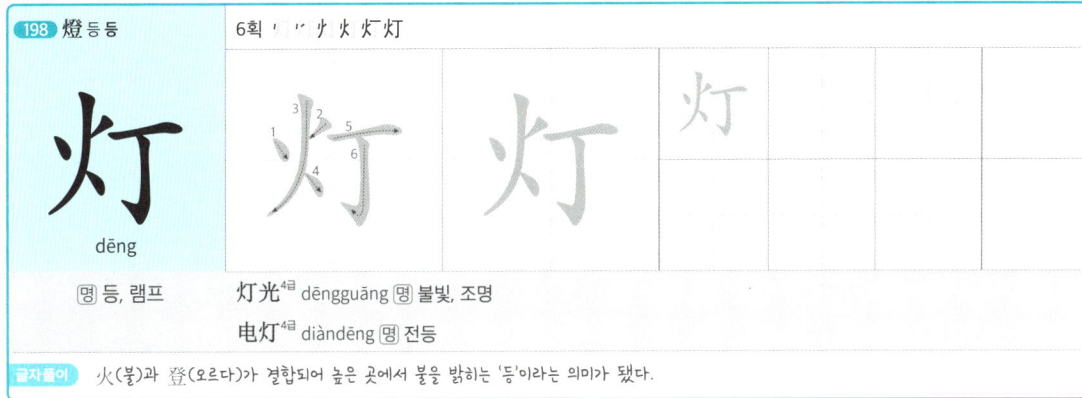

198 燈 등 등 — 6획 灯

dēng

명 등, 램프

灯光⁴급 dēngguāng 명 불빛, 조명
电灯⁴급 diàndēng 명 전등

글자풀이 火(불)과 登(오르다)가 결합되어 높은 곳에서 불을 밝히는 '등'이라는 의미가 됐다.

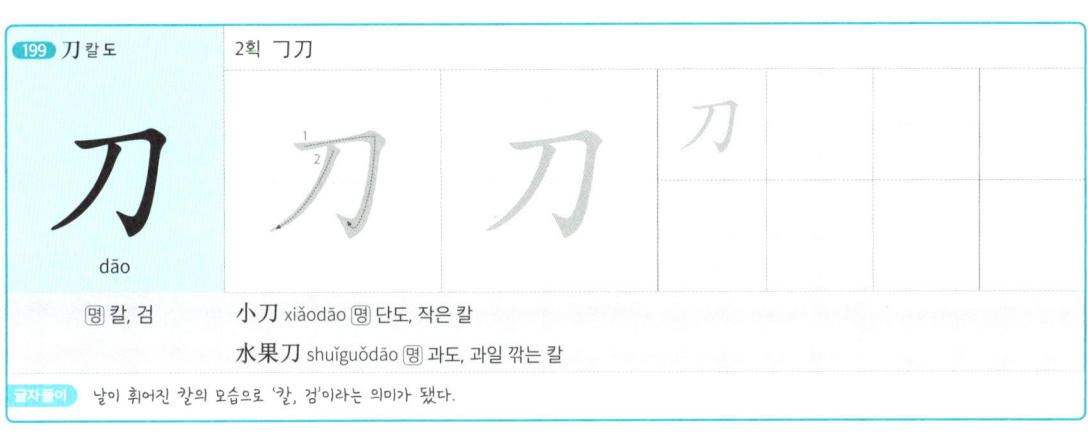

199 刀 칼 도 — 2획 刀

dāo

명 칼, 검

小刀 xiǎodāo 명 단도, 작은 칼
水果刀 shuǐguǒdāo 명 과도, 과일 깎는 칼

글자풀이 날이 휘어진 칼의 모습으로 '칼, 검'이라는 의미가 됐다.

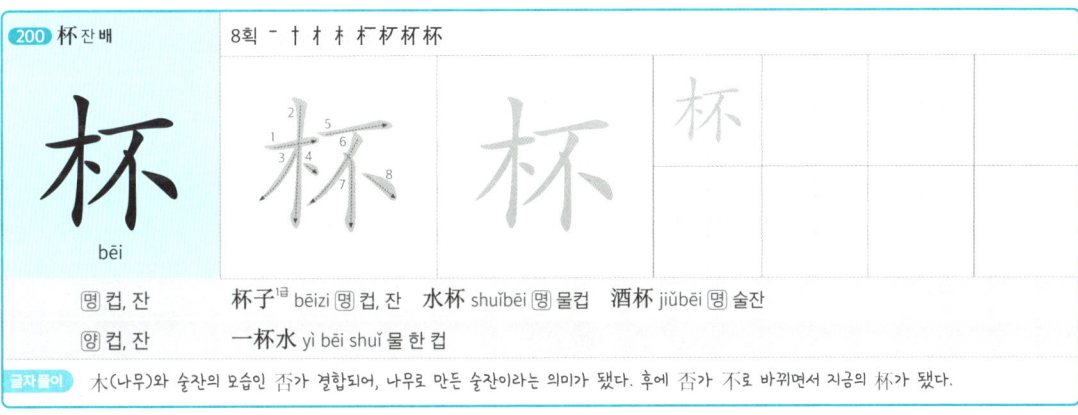

200 杯 잔 배 — 8획 杯

bēi

명 컵, 잔
양 컵, 잔

杯子¹급 bēizi 명 컵, 잔   水杯 shuǐbēi 명 물컵   酒杯 jiǔbēi 명 술잔
一杯水 yì bēi shuǐ 물 한 컵

글자풀이 木(나무)와 술잔의 모습인 否가 결합되어, 나무로 만든 술잔이라는 의미가 됐다. 후에 否가 不로 바뀌면서 지금의 杯가 됐다.

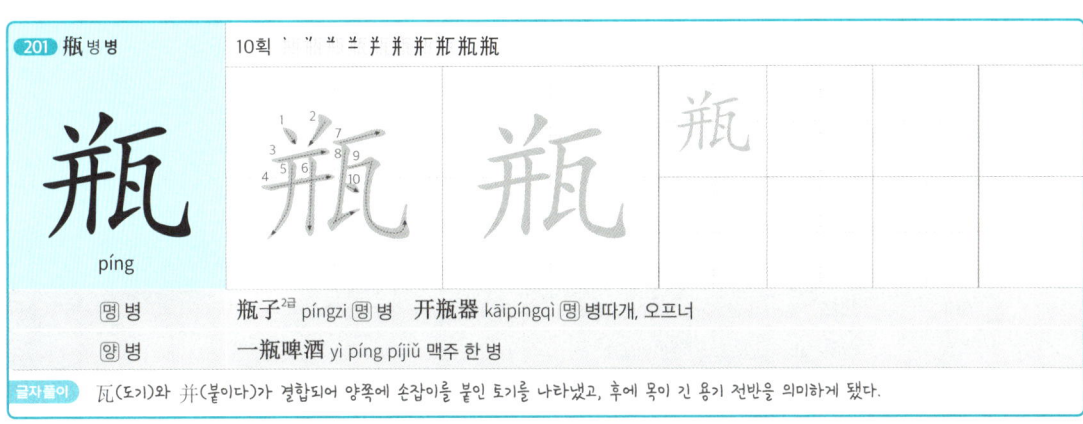

201 瓶 병 병 — 10획 瓶

píng

명 병
양 병

瓶子²급 píngzi 명 병   开瓶器 kāipíngqì 명 병따개, 오프너
一瓶啤酒 yì píng píjiǔ 맥주 한 병

글자풀이 瓦(도기)와 并(붙이다)가 결합되어 양쪽에 손잡이를 붙인 토기를 나타냈고, 후에 목이 긴 용기 전반을 의미하게 됐다.

202 碗 사발 완

wǎn

- 圐 그릇, 사발
- 앙 그릇, 공기

大碗 dàwǎn 圐 큰 그릇, 사발   饭碗 fànwǎn 圐 밥그릇   空碗 kōngwǎn 圐 빈 그릇
一碗饭 yì wǎn fàn 밥 한 그릇

글자풀이 石(돌)과 宛(구불구불하다)가 결합되어 돌로 된 오목한 그릇을 나타냈고, 후에 '그릇, 사발'이라는 뜻이 됐다.

203 筷 젓가락 쾌

kuài

- 圐 젓가락

筷子² kuàizi 圐 젓가락   一次性筷子 yícìxìng kuàizi 일회용 젓가락
一双筷子 yì shuāng kuàizi 젓가락 한 쌍

글자풀이 ⺮(대나무)와 快(빠르고 간편하다)가 결합되어 '젓가락'을 뜻하는 새로운 글자를 만들었다.

204 镜 거울 경

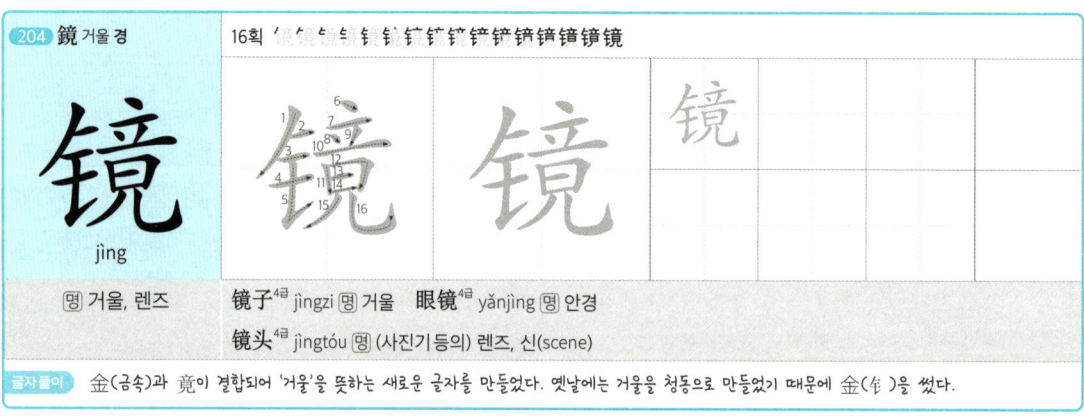

jìng

- 圐 거울, 렌즈

镜子⁴ jìngzi 圐 거울   眼镜⁴ yǎnjìng 圐 안경
镜头⁴ jìngtóu 圐 (사진기 등의) 렌즈, 신(scene)

글자풀이 金(금속)과 竟이 결합되어 '거울'을 뜻하는 새로운 글자를 만들었다. 옛날에는 거울을 청동으로 만들었기 때문에 金(钅)을 썼다.

205 床 평상 상

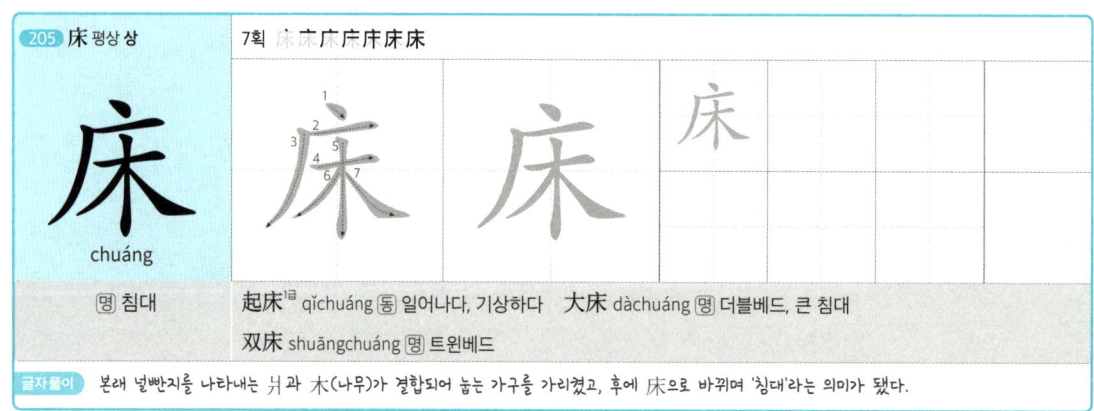

chuáng

- 圐 침대

起床¹ qǐchuáng 동 일어나다, 기상하다   大床 dàchuáng 圐 더블베드, 큰 침대
双床 shuāngchuáng 圐 트윈베드

글자풀이 본래 널빤지를 나타내는 爿과 木(나무)가 결합되어 눕는 가구를 가리켰고, 후에 床으로 바뀌며 '침대'라는 의미가 됐다.

206 桌 / 卓 높을 탁

zhuō

10획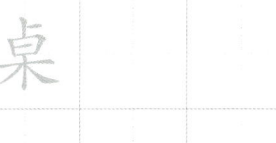

명 책상, 테이블

桌子 ¹급 zhuōzi 명 탁자, 책상, 테이블　书桌 shūzhuō 명 책상
桌面 zhuōmiàn 명 테이블의 윗면, 컴퓨터 배경화면

글자풀이 木(나무)와 卓(높다)가 결합되어 높은 탁자 형태의 가구를 가리켰고, 후에 '책상, 테이블'을 가리키게 됐다.

207 椅 의자 의

椅
yǐ

12획 一十才才木木杧杧栫椅椅椅

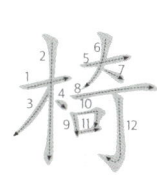 

명 의자

椅子 ²급 yǐzi 명 의자　轮椅 ⁴급 lúnyǐ 명 휠체어
桌椅 zhuōyǐ 명 책상과 의자, 책걸상

글자풀이 木(나무)와 奇가 결합되어 등받이가 있는 의자를 나타내는 새로운 글자를 만들었다. 奇는 특별한 뜻 없이 소리만 빌려 온 글자이다.

208 冰 얼음 빙

冰
bīng

6획 丶冫冫冫冰冰冰

 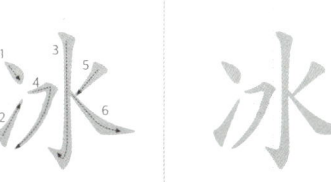

명 얼음

冰水 bīngshuǐ 명 얼음처럼 찬 물　冰块儿 bīngkuàir 명 얼음　冰雪 ⁴급 bīngxuě 얼음과 눈
冰淇淋 bīngqílín 명 아이스크림

글자풀이 冫(얼음)과 水(물)이 결합되어 꽁꽁 언 물, 즉 '얼음'이라는 의미가 됐다.

209 箱 상자 상

箱
xiāng

15획 ノ ㄏ ㄏ ㄏ ㄏ 竹 竹 竹 筥 筥 筥 箱 箱 箱 箱

 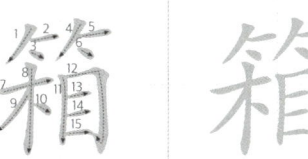

명 상자, 박스

冰箱 ⁴급 bīngxiāng 명 냉장고　箱子 ⁴급 xiāngzi 명 상자
行李箱 xínglǐxiāng 명 캐리어, 여행용 가방

글자풀이 ⺮(대나무)와 相(나무를 살피다)가 결합되어 '상자, 박스'라는 의미가 됐다.

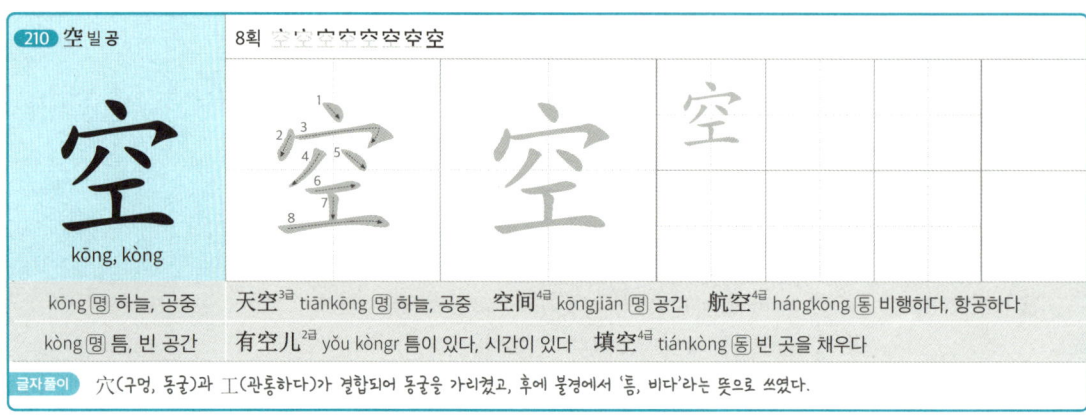

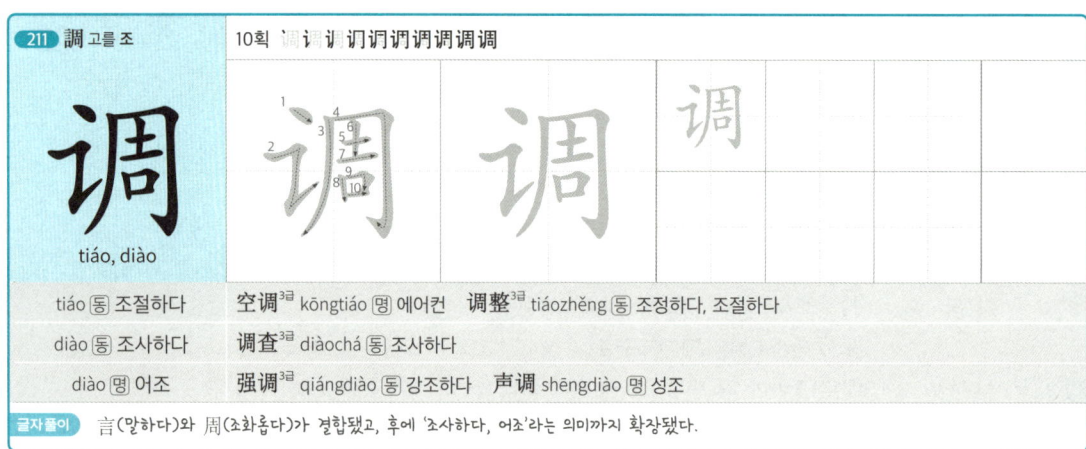

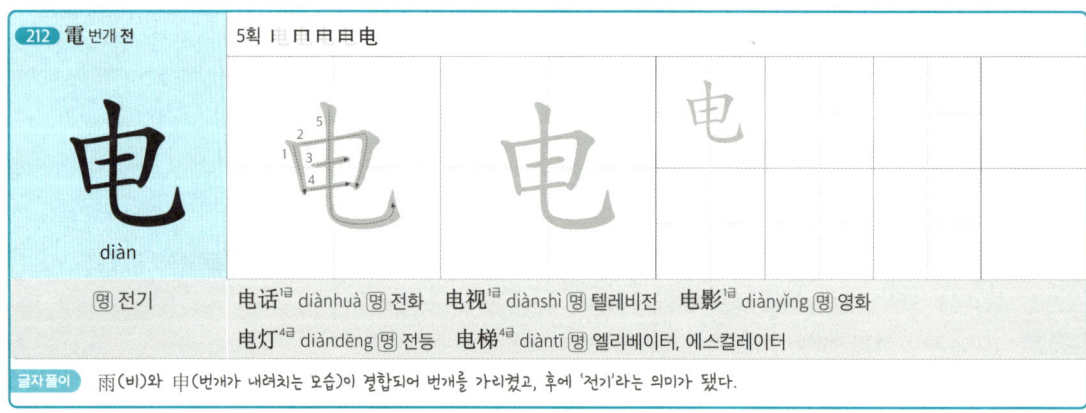

단어로 써 보기

오늘 써 본 한자들로 조합된 HSK 빈출 단어들이에요. 칸에 맞춰 정확히 써 보세요.

2급 词典 cídiǎn
명 사전

桌椅 zhuōyǐ
명 책상과 의자, 책걸상

4급 冰箱 bīngxiāng
명 냉장고

3급 空调 kōngtiáo
명 에어컨

1급 电脑 diànnǎo
명 컴퓨터

09일차 사물·가구·가전

10일차 음식·맛

饭(밥), 咸(짜다)처럼 음식·맛과 관련된 간체자를 써 볼 거예요.
음성을 들으며 한자와 단어의 발음도 함께 익혀 보세요.

MP3 바로 듣기

214	215	216	217	218	219
米 mǐ	饭 fàn	汤 tāng	菜 cài	鸡 jī	蛋 dàn
명 쌀 양 미터(m)	명 밥, 식사	명 국, 탕	명 요리, 채소	명 닭	명 알, 달걀

220	221	222	223	224	225
饺 jiǎo	茶 chá	咖 kā, gā	啡 fēi	啤 pí	酒 jiǔ
명 만두	명 차	명 커피 명 카레	명 커피	명 맥주	명 술, 주류

226	227	228	229	230	231
汁 zhī	渴 kě	饿 è	饱 bǎo	香 xiāng	味 wèi
명 즙, 주스	형 목마르다	형 배고프다	형 배부르다	형 향기롭다, 맛있다	명 맛, 냄새 동 맛보다

232	233	234	235	236	237
糖 táng	油 yóu	甜 tián	咸 xián	辣 là	苦 kǔ
명 설탕, 사탕	명 기름, 오일	형 달다, 달콤하다	형 짜다	형 맵다	형 쓰다, 괴롭다

214 米 쌀 미 — mǐ
6획 丶丷䒑半米米

명 쌀
양 미터(m)

小米 xiǎomǐ 명 좁쌀   玉米⁴급 yùmǐ 명 옥수수
厘米⁴급 lǐmǐ 양 센티미터(cm)   毫米⁴급 háomǐ 양 밀리미터(mm)

글자풀이 껍질을 벗긴 곡물의 모습을 나타내며, 후에 '쌀'이라는 의미가 됐다.

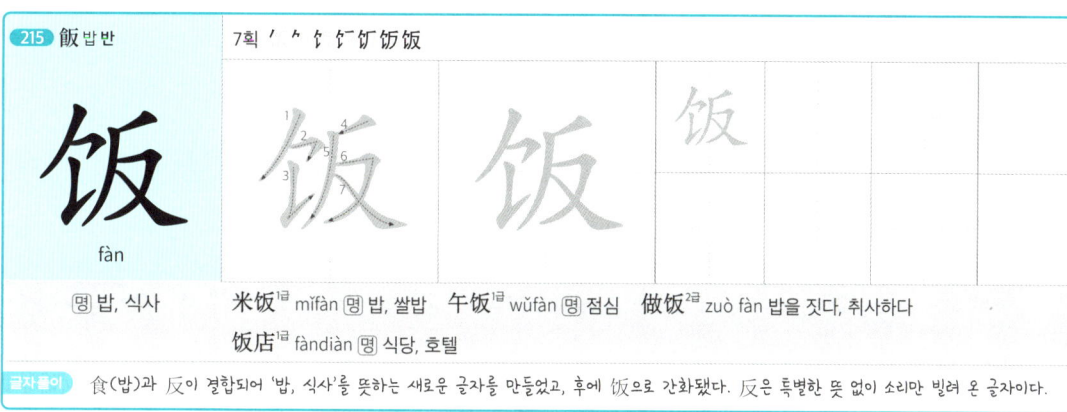

215 饭 밥 반 — fàn
7획 丿𠂊饣饣饣饭饭

명 밥, 식사

米饭¹급 mǐfàn 명 밥, 쌀밥   午饭¹급 wǔfàn 명 점심   做饭²급 zuò fàn 밥을 짓다, 취사하다
饭店¹급 fàndiàn 명 식당, 호텔

글자풀이 食(밥)과 反이 결합되어 '밥, 식사'를 뜻하는 새로운 글자를 만들었고, 후에 饭으로 간화됐다. 反은 특별한 뜻 없이 소리만 빌려 온 글자이다.

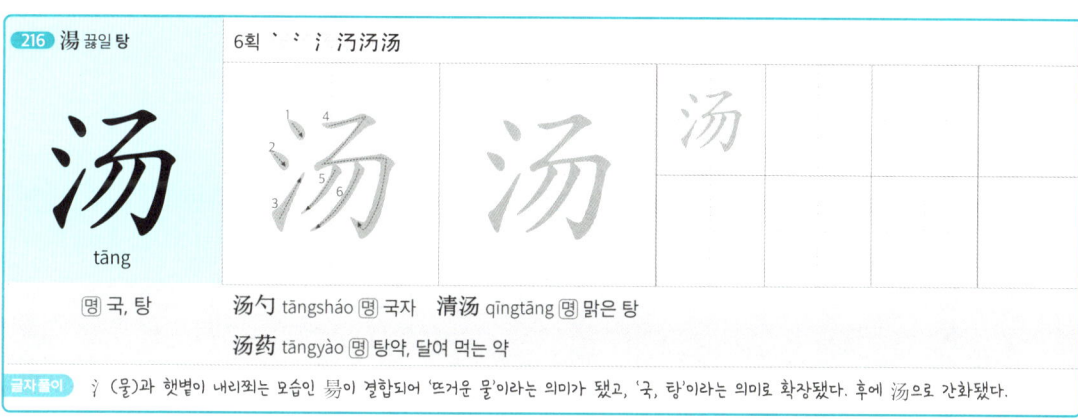

216 汤 끓일 탕 — tāng
6획 丶丶氵氵汤汤

명 국, 탕

汤勺 tāngsháo 명 국자   清汤 qīngtāng 명 맑은 탕
汤药 tāngyào 명 탕약, 달여 먹는 약

글자풀이 氵(물)과 햇볕이 내리쬐는 모습인 昜이 결합되어 '뜨거운 물'이라는 의미가 됐고, '국, 탕'이라는 의미로 확장됐다. 후에 汤으로 간화됐다.

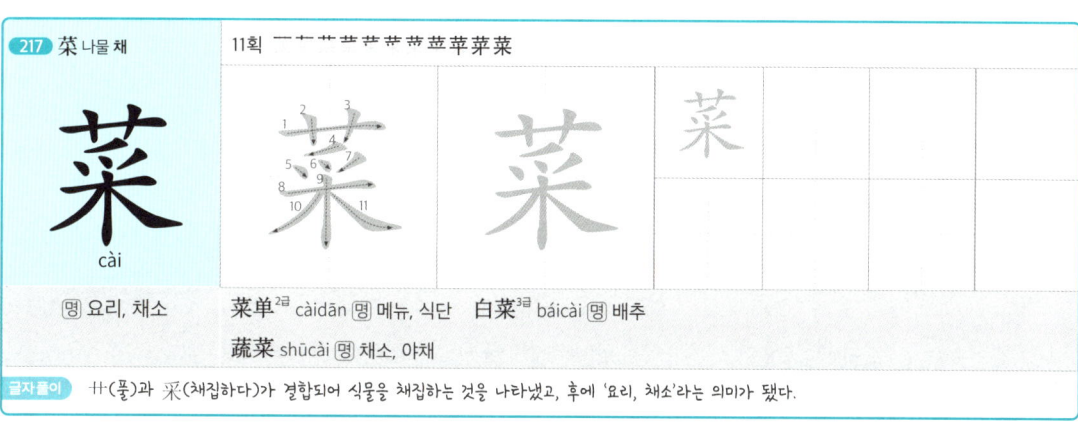

217 菜 나물 채 — cài
11획 一艹艹艹茳芗苹苹莱菜

명 요리, 채소

菜单²급 càidān 명 메뉴, 식단   白菜³급 báicài 명 배추
蔬菜 shūcài 명 채소, 야채

글자풀이 艹(풀)과 采(채집하다)가 결합되어 식물을 채집하는 것을 나타냈고, 후에 '요리, 채소'라는 의미가 됐다.

1급 = HSK 1급   2급 = HSK 2급   3급 = HSK 3급   4급 = HSK 4급

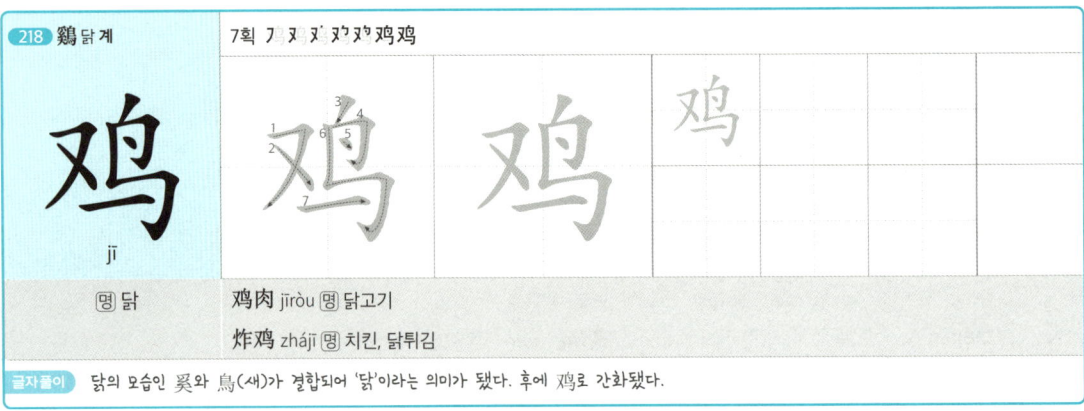

218 鷄 닭 계

7획 鸡鸡

鸡 jī

명 닭

鸡肉 jīròu 명 닭고기
炸鸡 zhájī 치킨, 닭튀김

글자풀이 닭의 모습인 奚와 鳥(새)가 결합되어 '닭'이라는 의미가 됐다. 후에 鸡로 간화됐다.

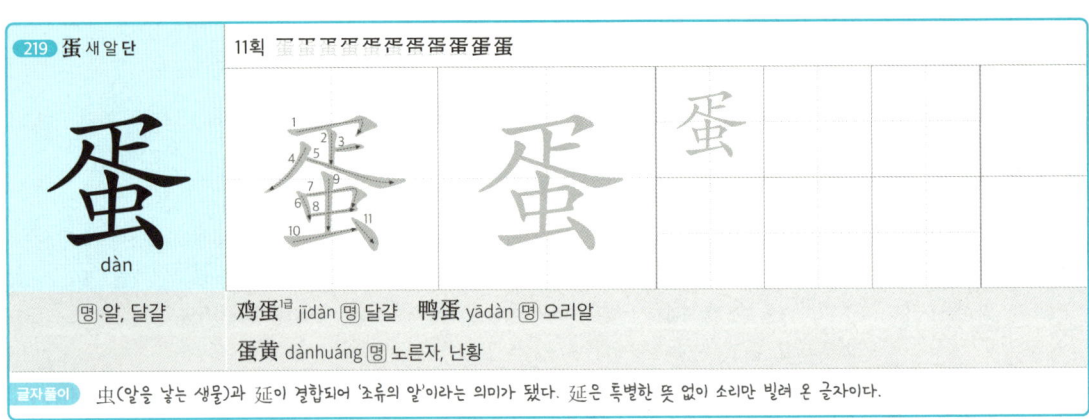

219 蛋 새알 단

11획 蛋蛋蛋蛋蛋蛋蛋蛋蛋蛋蛋

蛋 dàn

명 알, 달걀

鸡蛋¹급 jīdàn 명 달걀   鸭蛋 yādàn 명 오리알
蛋黄 dànhuáng 명 노른자, 난황

글자풀이 虫(알을 낳는 생물)과 延이 결합되어 '조류의 알'이라는 의미가 됐다. 延은 특별한 뜻 없이 소리만 빌려 온 글자이다.

220 餃 떡 교

9획 饺饺饺饺饺饺饺饺饺

饺 jiǎo

명 만두

饺子²급 jiǎozi 명 만두, 교자   水饺 shuǐjiǎo 명 물만두   煎饺 jiānjiǎo 명 군만두
蒸饺 zhēngjiǎo 명 찐만두

글자풀이 食(음식)과 交가 결합되어 '만두, 밀가루 요리'를 뜻하는 새로운 글자를 만들었다.

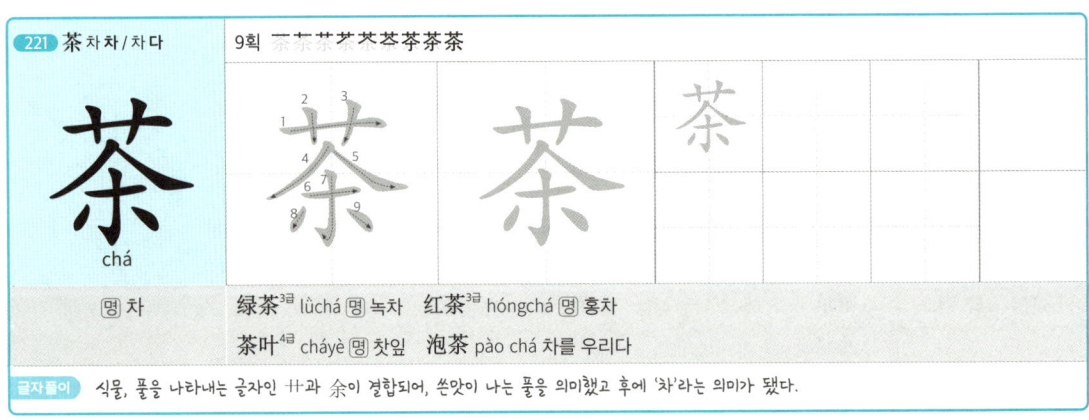

221 茶 차 차 / 차 다

9획 茶茶茶茶茶茶茶茶茶

茶 chá

명 차

绿茶³급 lǜchá 명 녹차   红茶³급 hóngchá 명 홍차
茶叶⁴급 cháyè 찻잎   泡茶 pào chá 차를 우리다

글자풀이 식물, 풀을 나타내는 글자인 艹과 余이 결합되어, 쓴맛이 나는 풀을 의미했고 후에 '차'라는 의미가 됐다.

222 咖 커피 가

8획 | ㄱ ㄲ 吅 吅 咖 咖 咖

咖 kā, gā

- kā 몡 커피
- gā 몡 카레

咖啡³급 kāfēi 몡 커피
咖喱 gālí 몡 카레   咖喱粉 gālí fěn 몡 카레 가루

글자풀이 외래어 발음을 한자로 표현하기 위해 口와 加가 결합되어 새로운 한자를 만들었다.

223 啡 커피 비

11획 | ㄱ ㄲ 吅 吅 吨 떼 떼 啡 啡 啡

啡 fēi

몡 커피

咖啡厅 kāfēitīng 몡 카페, 커피숍   美式咖啡 měishì kāfēi 몡 아메리카노
咖啡因 kāfēiyīn 몡 카페인

글자풀이 외래어 발음을 한자로 표현하기 위해 口와 非가 결합되어 새로운 한자를 만들었다.

224 啤 맥주 비

11획 | ㄱ ㄲ 吅 吅 吵 呐 呐 啤 啤 啤

啤 pí

몡 맥주

啤酒³급 píjiǔ 몡 맥주
啤酒杯 píjiǔbēi 몡 맥주잔

글자풀이 외래어 발음을 한자로 표현하기 위해 口와 卑가 결합되어 새로운 한자를 만들었다.

225 酒 술 주

10획 | 丶 丶 氵 氵 沂 沂 洒 洒 酒 酒

酒 jiǔ

몡 술, 주류

酒吧⁴급 jiǔbā 몡 바(bar), 술집   红酒³급 hóngjiǔ 몡 레드 와인   白酒 báijiǔ 몡 백주, 고량주

글자풀이 氵(물)과 酉(술병)이 결합되어 '술'이라는 의미가 됐다.

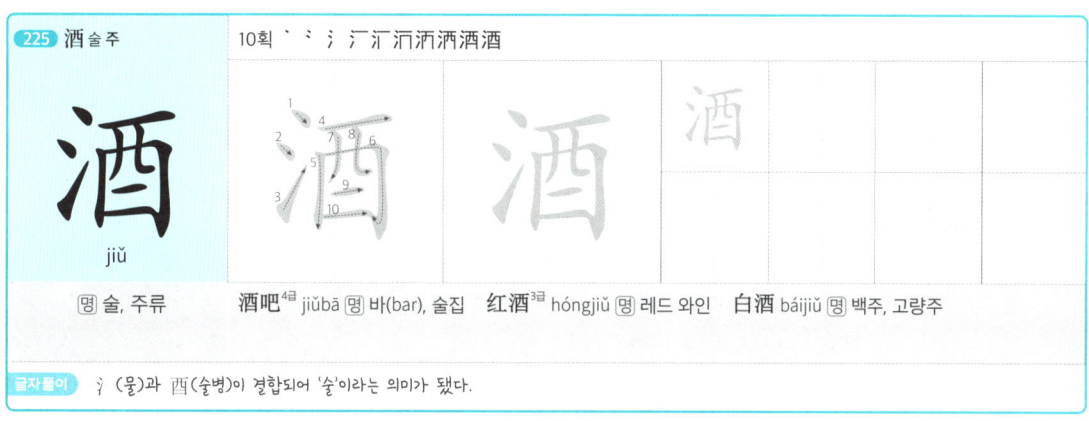

226 汁 즙 즙

5획 汁汁汁汁汁

zhī

몡 즙, 주스

果汁 4급 guǒzhī 몡 과일 주스, 과즙　橙汁 chéngzhī 몡 오렌지 주스
肉汁 ròuzhī 몡 육즙, 고기즙

글자풀이　氵(물)과 十이 결합되어 '즙, 주스'를 의미하는 새로운 한자를 만들었다. 十은 특별한 뜻 없이 소리만 빌려 온 글자이다.

227 渴 목마를 갈 / 마를 걸

12획 渴渴渴渴渴渴渴渴渴渴渴渴

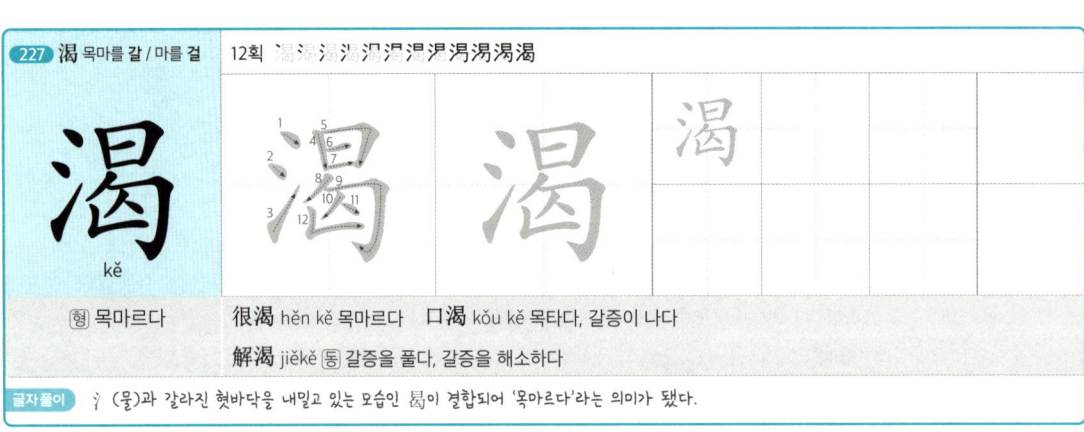

kě

혱 목마르다

很渴 hěn kě 목마르다　口渴 kǒu kě 목타다, 갈증이 나다
解渴 jiěkě 됭 갈증을 풀다, 갈증을 해소하다

글자풀이　氵(물)과 갈라진 혓바닥을 내밀고 있는 모습인 曷이 결합되어 '목마르다'라는 의미가 됐다.

228 饿 주릴 아

10획 饿饿饿饿饿饿饿饿饿饿

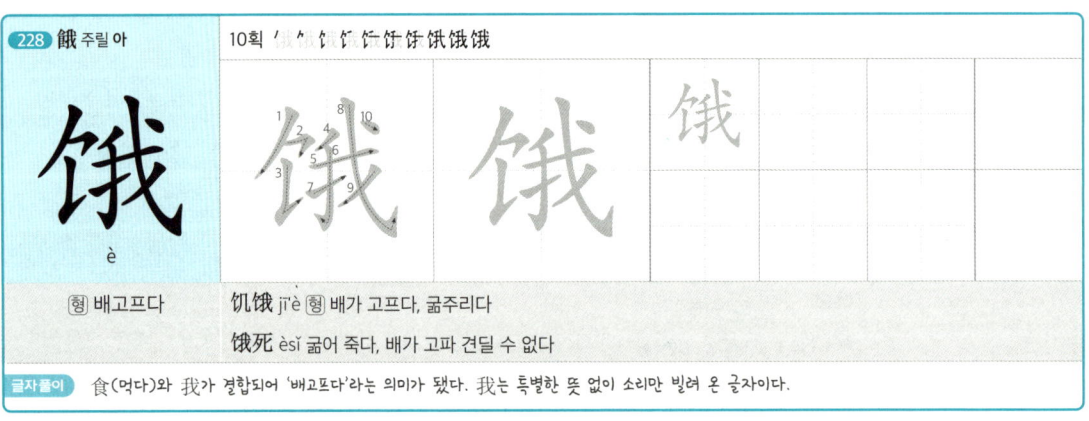

è

혱 배고프다

饥饿 jī'è 혱 배가 고프다, 굶주리다
饿死 èsǐ 굶어 죽다, 배가 고파 견딜 수 없다

글자풀이　食(먹다)와 我가 결합되어 '배고프다'라는 의미가 됐다. 我는 특별한 뜻 없이 소리만 빌려 온 글자이다.

229 饱 배부를 포

8획 饱饱饱饱饱饱饱饱

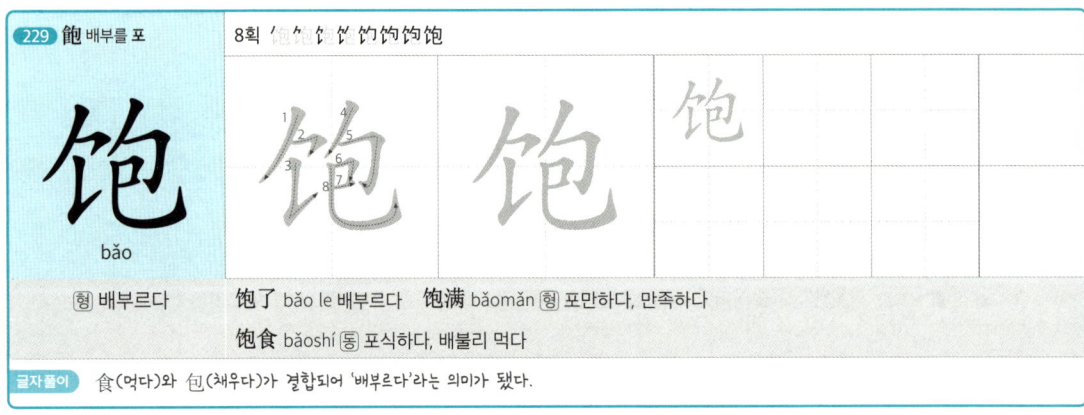

bǎo

혱 배부르다

饱了 bǎo le 배부르다　饱满 bǎomǎn 혱 포만하다, 만족하다
饱食 bǎoshí 됭 포식하다, 배불리 먹다

글자풀이　食(먹다)와 包(채우다)가 결합되어 '배부르다'라는 의미가 됐다.

230 香 향기 향

9획 ノ ニ 千 千 禾 禾 香 香 香

xiāng

- 형 향기롭다, 맛있다
- 香水 xiāngshuǐ 명 향수
- 香蕉³⁺ xiāngjiāo 명 바나나

글자풀이 禾(곡식)과 甘(단맛)이 결합되어 곡식에서 나는 좋은 향기를 의미했고, '향기롭다, 맛있다'라는 의미가 됐다.

231 味 맛 미

8획 丨 口 口 口⁻ 口⁼ 吽 味 味

wèi

- 명 맛, 냄새
- 동 맛보다, 음미하다
- 香味 xiāngwèi 명 향기
- 味道 wèidao 명 맛
- 风味 fēngwèi 명 특색, 독특한 맛
- 品味 pǐnwèi 동 깊이 음미하다, 곰곰이 생각하다

글자풀이 口(입)과 未가 결합되어 '맛, 음미하다'라는 의미가 됐다. 未는 특별한 뜻 없이 소리만 빌려 온 글자이다.

232 糖 엿 당 / 엿 탕

16획 ˊ ˋ ˇ 丷 半 米 米 米⁻ 米⁼ 粁 粁 粁 粁 粁 糖 糖 糖

táng

- 명 설탕, 사탕
- 白糖 báitáng 명 백설탕
- 糖果 tángguǒ 명 사탕, 캔디
- 加糖 jiā táng 설탕을 넣다

글자풀이 米(곡물)과 唐이 결합되어 단 물질, '설탕, 사탕'을 의미하게 됐다. 옛날에는 곡물에서 당을 추출했으며, 唐은 특별한 뜻 없이 소리만 빌려 온 글자이다.

233 油 기름 유

8획 ˋ ˊ 氵 氵 氵⁻ 汩 油 油

yóu

- 명 기름, 오일
- 油腻 yóunì 형 느끼하다, 기름지다
- 加油²⁺ jiāyóu 동 기름을 넣다, 힘을 내다
- 石油³⁺ shíyóu 명 석유
- 汽油⁴⁺ qìyóu 명 휘발유, 가솔린

글자풀이 氵(액체)와 기름을 짜내는 동작을 나타내는 由가 결합되어 '기름'이라는 의미가 됐다.

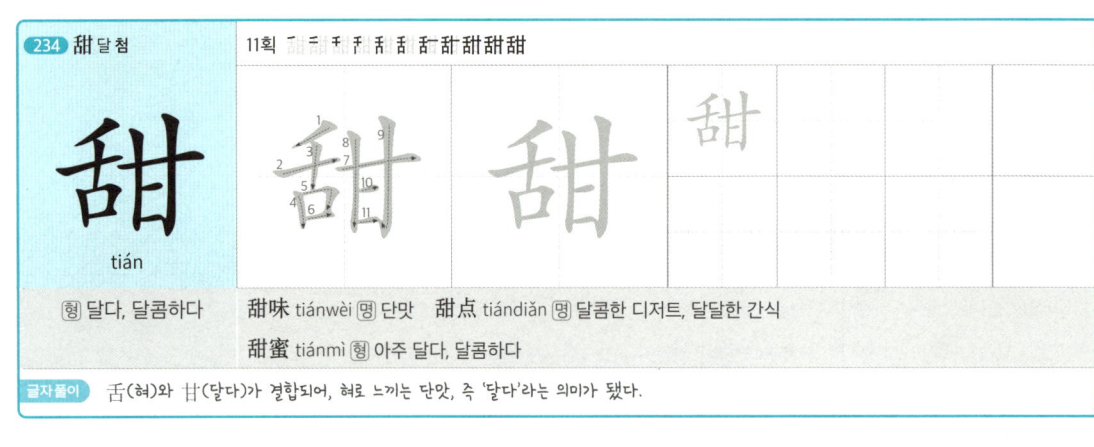

234 甜 달 첨

tián

11획 一 十 十 千 舌 舌 舌' 甜 甜 甜 甜

형 달다, 달콤하다

甜味 tiánwèi 명 단맛　甜点 tiándiǎn 달콤한 디저트, 달달한 간식
甜蜜 tiánmì 형 아주 달다, 달콤하다

글자풀이 舌(혀)와 甘(달다)가 결합되어, 혀로 느끼는 단맛, 즉 '달다'라는 의미가 됐다.

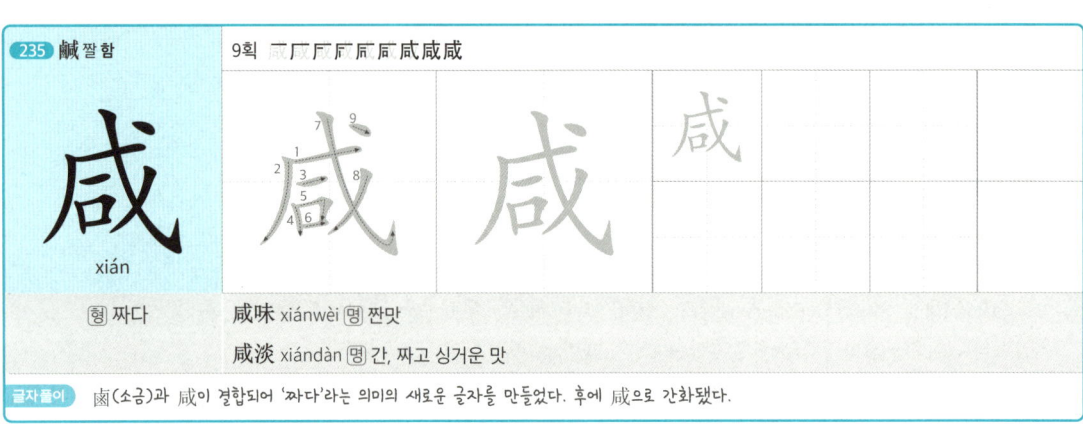

235 鹹 짤 함

xián

9획 一 厂 厂 厂 戌 咸 咸 咸

형 짜다

咸味 xiánwèi 명 짠맛
咸淡 xiándàn 명 간, 짜고 싱거운 맛

글자풀이 鹵(소금)과 咸이 결합되어 '짜다'라는 의미의 새로운 글자를 만들었다. 후에 咸으로 간화됐다.

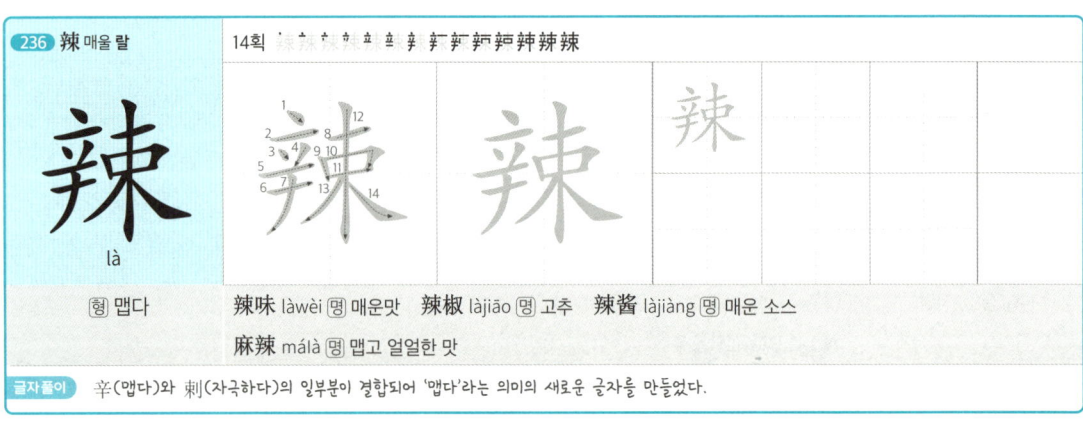

236 辣 매울 랄

là

14획 一 十 立 立 辛 辛 辛' 莿 莿 莿 辣 辣 辣

형 맵다

辣味 làwèi 명 매운맛　辣椒 làjiāo 명 고추　辣酱 làjiàng 명 매운 소스
麻辣 málà 명 맵고 얼얼한 맛

글자풀이 辛(맵다)와 刺(자극하다)의 일부분이 결합되어 '맵다'라는 의미의 새로운 글자를 만들었다.

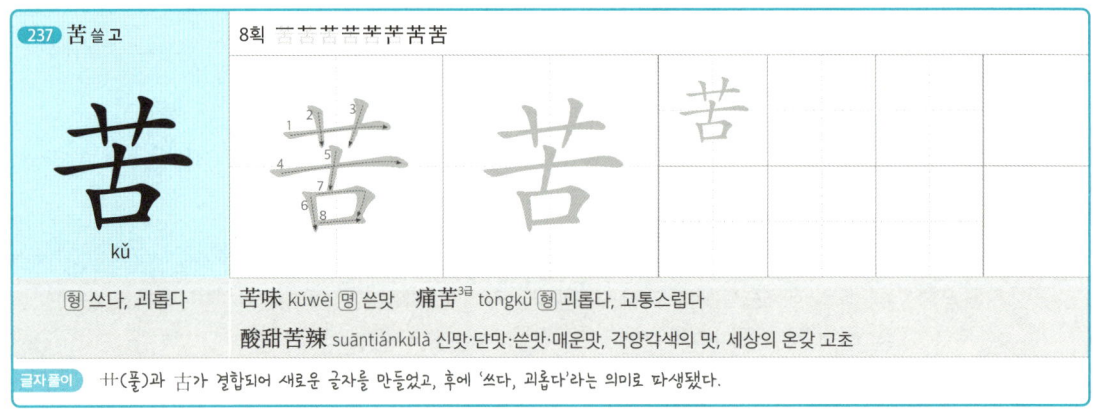

237 苦 쓸 고

kǔ

8획 一 十 廾 艹 艹 芊 芋 苦 苦

형 쓰다, 괴롭다

苦味 kǔwèi 명 쓴맛　痛苦³ tòngkǔ 형 괴롭다, 고통스럽다
酸甜苦辣 suāntiánkǔlà 신맛·단맛·쓴맛·매운맛, 각양각색의 맛, 세상의 온갖 고초

글자풀이 艹(풀)과 古가 결합되어 새로운 글자를 만들었고, 후에 '쓰다, 괴롭다'라는 의미로 파생됐다.

단어로 써 보기

오늘 써 본 한자들로 조합된 HSK 빈출 단어들이에요. 칸에 맞춰 정확히 써 보세요.

1급 米饭 mǐfàn
명 밥, 식사

1급 鸡蛋 jīdàn
명 달걀

3급 咖啡 kāfēi
명 커피

3급 啤酒 píjiǔ
명 맥주

香味 xiāngwèi
명 향기

11일차 단위

个(개), 双(쌍, 짝)처럼 단위와 관련된 간체자를 써 볼 거예요.
음성을 들으며 한자와 단어의 발음도 함께 익혀 보세요.

MP3 바로 듣기

238 **个** ge, gè
양 개, 명
형 개별적인

239 **双** shuāng
양 쌍, 짝, 켤레
형 두 개의, 짝수의

240 **只** zhī, zhǐ
양 마리
부 다만, 오직

241 **台** tái
양 대[기계·장비]
명 무대, ~국

242 **本** běn
양 권, 책
부 본래

243 **支** zhī
양 [길고 가는 것을 세는 단위]
동 지원하다, 지불하다

244 **条** tiáo
양 [길고 가는 것을 세는 단위]
명 가늘고 긴 것, 조항

245 **元** yuán
양 위안
형 시초의, 처음의

246 **块** kuài
양 위안
양 덩어리, 조각

247 **岁** suì
양 살, 세

248 **页** yè
양 쪽, 페이지
명 쪽, 페이지

249 **件** jiàn
양 건, 벌
명 서류, 문건

250 **种** zhǒng, zhòng
양 종류
명 종류
동 심다

251 **张** zhāng
양 장
동 잡아당기다

252 **层** céng
양 층, 겹
명 층

253 **份** fèn
양 인분, 세트, 부, 통

254 **部** bù
양 편, 대
명 부분, 부문

255 **章** zhāng
양 (글 등의) 장
명 단락

256 **些** xiē
양 몇, 약간, 조금

257 **段** duàn
양 단락, 구간

258 **次** cì
양 번, 차례, 차

259 **遍** biàn
양 번, 회
동 보편적이다

260 **篇** piān
양 편

261 **辆** liàng
양 대[차량]

238 個 낱 개

 ge, gè

3획 　丿 　人 　个

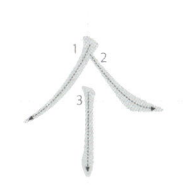  

| ge 양 개, 명 | 一个 yí ge 한 개　　一个人 yí ge rén 한 명, 한 사람 |
| gè 형 개별적인 | 个人³급 gèrén 명 개인　个性³급 gèxìng 명 개성　个别⁴급 gèbié 형 개개의, 개별적인 |

글자풀이 亻(사람)과 독립된 대나무 마디를 나타내는 固가 결합되어 '개별적인, 개'라는 의미가 됐다. 후에 个로 간화됐다.

239 雙 두 쌍 / 쌍 쌍

 shuāng

4획 　フ　又　双双

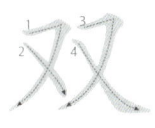  

| 양 쌍, 짝, 켤레 | 一双 yì shuāng 한 쌍, 한 켤레　一双鞋 yì shuāng xié 신발 한 켤레 |
| 형 두 개의, 짝수의 | 双方³급 shuāngfāng 명 쌍방, 양측　双胞胎 shuāngbāotāi 명 쌍둥이 |

글자풀이 又(손)으로 隹(새) 두 마리를 붙잡고 있는 모습으로 '쌍, 짝'이라는 의미가 됐고, 후에 双으로 간화됐다.

240 隻 외짝 척

 zhī, zhǐ

5획 　丨 　口 　口 　尸 　只

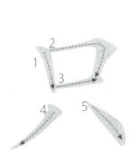  

| zhī 양 마리 | 一只狗 yì zhī gǒu 개 한 마리　一只猫 yì zhī māo 고양이 한 마리 |
| zhǐ 부 다만, 오직 | 只是³급 zhǐshì 부 다만, 오직　只能²급 zhǐ néng ~할 수밖에 없다　只有³급 zhǐyǒu 접 오직 ~해야만 |

글자풀이 又(손)으로 隹(새)를 붙잡고 있는 모습으로 '하나의 대상'을 의미했고, 이후 '마리'라는 의미로 파생됐다. 후에 只로 간화됐다.

241 臺 대 대

 tái

5획 　厶 　台 　台 　台 　台

| 양 대[기계·장비 등을 세는 단위] | 一台电脑 yì tái diànnǎo 컴퓨터 한 대　一台空调 yì tái kōngtiáo 에어컨 한 대 |
| 명 무대, ~국 | 舞台³급 wǔtái 명 무대　电视台³급 diànshìtái 명 방송국　台阶⁴급 táijiē 명 계단, 층계 |

글자풀이 지붕이 있는 건물, 제단을 의미하던 글자로, 근대에 '무대'라는 의미로 파생되었고, 기계를 세는 단위로도 쓰이게 됐다. 후에 台로 간화됐다.

1급 = HSK 1급　2급 = HSK 2급　3급 = HSK 3급　4급 = HSK 4급

242 本 근본 본　5획 一十才木本

běn

- 양 권, 책　　一本书 yì běn shū 책 한 권　一本词典 yì běn cí diǎn 사전 한 권
- 부 본래　　本来³급 běnlái 형 본래의

글자풀이　木(나무) 하단에 선을 그어 나무의 뿌리 즉 '근본, 본래'라는 의미가 됐고, 이후 책을 本이라고 하여 책을 세는 단위로도 쓰이게 됐다.

243 支 지탱할 지　5획 支十步支

zhī

- 양 [길고 가는 것을 세는 단위]　一支笔 yì zhī bǐ 펜 한 자루　一支筷子 yì zhī kuàizi 젓가락 한 짝
- 동 지원하다, 지불하다　支持³급 zhīchí 동 지지하다　支付 zhīfù 동 지불하다, 지급하다

글자풀이　손에 갈라진 대나무 가지를 든 모습으로, 가늘고 긴 물건을 세는 단위로 쓰이게 됐다.

244 條 가지 조　7획 ノクタ夂夅条条

tiáo

- 양 [길고 가는 것을 세는 단위]　一条路 yì tiáo lù 길 하나　几条蛇 jǐ tiáo shé 뱀 몇 마리
- 명 가늘고 긴 것, 조항　面条儿¹급 miàntiáor 명 국수　条件²급 tiáojiàn 명 조건

글자풀이　木(나무)와 攸(길쭉하다)가 결합되어 가늘고 긴 나뭇가지를 의미했고, 가늘고 긴 것을 세는 단위가 되었다. 후에 条로 간화됐다.

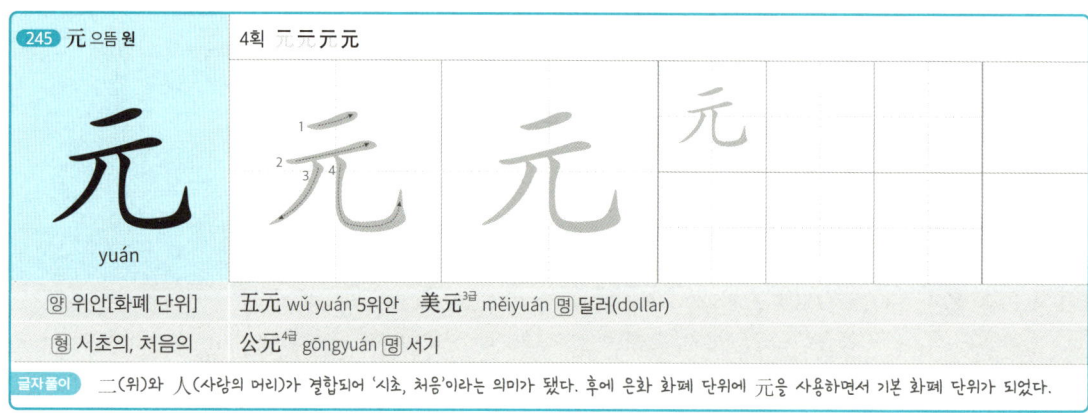

245 元 으뜸 원　4획 一元テ元

yuán

- 양 위안[화폐 단위]　五元 wǔ yuán 5위안　美元³급 měiyuán 명 달러(dollar)
- 형 시초의, 처음의　公元⁴급 gōngyuán 명 서기

글자풀이　二(위)와 儿(사람의 머리)가 결합되어 '시초, 처음'이라는 의미가 됐다. 후에 은화 화폐 단위에 元을 사용하면서 기본 화폐 단위가 되었다.

246 塊 흙덩이 괴

7획 `一 十 土 圹 坊 块 块`

块 kuài

- 양 위안[화폐 단위]   一块钱 yí kuài qián 1위안
- 양 덩어리, 조각   一块肉 yí kuài ròu 고기 한 덩어리   两块蛋糕 liǎng kuài dàngāo 케이크 두 조각

글자풀이 土(흙)과 鬼(불룩하다)가 결합되어 흙덩이, 덩어리 형태의 물건을 의미하게 됐다. 후에 块로 간화됐다.

247 歲 해 세

6획 `' 屮 屮 屮 岁 岁`

岁 suì

- 양 살, 세, 나이   三十岁 sānshí suì 30살
-                   八十岁 bāshí suì 80살, 여든

글자풀이 步(걸음)와 겨울철을 뜻하는 글자 戌가 결합되어 겨울을 지나 새해를 맞는다는 뜻이 됐고, '세, 나이'라는 의미로 파생됐다. 후에 岁로 간화됐다.

248 頁 책장 엽 / 머리 혈

6획 `一 厂 广 页 页 页`

页 yè

- 양 쪽, 페이지   第一页 dìyī yè 1쪽, 첫 페이지
- 명 쪽, 페이지   书页 shūyè 명 책의 쪽, 페이지   首页 shǒuyè 명 첫 페이지, 메인 홈페이지

글자풀이 사람의 머리를 나타내는 글자로, '처음, 우선'을 의미했고, 후에 '쪽, 페이지'라는 의미가 됐다.

249 件 물건 건

6획 `丿 亻 亻 仁 仵 件`

件 jiàn

- 양 건, 벌[일·사건·의류를 세는 단위]   一件事 yí jiàn shì 사건 하나   一件衣服 yí jiàn yīfu 옷 한 벌
- 명 서류, 문건   文件³급 wénjiàn 명 서류, 문건   事件³급 shìjiàn 명 사건   证件³급 zhèngjiàn 명 증명서, 증거 서류

글자풀이 亻(사람)과 牛(소)가 결합되어 사람이 가축을 부위별로 나누는 것을 의미했고, 이후 분리 가능한 물건을 세는 단위가 되었다.

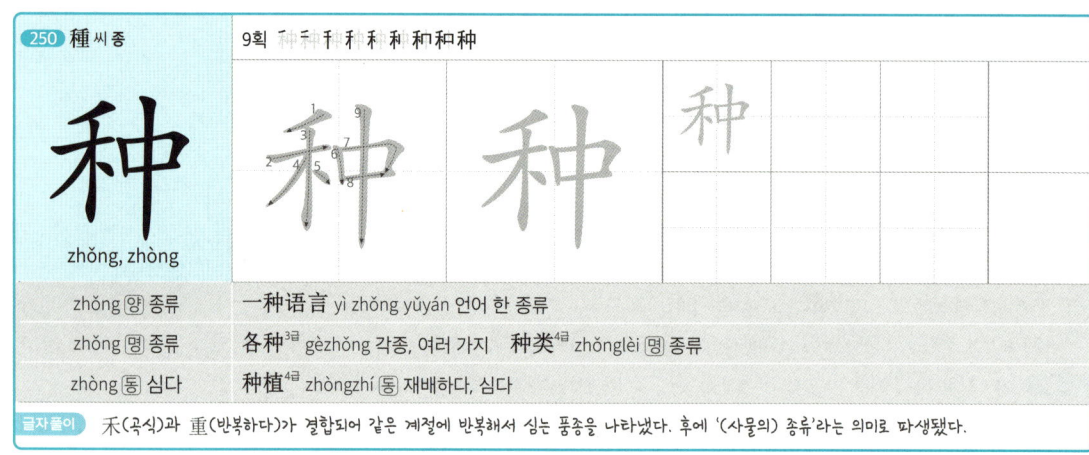

250 種 씨 종 zhǒng, zhòng — 9획

zhǒng 양 종류	一种语言 yì zhǒng yǔyán 언어 한 종류
zhǒng 명 종류	各种³급 gèzhǒng 각종, 여러 가지 种类⁴급 zhǒnglèi 명 종류
zhòng 동 심다	种植⁴급 zhòngzhí 동 재배하다, 심다

글자풀이: 禾(곡식)과 重(반복하다)가 결합되어 같은 계절에 반복해서 심는 풍종을 나타냈다. 후에 '(사물의) 종류'라는 의미로 파생됐다.

251 張 베풀 장 zhāng — 7획

양 장[평평한 물건을 세는 단위]	一张照片 yì zhāng zhàopiàn 사진 한 장 一张床 yì zhāng chuáng 침대 한 개
동 잡아당기다, 늘리다	紧张³급 jǐnzhāng 형 긴장해 있다, 불안하다 主张³급 zhǔzhāng 동 주장하다

글자풀이: 弓(활)과 長(늘어나다)가 결합되어 활시위를 길게 당기는 동작을 나타냈고, '잡아당기다, 늘리다'라는 의미가 됐다. 후에 张으로 간화됐다.

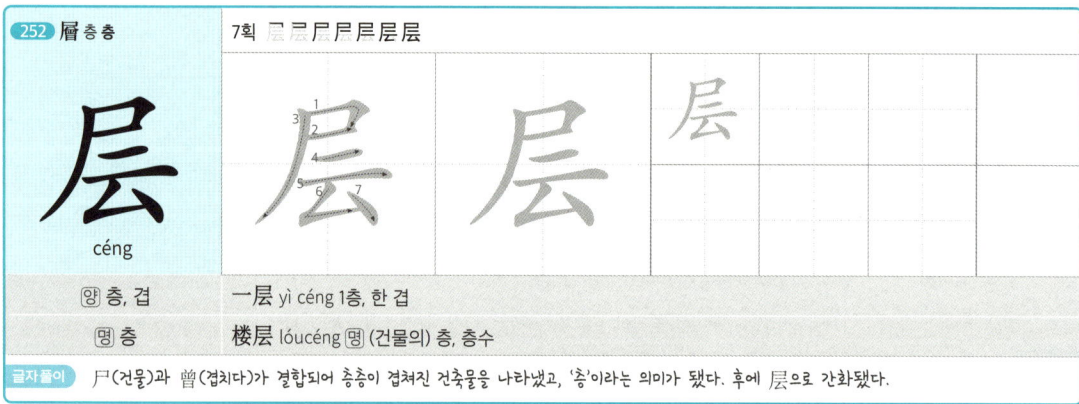

252 層 층 층 céng — 7획

양 층, 겹	一层 yì céng 1층, 한 겹
명 층	楼层 lóucéng 명 (건물의) 층, 층수

글자풀이: 尸(건물)과 曾(겹치다)가 결합되어 층층이 겹쳐진 건축물을 나타냈고, '층'이라는 의미가 됐다. 후에 层으로 간화됐다.

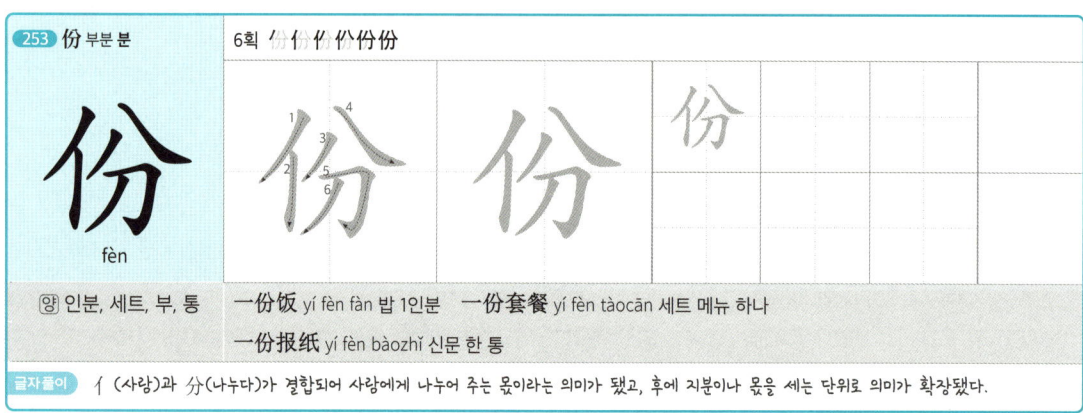

253 份 부분 분 fèn — 6획

양 인분, 세트, 부, 통	一份饭 yí fèn fàn 밥 1인분 一份套餐 yí fèn tàocān 세트 메뉴 하나 一份报纸 yí fèn bàozhǐ 신문 한 통

글자풀이: 亻(사람)과 分(나누다)가 결합되어 사람에게 나누어 주는 몫이라는 의미가 됐고, 후에 지분이나 몫을 세는 단위로 의미가 확장됐다.

254 部 거느릴 부

10획 `丶 丄 亠 ㄅ 立 产 音 咅 剖 部`

 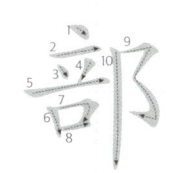 

bù

- 양 편, 대[작품·기계를 세는 단위]　一部电影 yí bù diànyǐng 영화 한 편　一部手机 yí bù shǒujī 휴대폰 한 대
- 명 부분, 부문　部分² bùfen 명 부분, 일부　全部² quánbù 명 전부　部门³ bùmén 명 부서, 부문

글자풀이 ｜ 咅(분리하다)와 阝(마을)이 결합되어 마을을 세는 단위를 의미하게 됐고, 후에 조직이나 서적을 세는 '편, 대'라는 의미로 확장됐다.

---

255 章 글 장

11획 `丶 亠 亠 ㅗ 产 苎 立 音 音 音 章 章`

 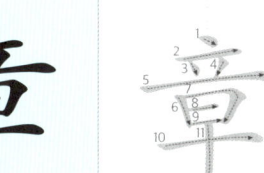 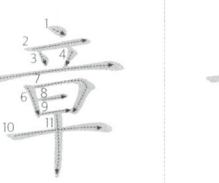

zhāng

- 양 (글, 음악 등의) 장　第一章 dìyī zhāng 제1장
- 명 단락　文章³ wénzhāng 명 글, 문장　乐章 yuèzhāng 명 악장

글자풀이 ｜ 音(소리)와 十(완전하다)가 결합되어 완전한 한 곡의 음악을 의미했고, 후에 문장이나 단락을 세는 단위로 파생됐다.

---

256 些 적을 사

8획 `丨 ㅑ 止 ㅑ 此 此 些 些`

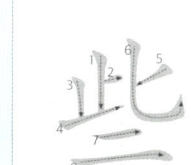  

xiē

- 양 몇, 약간, 조금　一些¹ yìxiē 약간, 조금　这些¹ zhèxiē 대 이것들　那些¹ nàxiē 대 그것들
  哪些¹ nǎxiē 대 어느, 어떤　有(一)些¹ yǒu (yì)xiē 대 다소, 약간

글자풀이 ｜ 此(여기)와 二(적은 수)가 결합되어 '여기 있는 것 중 조금'을 의미했고, 후에 '몇, 약간'이라는 불확실한 수를 나타내게 되었다.

---

257 段 조각 단

9획 `丿 丆 ㅌ ㅌ ㅌ 匸 段 段 段`

 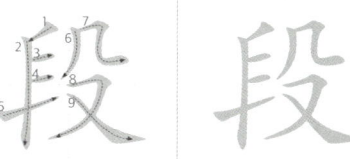

duàn

- 양 단락, 구간　一段话 yí duàn huà 말 한 단락　一段时间 yí duàn shíjiān 한동안　阶段⁴ jiēduàn 명 단계
  分段 fēnduàn 구역을 나누다, 단계별로 구분하다

글자풀이 ｜ 殳(두드리다)와 㡭(끝부분)이 결합되어 물건을 두드려 나누는 것을 의미했고, 현대에 '단락, 구간, 마디'로 의미가 확장됐다.

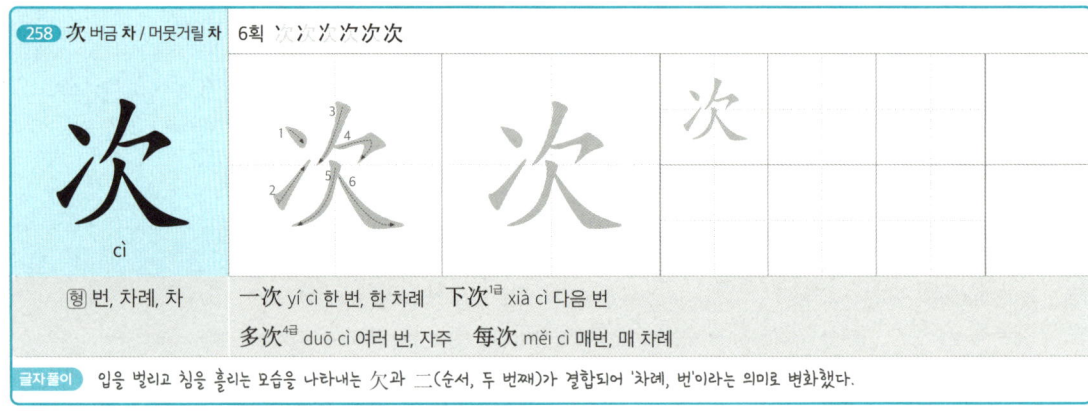

258 次 버금 차 / 머뭇거릴 차
6획 次次次次次次

cì

형 번, 차례, 차

一次 yí cì 한 번, 한 차례   下次¹급 xià cì 다음 번
多次⁴급 duō cì 여러 번, 자주   每次 měi cì 매번, 매 차례

글자풀이 입을 벌리고 침을 흘리는 모습을 나타내는 欠과 二(순서, 두 번째)가 결합되어 '차례, 번'이라는 의미로 변화했다.

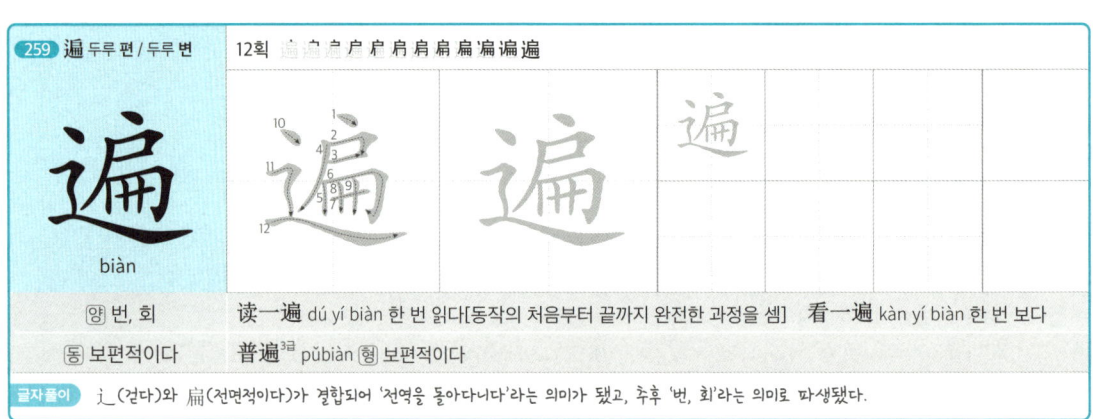

259 遍 두루 편 / 두루 변
12획 遍遍遍遍遍遍遍遍遍遍遍遍

biàn

양 번, 회
동 보편적이다

读一遍 dú yí biàn 한 번 읽다[동작의 처음부터 끝까지 완전한 과정을 셈]   看一遍 kàn yí biàn 한 번 보다
普遍³급 pǔbiàn 형 보편적이다

글자풀이 辶(걷다)와 扁(전면적이다)가 결합되어 '전역을 돌아다니다'라는 의미가 됐고, 추후 '번, 회'라는 의미로 파생됐다.

260 篇 책 편
15획 篇篇篇篇篇篇篇篇篇篇篇篇篇篇篇

piān

양 편[글, 문장을 세는 단위]

一篇文章 yì piān wénzhāng 글 한 편   一篇论文 yì piān lùnwén 논문 한 편
一篇故事 yì piān gùshi 이야기 한 편

글자풀이 ⺮(죽간)과 扁(묶다)가 결합되어 죽간을 엮어 하나의 책처럼 엮은 것을 가리켰고, 후에 글을 세는 단위가 되었다.

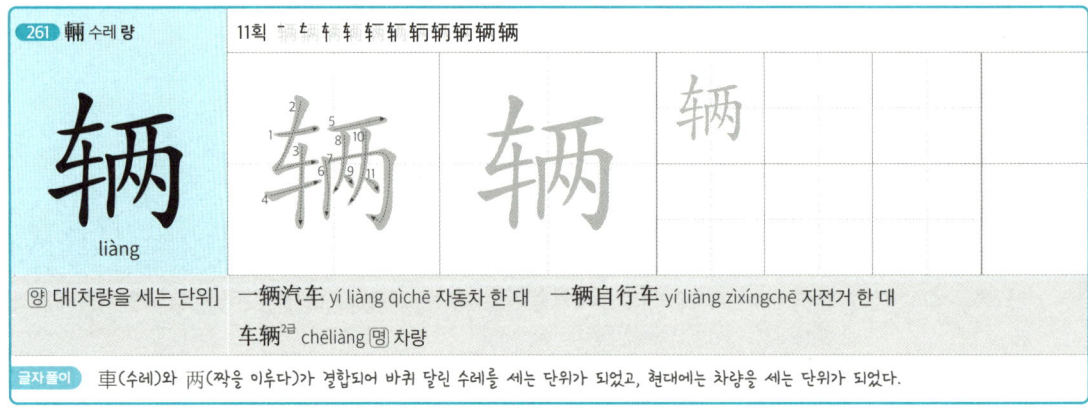

261 辆 수레 량
11획 辆辆辆辆辆辆辆辆辆辆辆

liàng

양 대[차량을 세는 단위]

一辆汽车 yí liàng qìchē 자동차 한 대   一辆自行车 yí liàng zìxíngchē 자전거 한 대
车辆²급 chēliàng 명 차량

글자풀이 车(수레)와 两(짝을 이루다)가 결합되어 바퀴 달린 수레를 세는 단위가 되었고, 현대에는 차량을 세는 단위가 되었다.

단어로 써 보기

오늘 써 본 한자들로 조합된 HSK 빈출 단어들이에요. 칸에 맞춰 정확히 써 보세요.

一个
yí ge
한 개

一种
yì zhǒng
한 종류

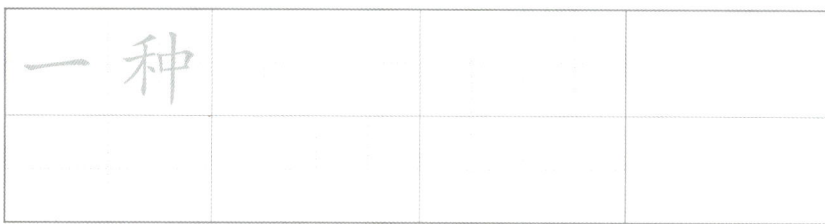

一份
yí fèn
1인분

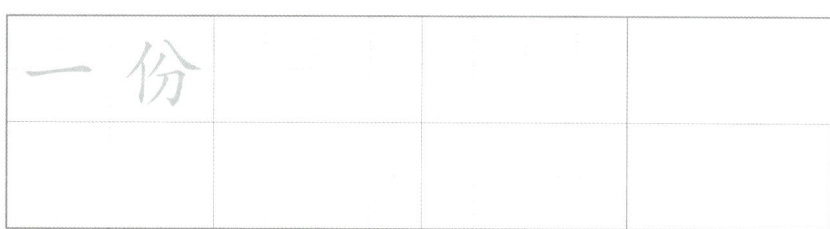

1급
一些
yìxiē
얼마간, 약간

一次
yí cì
한 번, 한 차례

12일차 상태·상황 ①

大(크다), 紧(긴박하다)처럼 상태·상황과 관련된 간체자를 써 볼 거예요. 음성을 들으며 한자와 단어의 발음도 함께 익혀 보세요.

262 **大** dà
형 크다, 많다

263 **小** xiǎo
형 작다

264 **多** duō
형 많다

265 **少** shǎo, shào
형 적다, 부족하다
형 젊다, 어리다

266 **高** gāo
형 높다

267 **低** dī
형 낮다

268 **长** cháng, zhǎng
형 길다
명 책임자
동 자라다

269 **短** duǎn
형 짧다

270 **好** hǎo, hào
형 좋다
동 좋아하다

271 **坏** huài
형 나쁘다, 고장 나다

272 **重** zhòng, chóng
형 중요하다, 무겁다
부 다시
동 중복하다

273 **轻** qīng
형 가볍다, 홀가분하다

274 **贵** guì
형 귀하다, 비싸다

275 **便** biàn, pián
형 편리하다
형 싸다

276 **宜** yí
형 적당하다, 알맞다

277 **慢** màn
형 느리다

278 **近** jìn
형 가깝다

279 **远** yuǎn
형 멀다

280 **容** róng
동 수용하다, 담다
명 모습, 용모

281 **易** yì
형 쉽다, 용이하다
동 교환하다

282 **难** nán
형 어렵다, 곤란하다

283 **旧** jiù
형 낡다, 오래되다
형 예전의

284 **深** shēn
형 깊다

285 **紧** jǐn
형 긴박하다

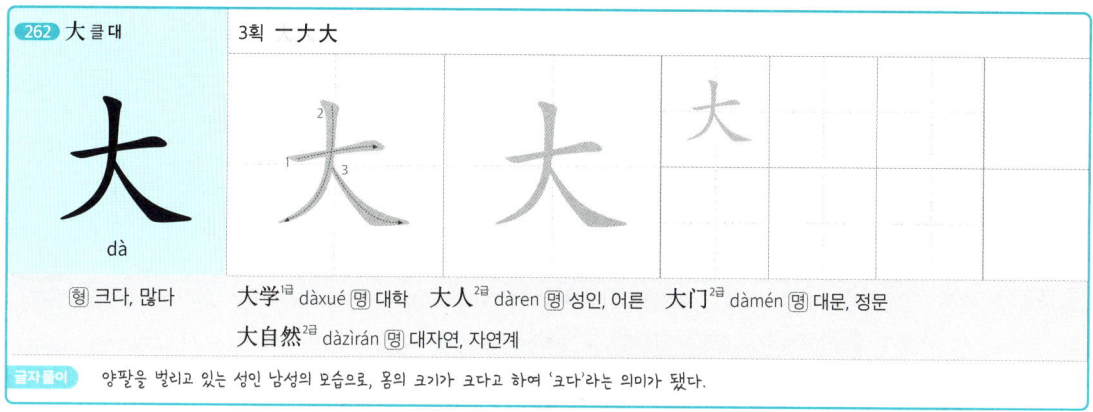

262 大 클 대 3획 一ナ大

형 크다, 많다

大学¹급 dàxué 명 대학   大人²급 dàrén 명 성인, 어른   大门²급 dàmén 명 대문, 정문
大自然²급 dàzìrán 명 대자연, 자연계

글자풀이 양팔을 벌리고 있는 성인 남성의 모습으로, 몸의 크기가 크다고 하여 '크다'라는 의미가 됐다.

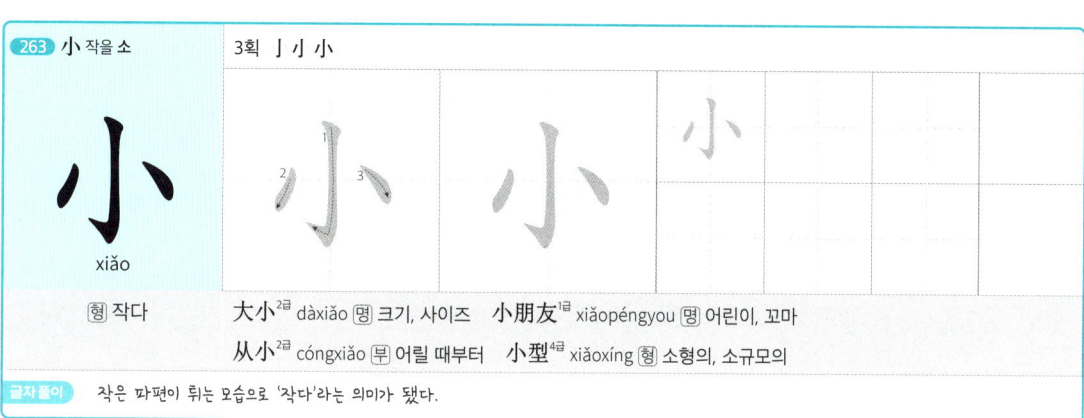

263 小 작을 소 3획 亅小小

형 작다

大小²급 dàxiǎo 명 크기, 사이즈   小朋友¹급 xiǎopéngyou 명 어린이, 꼬마
从小²급 cóngxiǎo 부 어릴 때부터   小型⁴급 xiǎoxíng 형 소형의, 소규모의

글자풀이 작은 파편이 튀는 모습으로 '작다'라는 의미가 됐다.

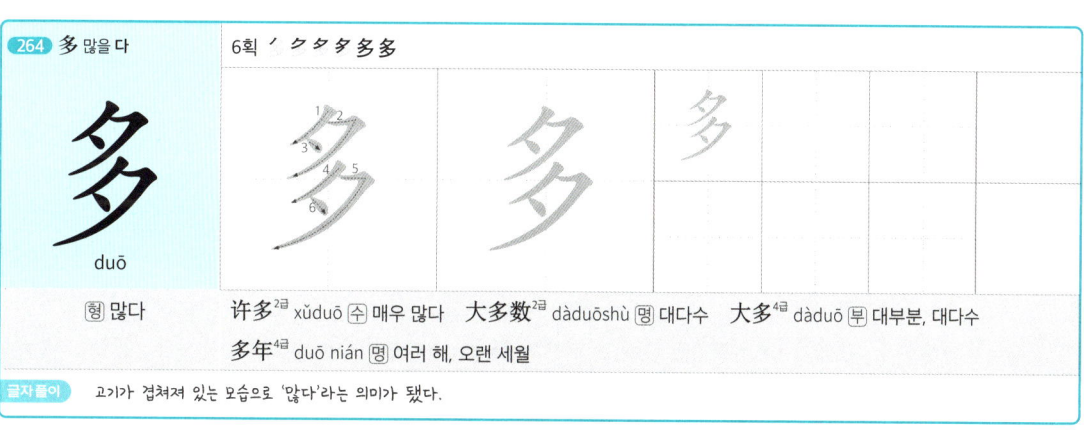

264 多 많을 다 6획 ノクタタ多多

형 많다

许多²급 xǔduō 수 매우 많다   大多数²급 dàduōshù 명 대다수   大多⁴급 dàduō 부 대부분, 대다수
多年⁴급 duō nián 명 여러 해, 오랜 세월

글자풀이 고기가 겹쳐져 있는 모습으로 '많다'라는 의미가 됐다.

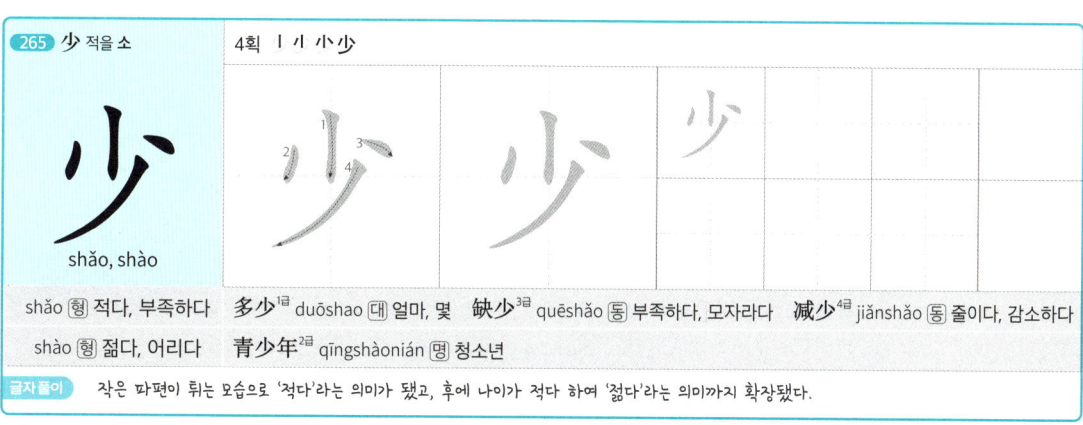

265 少 적을 소 4획 丨亅小少

shǎo, shào

shǎo 형 적다, 부족하다   多少¹급 duōshao 대 얼마, 몇   缺少³급 quēshǎo 동 부족하다, 모자라다   减少⁴급 jiǎnshǎo 동 줄이다, 감소하다
shào 형 젊다, 어리다   青少年²급 qīngshàonián 명 청소년

글자풀이 작은 파편이 튀는 모습으로 '적다'라는 의미가 됐고, 후에 나이가 적다 하여 '젊다'라는 의미까지 확장됐다.

1급 = HSK 1급   2급 = HSK 2급   3급 = HSK 3급   4급 = HSK 4급

266 高 높을 고

10획 高高高高高高高高高高

gāo

형 높다

高兴¹급 gāoxìng 형 기쁘다, 즐겁다　高中²급 gāozhōng 명 고등학교　高级²급 gāojí 형 고급의
提高²급 tígāo 동 향상시키다, 높이다　高速³급 gāosù 형 고속의

글자풀이　높게 지어진 누각의 모습으로 '높다'라는 의미가 됐다.

267 低 낮을 저

7획 低低低低低低低

dī

형 낮다

高低 gāodī 명 높이, 고저　降低⁴급 jiàngdī 동 내려가다, 내리다, 낮추다

글자풀이　亻(사람)과 氐(나무 뿌리)가 결합되어 '신분이 낮다'라는 의미가 됐고, 지금은 사람의 신분과 관계없이 '낮다'라는 의미가 됐다.

268 長 길 장 / 어른 장

4획 长长长长

cháng, zhǎng

cháng 형 길다
zhǎng 명 책임자
zhǎng 동 자라다

长期³급 chángqī 명 장기, 장기간　长处³급 chángchù 명 장점
队长²급 duìzhǎng 명 주장, 리더　院长²급 yuànzhǎng 명 원장
生长³급 shēngzhǎng 동 성장하다　长大²급 zhǎngdà 동 자라다, 성장하다

글자풀이　머리카락이 긴 사람의 모습으로 '길다'라는 의미가 됐다. 후에 长으로 간화됐다.

269 短 짧을 단

12획 短短短短短短短短短短短短

duǎn

형 짧다

长短 chángduǎn 명 길이, 좋고 나쁨　短信²급 duǎnxìn 명 문자 메시지　短裤³급 duǎnkù 명 반바지
短期³급 duǎnqī 명 단기　短处³급 duǎnchù 명 단점

글자풀이　투호 놀이를 하는 모습으로, 투호는 짧은 거리에서 화살을 던지는 놀이이기 때문에 '짧다'라는 의미가 됐다.

270 好 좋을 호

6획 ㄑ 乂 女 女 好 好

hǎo, hào

hǎo 형 좋다 好事²급 hǎoshì 명 좋은 일 好处²급 hǎochu 명 이로운 점, 장점 良好⁴급 liánghǎo 형 좋다, 양호하다
hào 동 좋아하다, 잘 ~하다 爱好¹급 àihào 명 취미 好奇³급 hàoqí 형 호기심이 많다, 궁금하다

글자풀이 女(엄마)가 子(아이)를 안고 있는 모습으로, '아름답다, 적절하다' 등의 의미에서 지금의 '좋다'라는 의미가 됐다.

271 壞 무너질 괴

7획 一 十 土 圵 圷 坏 坏

huài

형 나쁘다, 고장 나다 好坏 hǎohuài 명 좋고 나쁨, 잘잘못 坏人²급 huàirén 명 나쁜 사람, 악당
坏处²급 huàichu 명 나쁜 점, 해로운 점 破坏³급 pòhuài 동 파괴하다, 손상시키다

글자풀이 土(흙)과 褢(건물이 무너진 모습)이 결합되어 '파괴하다, 부패하다'라는 의미에서 지금의 '나쁘다'라는 의미가 됐다. 후에 坏로 간화됐다.

272 重 무거울 중

9획 一 二 千 千 千 亩 盲 重 重

zhòng, chóng

zhòng 형 중요하다, 무겁다 重要¹급 zhòngyào 형 중요하다 重视²급 zhòngshì 동 중시하다
chóng 부 다시 重新²급 chóngxīn 부 다시, 재차, 처음부터
chóng 동 중복하다 重复²급 chóngfù 동 반복하다, 되풀이하다

글자풀이 사람이 등에 큰 짐을 지고 있는 모습으로 '무겁다'라는 의미가 됐다.

273 輕 가벼울 경

9획 一 土 车 车 轻 轻 轻 轻

qīng

형 가볍다, 홀가분하다 年轻²급 niánqīng 형 젊다, 어리다 轻松⁴급 qīngsōng 형 편안하다, 수월하다, 가뿐하다

글자풀이 車(수레)와 巠(가볍다)가 결합되어 '(수레가) 가볍다'라는 의미가 됐다. 후에 轻으로 간화됐다.

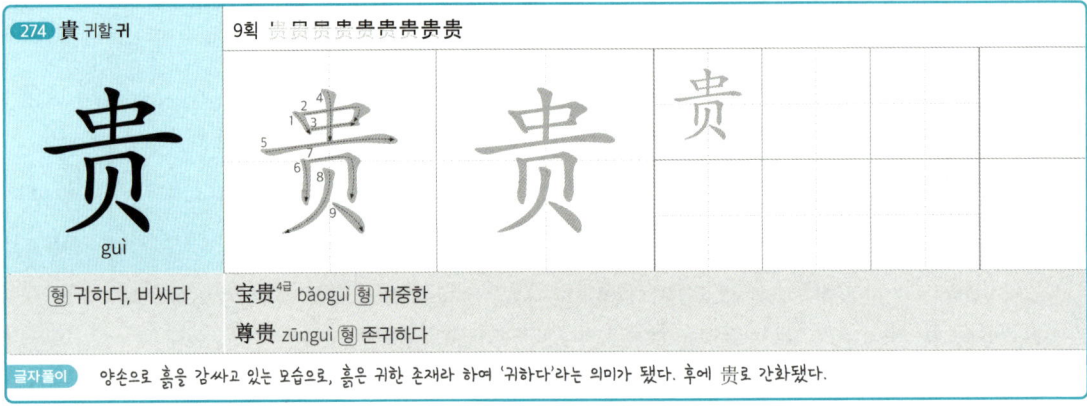

274 貴 귀할 귀 — guì

형 귀하다, 비싸다

宝贵⁴급 bǎoguì 형 귀중한
尊贵 zūnguì 형 존귀하다

글자풀이: 양손으로 흙을 감싸고 있는 모습으로, 흙은 귀한 존재라 하여 '귀하다'라는 의미가 됐다. 후에 贵로 간화됐다.

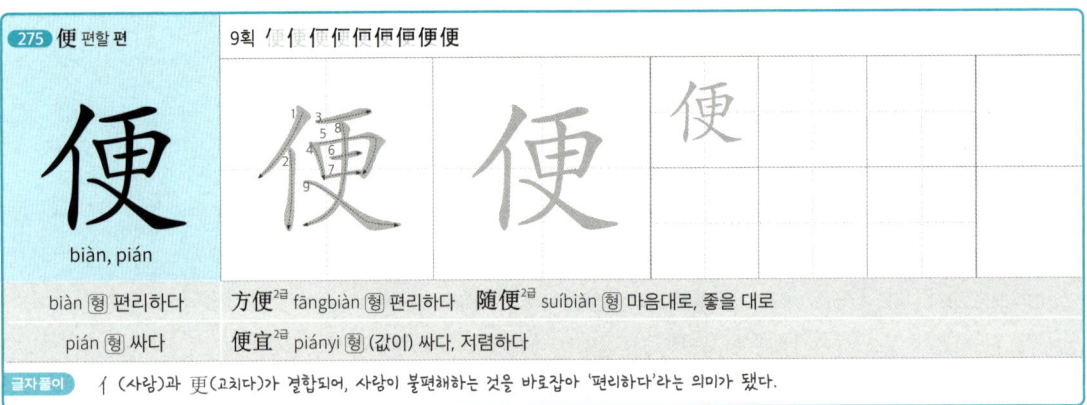

275 便 편할 편 — biàn, pián

biàn 형 편리하다
pián 형 싸다

方便²급 fāngbiàn 형 편리하다   随便 suíbiàn 형 마음대로, 좋을 대로
便宜²급 piányi 형 (값이) 싸다, 저렴하다

글자풀이: 亻(사람)과 更(고치다)가 결합되어, 사람이 불편해하는 것을 바로잡아 '편리하다'라는 의미가 됐다.

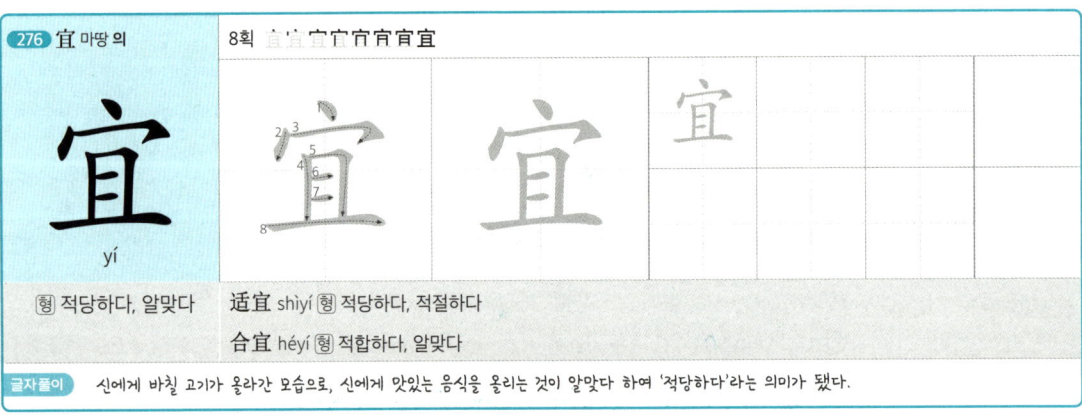

276 宜 마땅 의 — yí

형 적당하다, 알맞다

适宜 shìyí 형 적당하다, 적절하다
合宜 héyí 형 적합하다, 알맞다

글자풀이: 신에게 바칠 고기가 올라간 모습으로, 신에게 맛있는 음식을 올리는 것이 알맞다 하여 '적당하다'라는 의미가 됐다.

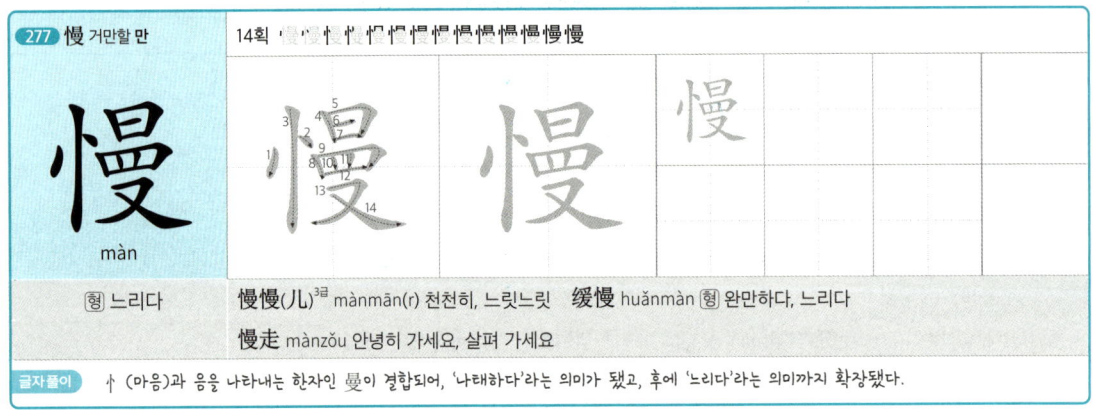

277 慢 거만할 만 — màn

형 느리다

慢慢(儿)³급 mànmān(r) 천천히, 느릿느릿   缓慢 huǎnmàn 형 완만하다, 느리다
慢走 mànzǒu 안녕히 가세요, 살펴 가세요

글자풀이: 忄(마음)과 음을 나타내는 한자인 曼이 결합되어, '나태하다'라는 의미가 됐고, 후에 '느리다'라는 의미까지 확장됐다.

278 近 가까울 근

7획 ノナチチ斤斤䜣近近

近 jìn

- 형 가깝다

接近³급 jiējìn 통 가까이하다, 접근하다   将近³급 jiāngjìn 부 거의 ~에 가깝다   附近⁴급 fùjìn 명 근처, 부근
近代⁴급 jìndài 명 근대

글자풀이 辶(가다)와 斤(도끼)가 결합되어, 도끼질을 하기 위해 나무에 가까이 다가가는 모습에서 '가깝다'라는 의미가 됐다.

279 远 멀 원

7획 一 二 テ 元 沅 远 远

远 yuǎn

- 형 멀다

远近 yuǎnjìn 명 멀고 가까움, 거리   很远 hěn yuǎn 매우 멀다
跳远³급 tiàoyuǎn 통 멀리뛰기하다

글자풀이 辶(가다)와 袁이 결합되어, '멀다'라는 의미가 됐다. 후에 远으로 간화됐다. 袁은 특별한 뜻 없이 소리만 빌려 온 글자이다.

280 容 얼굴 용

10획 `ㆍㆍ宀宀灾灾突突容容

容 róng

- 동 수용하다, 담다
- 명 모습, 용모

内容³급 nèiróng 명 내용
形容⁴급 xíngróng 통 형용하다, 묘사하다

글자풀이 宀(방 안)에 谷(곡식)이 있는 모습으로 '곡식을 저장하다'라는 의미가 됐고, 후에 '수용하다, 담다'라는 의미가 됐다.

281 易 쉬울 이 / 바꿀 역

8획 1 ㄇ ㅂ ㅂ ㅂ 易 易 易

易 yì

- 형 쉽다, 용이하다
- 동 교환하다

容易³급 róngyì 형 쉽다   轻易⁴급 qīngyì 형 수월하다, 손쉽다 부 함부로
交易³급 jiāoyì 통 거래하다 명 거래, 교역

글자풀이 원래 '교환하다'라는 의미였고, 후에 日(양)과 勿(음)이 자연스럽게 바뀌는 이치에서 '쉽다'라는 의미가 파생됐다.

282 難 어려울 난 — 10획

nán

- 형 어렵다, 곤란하다
- 难过 ²급 nánguò 형 슬프다, 괴롭다
- 难受 ²급 nánshòu 형 (몸이) 불편하다, 괴롭다
- 困难 ³급 kùnnan 형 어렵다, 곤란하다 명 어려움
- 难度 ³급 nándù 명 난도

글자풀이 진흙(堇)과 새(隹)가 결합되어 진흙에 빠져 날지 못하는 새를 의미했고, '어렵다, 곤란하다'는 의미가 파생됐다. 후에 难으로 간화됐다.

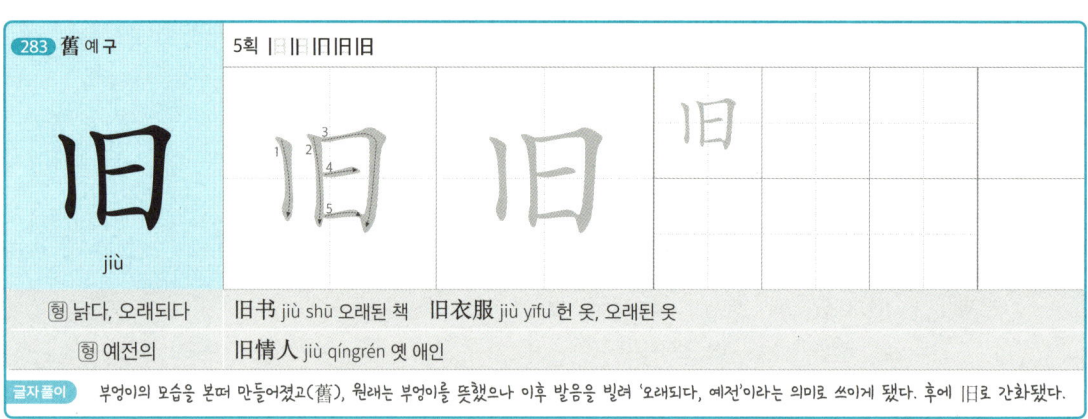

283 舊 예 구 — 5획

jiù

- 형 낡다, 오래되다
- 旧书 jiù shū 오래된 책
- 旧衣服 jiù yīfu 헌 옷, 오래된 옷
- 형 예전의
- 旧情人 jiù qíngrén 옛 애인

글자풀이 부엉이의 모습을 본떠 만들어졌고(舊), 원래는 부엉이를 뜻했으나 이후 발음을 빌려 '오래되다, 예전'이라는 의미로 쓰이게 됐다. 후에 旧로 간화됐다.

284 深 깊을 심 — 11획

shēn

- 형 깊다
- 深刻 ³급 shēnkè 형 (인상이) 깊다, (느낌이) 강렬하다
- 深入 ³급 shēnrù 동 깊이 들어가다, 깊이 침투하다
- 深厚 ⁴급 shēnhòu 형 (감정이) 깊고 두텁다

글자풀이 氵(물)과 손으로 동굴 속을 더듬는 모습(罙)이 결합되어 '(물이) 깊다'라는 의미가 됐고, 지금은 다양한 방면에서 '깊다'라는 의미로 사용된다.

285 緊 긴할 긴 — 10획

jǐn

- 형 긴박하다
- 赶紧 ³급 gǎnjǐn 부 재빨리, 서둘러
- 抓紧 ⁴급 zhuājǐn 동 서둘러 하다, 단단히 쥐다
- 紧密 ⁴급 jǐnmì 형 긴밀하다, 밀접하다

글자풀이 臤(통제하다)와 糸(실)이 결합되어 단단하게 맞물린 상태를 의미했고, 이후 '긴박하다'라는 의미로 파생됐다. 후에 紧으로 간화됐다.

단어로 써 보기

오늘 써 본 한자들로 조합된 HSK 빈출 단어들이에요. 칸에 맞춰 정확히 써 보세요.

2급
大小
dàxiǎo
명 크기, 사이즈

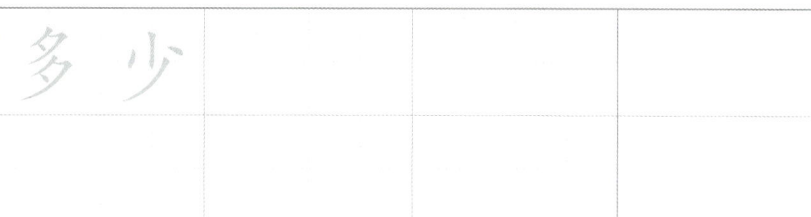

1급
多少
duōshao
대 얼마, 몇

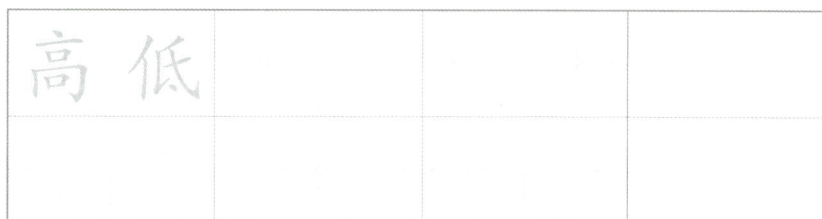

高低
gāodī
명 높이, 고저

2급
便宜
piányi
형 (값이) 싸다, 저렴하다

3급
容易
róngyì
형 쉽다

13일차 상태·상황 ②

简(간단하다), 美(아름답다)처럼 상태·상황과 관련된 간체자를 써 볼 거예요. 음성을 들으며 한자와 단어의 발음도 함께 익혀 보세요.

MP3 바로 듣기

286 **简** jiǎn
[형] 간단하다, 간략하다

287 **单** dān
[형] 단순하다, 단독의
[명] 장부, 명부

288 **漂** piào, piāo
[형] 예쁘다
[동] 떠다니다

289 **亮** liàng
[형] 밝다, 환하다

290 **完** wán
[형] 완전하다
[동] 완성하다

291 **美** měi
[형] 아름답다, 좋다
[명] 미국

292 **丽** lì
[형] 아름답다

293 **忙** máng
[형] 바쁘다

294 **着** zhe, zhuó
[조] ~한 채로 있다
[명] 옷

295 **急** jí
[형] 급하다

296 **奇** qí
[형] 기이한, 이상한

297 **怪** guài
[형] 이상하다

298 **干** gān, gàn
[형] 마르다
[동] 하다

299 **净** jìng
[형] 깨끗하다

300 **脏** zāng
[형] 더럽다

301 **乱** luàn
[형] 어지럽다, 혼란스럽다

302 **清** qīng
[형] 맑다, 깨끗하다

303 **楚** chǔ
[형] 분명하다, 또렷하다

304 **顺** shùn
[형] 순조롭다, 가지런하다

305 **利** lì
[형] 이롭다, 편리하다
[명] 이윤, 이익

306 **平** píng
[형] 평온하다, 공평하다
[형] 평범하다

307 **静** jìng
[형] 조용하다

308 **情** qíng
[명] 상황, 정황
[명] 감정, 애정

309 **况** kuàng
[명] 상황, 상태

286 簡 간략할 간

13획

简 jiǎn

[형] 간단하다, 간략하다   简体 jiǎntǐ [명] 간체자   简直³급 jiǎnzhí [부] 정말로, 그야말로   简历⁴급 jiǎnlì [명] 이력서, 이력, 경력
简易 jiǎnyì [형] 간단하고 쉬운, 간이의

글자풀이   ⺮(대나무 죽간)과 间(죽간 사이의 틈새)가 결합되어 가벼운 죽간을 의미했고, 후에 '간단하다'라는 의미가 됐다.

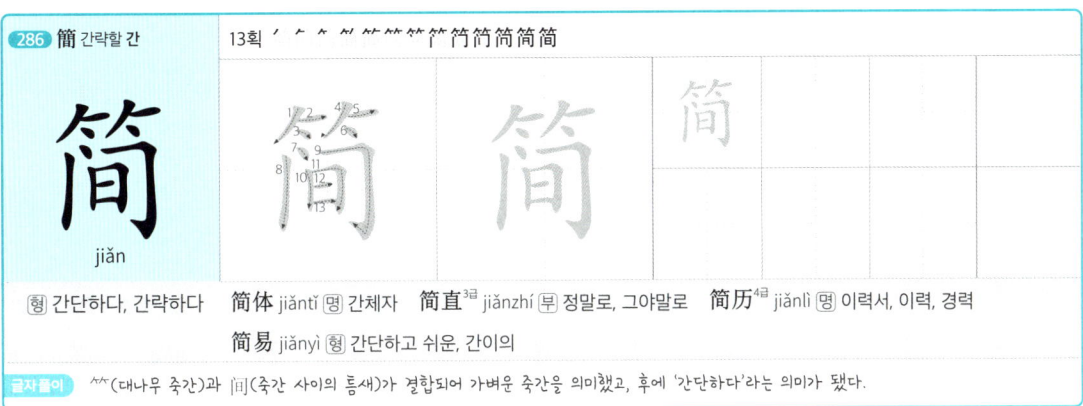

287 單 홑 단

8획

单 dān

[형] 단순하다, 단독의   简单³급 jiǎndān [형] 간단하다   单调⁴급 dāndiào [형] 단조롭다   单独⁴급 dāndú [부] 단독으로, 혼자서
[명] 장부, 명부   名单²급 míngdān [명] 명단   买单 mǎidān [동] 계산하다

글자풀이   叩(사냥 도구)와 田(사냥터)가 결합되어 기능이 단일한 도구를 의미했고, '단순하다, 단독의'라는 의미가 됐다. 후에 单으로 간화됐다.

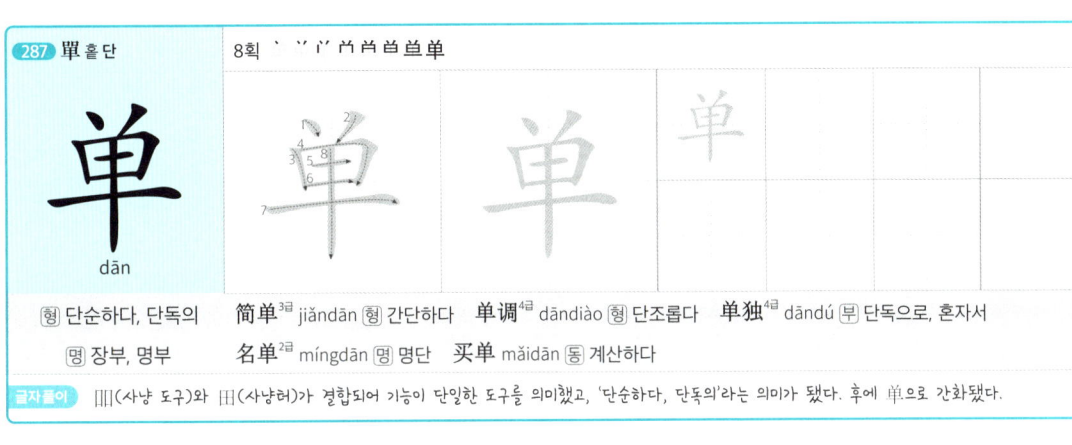

288 漂 떠다닐 표

14획

漂 piào, piāo

piào [형] 예쁘다   漂亮²급 piàoliang [형] 예쁘다, 아름답다
piāo [동] 떠다니다   漂流 piāoliú [동] 표류하다, 떠돌아다니다   漂移 piāoyí [동] 떠다니다, 이동하다

글자풀이   氵(물)과 票(피어오르는 불꽃)이 결합되어 물 위에 떠오르는 모습을 의미했고, 후에 '떠다니다'라는 의미가 됐다.

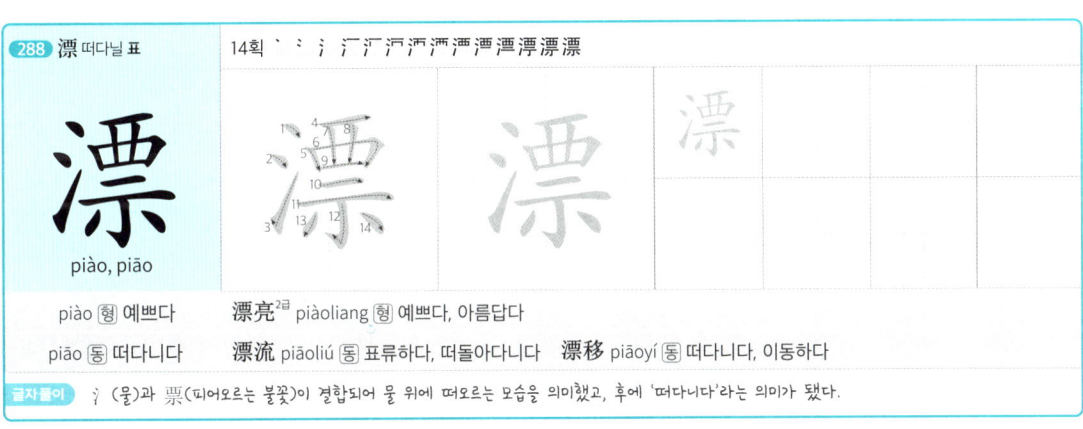

289 亮 밝을 량

9획

亮 liàng

[형] 밝다, 환하다   明亮 míngliàng [형] 밝다, 환하다   亮光 liàngguāng [명] 빛, 광선   亮度 liàngdù [명] 밝기, 광도
点亮 diǎnliàng [동] 불을 켜 밝게 하다

글자풀이   亠(높은 곳)과 几(낮은 탁자)가 결합되어 실내로 빛이 비쳐 밝은 모습을 의미했고, '밝다'라는 의미가 됐다.

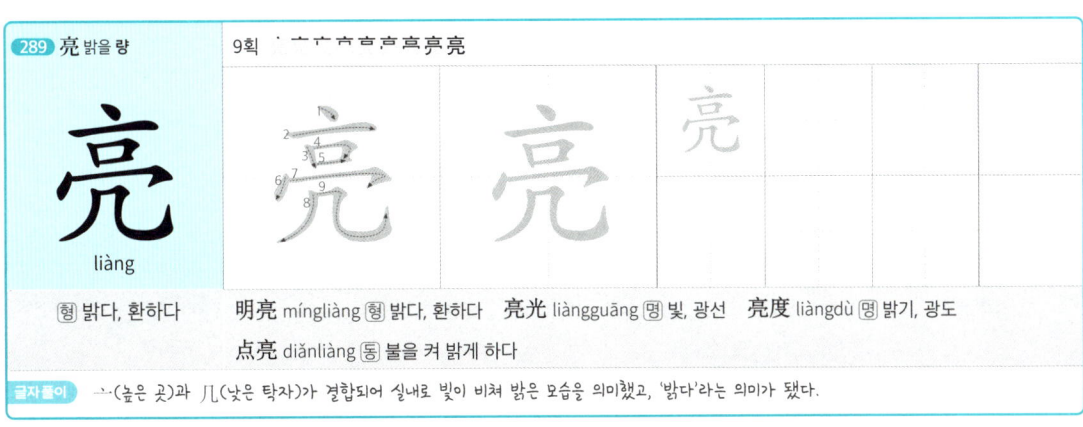

1급 = HSK 1급   2급 = HSK 2급   3급 = HSK 3급   4급 = HSK 4급

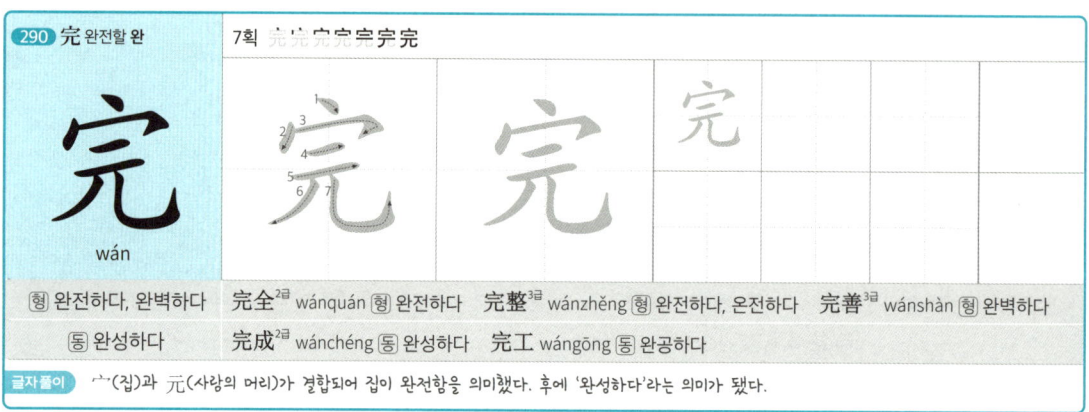

290 完 완전할 완 · 7획 完完完完完完完

- 형 완전하다, 완벽하다
- 동 완성하다
- 完全²급 wánquán 형 완전하다
- 完整³급 wánzhěng 형 완전하다, 온전하다
- 完善³급 wánshàn 형 완벽하다
- 完成²급 wánchéng 동 완성하다
- 完工 wángōng 동 완공하다

글자풀이: 宀(집)과 元(사람의 머리)가 결합되어 집이 완전함을 의미했다. 후에 '완성하다'라는 의미가 됐다.

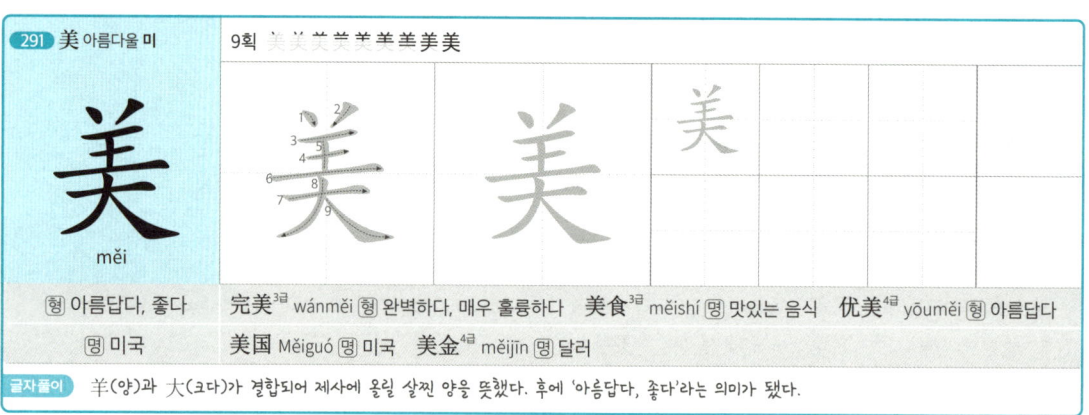

291 美 아름다울 미 · 9획 美美美美美美美美美

- 형 아름답다, 좋다
- 명 미국
- 完美³급 wánměi 형 완벽하다, 매우 훌륭하다
- 美食³급 měishí 명 맛있는 음식
- 优美⁴급 yōuměi 형 아름답다
- 美国 Měiguó 명 미국
- 美金 měijīn 명 달러

글자풀이: 羊(양)과 大(크다)가 결합되어 제사에 올릴 살찐 양을 뜻했다. 후에 '아름답다, 좋다'라는 의미가 됐다.

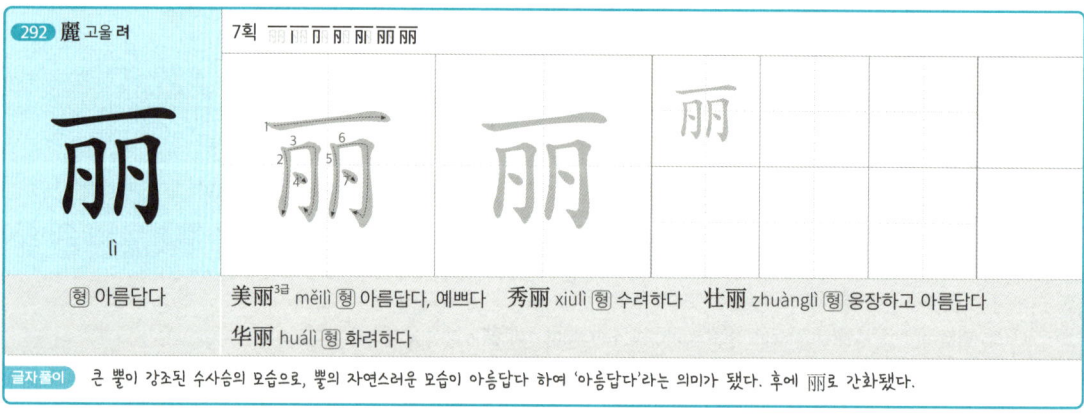

292 丽 고울 려 · 7획 丽丽丽丽丽丽丽

- 형 아름답다
- 美丽³급 měilì 형 아름답다, 예쁘다
- 秀丽 xiùlì 형 수려하다
- 壮丽 zhuànglì 형 웅장하고 아름답다
- 华丽 huálì 형 화려하다

글자풀이: 큰 뿔이 강조된 수사슴의 모습으로, 뿔의 자연스러운 모습이 아름답다 하여 '아름답다'라는 의미가 됐다. 후에 丽로 간화됐다.

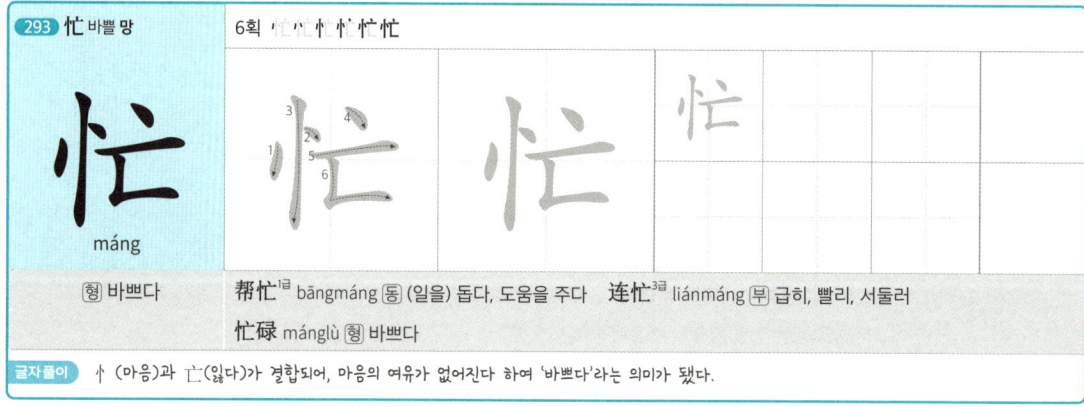

293 忙 바쁠 망 · 6획 忙忙忙忙忙忙

- 형 바쁘다
- 帮忙¹급 bāngmáng 동 (일을) 돕다, 도움을 주다
- 连忙³급 liánmáng 부 급히, 빨리, 서둘러
- 忙碌 mánglù 형 바쁘다

글자풀이: 忄(마음)과 亡(잃다)가 결합되어, 마음의 여유가 없어진다 하여 '바쁘다'라는 의미가 됐다.

294 着 붙을 착 / 나타날 저

zhe 조 ~한 채로다 看着 kànzhe 보고 있다   穿着 chuānzhe 입고 있다   想着 xiǎngzhe 생각하고 있다
zhuó 명 옷   穿着 chuānzhuó 명 복장, 옷차림

글자풀이 目(보다)와 羊(사랑)이 결합되어 시선이 계속 머무는 것을 의미했다. 후에 '지속되다'라는 의미로 확장됐다.

295 急 급할 급

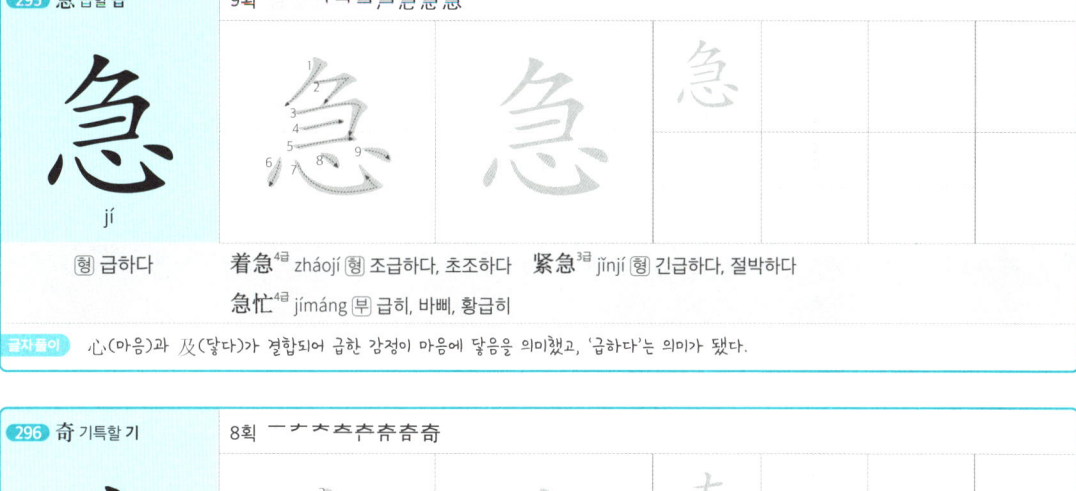

형 급하다   着急⁴급 zháojí 형 조급하다, 초조하다   紧急³급 jǐnjí 형 긴급하다, 절박하다
急忙⁴급 jímáng 부 급히, 바삐, 황급히

글자풀이 心(마음)과 及(닿다)가 결합되어 급한 감정이 마음에 닿음을 의미했고, '급하다'는 의미가 됐다.

296 奇 기특할 기

형 기이한, 이상한   好奇³급 hàoqí 형 호기심을 갖다   奇异 qíyì 형 기이하다, 기괴하다
奇迹 qíjì 명 기적

글자풀이 大(매우 크다)와 可(수용하다)가 결합되어 일반적이지 않은 것을 의미했고, '이상하다, 특이하다'라는 의미가 됐다.

297 怪 괴이할 괴

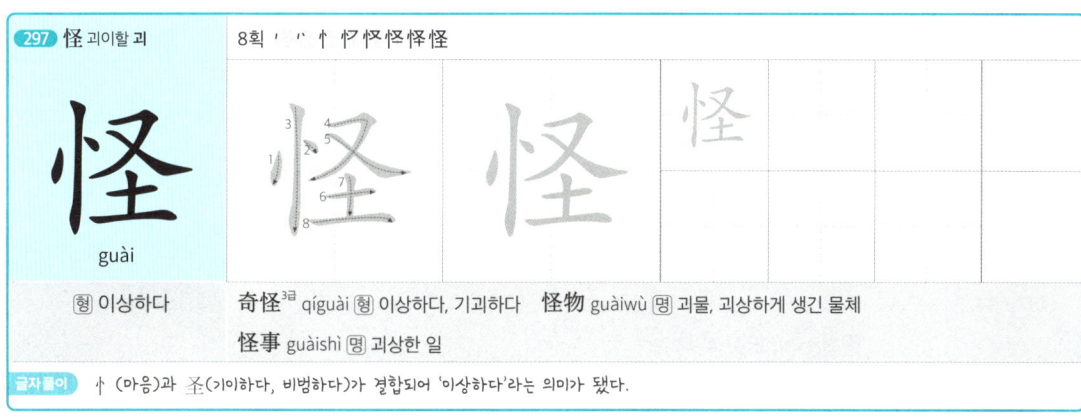

형 이상하다   奇怪³급 qíguài 형 이상하다, 기괴하다   怪物 guàiwù 명 괴물, 괴상하게 생긴 물체
怪事 guàishì 명 괴상한 일

글자풀이 忄(마음)과 圣(기이하다, 비범하다)가 결합되어 '이상하다'라는 의미가 됐다.

13일차 상태·상황 ②

298 乾 마를 건 / 幹 줄기 간   3획 干干干

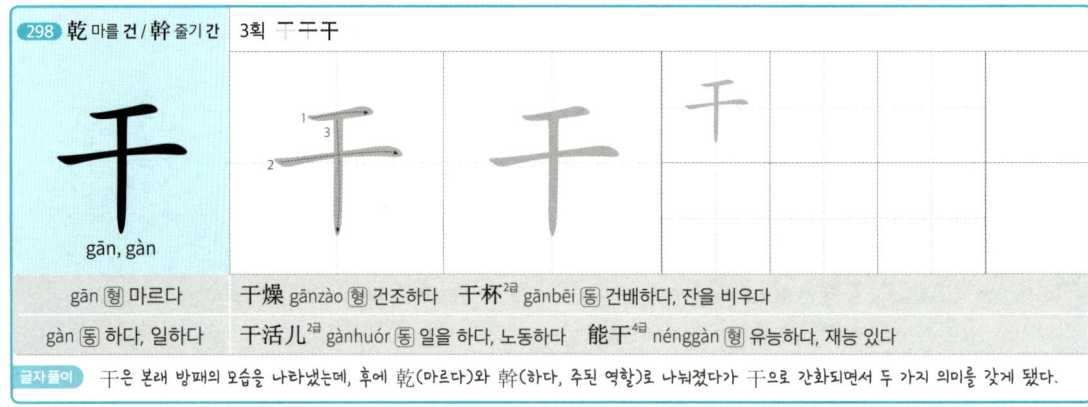

gān, gàn

gān 형 마르다
gàn 동 하다, 일하다

干燥 gānzào 형 건조하다   干杯[2급] gānbēi 동 건배하다, 잔을 비우다
干活儿[2급] gànhuór 동 일을 하다, 노동하다   能干[4급] nénggàn 형 유능하다, 재능 있다

글자풀이 干은 본래 방패의 모습을 나타냈는데, 후에 乾(마르다)와 幹(하다, 주된 역할)로 나눠졌다가 干으로 간화되면서 두 가지 의미를 갖게 됐다.

299 淨 깨끗할 정   8획 净净净净净净净净

jìng

형 깨끗하다

干净[1급] gānjìng 형 깨끗하다, 청결하다   纯净水[4급] chúnjìngshuǐ 명 증류수, 정제수
洁净 jiéjìng 형 청결하다, 깨끗하다

글자풀이 氵(물)과 爭(힘을 쓰다)가 결합되어 힘을 들여 씻어내는 것을 나타냈고, '깨끗하다'라는 의미가 됐다.

300 髒 몸 뚱뚱할 장   10획 脏脏脏脏脏脏脏脏脏脏

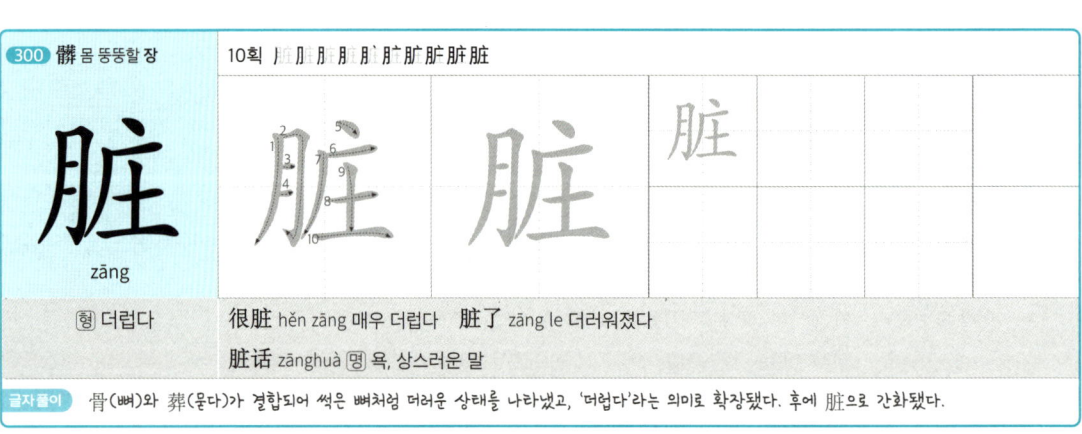

zāng

형 더럽다

很脏 hěn zāng 매우 더럽다   脏了 zāng le 더러워졌다
脏话 zānghuà 명 욕, 상스러운 말

글자풀이 骨(뼈)와 葬(묻다)가 결합되어 썩은 뼈처럼 더러운 상태를 나타냈고, '더럽다'라는 의미로 확장됐다. 후에 脏으로 간화됐다.

301 亂 어지러울 란   7획 乱乱乱乱乱乱乱

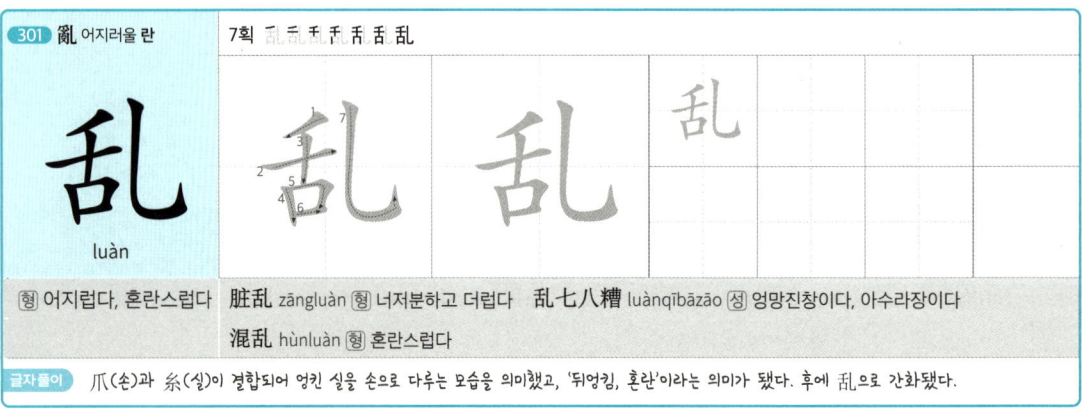

luàn

형 어지럽다, 혼란스럽다

脏乱 zāngluàn 형 너저분하고 더럽다   乱七八糟 luànqībāzāo 성 엉망진창이다, 아수라장이다
混乱 hùnluàn 형 혼란스럽다

글자풀이 爪(손)과 糸(실)이 결합되어 엉킨 실을 손으로 다루는 모습을 의미했고, '뒤엉킴, 혼란'이라는 의미가 됐다. 후에 乱으로 간화됐다.

302 清 맑을 청

11획 `丶丶氵氵汁汁清清清清清`

qīng

- 형 맑다, 깨끗하다
- 清醒⁴급 qīngxǐng 형 (정신이) 맑다, 뚜렷하다
- 清洁 qīngjié 형 청결하다, 깨끗하다
- 清晰 qīngxī 형 뚜렷하다, 분명하다

글자풀이 氵(물)과 青(푸르다)가 결합되어 맑고 푸른 물을 뜻했다. 후에 '깨끗하다, 분명하다'라는 의미가 됐다.

303 楚 초나라 초

13획 `一十十十木木木村林林棥楚楚`

chǔ

- 형 분명하다, 또렷하다
- 清楚²급 qīngchu 형 분명하다, 명확하다
- 一清二楚 yìqīng'èrchǔ 성 아주 선명하다

글자풀이 林(숲)과 疋(발)이 결합되어 가시덤불 속을 걷는 모습을 뜻했고, 가시에 찔리는 선명한 감각에서 '분명하다, 또렷하다'라는 의미가 파생됐다.

304 順 순할 순

9획 `丿丨丨丨丨丨丿順順順`

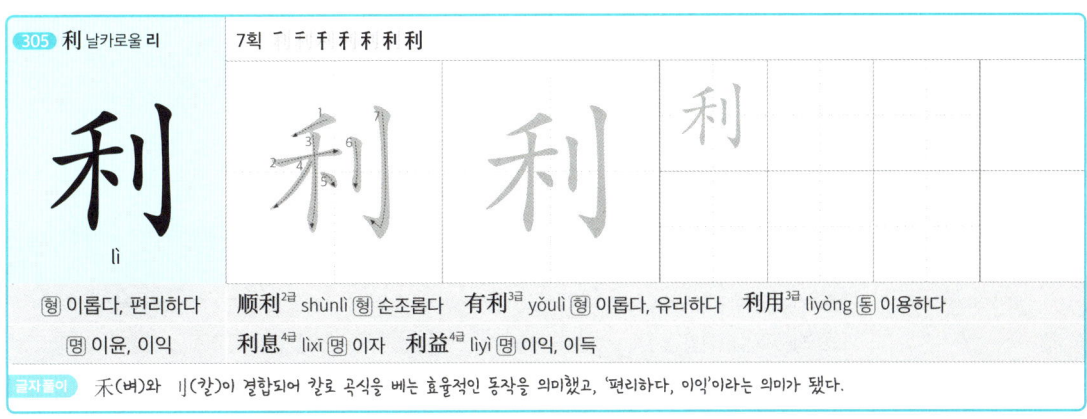

shùn

- 형 순조롭다, 가지런하다
- 一路顺风²급 yílùshùnfēng 성 가시는 길 순조롭길 빕니다
- 順序⁴급 shùnxù 명 순서, 차례

글자풀이 川(물)과 頁(머리)가 결합되어 머리를 물 흐르는 방향으로 맞춘다, 자연의 흐름을 따른다 하여 '순조롭다, 따르다'라는 의미가 됐다.

305 利 날카로울 리

7획 `一二千千禾禾利利`

lì

- 형 이롭다, 편리하다
- 順利²급 shùnlì 형 순조롭다
- 有利³급 yǒulì 형 이롭다, 유리하다
- 利用³급 lìyòng 동 이용하다
- 명 이윤, 이익
- 利息⁴급 lìxī 명 이자
- 利益⁴급 lìyì 명 이익, 이득

글자풀이 禾(벼)와 刂(칼)이 결합되어 칼로 곡식을 베는 효율적인 동작을 의미했고, '편리하다, 이익'이라는 의미가 됐다.

306 平 평평할 평

5획 平 平 平 平 平

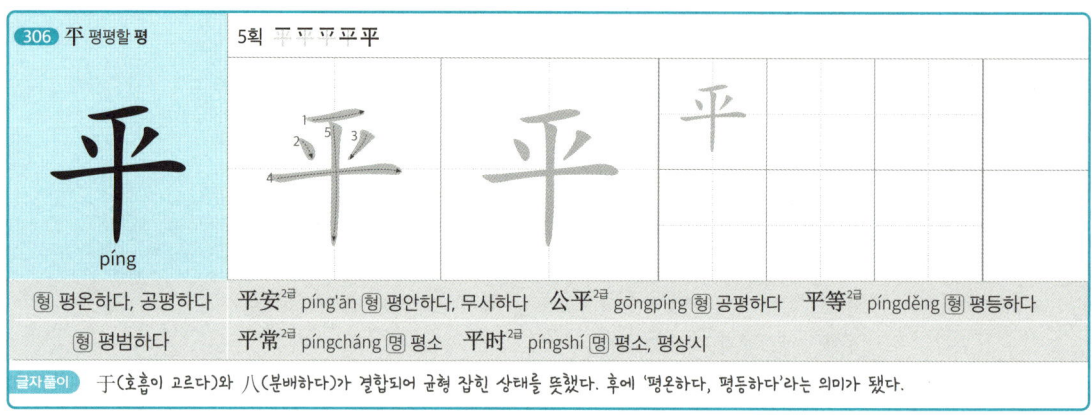

píng

| 형 평온하다, 공평하다 | 平安² píng'ān 형 평안하다, 무사하다 | 公平² gōngpíng 형 공평하다 | 平等² píngděng 형 평등하다 |
| 형 평범하다 | 平常² píngcháng 명 평소 | 平时² píngshí 명 평소, 평상시 | |

글자풀이 于(호흡이 고르다)와 八(분배하다)가 결합되어 균형 잡힌 상태를 뜻했다. 후에 '평온하다, 평등하다'라는 의미가 됐다.

307 静 고요할 정

14획 静 静 静 静 青 青 青 青 青 静 静 静 静 静

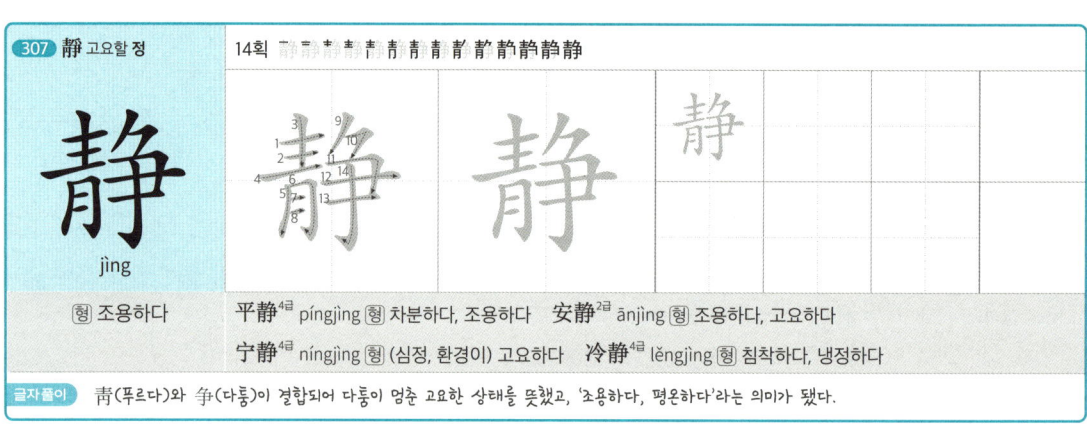

jìng

| 형 조용하다 | 平静⁴ píngjìng 형 차분하다, 조용하다 | 安静² ānjìng 형 조용하다, 고요하다 |
| | 宁静⁴ níngjìng 형 (심정, 환경이) 고요하다 | 冷静⁴ lěngjìng 형 침착하다, 냉정하다 |

글자풀이 青(푸르다)와 争(다툼)이 결합되어 다툼이 멈춘 고요한 상태를 뜻했고, '조용하다, 평온하다'라는 의미가 됐다.

308 情 뜻 정

11획 情 情 情 情 情 情 情 情 情 情 情

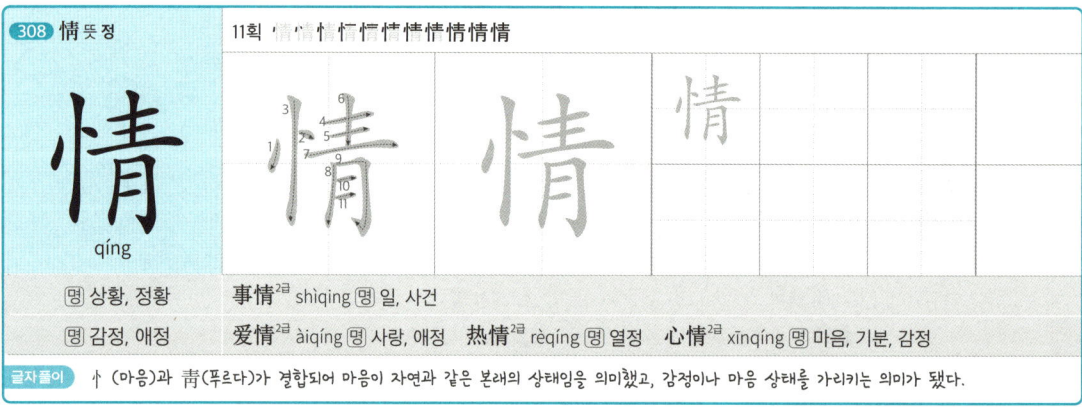

qíng

| 명 상황, 정황 | 事情² shìqing 명 일, 사건 | | |
| 명 감정, 애정 | 爱情² àiqíng 명 사랑, 애정 | 热情² rèqíng 명 열정 | 心情² xīnqíng 명 마음, 기분, 감정 |

글자풀이 忄(마음)과 青(푸르다)가 결합되어 마음이 자연과 같은 본래의 상태임을 의미했고, 감정이나 마음 상태를 가리키는 의미가 됐다.

309 况 상황 황

7획 况 况 况 况 况 况 况

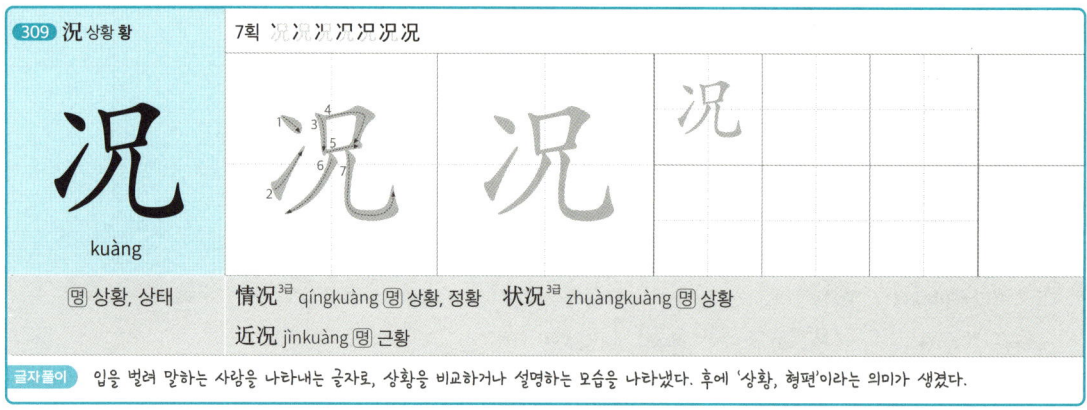

kuàng

| 명 상황, 상태 | 情况³ qíngkuàng 명 상황, 정황 | 状况³ zhuàngkuàng 명 상황 |
| | 近况 jìnkuàng 명 근황 | |

글자풀이 입을 벌려 말하는 사람을 나타내는 글자로, 상황을 비교하거나 설명하는 모습을 나타냈다. 후에 '상황, 형편'이라는 의미가 생겼다.

단어로 써 보기

오늘 써 본 한자들로 조합된 HSK 빈출 단어들이에요. 칸에 맞춰 정확히 써 보세요.

3급 简单 jiǎndān
[형] 간단하다

3급 完美 wánměi
[형] 완벽하다, 매우 훌륭하다

3급 奇怪 qíguài
[형] 이상하다, 기괴하다

3급 顺利 shùnlì
[형] 순조롭다

3급 情况 qíngkuàng
[명] 상황

14일차 일상생활·단순 동작

看(보다), 吃(먹다)처럼 일상생활·단순 동작과 관련된 간체자를 써 볼 거예요. 음성을 들으며 한자와 단어의 발음도 함께 익혀 보세요.

310 看 kàn 동 보다

311 读 dú 동 읽다, 학교에 다니다

312 写 xiě 동 쓰다, 적다

313 吃 chī 동 먹다

314 喝 hē 동 마시다

315 坐 zuò 동 앉다

316 走 zǒu 동 걷다, 가다

317 等 děng 동 기다리다 동 정도나 수량이 같다

318 住 zhù 동 살다 동 멈추어 서다

319 玩 wán 동 놀다, 가지고 놀다

320 休 xiū 동 쉬다, 휴식하다

321 找 zhǎo 동 찾다, 구하다

322 睡 shuì 동 자다

323 觉 jiào, jué 명 잠, 수면 동 느끼다, 깨닫다

324 洗 xǐ 동 씻다, 세탁하다

325 澡 zǎo 동 몸을 씻다

326 做 zuò 동 하다, 만들다 동 ~이 되다

327 作 zuò 동 하다, 제작하다

328 弄 nòng 동 다루다, 행하다

329 带 dài 동 지니다 동 이끌다

330 拿 ná 동 잡다, 가지다

331 放 fàng 동 놓다, 두다 동 파하다, 자유롭게 하다

332 拉 lā 동 당기다, 끌다

333 推 tuī 동 밀다, 추진하다

310 看 볼 간

9획 一 二 三 千 手 未 看 看 看

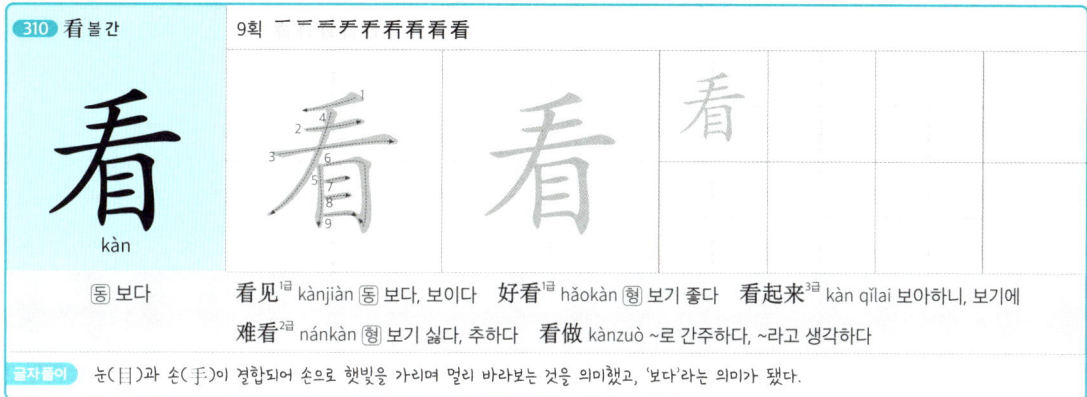

kàn

동 보다

看见¹급 kànjiàn 동 보다, 보이다   好看¹급 hǎokàn 형 보기 좋다   看起来³급 kàn qǐlai 보아하니, 보기에
难看²급 nánkàn 형 보기 싫다, 추하다   看做 kànzuò ~로 간주하다, ~라고 생각하다

글자풀이 눈(目)과 손(手)이 결합되어 손으로 햇빛을 가리며 멀리 바라보는 것을 의미했고, '보다'라는 의미가 됐다.

311 讀 읽을 독

10획 ` 讠 讠 讠 讠 诗 读 读 读 读

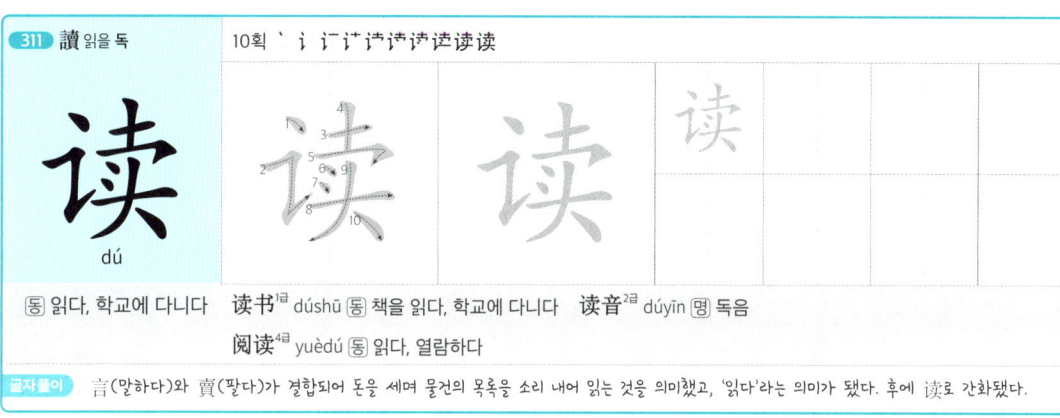

dú

동 읽다, 학교에 다니다

读书¹급 dúshū 동 책을 읽다, 학교에 다니다   读音²급 dúyīn 명 독음
阅读⁴급 yuèdú 동 읽다, 열람하다

글자풀이 言(말하다)와 賣(팔다)가 결합되어 돈을 세며 물건의 목록을 소리 내어 읽는 것을 의미했고, '읽다'라는 의미가 됐다. 후에 读로 간화됐다.

312 寫 베낄 사

5획 ' 冖 勺 写 写

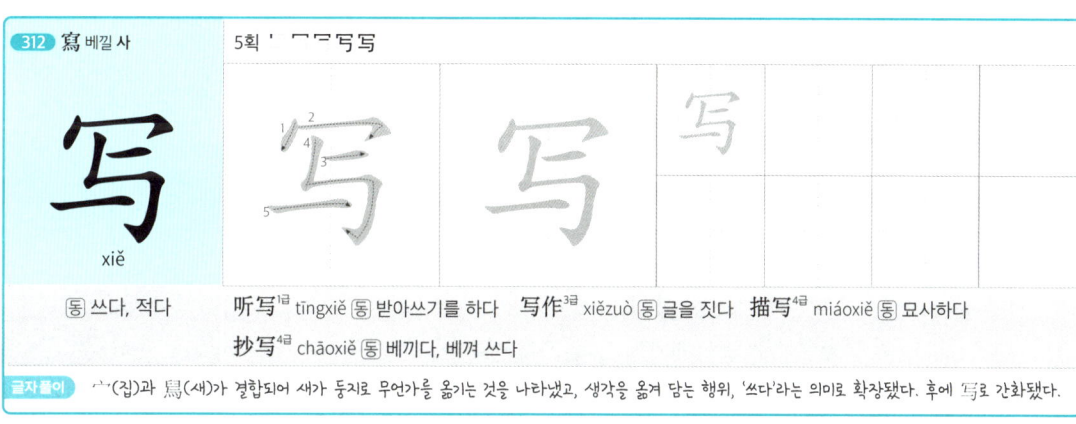

xiě

동 쓰다, 적다

听写¹급 tīngxiě 동 받아쓰기를 하다   写作³급 xiězuò 동 글을 짓다   描写⁴급 miáoxiě 동 묘사하다
抄写⁴급 chāoxiě 동 베끼다, 베껴 쓰다

글자풀이 宀(집)과 鳥(새)가 결합되어 새가 둥지로 무언가를 옮기는 것을 나타냈고, 생각을 옮겨 담는 행위, '쓰다'라는 의미로 확장됐다. 후에 写로 간화됐다.

313 吃 말 더듬을 흘

6획 丨 冂 口 口 吃 吃

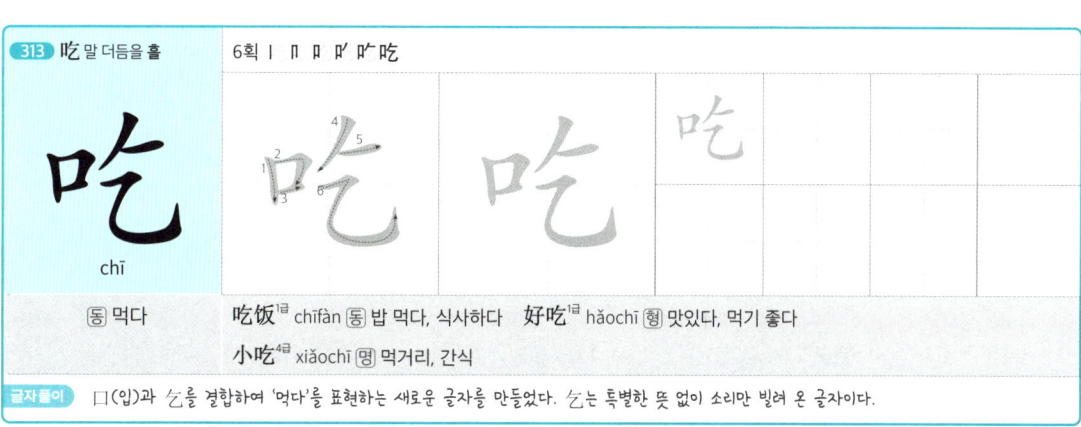

chī

동 먹다

吃饭¹급 chīfàn 동 밥 먹다, 식사하다   好吃¹급 hǎochī 형 맛있다, 먹기 좋다
小吃⁴급 xiǎochī 명 먹거리, 간식

글자풀이 口(입)과 乞을 결합하여 '먹다'를 표현하는 새로운 글자를 만들었다. 乞는 특별한 뜻 없이 소리만 빌려 온 글자이다.

1급 = HSK 1급   2급 = HSK 2급   3급 = HSK 3급   4급 = HSK 4급

314 喝 꾸짖을 갈 / 목멜 애

12획 喝喝喝喝喝喝喝喝喝喝喝喝

hē

동 마시다

喝水 hē shuǐ 물을 마시다   喝茶 hē chá 차를 마시다   喝酒 hē jiǔ 술을 마시다

喝咖啡 hē kāfēi 커피를 마시다

글자풀이 口(입)과 曷을 결합하여 '마시다'를 표현하는 새로운 글자를 만들었다. 曷는 특별한 뜻 없이 소리만 빌려 온 글자이다.

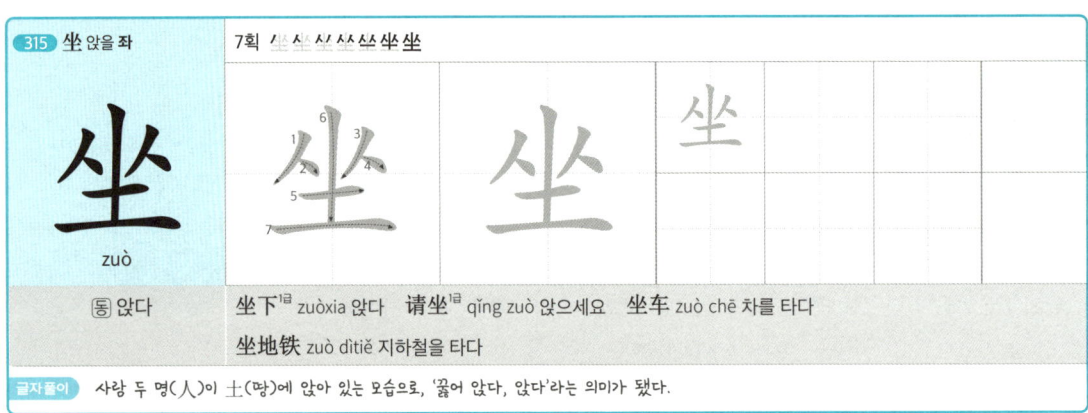

315 坐 앉을 좌

7획 坐坐坐坐坐坐坐

zuò

동 앉다

坐下¹급 zuòxia 앉다   请坐¹급 qǐng zuò 앉으세요   坐车 zuò chē 차를 타다

坐地铁 zuò dìtiě 지하철을 타다

글자풀이 사람 두 명(人)이 土(땅)에 앉아 있는 모습으로, '꿇어 앉다, 앉다'라는 의미가 됐다.

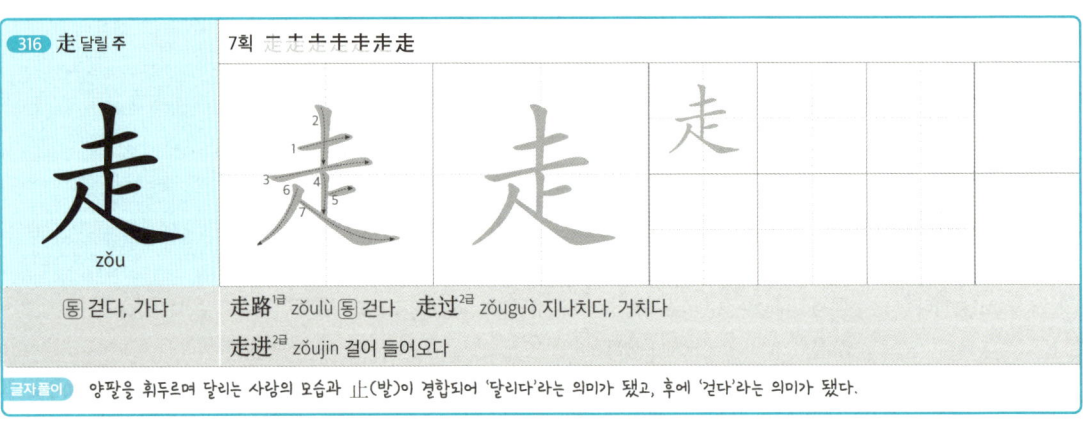

316 走 달릴 주

7획 走走走走走走走

zǒu

동 걷다, 가다

走路¹급 zǒulù 동 걷다   走过²급 zǒuguò 지나치다, 거치다

走进²급 zǒujin 걸어 들어오다

글자풀이 양팔을 휘두르며 달리는 사람의 모습과 止(발)이 결합되어 '달리다'라는 의미가 됐고, 후에 '걷다'라는 의미가 됐다.

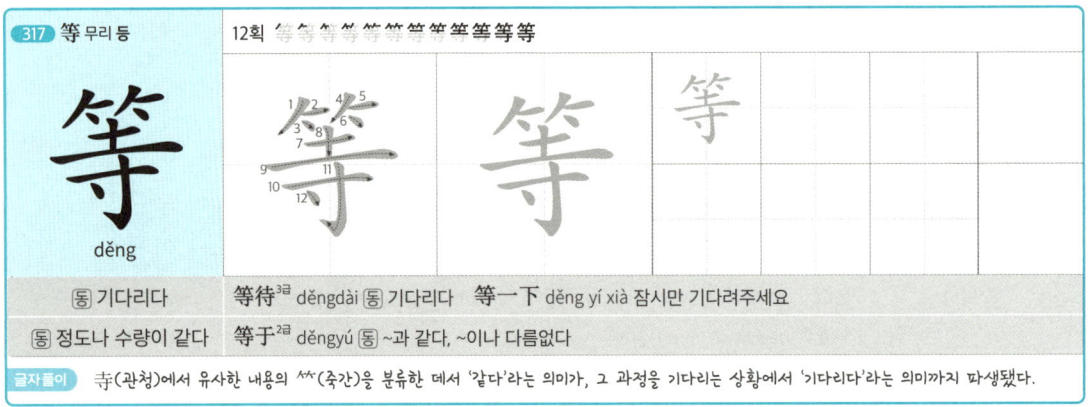

317 等 무리 등

12획 等等等等等等等等等等等等

děng

동 기다리다

等待³급 děngdài 동 기다리다   等一下 děng yí xià 잠시만 기다려주세요

동 정도나 수량이 같다

等于²급 děngyú 동 ~과 같다, ~이나 다름없다

글자풀이 寺(관청)에서 유사한 내용의 竹(죽간)을 분류한 데서 '같다'라는 의미가, 그 과정을 기다리는 상황에서 '기다리다'라는 의미까지 파생됐다.

318 住 살 주

7획 ノ 亻 亻 仁 住 住 住

住 zhù

- 동 살다, 거주하다   居住⁴급 jūzhù 동 거주하다   入住 rùzhù 동 입주하다, 체크인하다
- 동 멈추어 서다   站住²급 zhànzhù 동 멈추다, 제대로 서다   停住 tíngzhù 동 정지하다, 멎다

글자풀이 亻(사람)과 主(거주하는 곳)이 결합되어 본래 군사가 주둔하는 것을 나타냈고, 후에 사람이 거주하는 것과 정지한 상태도 나타내게 됐다.

319 玩 희롱할 완

8획 一 二 F 王 王 玗 玩 玩

玩 wán

- 동 놀다, 가지고 놀다   玩儿¹급 wánr 동 놀다   好玩儿 hǎowánr 형 재미있다   开玩笑¹급 kāi wánxiào 농담하다, 웃기다
  玩具³급 wánjù 명 장난감, 완구

글자풀이 王(옥)과 元(집중하다)이 결합되어 옥을 가지고 노는 것을 나타냈고, 후에 놀이 전반을 의미하게 되었다.

320 休 쉴 휴

6획 ノ 亻 亻 什 休 休

休 xiū

- 동 쉬다, 휴식하다   休息¹급 xiūxi 동 쉬다, 휴식하다   休假²급 xiūjià 동 휴가를 보내다, 휴가를 지내다
  退休³급 tuìxiū 동 퇴직하다, 은퇴하다

글자풀이 亻(사람)이 木(나무)에 기대는 것을 나타낸 글자로, 나무 아래에서 쉬는 것을 나타냈다.

321 找 채울 조

7획 一 ナ 才 扌 拁 找 找

找 zhǎo

- 동 찾다, 구하다   找到¹급 zhǎodào 찾아내다   找出²급 zhǎochu 찾아내다, 끄집어내다   寻找⁴급 xúnzhǎo 동 찾다, 구하다
  找人 zhǎo rén 사람을 찾다, 사람을 구하다   查找 cházhǎo 동 조사하다, 수사하다

글자풀이 扌(손)과 戈(무기)가 결합되어, 손으로 무기를 찾는다 하여 '찾다'라는 의미가 됐다.

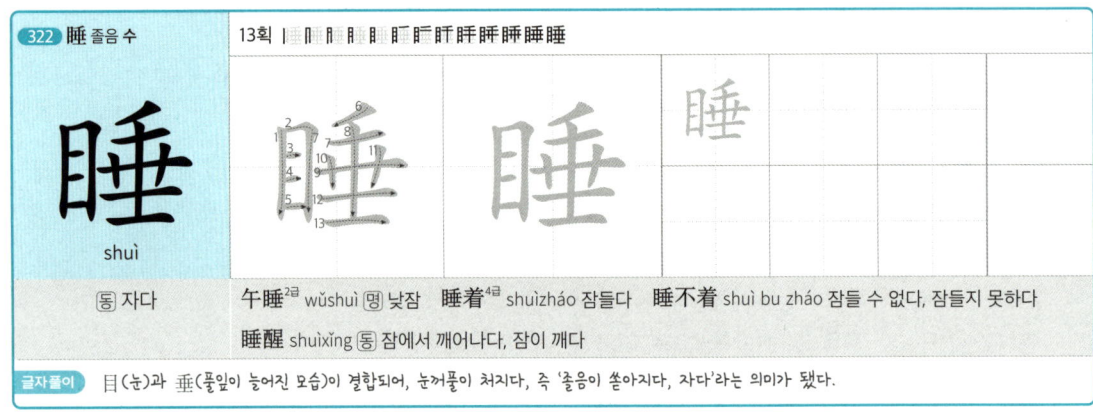

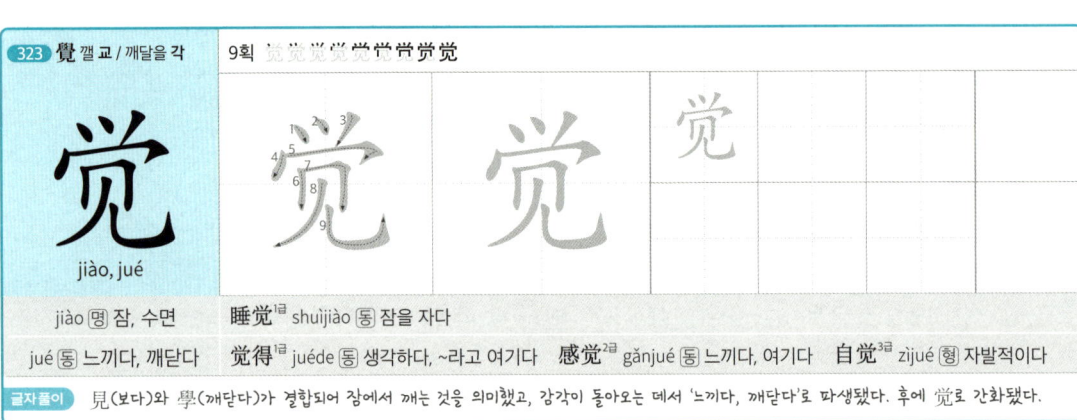

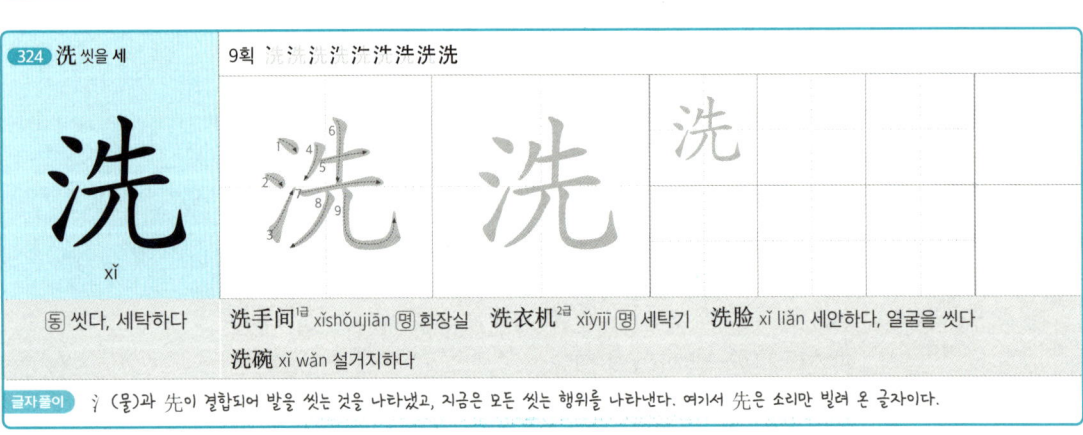

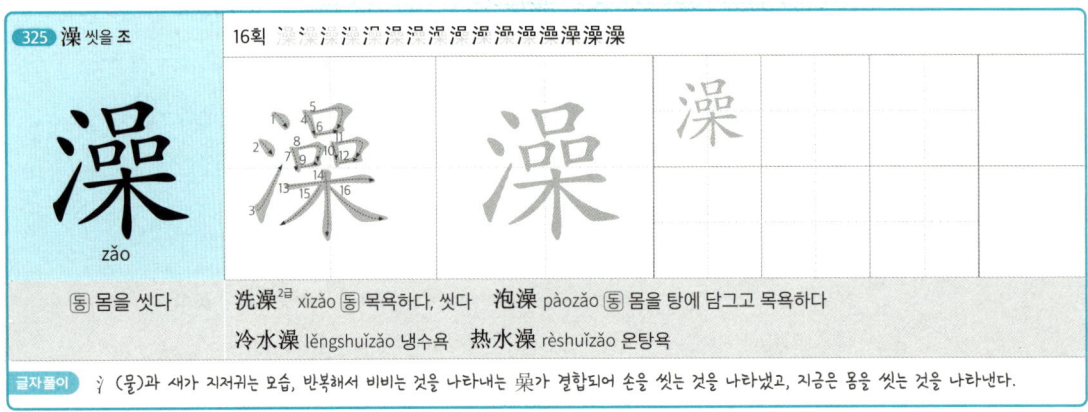

326 做 지을 주

zuò

11획 ノ 亻 亻 亻 仁 仁 仕 估 估 做 做

- 동 하다, 만들다
- 동 ~이 되다

做饭² zuòfàn 밥을 짓다, 취사하다   做法² zuòfǎ 명 방법   做梦⁴ zuòmèng 동 꿈을 꾸다
做客³ zuòkè 동 손님이 되다, 방문하다   做老师 zuò lǎoshī 선생님이 되다

글자풀이 亻(사람)과 故가 결합되어 사람이 하는 노동, 활동을 의미하는 새로운 글자를 만들었다. 故는 특별한 뜻 없이 소리만 빌려 온 글자이다.

327 作 지을 작

zuò

7획 ノ 亻 亻 仁 作 作 作

- 동 하다, 제작하다

工作¹ gōngzuò 동 일하다   作业² zuòyè 명 숙제, 과제   作品³ zuòpǐn 명 작품
合作³ hézuò 협력하다   创作³ chuàngzuò 동 (문예 작품을) 창작하다   制作³ zhìzuò 동 제작하다

글자풀이 亻(사람)과 옷깃에 바느질을 하는 모습인 乍가 결합되어 '짓다, 만들다'라는 의미가 됐다.

328 弄 희롱할 롱

nòng

7획 一 二 干 王 玊 弄 弄

- 동 다루다, 행하다

弄好 nònghǎo 잘 처리하다, 끝마치다   弄坏 nònghuài 고장 내다, 망가뜨리다
弄清楚 nòng qīngchu 분명히 하다, 확실히 파악하다

글자풀이 玉(옥)을 廾(양손)에 쥐고 가지고 노는 것을 나타냈고, 이는 도구를 다루거나 조작하는 행동과 비슷하여 '행하다, 다루다'라는 의미로 확장됐다.

329 带 띠 대

dài

9획 一 艹 艹 卅 卅 带 带 带 带

- 동 지니다, 휴대하다
- 동 이끌다

带来² dàilai 가져오다, 가져다주다   带走 dàizǒu 가지고 가다, 데려가다
带领³ dàilǐng 이끌다, 인솔하다   带动³ dàidòng 움직이게 하다, 이끌다

글자풀이 허리띠를 차고 있는 모습을 나타냈고, 허리띠는 항시 몸에 걸치고 있는 것이기 때문에 '지니다, 휴대하다'라는 의미로 파생됐다.

14일차 일상생활 · 단순 동작

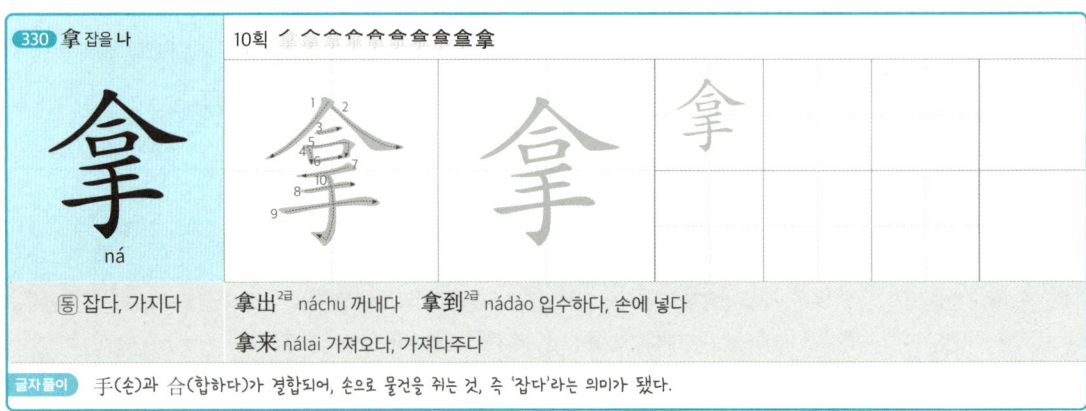

330 拿 잡을 나

拿 ná

10획 ノ 人 人 人 人 合 合 合 拿 拿

동 잡다, 가지다

拿出³급 náchu 꺼내다   拿到²급 nádào 입수하다, 손에 넣다
拿来 nálai 가져오다, 가져다주다

글자풀이: 手(손)과 合(합하다)가 결합되어, 손으로 물건을 쥐는 것, 즉 '잡다'라는 의미가 됐다.

331 放 놓을 방

放 fàng

8획 ㆍ 亠 方 方 方 扩 放 放

동 놓다, 두다
放书 fàng shū 책을 놓다, 책을 두다

동 파하다, 자유롭게 하다
放学¹급 fàngxué 동 하교하다   放假¹급 fàngjià 동 방학하다   放松⁴급 fàngsōng 동 (마음을) 편하게 하다

글자풀이: 方(구속되다)와 攵(치다)가 결합되어 구속을 해제한다는 의미가 되었고, 후에 '자유롭게 하다, 놓다'라는 의미로 확장됐다.

332 拉 끌 랍

拉 lā

8획 一 ㅜ 扌 扌 扩 扩 拉 拉

동 당기다, 끌다

拉动 lādòng 동 이끌다, 촉진하다   拉开⁴급 lākai (닫혀 있는 것을) 열다, 넓히다, 늘리다
拉手 lāshǒu 손을 잡다, 악수하다 명 손잡이

글자풀이: 扌(손)과 立(고정된 것)이 결합되어 고정된 물체를 끌어당기는 것, '당기다'라는 의미가 됐다.

333 推 밀 퇴/밀 추

推 tuī

11획 一 ㅜ 扌 扌 扌 扩 扩 拦 拦 推 推

동 밀다, 추진하다

推进³급 tuījìn 동 추진하다, 추진시키다   推广³급 tuīguǎng 동 홍보하다, 널리 보급하다
推迟⁴급 tuīchí 동 미루다, 연기하다   推销⁴급 tuīxiāo 동 마케팅하다, 판로를 확장하다

글자풀이: 扌(손)과 隹가 결합되어 도구로 밀어내는 것을 뜻했고, 후에 '밀다, 추진하다'라는 의미가 됐다. 隹는 소리만 빌려 온 글자이다.

단어로 써 보기

오늘 써 본 한자들로 조합된 HSK 빈출 단어들이에요. 칸에 맞춰 정확히 써 보세요.

1급
看做
kànzuò
~로 간주하다

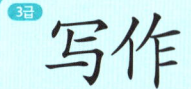
3급
写作
xiězuò
동 글을 짓다

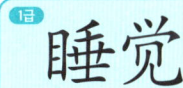
1급
睡觉
shuìjiào
동 잠을 자다

2급
洗澡
xǐzǎo
동 목욕하다, 씻다

带走
dàizǒu
가지고 가다, 데려가다

14일차 일상생활·단순 동작

15일차 취미·운동

唱(노래하다), 跑(달리다)처럼 취미·운동과 관련된 간체자를 써 볼 거예요. 음성을 들으며 한자와 단어의 발음도 함께 익혀 보세요.

MP3 바로 듣기

334 听 tīng 동 듣다

335 音 yīn 명 소리, 음

336 乐 yuè, lè 명 음악 형 즐겁다

337 画 huà 동 그리다 명 그림

338 唱 chàng 동 노래하다, 부르다

339 歌 gē 명 노래

340 跳 tiào 동 뛰다, 뛰어오르다

341 舞 wǔ 명 춤, 무용

342 爬 pá 동 기다, 오르다

343 跑 pǎo 동 달리다, 뛰다

344 散 sàn 동 흩어지다

345 步 bù 명 보폭, 걸음

346 运 yùn 동 운반하다, 운용하다 명 운

347 动 dòng 동 움직이다, 행동하다

348 网 wǎng 명 그물 명 네트워크

349 球 qiú 명 공, 구

350 泳 yǒng 동 수영하다

351 骑 qí 동 (동물이나 자전거 등에) 타다

352 比 bǐ 동 비교하다 동 비유하다

353 赛 sài 명 경기, 시합

354 观 guān 동 보다, 관람하다

355 众 zhòng 명 많은 사람

356 赢 yíng 동 이기다 동 이익을 얻다

357 输 shū 동 지다 동 운송하다

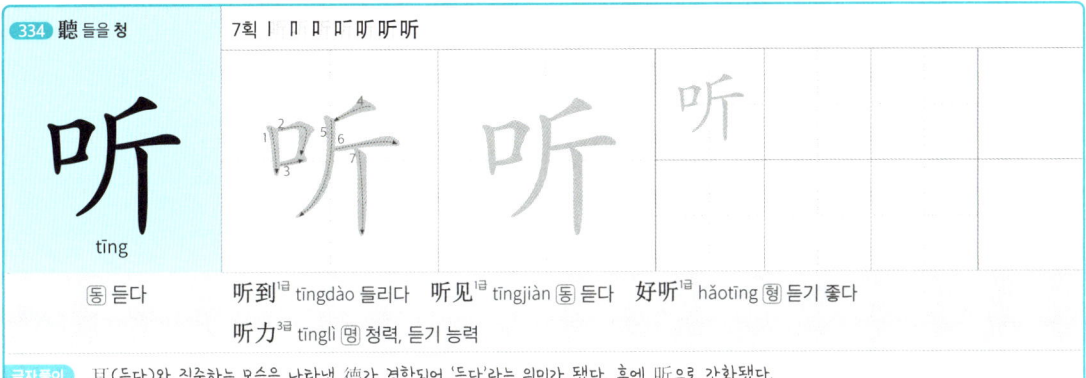

334 聽 들을 청 — 7획 丨 冂 口 叮 叮 听 听

听 tīng

동 듣다

听到¹⁺¹ tīngdào 들리다　听见¹⁺¹ tīngjiàn 동 듣다　好听¹⁺¹ hǎotīng 형 듣기 좋다
听力³⁺¹ tīnglì 명 청력, 듣기 능력

글자풀이 耳(듣다)와 집중하는 모습을 나타낸 㥁가 결합되어 '듣다'라는 의미가 됐다. 후에 听으로 간화됐다.

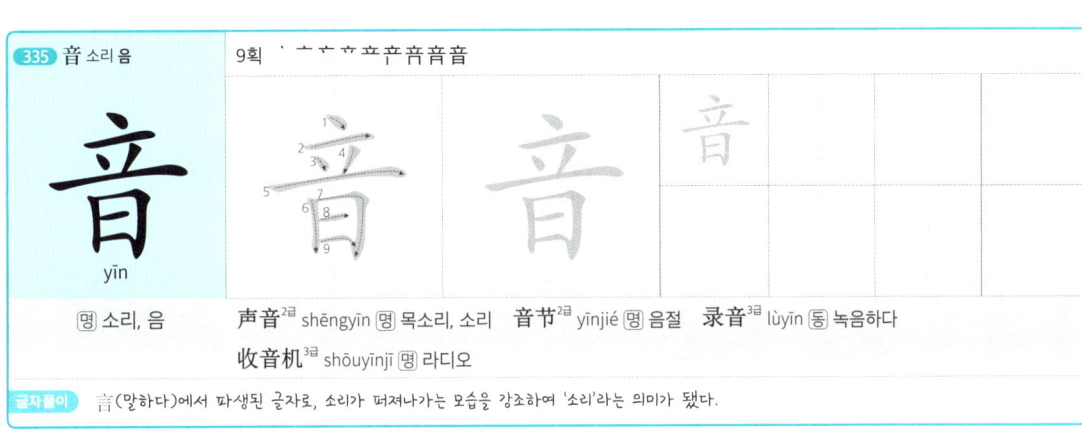

335 音 소리 음 — 9획 丶 亠 立 产 产 产 音 音 音

音 yīn

명 소리, 음

声音²⁺¹ shēngyīn 명 목소리, 소리　音节²⁺¹ yīnjié 명 음절　录音³⁺¹ lùyīn 동 녹음하다
收音机³⁺¹ shōuyīnjī 명 라디오

글자풀이 言(말하다)에서 파생된 글자로, 소리가 퍼져가는 모습을 강조하여 '소리'라는 의미가 됐다.

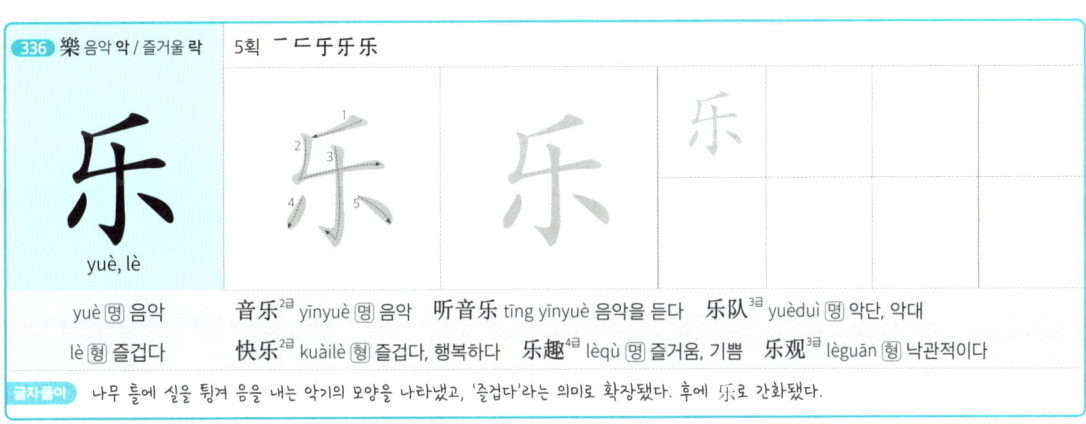

336 樂 음악 악 / 즐거울 락 — 5획 ノ 匚 乐 乐 乐

乐 yuè, lè

yuè 명 음악
lè 형 즐겁다

音乐²⁺¹ yīnyuè 명 음악　听音乐 tīng yīnyuè 음악을 듣다　乐队³⁺¹ yuèduì 명 악단, 악대
快乐²⁺¹ kuàilè 형 즐겁다, 행복하다　乐趣⁴⁺¹ lèqù 명 즐거움, 기쁨　乐观³⁺¹ lèguān 형 낙관적이다

글자풀이 나무 틀에 실을 튕겨 음을 내는 악기의 모양을 나타냈고, '즐겁다'라는 의미로 확장됐다. 후에 乐로 간화됐다.

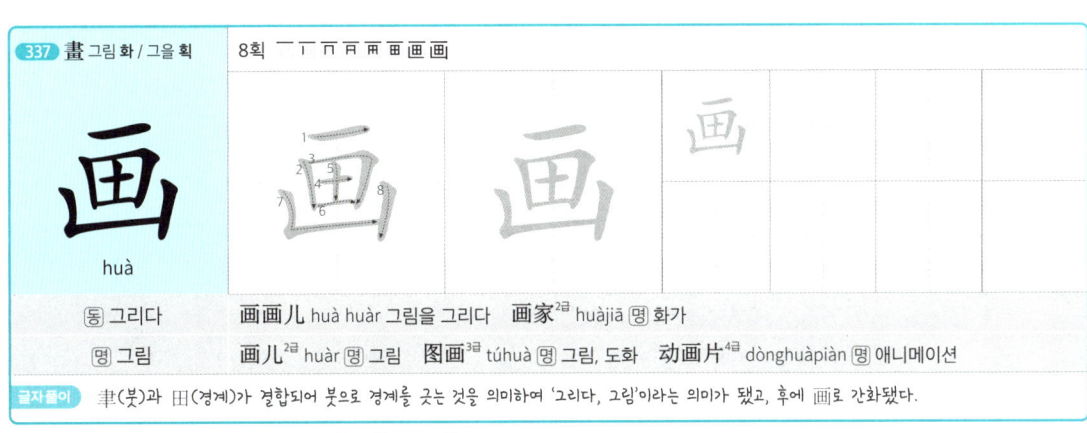

337 畫 그림 화 / 그을 획 — 8획 一 亍 万 百 币 币 画 画

画 huà

동 그리다
명 그림

画画儿 huà huàr 그림을 그리다　画家²⁺¹ huàjiā 명 화가
画儿²⁺¹ huàr 명 그림　图画³⁺¹ túhuà 명 그림, 도화　动画片⁴⁺¹ dònghuàpiàn 명 애니메이션

글자풀이 聿(붓)과 田(경계)가 결합되어 붓으로 경계를 긋는 것을 의미하여 '그리다, 그림'이라는 의미가 됐고, 후에 画로 간화됐다.

1급 = HSK 1급　2급 = HSK 2급　3급 = HSK 3급　4급 = HSK 4급

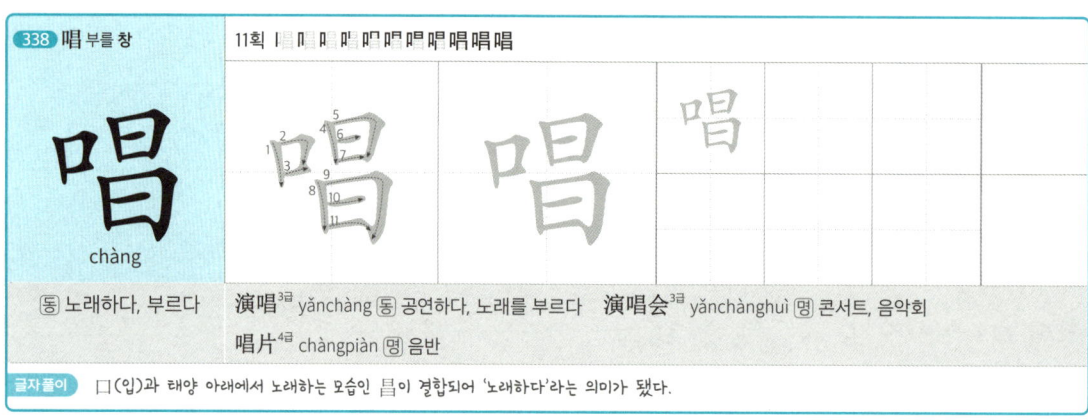

338 唱 부를 창

11획 唱唱唱唱唱唱唱唱唱唱唱

chàng

- 동 노래하다, 부르다
- 演唱³급 yǎnchàng 동 공연하다, 노래를 부르다   演唱会³급 yǎnchànghuì 명 콘서트, 음악회
- 唱片⁴급 chàngpiàn 명 음반

글자풀이: 口(입)과 태양 아래에서 노래하는 모습인 昌이 결합되어 '노래하다'라는 의미가 됐다.

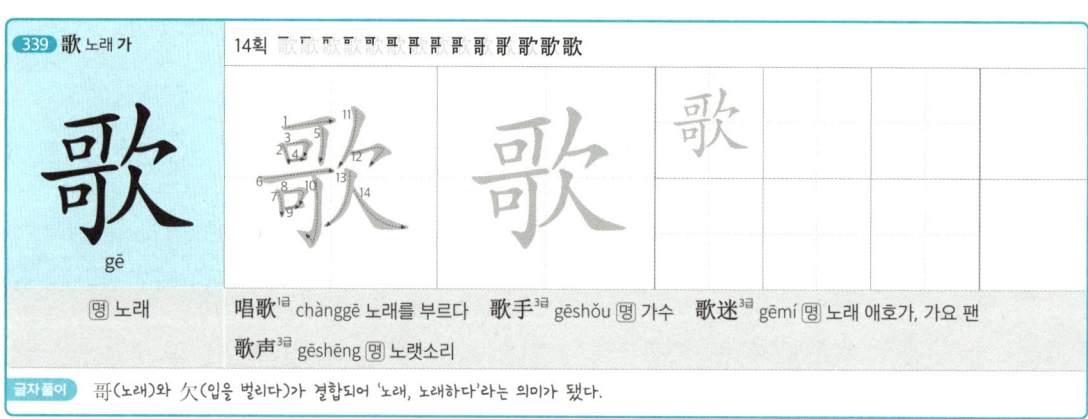

339 歌 노래 가

14획 歌歌歌歌歌歌歌歌歌歌歌歌歌歌

gē

- 명 노래
- 唱歌¹급 chànggē 노래를 부르다   歌手³급 gēshǒu 명 가수   歌迷³급 gēmí 명 노래 애호가, 가요 팬
- 歌声 gēshēng 명 노랫소리

글자풀이: 哥(노래)와 欠(입을 벌리다)가 결합되어 '노래, 노래하다'라는 의미가 됐다.

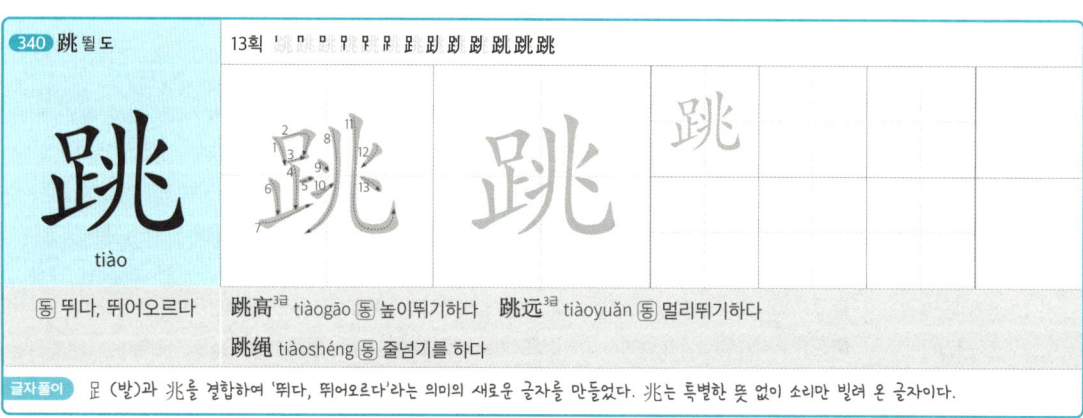

340 跳 뛸 도

13획 跳跳跳跳跳跳跳跳跳跳跳跳跳

tiào

- 동 뛰다, 뛰어오르다
- 跳高³급 tiàogāo 동 높이뛰기하다   跳远³급 tiàoyuǎn 동 멀리뛰기하다
- 跳绳 tiàoshéng 동 줄넘기를 하다

글자풀이: 足(발)과 兆를 결합하여 '뛰다, 뛰어오르다'라는 의미의 새로운 글자를 만들었다. 兆는 특별한 뜻 없이 소리만 빌려 온 글자이다.

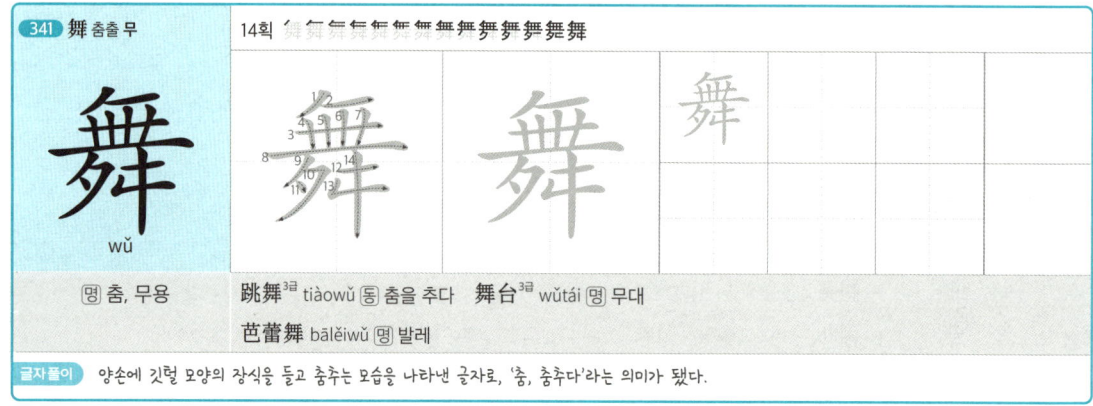

341 舞 춤출 무

14획 舞舞舞舞舞舞舞舞舞舞舞舞舞舞

wǔ

- 명 춤, 무용
- 跳舞³급 tiàowǔ 동 춤을 추다   舞台³급 wǔtái 명 무대
- 芭蕾舞 bāléiwǔ 명 발레

글자풀이: 양손에 깃털 모양의 장식을 들고 춤추는 모습을 나타낸 글자로, '춤, 춤추다'라는 의미가 됐다.

342 爬 긁을 파

8획 ⼀ ⼏ ⼏ ⽖ ⽖ ⽖ 爬 爬

pá

동 기다, 오르다 爬行 páxíng 동 기다, 기어가다   爬山²급 pá shān 등산하다
爬树 pá shù 나무를 오르다

글자풀이 ⽖(손)과 巴를 결합하여 '기다, 오르다'라는 의미의 새로운 글자를 만들었다. 巴는 특별한 뜻 없이 소리만 빌려 온 글자이다.

343 跑 허빌 포

12획 ⼀ ⼞ ⼞ ⾜ ⾜ ⾜ ⾜ 跑 跑 跑 跑

pǎo

동 달리다, 뛰다   跑步³급 pǎobù 동 달리다, 뛰다

글자풀이 ⾜(발)과 包를 결합하여 '빠르게 달리다'라는 의미의 새로운 글자를 만들었다. 包는 특별한 뜻 없이 소리만 빌려 온 글자이다.

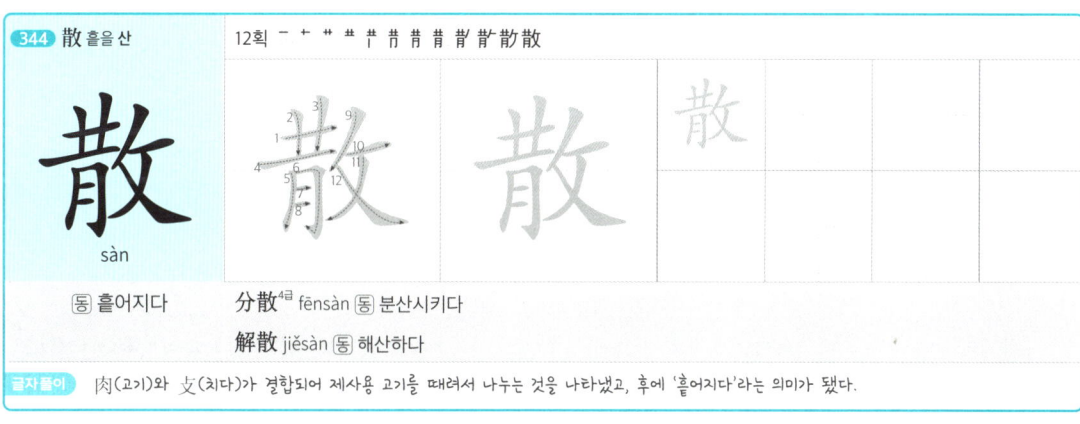

344 散 흩을 산

12획 ⼀ ⼗ ⾟ ⾟ ⾟ ⾟ ⾟ ⾟ 散 散 散

sàn

동 흩어지다 分散⁴급 fēnsàn 동 분산시키다
解散 jiěsàn 동 해산하다

글자풀이 ⾁(고기)와 攴(치다)가 결합되어 제사용 고기를 때려서 나누는 것을 나타냈고, 후에 '흩어지다'라는 의미가 됐다.

345 步 걸음 보

7획 ⼀ ⼗ ⼻ 步 步 步 步

bù

명 보폭, 걸음 散步³급 sànbù 동 산책하다   进步³급 jìnbù 동 발전하다, 진보하다   逐步⁴급 zhúbù 부 점차
步行⁴급 bùxíng 동 걸어서 가다, 도보로 가다

글자풀이 두 개의 止(발)이 위아래로 조합되어 왼발과 오른발이 교대로 내딛는 모양을 나타냈고, '보폭, 걸음'이라는 의미가 됐다.

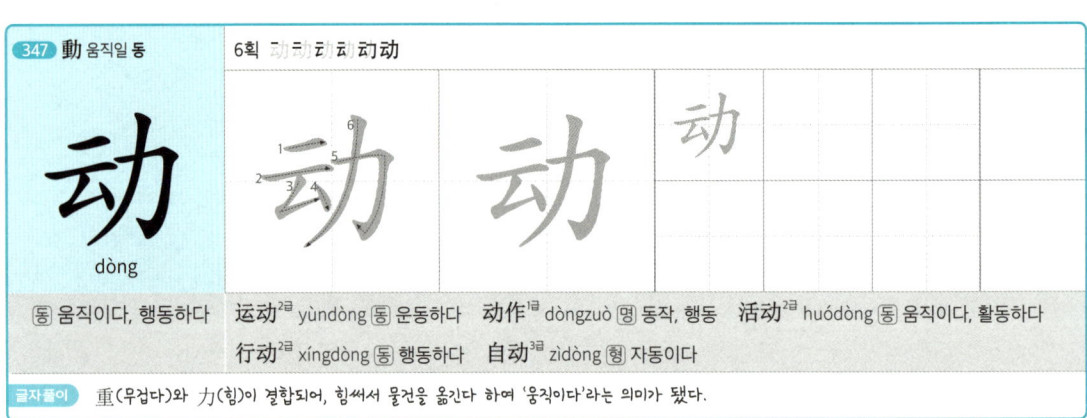

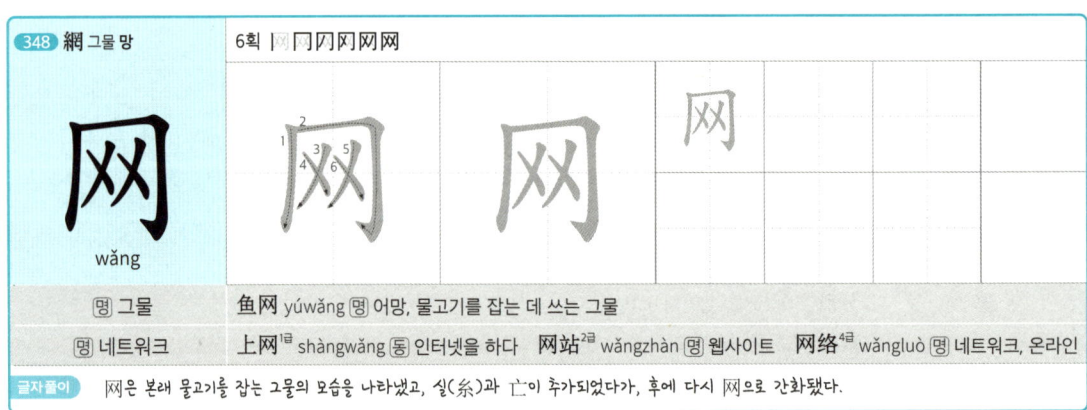

350 泳 헤엄칠 영

8획 ` ˊ ˇ 氵 氵 汈 浻 泳

yǒng

동 수영하다　游泳³급 yóuyǒng 명 수영
　　　　　　自由泳 zìyóuyǒng 명 자유형

글자풀이 氵(물)과 물의 흐름이 길다는 뜻의 永이 결합되어, 물에서 오래 움직이는 것, '헤엄치다, 수영하다'라는 의미가 됐다.

351 骑 말 탈 기

11획 ⼁ 马 马 马ˊ 马ˇ 驲 骑 骑 骑

qí

동 (동물이나 자전거 등에)　骑车²급 qí chē 자전거를 타다　骑摩托车 qí mótuōchē 오토바이를 타다
　　타다　　　　　　　　骑马 qímǎ 동 말을 타다

글자풀이 馬(말)과 奇가 결합되어 '타다'라는 의미가 됐다. 奇는 특별한 뜻 없이 소리만 빌려 온 글자이다.

352 比 견줄 비

4획 ˉ ヒ 比ˊ 比

bǐ

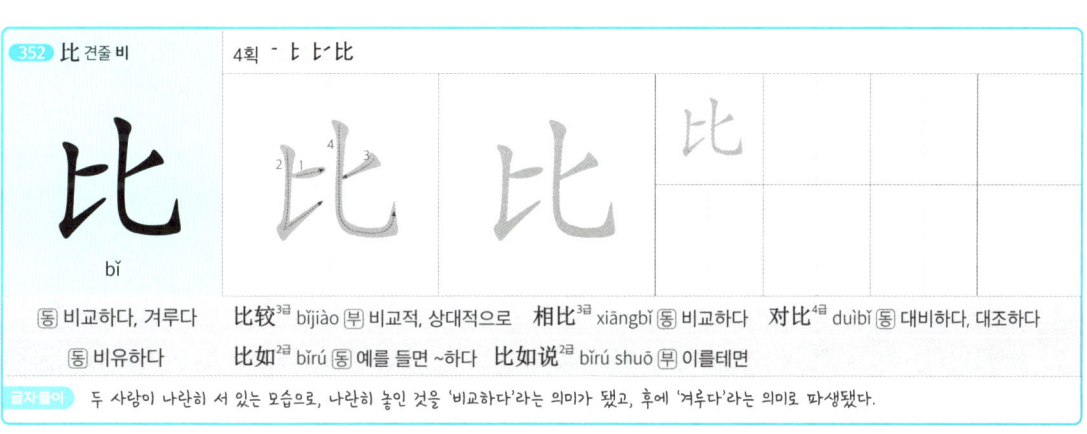

동 비교하다, 겨루다　比较³급 bǐjiào 부 비교적, 상대적으로　相比³급 xiāngbǐ 동 비교하다　对比⁴급 duìbǐ 동 대비하다, 대조하다
동 비유하다　　　　　比如²급 bǐrú 동 예를 들면 ~하다　比如说²급 bǐrú shuō 부 이를테면

글자풀이 두 사람이 나란히 서 있는 모습으로, 나란히 놓인 것을 '비교하다'라는 의미가 됐고, 후에 '겨루다'라는 의미로 파생됐다.

353 赛 굿할 새

14획 丶 ⼧ 宀 宀 宀 宀 宲 宲 寒 寒 寒 寒 赛 赛

sài

명 경기, 시합　比赛³급 bǐsài 명 경기, 시합 동 경기하다, 시합하다　决赛³급 juésài 동 싸우다, 경기하다
　　　　　　　赛跑 sàipǎo 동 달리기 경주를 하다

글자풀이 貝(재물)과 塞를 결합하여 '경기'라는 의미의 새로운 글자를 만들었다. 塞는 특별한 뜻 없이 소리만 빌려 온 글자이다.

354 觀 볼 관

6획 ㄱ ㄨ ㄨ观 观 观

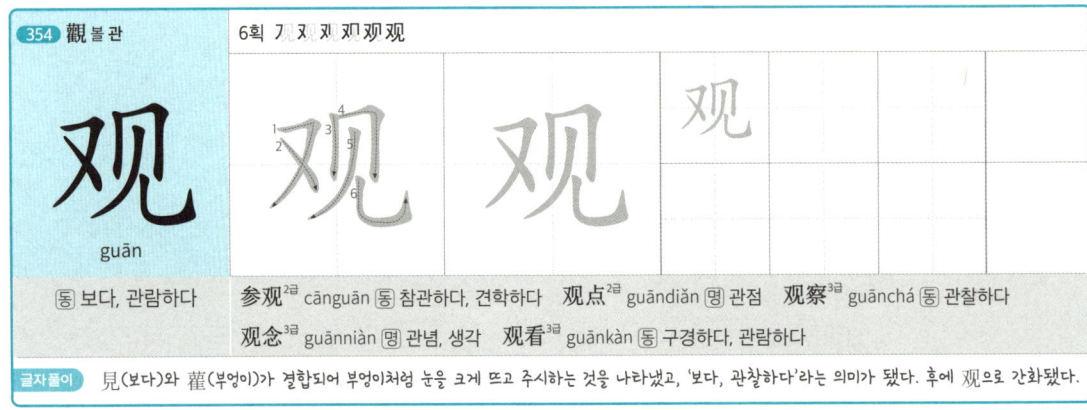

guān

동 보다, 관람하다

参观²급 cānguān 동 참관하다, 견학하다   观点²급 guāndiǎn 명 관점   观察³급 guānchá 동 관찰하다
观念³급 guānniàn 명 관념, 생각   观看³급 guānkàn 동 구경하다, 관람하다

글자풀이   見(보다)와 雚(부엉이)가 결합되어 부엉이처럼 눈을 크게 뜨고 주시하는 것을 나타냈고, '보다, 관찰하다'라는 의미가 됐다. 후에 观으로 간화됐다.

355 衆 무리 중

6획 丿 亻 个 众 众 众

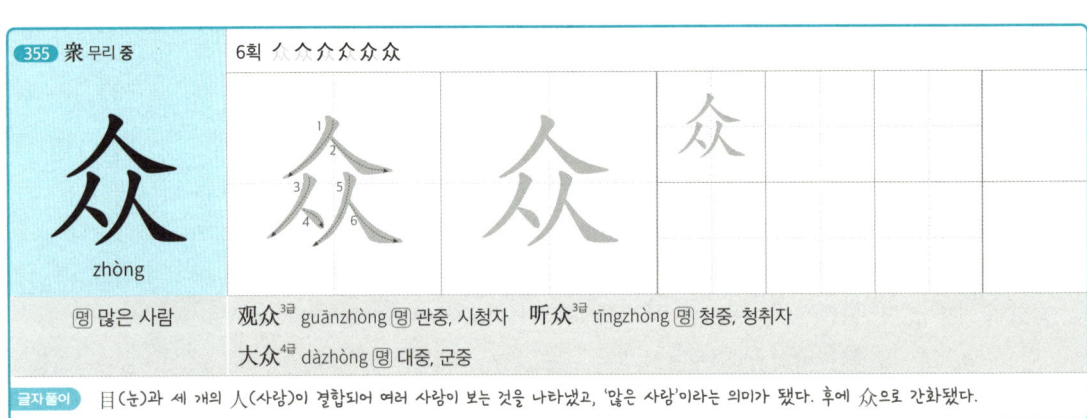

zhòng

명 많은 사람

观众³급 guānzhòng 명 관중, 시청자   听众³급 tīngzhòng 명 청중, 청취자
大众⁴급 dàzhòng 명 대중, 군중

글자풀이   目(눈)과 세 개의 人(사람)이 결합되어 여러 사람이 보는 것을 나타냈고, '많은 사람'이라는 의미가 됐다. 후에 众으로 간화됐다.

356 赢 남을 영

17획 亠 亠 亠 亠 亠 亡 亡 户 户 亰 亰 亰 赢 赢 赢 赢

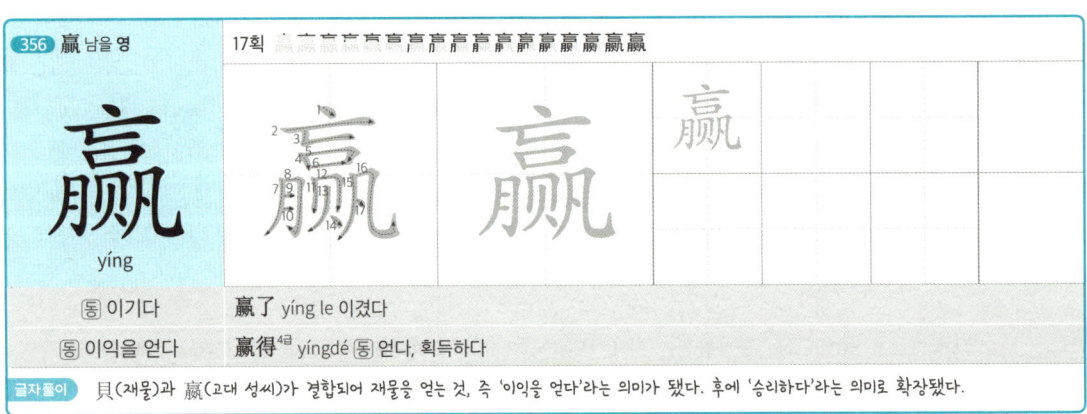

yíng

동 이기다

赢了 yíng le 이겼다

동 이익을 얻다

赢得⁴급 yíngdé 동 얻다, 획득하다

글자풀이   貝(재물)과 㕣(고대 성씨)가 결합되어 재물을 얻는 것, 즉 '이익을 얻다'라는 의미가 됐다. 후에 '승리하다'라는 의미로 확장됐다.

357 输 보낼 수

13획 一 厂 万 车 车 车 轮 轮 轮 输 输 输 输

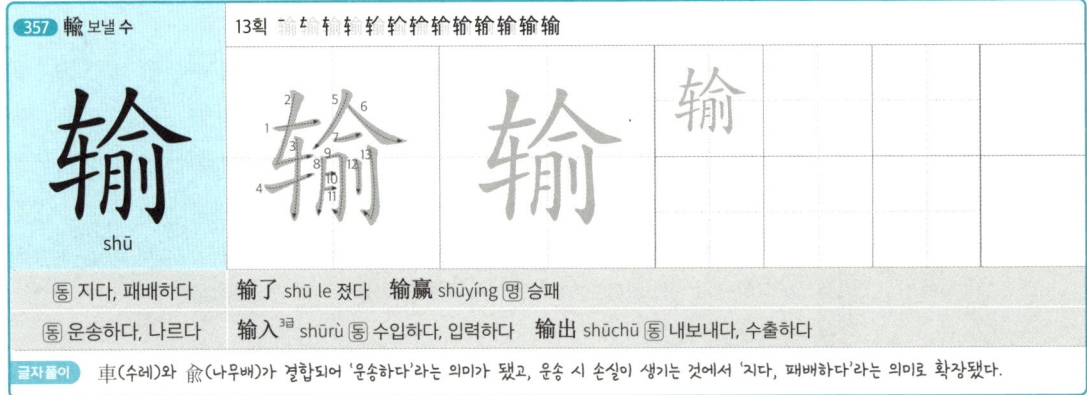

shū

동 지다, 패배하다

输了 shū le 졌다   输赢 shūyíng 명 승패

동 운송하다, 나르다

输入³급 shūrù 동 수입하다, 입력하다   输出 shūchū 동 내보내다, 수출하다

글자풀이   車(수레)와 俞(나무배)가 결합되어 '운송하다'라는 의미가 됐고, 운송 시 손실이 생기는 것에서 '지다, 패배하다'라는 의미로 확장됐다.

단어로 써 보기

오늘 써 본 한자들로 조합된 HSK 빈출 단어들이에요. 칸에 맞춰 정확히 써 보세요.

2급 音乐 yīnyuè
명 음악

1급 唱歌 chànggē
노래를 부르다

3급 散步 sànbù
동 산책하다

2급 运动 yùndòng
동 운동하다

3급 比赛 bǐsài
명 경기 동 경기하다

16일차 신체·건강

身(몸), 疼(아프다)처럼 신체·건강과 관련된 간체자를 써 볼 거예요. 음성을 들으며 한자와 단어의 발음도 함께 익혀 보세요.

358
身 shēn
명 몸, 신체

359
体 tǐ
명 신체, 물체

360
生 shēng
동 태어나다
동 생기다

361
命 mìng
명 생명, 운명
동 명령하다

362
头 tóu
명 머리
[명사 뒤에 붙는 접미사]

363
脸 liǎn
명 얼굴

364
眼 yǎn
명 눈

365
口 kǒu
명 입, 말
명 드나드는 곳

366
手 shǒu
명 손

367
脚 jiǎo
명 발

368
腿 tuǐ
명 다리
명 햄

369
伤 shāng
명 상처
동 다치게 하다, 슬프다

370
疼 téng
형 아프다
동 몹시 아끼다

371
病 bìng
명 병

372
困 kùn
형 곤란하다
형 피곤하다

373
累 lèi, lěi
형 피로하다
동 누적하다

374
压 yā
동 압박하다, 누르다

375
力 lì
명 힘

376
感 gǎn
동 ~라고 느끼다
동 감동하다, 감사하다

377
冒 mào
동 (감기에) 걸리다
동 무릅쓰다

378
药 yào
명 약

379
减 jiǎn
동 줄이다

380
肥 féi
형 살찌다
형 비옥하다

381
胖 pàng
형 뚱뚱하다

358 身 몸 신

7획 ＇ ｒ ｒ ｒ 身 身 身

- 명 몸, 신체
- 全身²급 quánshēn 명 전신, 온몸 身份证³급 shēnfènzhèng 명 신분증
- 健身⁴급 jiànshēn 동 헬스하다, 몸을 건강하게 하다

글자풀이 사람의 배가 볼록한 옆모습을 본떠 만든 글자로, '몸, 신체'라는 의미가 됐다.

359 體 몸 체

7획 ＇ ｲ ｲ 亻 休 体 体

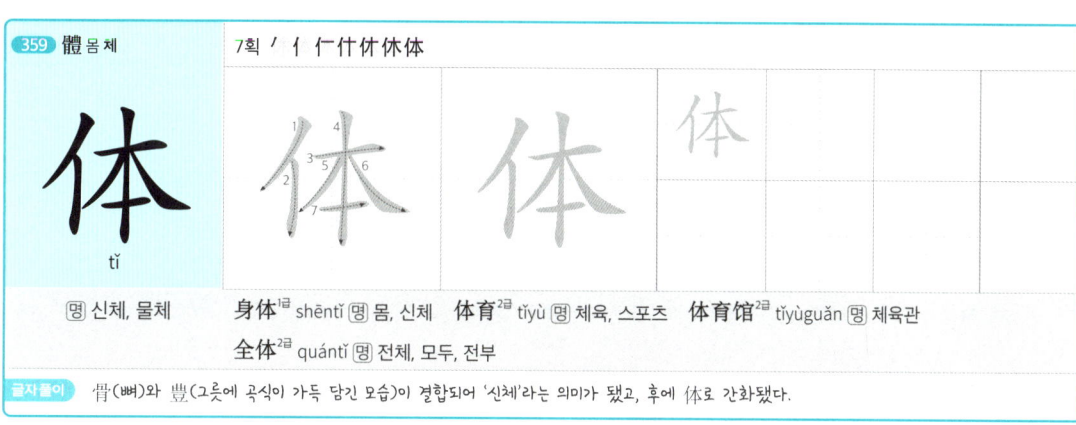

- 명 신체, 물체
- 身体¹급 shēntǐ 명 몸, 신체 体育²급 tǐyù 명 체육, 스포츠 体育馆²급 tǐyùguǎn 명 체육관
- 全体²급 quántǐ 명 전체, 모두, 전부

글자풀이 骨(뼈)와 豊(그릇에 곡식이 가득 담긴 모습)이 결합되어 '신체'라는 의미가 됐고, 후에 体로 간화됐다.

360 生 날 생

5획 ／ ｒ 亠 牛 生

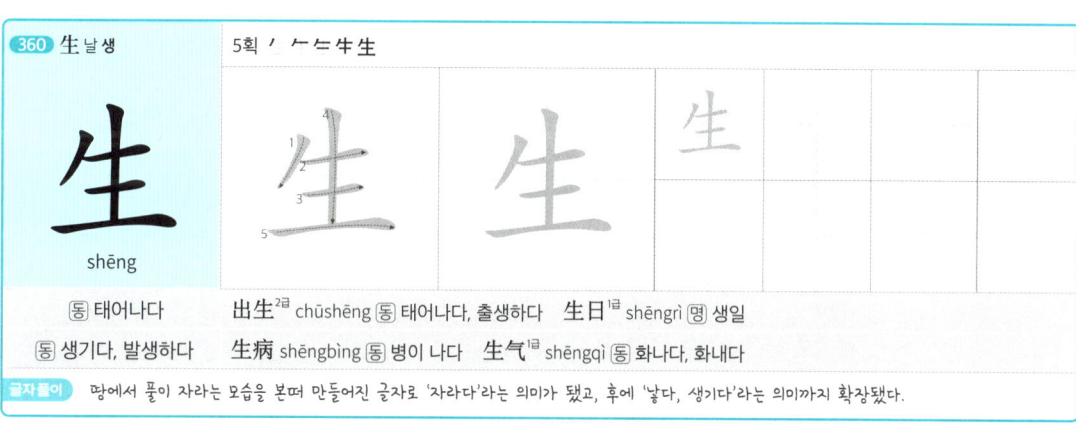

- 동 태어나다
- 出生²급 chūshēng 동 태어나다, 출생하다 生日¹급 shēngrì 명 생일
- 동 생기다, 발생하다
- 生病 shēngbìng 동 병이 나다 生气¹급 shēngqì 동 화나다, 화내다

글자풀이 땅에서 풀이 자라는 모습을 본떠 만들어진 글자로 '자라다'라는 의미가 됐고, 후에 '낳다, 생기다'라는 의미까지 확장됐다.

361 命 목숨 명

8획 ／ 人 人 ｒ 合 合 命 命

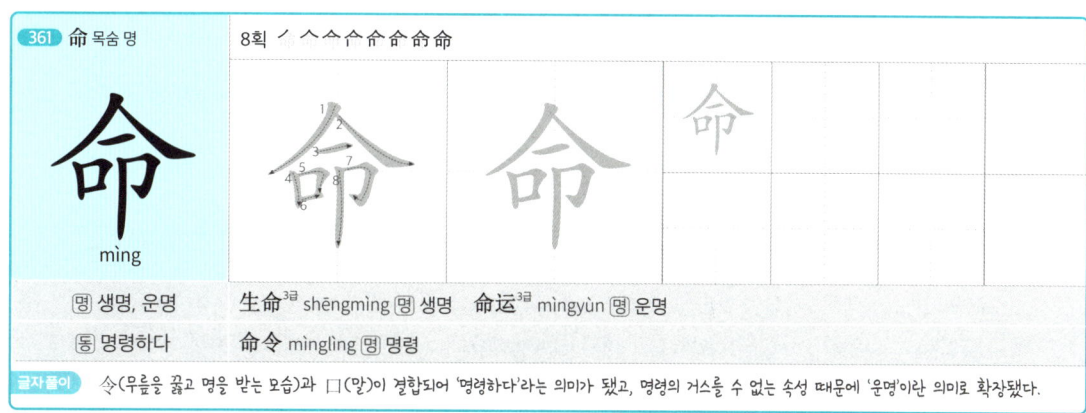

- 명 생명, 운명
- 生命³급 shēngmìng 명 생명 命运³급 mìngyùn 명 운명
- 동 명령하다
- 命令 mìnglìng 명 명령

글자풀이 亼(무릎을 꿇고 명을 받는 모습)과 口(말)이 결합되어 '명령하다'라는 의미가 됐고, 명령의 거스를 수 없는 속성 때문에 '운명'이란 의미로 확장됐다.

1급 = HSK 1급 **2급** = HSK 2급 **3급** = HSK 3급 **4급** = HSK 4급

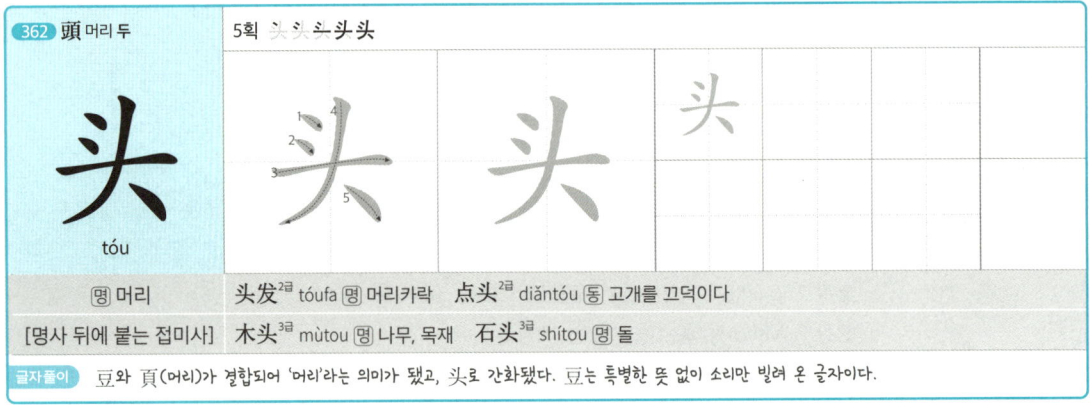

362 頭 머리 두

5획 头头头头头

tóu

명 머리
[명사 뒤에 붙는 접미사]

头发 ²급 tóufa 명 머리카락　　点头 ²급 diǎntóu 동 고개를 끄덕이다
木头 ³급 mùtou 명 나무, 목재　　石头 ³급 shítou 명 돌

글자풀이　豆와 頁(머리)가 결합되어 '머리'라는 의미가 됐고, 头로 간화됐다. 豆는 특별한 뜻 없이 소리만 빌려 온 글자이다.

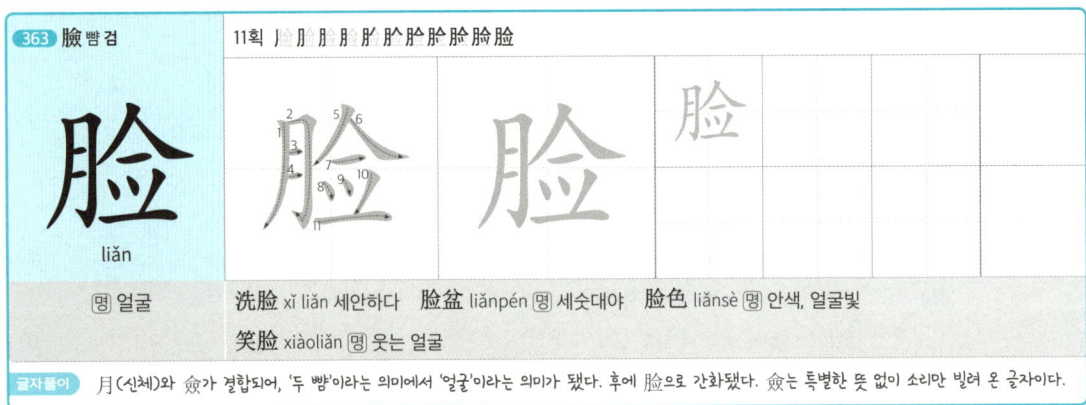

363 臉 뺨 검

11획 丿丿月月月片脸脸脸脸脸

liǎn

명 얼굴

洗脸 xǐ liǎn 세안하다　　脸盆 liǎnpén 명 세숫대야　　脸色 liǎnsè 명 안색, 얼굴빛
笑脸 xiàoliǎn 명 웃는 얼굴

글자풀이　月(신체)와 僉가 결합되어, '두 뺨'이라는 의미에서 '얼굴'이라는 의미가 됐다. 후에 脸으로 간화됐다. 僉는 특별한 뜻 없이 소리만 빌려 온 글자이다.

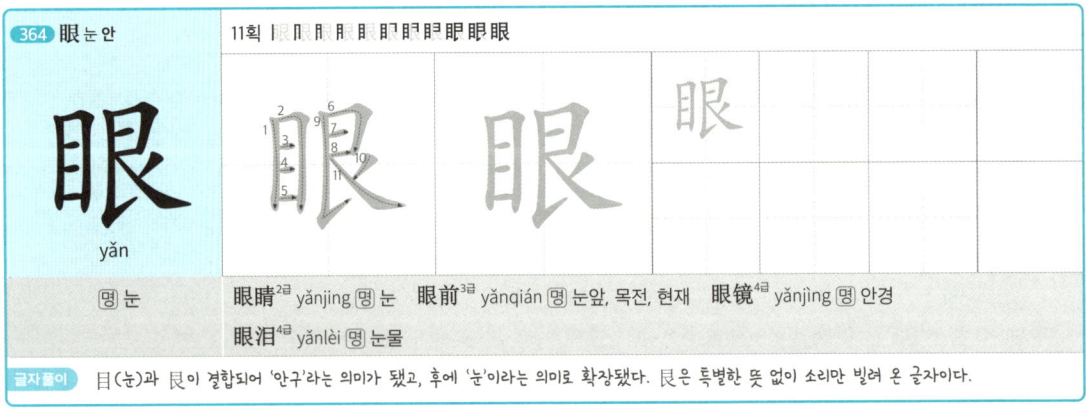

364 眼 눈 안

11획 丨丨丨目目目目目眼眼眼

yǎn

명 눈

眼睛 ²급 yǎnjing 명 눈　　眼前 ³급 yǎnqián 명 눈앞, 목전, 현재　　眼镜 ⁴급 yǎnjìng 명 안경
眼泪 ⁴급 yǎnlèi 명 눈물

글자풀이　目(눈)과 艮이 결합되어 '안구'라는 의미가 됐고, 후에 '눈'이라는 의미로 확장됐다. 艮은 특별한 뜻 없이 소리만 빌려 온 글자이다.

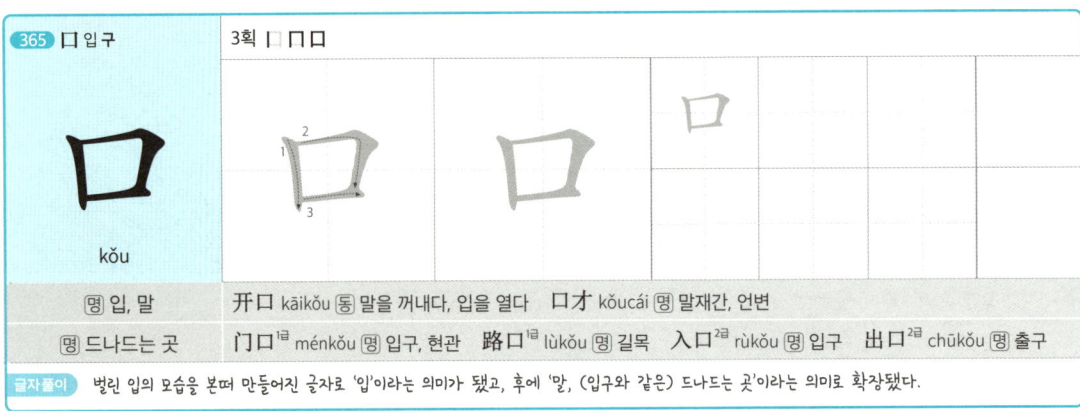

365 口 입 구

3획 丨冂口

kǒu

명 입, 말
명 드나드는 곳

开口 kāikǒu 동 말을 꺼내다, 입을 열다　　口才 kǒucái 명 말재간, 언변
门口 ¹급 ménkǒu 명 입구, 현관　　路口 ¹급 lùkǒu 명 길목　　入口 ²급 rùkǒu 명 입구　　出口 ²급 chūkǒu 명 출구

글자풀이　벌린 입의 모습을 본떠 만들어진 글자로 '입'이라는 의미가 됐고, 후에 '말, (입구와 같은) 드나드는 곳'이라는 의미로 확장됐다.

366 手 손 수

4획 ノ 二 三 手

shǒu

명 손

手机¹급 shǒujī 명 휴대폰　手表²급 shǒubiǎo 명 손목시계　举手²급 jǔshǒu 동 손을 들다
手指³급 shǒuzhǐ 명 손가락　手续³급 shǒuxù 명 수속, 절차

글자풀이 다섯 손가락이 펼쳐진 모습을 본떠 만들어진 글자로, '손'이라는 의미가 됐다.

367 脚 다리 각

11획 ノ 刀 月 月 月 肝 胪 胠 肤 肤 脚 脚

jiǎo

명 발

脚步 jiǎobù 명 발걸음, 보폭　脚印 jiǎoyìn 명 발자국
脚跟 jiǎogēn 명 발꿈치

글자풀이 月(신체)와 却이 결합되어 '종아리'를 나타내는 새로운 글자가 됐고, 후에 '발'이라는 의미로 확장됐다.

368 腿 넓적다리 퇴

13획 ノ 刀 月 月 月 ㄱ 月 ㄱ 月 ㄱ 月 肥 腮 腮 腮 腿 腿

tuǐ

명 다리

小腿 xiǎotuǐ 명 종아리　大腿 dàtuǐ 명 허벅지

명 햄

火腿 huǒtuǐ 명 중국식 햄

글자풀이 月(신체)와 退을 결합하여 하체의 움직임을 나타냈고, 후에 '다리'라는 의미가 됐다. 退는 특별한 뜻 없이 소리만 빌려 온 글자이다.

369 傷 다칠 상

6획 ノ 亻 亻 仁 伤 伤

shāng

명 상처

伤口 shāngkǒu 명 상처　受伤³급 shòushāng 동 부상당하다, 다치다

동 다치게 하다, 슬프다

伤心³급 shāngxīn 형 상심하다　伤害⁴급 shānghài 동 손상시키다, 상처를 주다　悲伤 bēishāng 형 몹시 슬프다

글자풀이 亻(사람), 矢(화살)과 昜이 결합되어 화살에 맞아 다친 사람을 의미했고, 후에 '상처, 다치게 하다'라는 의미가 됐다.

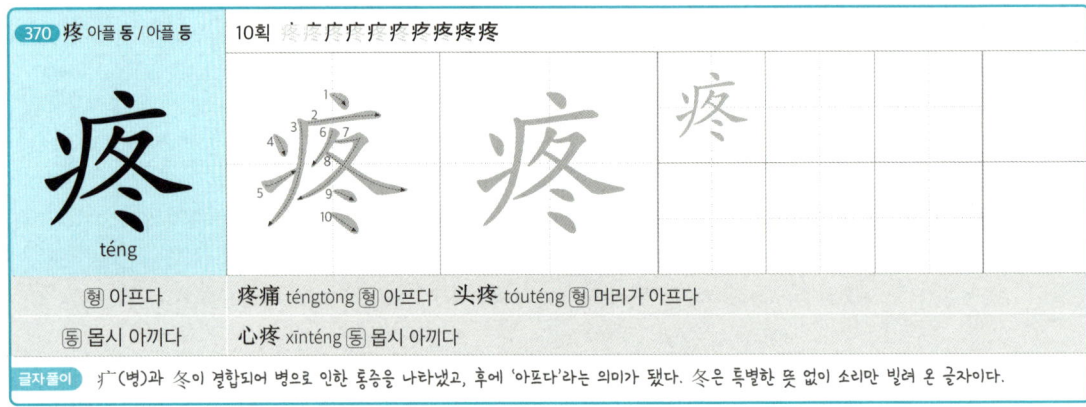

370 疼 아플 동 / 아플 등　10획

téng

형 아프다
동 몹시 아끼다

疼痛 téngtòng 형 아프다　头疼 tóuténg 형 머리가 아프다
心疼 xīnténg 동 몹시 아끼다

글자풀이　疒(병)과 冬이 결합되어 병으로 인한 통증을 나타냈고, 후에 '아프다'라는 의미가 됐다. 冬은 특별한 뜻 없이 소리만 빌려 온 글자이다.

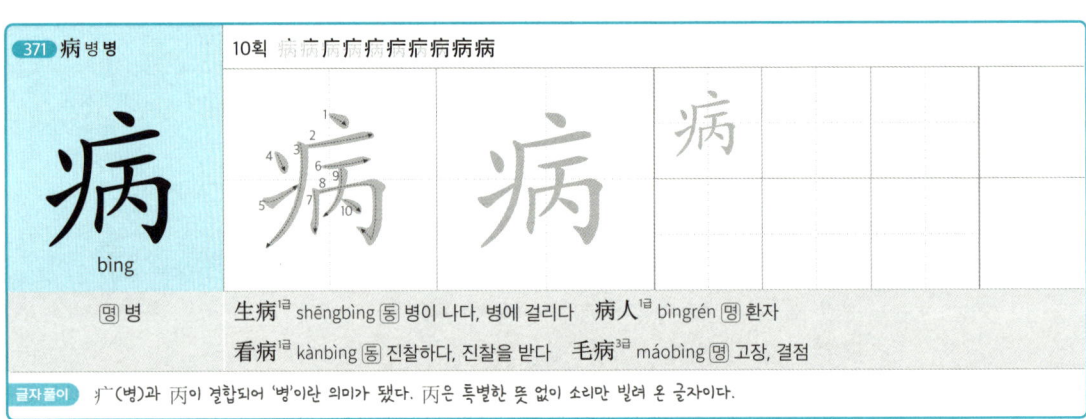

371 病 병 병　10획

bìng

명 병

生病 1급 shēngbìng 동 병이 나다, 병에 걸리다　病人 1급 bìngrén 명 환자
看病 1급 kànbìng 동 진찰하다, 진찰을 받다　毛病 3급 máobìng 명 고장, 결점

글자풀이　疒(병)과 丙이 결합되어 '병'이란 의미가 됐다. 丙은 특별한 뜻 없이 소리만 빌려 온 글자이다.

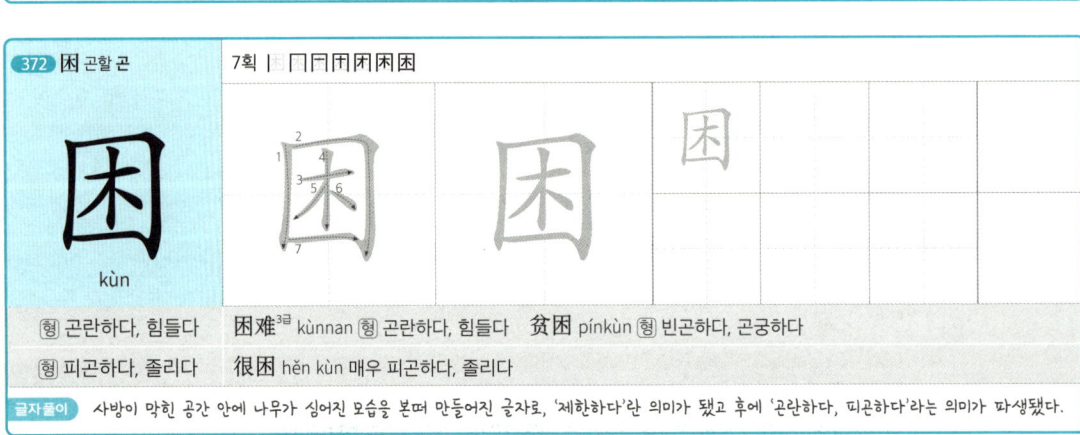

372 困 곤할 곤　7획

kùn

형 곤란하다, 힘들다
형 피곤하다, 졸리다

困难 3급 kùnnan 형 곤란하다, 힘들다　贫困 pínkùn 형 빈곤하다, 곤궁하다
很困 hěn kùn 매우 피곤하다, 졸리다

글자풀이　사방이 막힌 공간 안에 나무가 심어진 모습을 본떠 만들어진 글자로, '제한하다'란 의미가 됐고 후에 '곤란하다, 피곤하다'라는 의미가 파생됐다.

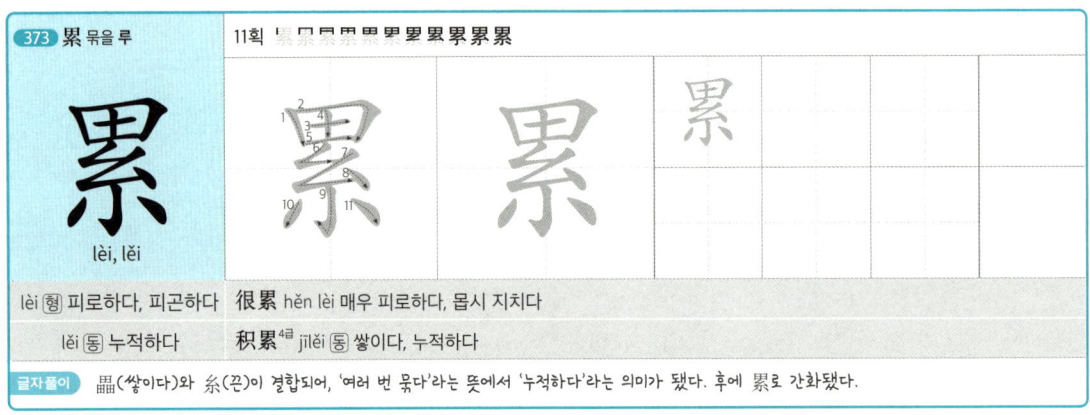

373 累 묶을 루　11획

lèi, lěi

lèi 형 피로하다, 피곤하다
lěi 동 누적하다

很累 hěn lèi 매우 피로하다, 몹시 지치다
积累 4급 jīlěi 동 쌓이다, 누적하다

글자풀이　畾(쌓이다)와 糸(끈)이 결합되어, '여러 번 묶다'라는 뜻에서 '누적하다'라는 의미가 됐다. 후에 累로 간화됐다.

374 壓 누를 압

6획 一厂厂厅圧圧

压 yā

동 압박하다, 누르다   压力³급 yālì 명 스트레스, 부담   压迫 yāpò 동 압박하다, 억압하다

글자풀이 厂(산기슭), 厭과 土(흙)을 결합하여 산이 무너져 내린 것을 나타냈고, '누르다, 압박하다'라는 의미가 됐다. 후에 压로 간화됐다.

375 力 힘 력

2획 フ力

力 lì

명 힘   力量³급 lìliang 명 힘, 역량   努力²급 nǔlì 동 노력하다   能力³급 nénglì 명 능력
动力³급 dònglì 명 원동력, 동력

글자풀이 쟁기의 모습을 본떠 만들어진 글자로, 노동의 힘을 나타냈고 후에 '힘'이란 의미가 됐다.

376 感 느낄 감

13획 一厂厂厂厂厂咸咸咸咸感感感

感 gǎn

동 ~라고 느끼다   感觉²급 gǎnjué 동 느끼다, 여기다   感到²급 gǎndào 동 (~라고) 느끼다, 생각하다   感情³급 gǎnqíng 명 감정
동 감동하다, 감사하다   感动²급 gǎndòng 형 감동적이다   感谢²급 gǎnxiè 동 감사하다, 고맙다

글자풀이 咸(전체)와 心(마음)이 결합되어 온 마음이 움직이는 것을 나타냈고, 후에 '~라고 느끼다, 감동하다'라는 의미가 됐다.

377 冒 무릅쓸 모

9획 丨冂冂冃冃冒冒冒冒

冒 mào

동 (감기에) 걸리다   感冒³급 gǎnmào 동 감기에 걸리다 명 감기
동 무릅쓰다   冒险 màoxiǎn 동 위험을 무릅쓰다, 모험하다

글자풀이 冃(쓰다)와 目(눈)이 결합되어 '모자'라는 의미가 됐고, 모자를 쓰고 나아가는 모습이 위험을 무릅쓰고 행동하는 모습과 유사하다 하여 '무릅쓰다'는 의미가 파생됐다.

378 藥 약 약

9획 药药药药药药药药药

- 몡 약
- 药片 ²급 yàopiàn 몡 알약   药水 ²급 yàoshuǐ 몡 물약   药物 ⁴급 yàowù 몡 약물
- 药店 yàodiàn 몡 약국

글자풀이 艹(약초)와 樂가 결합되어 '약'이라는 의미가 됐고, 후에 药으로 간화됐다.

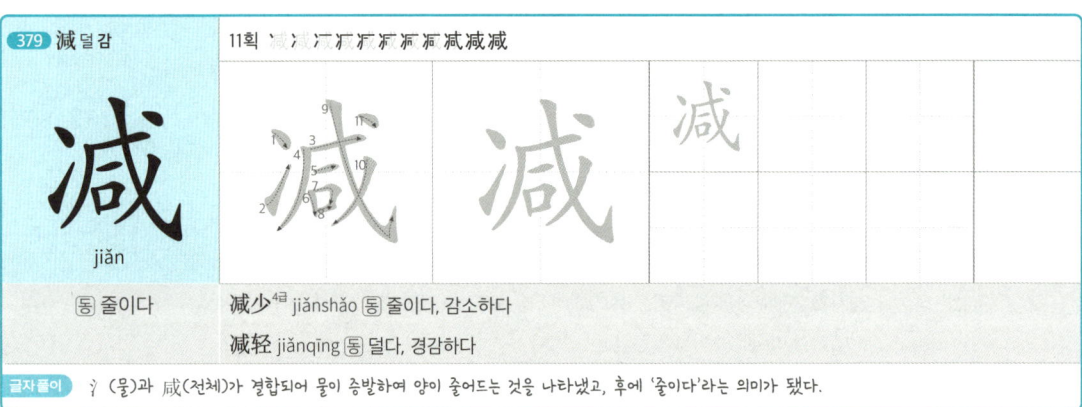

379 減 덜 감

11획 减减减减减减减减减减减

- 동 줄이다
- 减少 ⁴급 jiǎnshǎo 동 줄이다, 감소하다
- 减轻 jiǎnqīng 동 덜다, 경감하다

글자풀이 氵(물)과 咸(전체)가 결합되어 물이 증발하여 양이 줄어드는 것을 나타냈고, 후에 '줄이다'라는 의미가 됐다.

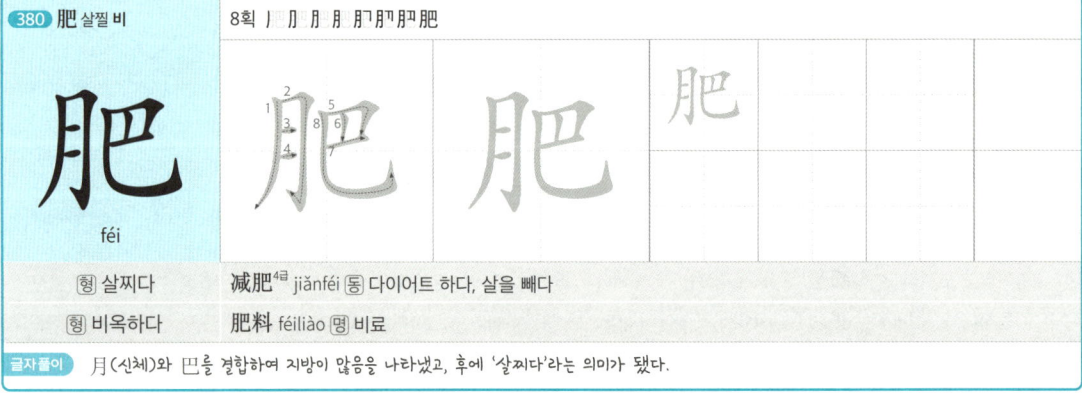

380 肥 살찔 비

8획 丿月月月月月肥肥

- 형 살찌다
- 형 비옥하다
- 减肥 ⁴급 jiǎnféi 동 다이어트 하다, 살을 빼다
- 肥料 féiliào 몡 비료

글자풀이 月(신체)와 巴를 결합하여 지방이 많음을 나타냈고, 후에 '살찌다'라는 의미가 됐다.

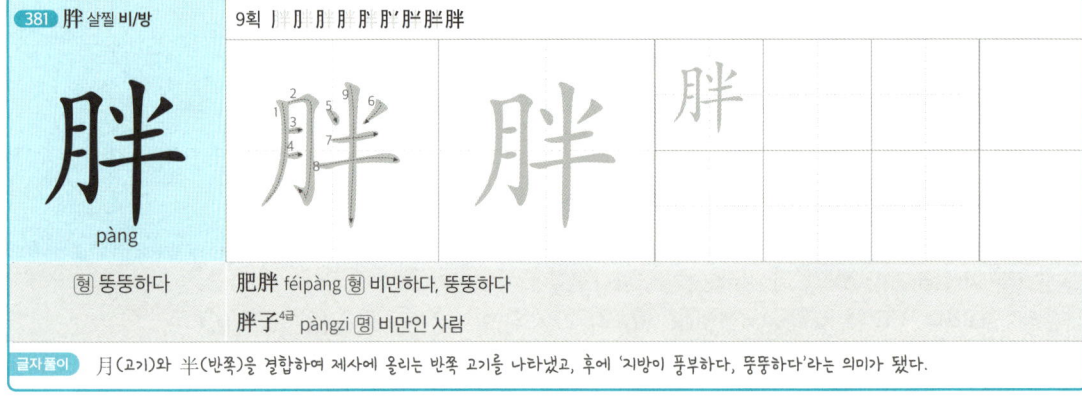

381 胖 살찔 비/반

9획 丿月月月月肝肝胖胖

- 형 뚱뚱하다
- 肥胖 féipàng 형 비만하다, 뚱뚱하다
- 胖子 ⁴급 pàngzi 몡 비만인 사람

글자풀이 月(고기)와 半(반쪽)을 결합하여 제사에 올리는 반쪽 고기를 나타냈고, 후에 '지방이 풍부하다, 뚱뚱하다'라는 의미가 됐다.

단어로 써 보기

오늘 써 본 한자들로 조합된 HSK 빈출 단어들이에요. 칸에 맞춰 정확히 써 보세요.

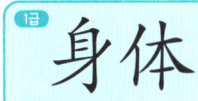

身体 shēntǐ
명 몸, 신체

头疼 tóuténg
형 머리가 아프다

压力 yālì
명 스트레스, 부담

感冒 gǎnmào
동 감기에 걸리다 명 감기

减肥 jiǎnféi
동 다이어트 하다, 살을 빼다

17일차 쇼핑·패션

 价(가격), 买(사다), 包(가방)처럼 쇼핑·패션과 관련된 간체자를 써 볼 거예요. 음성을 들으며 한자와 단어의 발음도 함께 익혀 보세요.

 MP3 바로 듣기

382 价 jià	383 格 gé	384 打 dǎ	385 折 zhé	386 买 mǎi	387 卖 mài
명 가치, 가격	명 격식, 격자 명 품성, 소질	동 하다 동 치다, 때리다	명 할인 동 접다	동 사다, 구매하다	동 팔다, 판매하다

388 衣 yī	389 服 fú	390 包 bāo	391 衬 chèn	392 穿 chuān	393 戴 dài
명 옷, 의복	명 옷 동 이행하다, 복종하다	명 가방 동 포함하다	형 안에 받쳐 입는	동 입다, 신다	동 쓰다, 착용하다

394 适 shì	395 合 hé	396 礼 lǐ	397 物 wù	398 颜 yán	399 色 sè
동 적합하다, 적절하다	동 부합하다, 맞다	명 선물 명 예절, 식	명 물건, 사물	명 색, 얼굴	명 색깔, 색상 명 광경, 종류

400 彩 cǎi	401 白 bái	402 红 hóng	403 黑 hēi	404 绿 lǜ	405 蓝 lán
명 색채, 색깔 명 다채로운 모습	형 하얗다, 밝다 형 분명하다, 이해하다	형 빨갛다, 붉다	형 검다	형 푸르다, 파랗다	형 파랗다

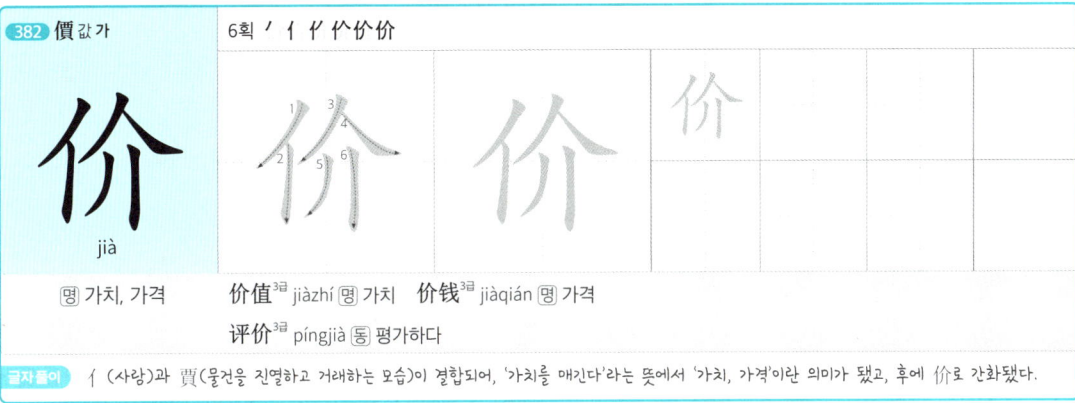

382 價 값 가

6획 ノ 亻 𠆢 价 价 价

jià

- 몡 가치, 가격
- 价值³급 jiàzhí 몡 가치   价钱³급 jiàqián 몡 가격
- 评价³급 píngjià 동 평가하다

글자풀이 亻(사람)과 賈(물건을 진열하고 거래하는 모습)이 결합되어, '가치를 매긴다'라는 뜻에서 '가치, 가격'이란 의미가 됐고, 후에 价로 간화됐다.

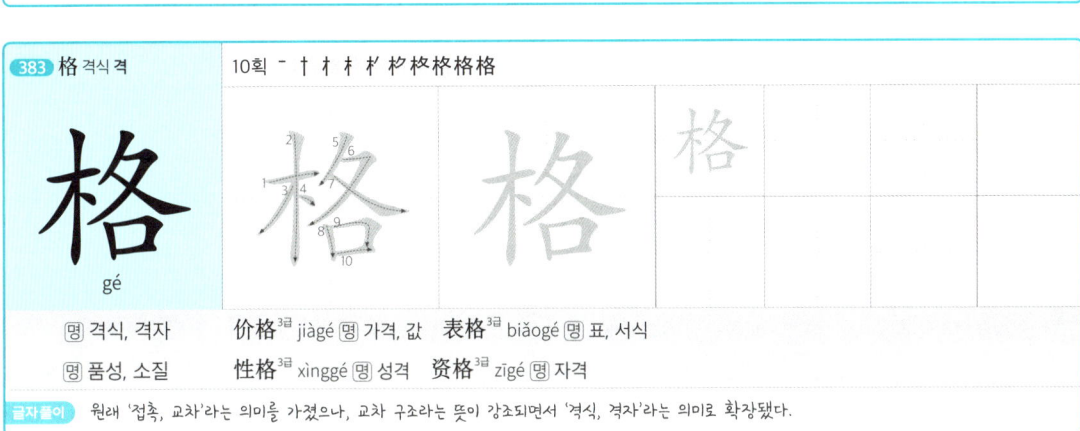

383 格 격식 격

10획 一 十 十 才 木 朳 杦 柊 格 格

gé

- 몡 격식, 격자
- 价格³급 jiàgé 몡 가격, 값   表格³급 biǎogé 몡 표, 서식
- 몡 품성, 소질
- 性格³급 xìnggé 몡 성격   资格³급 zīgé 몡 자격

글자풀이 원래 '접촉, 교차'라는 의미를 가졌으나, 교차 구조라는 뜻이 강조되면서 '격식, 격자'라는 의미로 확장됐다.

384 打 칠 타

5획 一 十 才 扌 打

dǎ

- 동 (어떤 동작을) 하다
- 打车¹급 dǎchē 동 택시를 잡다   打电话¹급 dǎ diànhuà 전화를 걸다   打工²급 dǎgōng 동 아르바이트하다, 일하다
- 동 치다, 때리다
- 打球¹급 dǎ qiú 동 공을 치다   打破³급 dǎpò 동 때려 부수다, 깨다

글자풀이 扌(손)과 丁이 결합되어 '치다, 때리다'라는 의미가 됐고, 후에 '(어떤 동작을) 하다'라는 의미로 확장됐다. 丁은 못 박는 소리를 표현한 글자이다.

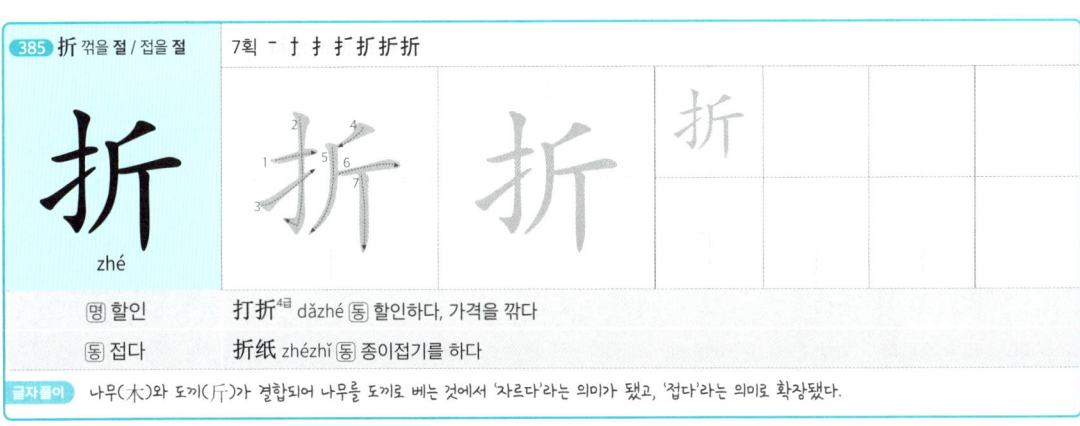

385 折 꺾을 절 / 접을 절

7획 一 十 扌 扌 扩 折 折

zhé

- 몡 할인
- 打折⁴급 dǎzhé 동 할인하다, 가격을 깎다
- 동 접다
- 折纸 zhézhǐ 동 종이접기를 하다

글자풀이 나무(木)와 도끼(斤)가 결합되어 나무를 도끼로 베는 것에서 '자르다'라는 의미가 됐고, '접다'라는 의미로 확장됐다.

1급 = HSK 1급   2급 = HSK 2급   3급 = HSK 3급   4급 = HSK 4급

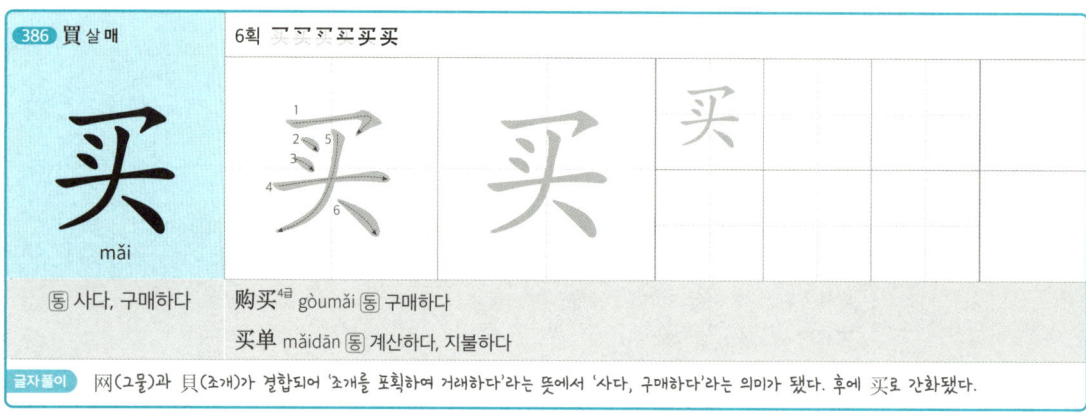

386 買 살 매

买 mǎi

6획 买买买买买买

동 사다, 구매하다

购买⁴급 gòumǎi 동 구매하다
买单 mǎidān 동 계산하다, 지불하다

글자풀이 网(그물)과 貝(조개)가 결합되어 '조개를 포획하여 거래하다'라는 뜻에서 '사다, 구매하다'라는 의미가 됐다. 후에 买로 간화됐다.

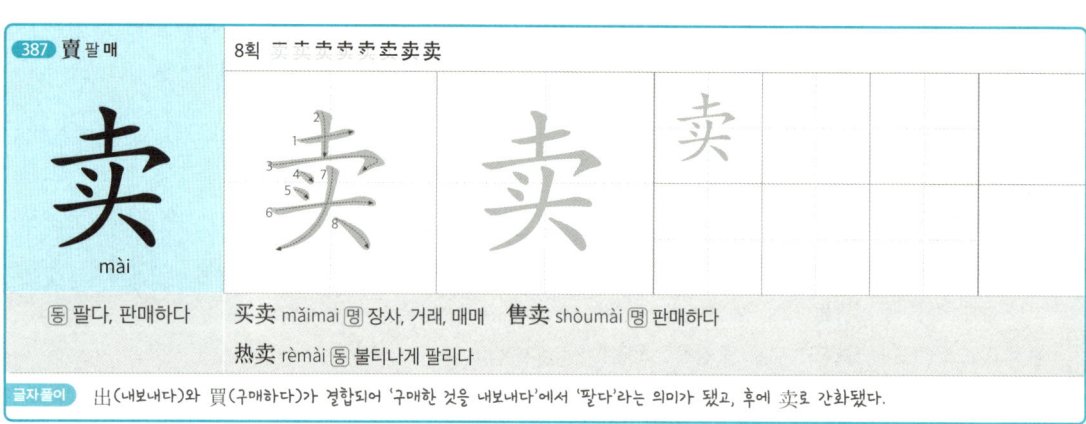

387 賣 팔 매

卖 mài

8획 卖卖卖卖卖卖卖卖

동 팔다, 판매하다

买卖 mǎimai 명 장사, 거래, 매매   售卖 shòumài 명 판매하다
热卖 rèmài 동 불티나게 팔리다

글자풀이 出(내보내다)와 買(구매하다)가 결합되어 '구매한 것을 내보내다'에서 '팔다'라는 의미가 됐고, 후에 卖로 간화됐다.

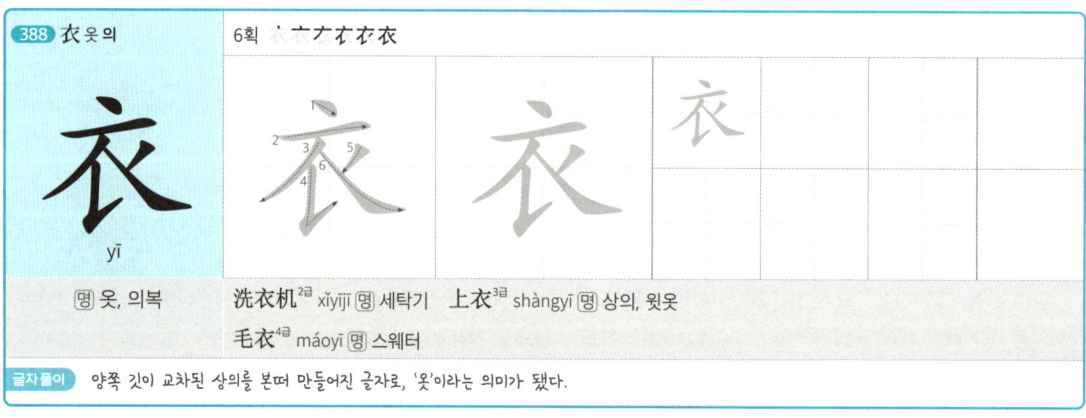

388 衣 옷 의

衣 yī

6획 衣衣衣衣衣衣

명 옷, 의복

洗衣机²급 xǐyījī 명 세탁기   上衣³급 shàngyī 명 상의, 윗옷
毛衣⁴급 máoyī 명 스웨터

글자풀이 양쪽 깃이 교차된 상의를 본떠 만들어진 글자로, '옷'이라는 의미가 됐다.

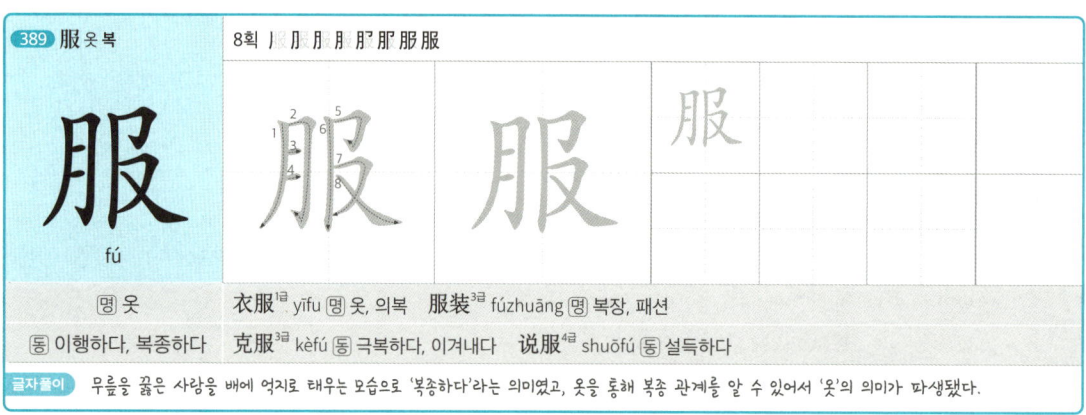

389 服 옷 복

服 fú

8획 丿 几 月 月 用 肝 服 服

명 옷
동 이행하다, 복종하다

衣服¹급 yīfu 명 옷, 의복   服装³급 fúzhuāng 명 복장, 패션
克服³급 kèfú 동 극복하다, 이겨내다   说服⁴급 shuōfú 동 설득하다

글자풀이 무릎을 꿇은 사람을 배에 억지로 태우는 모습으로 '복종하다'라는 의미였고, 옷을 통해 복종 관계를 알 수 있어서 '옷'의 의미가 파생됐다.

390 包 쌀 포

5획 ノ ケ 勺 匀 包

bāo

- 명 가방
- 동 포함하다

书包¹급 shūbāo 명 책가방 钱包¹급 qiánbāo 명 지갑
包含⁴급 bāohán 동 포함하다, 내포하다 包括⁴급 bāokuò 동 포함하다, 포괄하다

글자풀이: ⺈(감싸다)와 巳(태아)가 결합되어 '잉태하고 감싸다'라는 뜻에서 '싸다'라는 의미가 됐고, 후에 '포함하다, 가방'이라는 의미로 확장됐다.

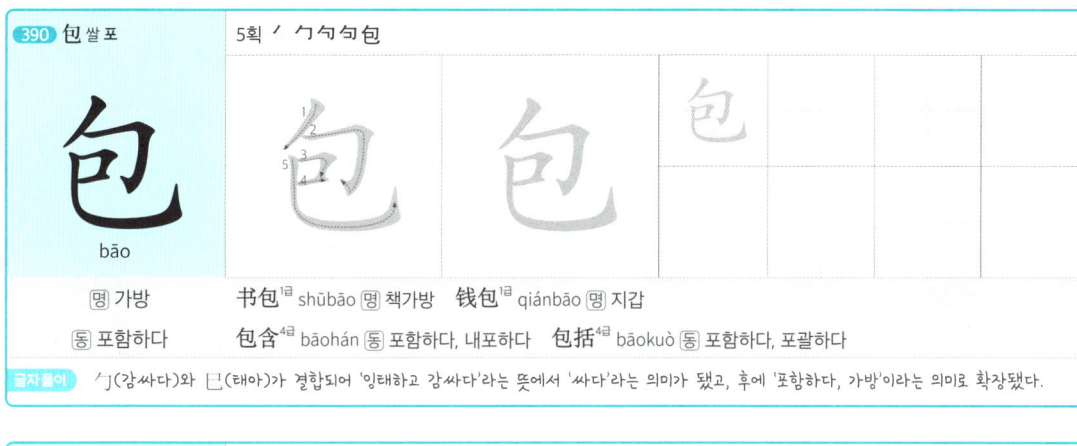

391 衬 속옷 츤

8획 ` ㇇ ㇒ ㇒ ㇒ ㇒ 衬 衬

chèn

- 형 안에 받쳐 입는

衬衫³급 chènshān 명 셔츠, 블라우스
衬衣³급 chènyī 명 셔츠

글자풀이: 衤(옷)과 寸(정밀함)이 결합되어, 빈틈없이 밀착되는 옷에서 안에 받쳐 입는 옷의 종류를 의미하게 됐고, 후에 衬으로 간화됐다.

392 穿 뚫을 천

9획 ` ㇒ ㇒ 宀 空 空 空 穿 穿

chuān

- 동 입다, 신다

穿衣服 chuān yīfu 옷을 입다 穿鞋 chuānxié 신발을 신다
穿上⁴급 chuānshang (옷을) 입다

글자풀이: 穴(구멍)과 牙(이빨)가 결합되어, 뾰족한 것으로 구멍을 찌르는 행위에서 '뚫다'라는 의미가 됐다. 후에 '입다'라는 의미로 확장됐다.

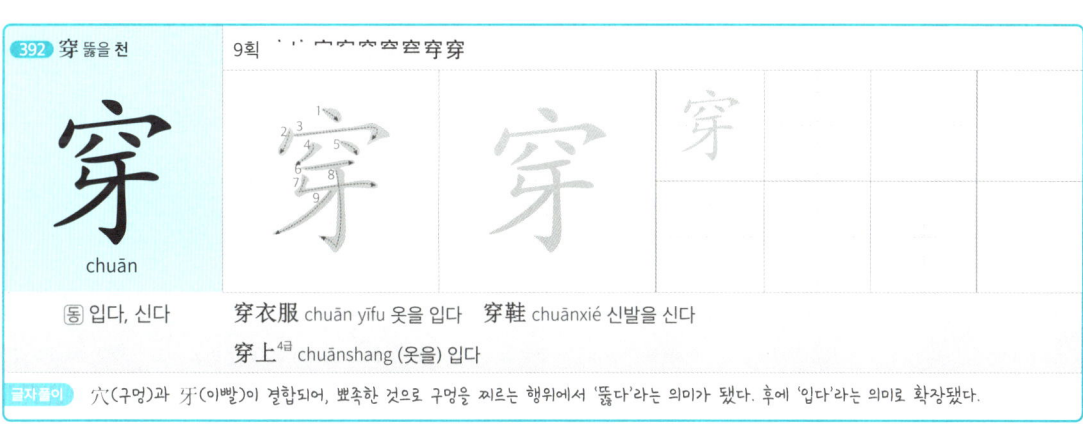

393 戴 일 대

17획 一 十 士 吉 吉 吉 吉 吉 堇 堇 堇 堇 戴 戴 戴

dài

- 동 쓰다, 착용하다

戴帽子 dài màozi 모자를 쓰다 戴眼镜 dài yǎnjìng 안경을 쓰다 戴耳机 dài ěrjī 이어폰을 끼다
戴口罩 dài kǒuzhào 마스크를 쓰다

글자풀이: 異(양손으로 가면을 든 모습)과 才이 결합되어 '쓰다, 착용하다'라는 의미가 됐다.

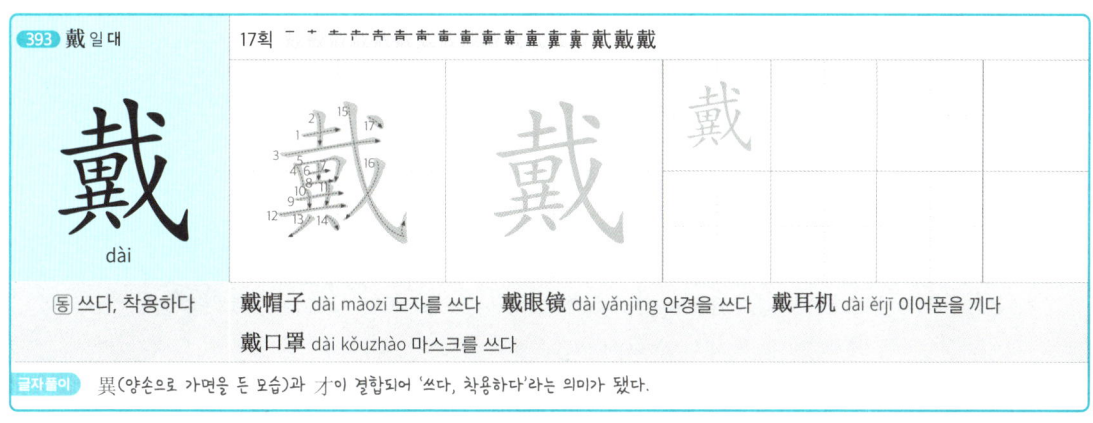

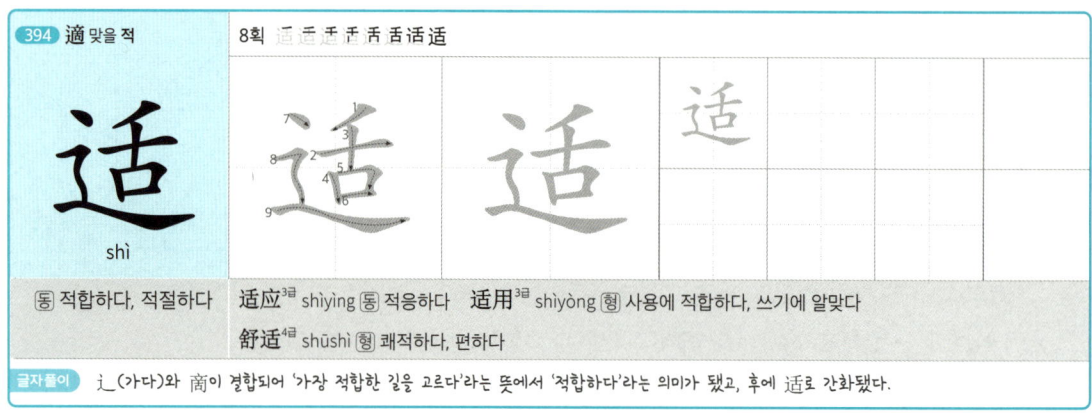

394 適 맞을 적

8획 适适适舌舌舌话话

shì

(동) 적합하다, 적절하다

适应³급 shìyìng (동) 적응하다   适用³급 shìyòng (형) 사용에 적합하다, 쓰기에 알맞다
舒适⁴급 shūshì (형) 쾌적하다, 편하다

글자풀이: 辶(가다)와 啇이 결합되어 '가장 적합한 길을 고르다'라는 뜻에서 '적합하다'라는 의미가 됐고, 후에 适로 간화됐다.

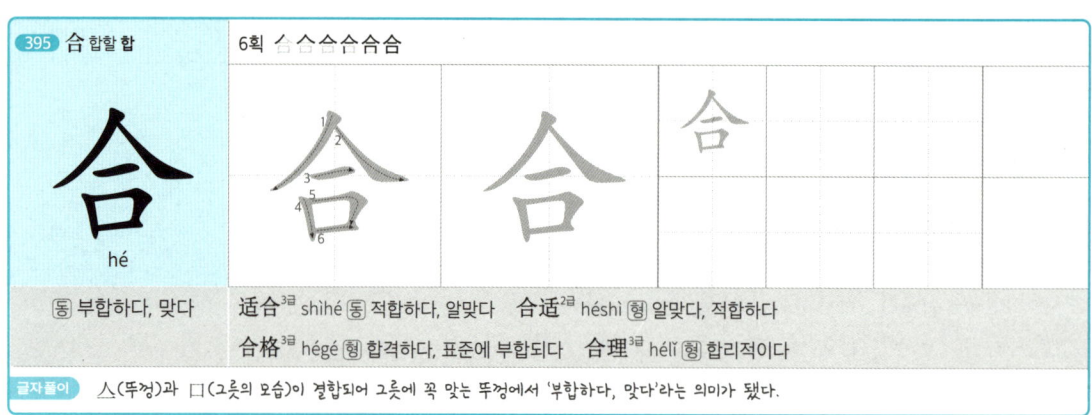

395 合 합할 합

6획 合合合合合合

hé

(동) 부합하다, 맞다

适合³급 shìhé (동) 적합하다, 알맞다   合适²급 héshì (형) 알맞다, 적합하다
合格³급 hégé (형) 합격하다, 표준에 부합되다   合理³급 hélǐ (형) 합리적이다

글자풀이: 人(뚜껑)과 口(그릇의 모습)이 결합되어 그릇에 꼭 맞는 뚜껑에서 '부합하다, 맞다'라는 의미가 됐다.

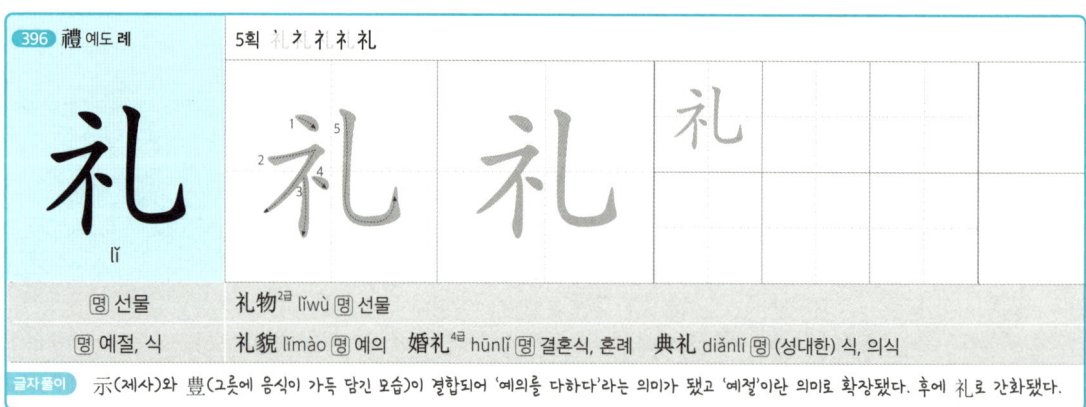

396 禮 예도 례

5획 礼礼礼礼礼

lǐ

(명) 선물

(명) 예절, 식

礼物²급 lǐwù (명) 선물
礼貌 lǐmào (명) 예의   婚礼⁴급 hūnlǐ (명) 결혼식, 혼례   典礼 diǎnlǐ (명) (성대한) 식, 의식

글자풀이: 示(제사)와 豊(그릇에 음식이 가득 담긴 모습)이 결합되어 '예의를 다하다'라는 의미가 됐고 '예절'이란 의미로 확장됐다. 후에 礼로 간화됐다.

397 物 물건 물

8획 物物物牛牛牤物物

wù

(명) 물건, 사물

食物²급 shíwù (명) 음식, 음식물   动物²급 dòngwù (명) 동물   植物⁴급 zhíwù (명) 식물
事物⁴급 shìwù (명) 사물   人物 rénwù (명) 인물

글자풀이: 牛(소)와 勿(섞이다)가 결합되어 '얼룩소'라는 의미가 됐고, 후에 다양한 가축을 나타내다가 '물건, 사물'이라는 광범위한 의미로 확장됐다.

398 颜 낯 안

yán

15획

- 명 색, 얼굴
- 五颜六色 [4급] wǔyánliùsè 성 여러 가지 빛깔
- 颜料 yánliào 명 물감

글자풀이 彦(지적이고 멋진 모습)과 頁(머리)가 결합되어 '얼굴'이란 의미가 됐고, 후에 颜으로 간화됐다.

399 色 빛 색

sè

6획

- 명 색깔, 색상
- 명 광경, 종류
- 颜色 [2급] yánsè 명 색깔, 색
- 景色 [3급] jǐngsè 명 경치, 풍경   特色 [3급] tèsè 명 특색, 특징   出色 [4급] chūsè 형 뛰어나다, 출중하다

글자풀이 꿇어앉아 있는 사람의 얼굴 선을 강조한 모습으로 '낯, 얼굴빛'이라는 의미가 됐고, 후에 '색깔'이란 의미로 확장됐다.

400 彩 채색 채

cǎi

11획

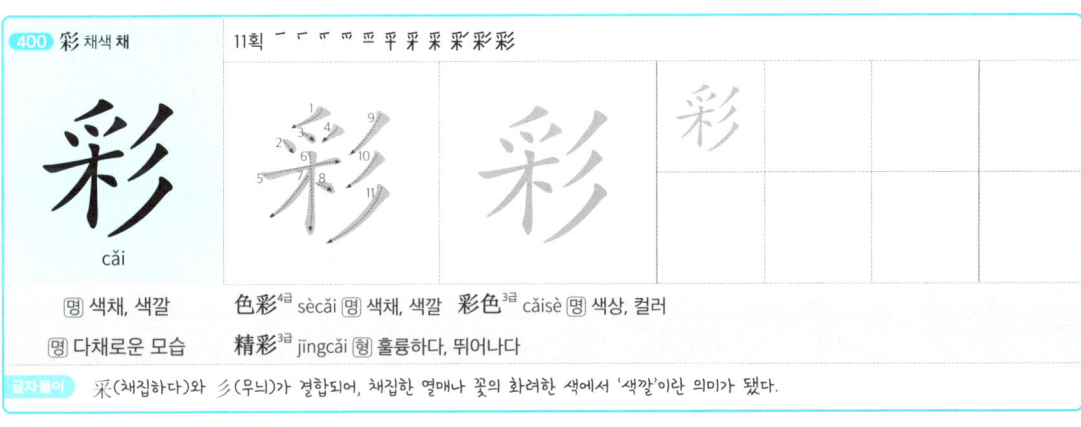

- 명 색채, 색깔
- 명 다채로운 모습
- 色彩 [4급] sècǎi 명 색채, 색깔   彩色 [3급] cǎisè 명 색상, 컬러
- 精彩 [3급] jīngcǎi 형 훌륭하다, 뛰어나다

글자풀이 采(채집하다)와 彡(무늬)가 결합되어, 채집한 열매나 꽃의 화려한 색에서 '색깔'이란 의미가 됐다.

401 白 흰 백

bái

5획

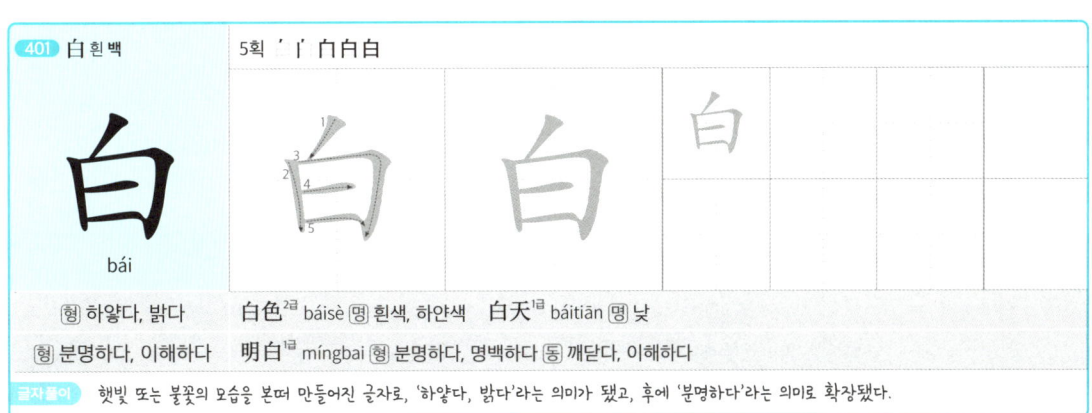

- 형 하얗다, 밝다
- 형 분명하다, 이해하다
- 白色 [2급] báisè 명 흰색, 하얀색   白天 [1급] báitiān 명 낮
- 明白 [1급] míngbai 형 분명하다, 명백하다 동 깨닫다, 이해하다

글자풀이 햇빛 또는 불꽃의 모습을 본떠 만들어진 글자로, '하얗다, 밝다'라는 의미가 됐고, 후에 '분명하다'라는 의미로 확장됐다.

402 紅 붉을 홍

6획 红红红红红红

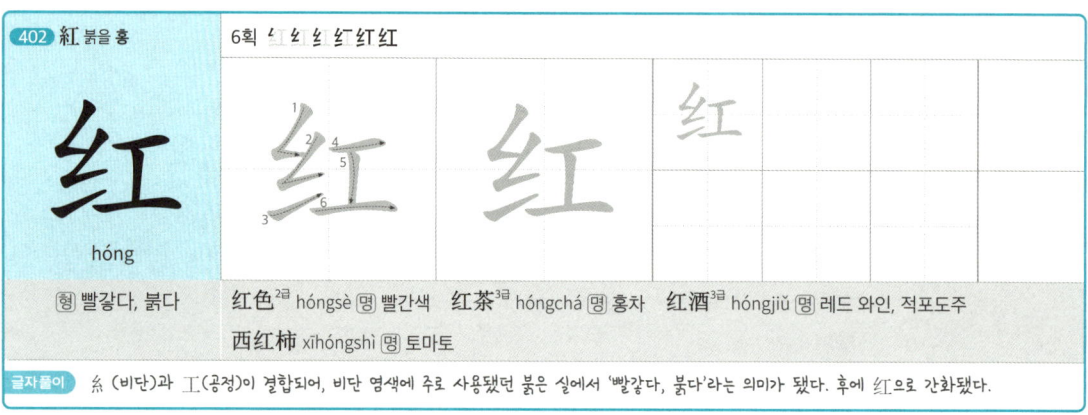

hóng

[형] 빨갛다, 붉다

红色 ²급 hóngsè [명] 빨간색　红茶 ³급 hóngchá [명] 홍차　红酒 ³급 hóngjiǔ [명] 레드 와인, 적포도주
西红柿 xīhóngshì [명] 토마토

[글자풀이] 糸(비단)과 工(공정)이 결합되어, 비단 염색에 주로 사용됐던 붉은 실에서 '빨갛다, 붉다'라는 의미가 됐다. 후에 红으로 간화됐다.

403 黑 검을 흑

12획 黑黑黑黑黑黑黑黑黑黑黑黑

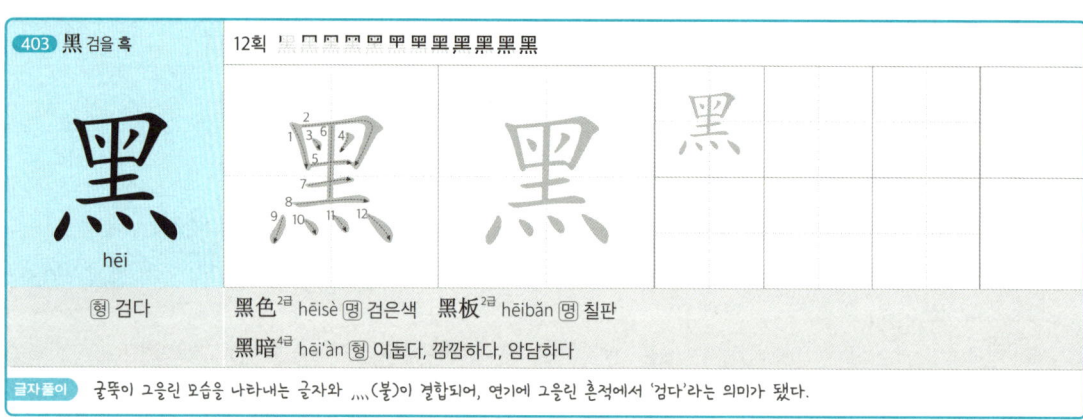

hēi

[형] 검다

黑色 ²급 hēisè [명] 검은색　黑板 ²급 hēibǎn [명] 칠판
黑暗 ⁴급 hēi'àn [형] 어둡다, 깜깜하다, 암담하다

[글자풀이] 굴뚝이 그을린 모습을 나타내는 글자와 灬(불)이 결합되어, 연기에 그을린 흔적에서 '검다'라는 의미가 됐다.

404 綠 푸를 록

11획 绿绿绿绿绿绿绿绿绿绿绿

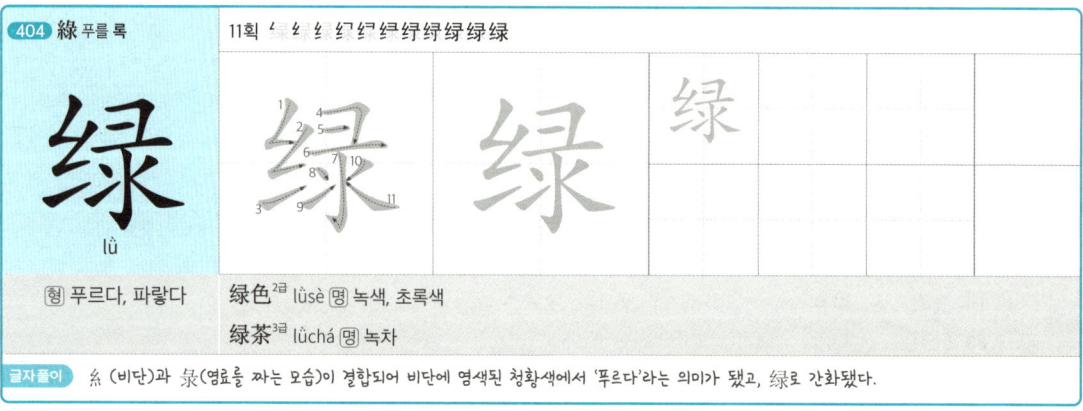

lǜ

[형] 푸르다, 파랗다

绿色 ²급 lǜsè [명] 녹색, 초록색
绿茶 ³급 lǜchá [명] 녹차

[글자풀이] 糸(비단)과 彔(염료를 짜는 모습)이 결합되어 비단에 염색된 청황색에서 '푸르다'라는 의미가 됐고, 绿로 간화됐다.

405 藍 쪽 람

13획 蓝蓝蓝蓝蓝蓝蓝蓝蓝蓝蓝蓝蓝

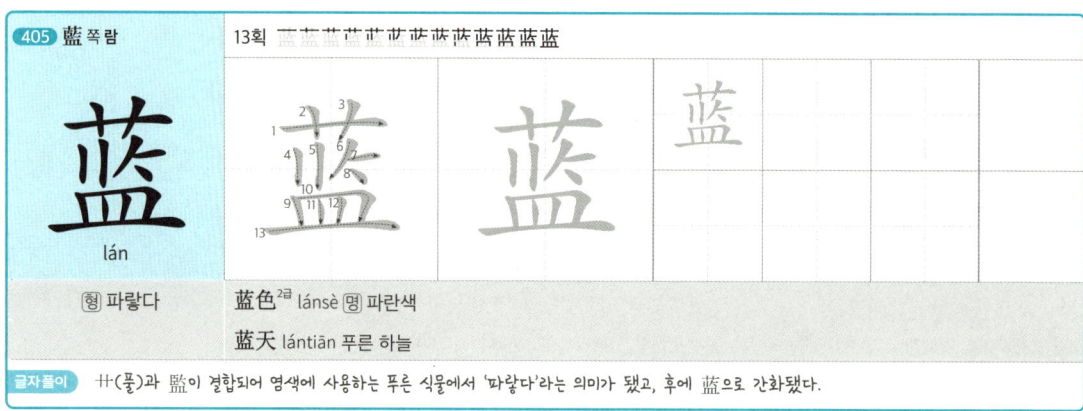

lán

[형] 파랗다

蓝色 ²급 lánsè [명] 파란색
蓝天 lántiān 푸른 하늘

[글자풀이] 艹(풀)과 監이 결합되어 염색에 사용하는 푸른 식물에서 '파랗다'라는 의미가 됐고, 후에 蓝으로 간화됐다.

단어로 써 보기

오늘 써 본 한자들로 조합된 HSK 빈출 단어들이에요. 칸에 맞춰 정확히 써 보세요.

3급 价格 jiàgé
명 가격, 값

4급 打折 dǎzhé
동 할인하다, 가격을 깎다

1급 衣服 yīfu
명 옷, 의복

3급 适合 shìhé
동 적합하다, 알맞다

2급 颜色 yánsè
명 색깔, 색

18일차 교통·여행

 车(차), 旅(여행하다)처럼 교통·여행과 관련된 간체자를 써 볼 거예요. 음성을 들으며 한자와 단어의 발음도 함께 익혀 보세요.

406 **交** jiāo
- 부 서로, 상호
- 동 사귀다

407 **通** tōng
- 동 통하다
- 형 보통이다

408 **汽** qì
- 명 증기, 수증기

409 **车** chē
- 명 차, 차량

410 **地** dì
- 명 땅, 장소

411 **铁** tiě
- 명 철, 쇠

412 **起** qǐ
- 동 일어나다, 시작하다

413 **飞** fēi
- 동 날다, 비행하다

414 **船** chuán
- 명 배, 선박

415 **堵** dǔ
- 동 막다, 막히다

416 **旅** lǚ
- 동 여행하다

417 **行** xíng, háng
- 동 여행하다, 행하다
- 명 기관, 업계

418 **计** jì
- 동 계산하다, 계획하다

419 **划** huà, huá
- 동 계획하다, 나누다
- 동 (배를) 젓다

420 **准** zhǔn
- 형 정확하다
- 명 표준, 기준

421 **备** bèi
- 동 준비하다, 갖추다
- 명 설비

422 **排** pái
- 동 순서대로 배열하다

423 **队** duì
- 명 줄, 대열
- 명 팀

424 **座** zuò
- 명 자리, 좌석

425 **位** wèi
- 명 위치, 직위
- 양 분, 명

426 **票** piào
- 명 표, 티켓

427 **景** jǐng
- 명 경치, 풍경

428 **照** zhào
- 동 찍다, 촬영하다
- 개 ~에 따라

429 **片** piàn
- 명 얇은 조각, 영화

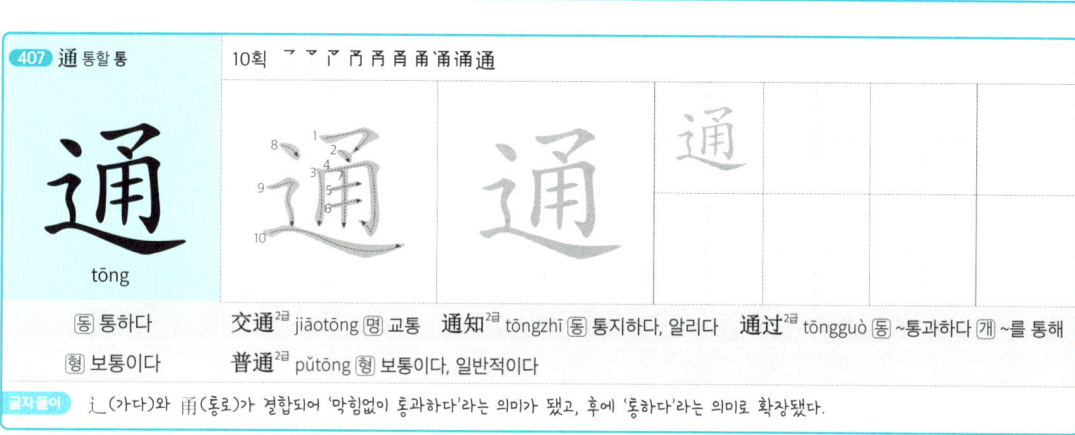
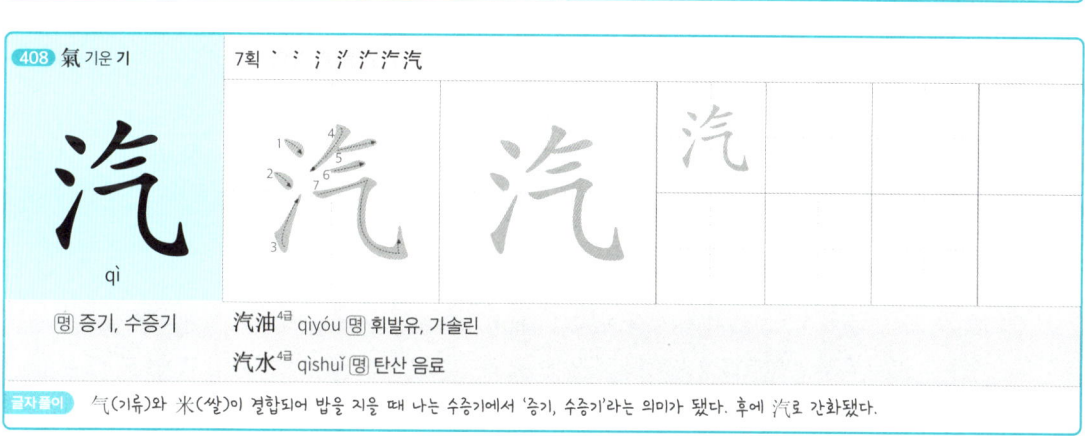
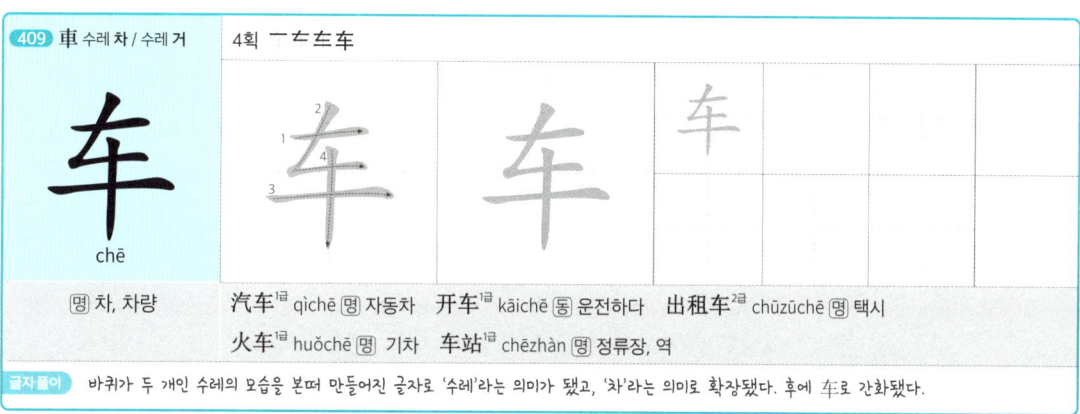

410 地 땅 지

6획 地 地 地 地 地 地

dì

명 땅, 장소

地方 dìfang 명 곳, 장소 地图 dìtú 명 지도 地点 dìdiǎn 명 장소, 지점
草地 cǎodì 명 초원, 잔디밭

글자풀이: 土(흙)과 也를 결합하여 땅을 나타내는 새로운 글자를 만들었다. 也는 특별한 뜻 없이 소리만 빌려 온 글자이다.

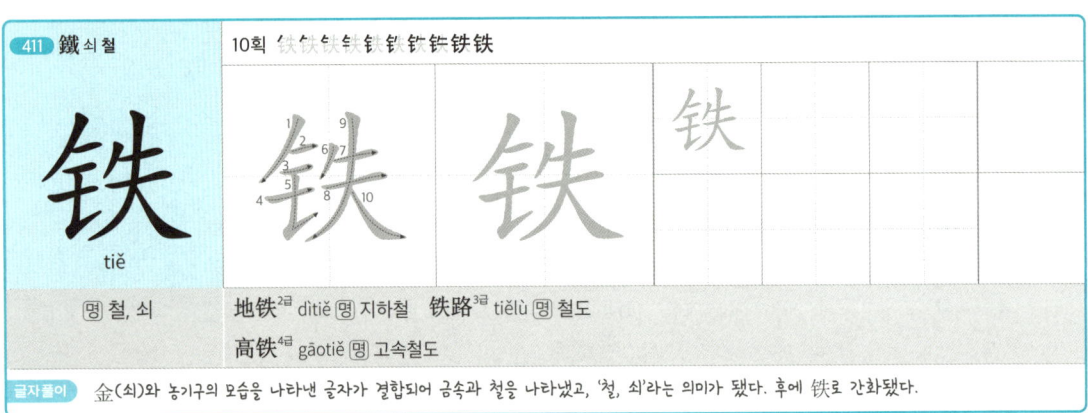

411 鐵 쇠 철

10획 铁 铁 铁 铁 铁 铁 铁 铁 铁 铁

tiě

명 철, 쇠

地铁 dìtiě 명 지하철 铁路 tiělù 명 철도
高铁 gāotiě 명 고속철도

글자풀이: 金(쇠)와 농기구의 모습을 나타낸 글자가 결합되어 금속과 철을 나타냈고, '철, 쇠'라는 의미가 됐다. 후에 铁로 간화됐다.

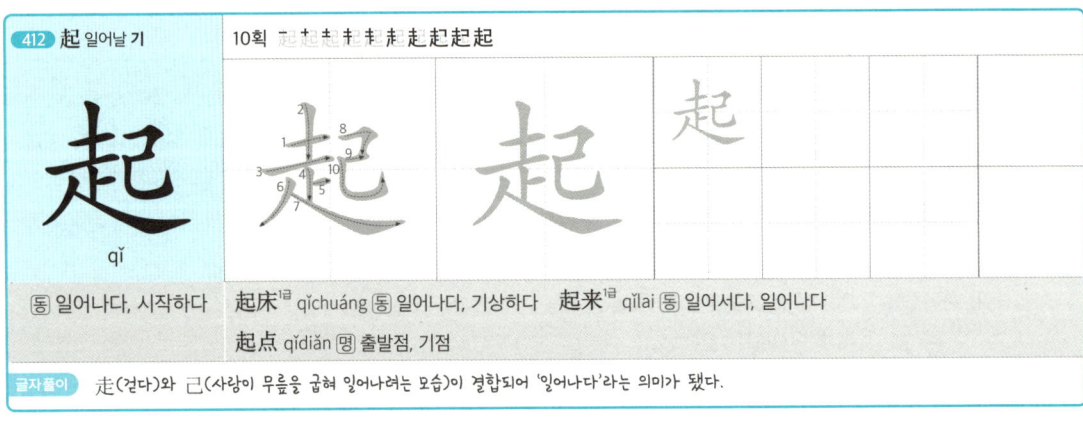

412 起 일어날 기

10획 起 起 起 起 起 起 起 起 起 起

qǐ

동 일어나다, 시작하다

起床 qǐchuáng 동 일어나다, 기상하다 起来 qǐlai 동 일어서다, 일어나다
起点 qǐdiǎn 명 출발점, 기점

글자풀이: 走(걷다)와 己(사람이 무릎을 굽혀 일어나려는 모습)이 결합되어 '일어나다'라는 의미가 됐다.

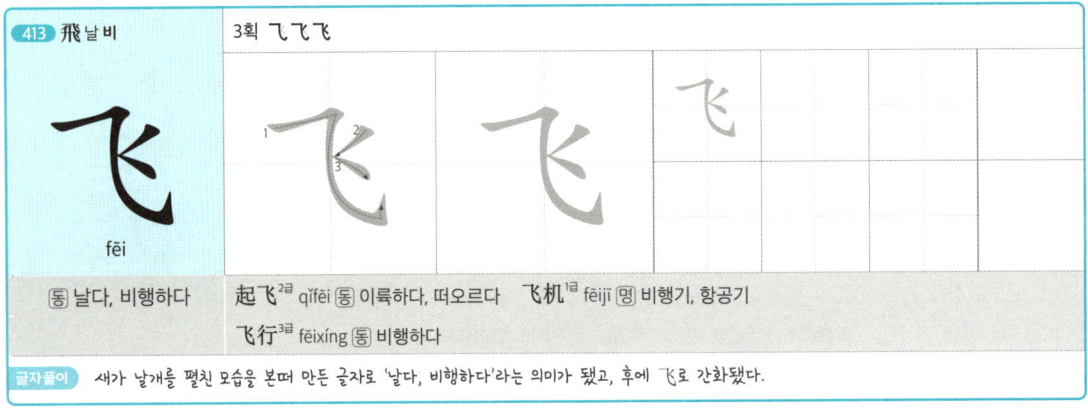

413 飛 날 비

3획 飞 飞 飞

fēi

동 날다, 비행하다

起飞 qǐfēi 동 이륙하다, 떠오르다 飞机 fēijī 명 비행기, 항공기
飞行 fēixíng 동 비행하다

글자풀이: 새가 날개를 펼친 모습을 본떠 만든 글자로 '날다, 비행하다'라는 의미가 됐고, 후에 飞로 간화됐다.

414 船 배 선

11획 ′ ╯ 亻 亣 亣 舟 舟 舢 舮 船 船

船 chuán

몡 배, 선박

划船³급 huáchuán 동 배를 젓다, 노를 젓다　轮船⁴급 lúnchuán 몡 증기선
船长 chuánzhǎng 몡 선장

글자풀이 舟(배)와 㕣을 결합하여 나무로 만든 배를 나타내는 글자를 만들었다. 㕣은 특별한 뜻 없이 소리만 빌려 온 글자이다.

415 堵 담 도

11획 ‐ ╁ 土 圤 圤 圤 圤 堵 堵 堵 堵

堵 dǔ

동 막다, 막히다

堵车⁴급 dǔchē 동 차가 막히다, 교통이 체증되다
堵塞 dǔsè 동 막히다, 가로막다

글자풀이 土(흙)과 者를 결합하여 '둘러막은 벽'이라는 의미가 됐고, 후에 '막다'라는 의미로 확장됐다. 者는 특별한 뜻 없이 소리만 빌려 온 글자이다.

416 旅 나그네 려

10획 ′ ╵ 宀 方 方 圹 圹 旅 旅 旅

旅 lǚ

동 여행하다

旅客²급 lǚkè 몡 여행객　旅馆³급 lǚguǎn 몡 여관
旅行社³급 lǚxíngshè 몡 여행사

글자풀이 여러 사람이 깃발을 따라 이동하는 모습을 본떠 만들어진 글자로 '먼 길을 가다'라는 뜻에서 '여행하다'라는 뜻이 됐다.

417 行 다닐 행 / 항렬 항

6획 ′ ╱ 彳 彳 行 行

行 xíng, háng

xíng 동 여행하다, 행하다
háng 몡 기관, 업종

旅行²급 lǚxíng 동 여행하다　进行²급 jìnxíng 동 진행하다　举行²급 jǔxíng 동 개최하다
银行²급 yínháng 몡 은행　行业⁴급 hángyè 몡 업계

글자풀이 십자(十) 모양의 사거리를 본떠 만들어진 글자로 '길'이라는 의미가 됐고, 후에 '가다, 여행하다'라는 의미가 됐다.

418 計 셀 계

4획 计 计 计 计

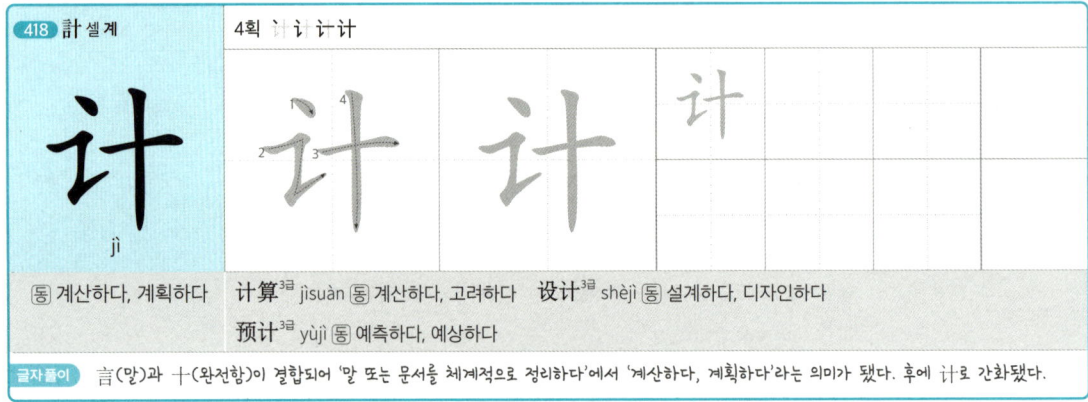

- 동 계산하다, 계획하다

计算³급 jìsuàn 동 계산하다, 고려하다   设计³급 shèjì 설계하다, 디자인하다
预计³급 yùjì 예측하다, 예상하다

글자풀이 言(말)과 十(완전함)이 결합되어 '말 또는 문서를 체계적으로 정리하다'에서 '계산하다, 계획하다'라는 의미가 됐다. 후에 计로 간화됐다.

419 劃 그을 획

6획 一 ㄱ 戈 戈 划 划

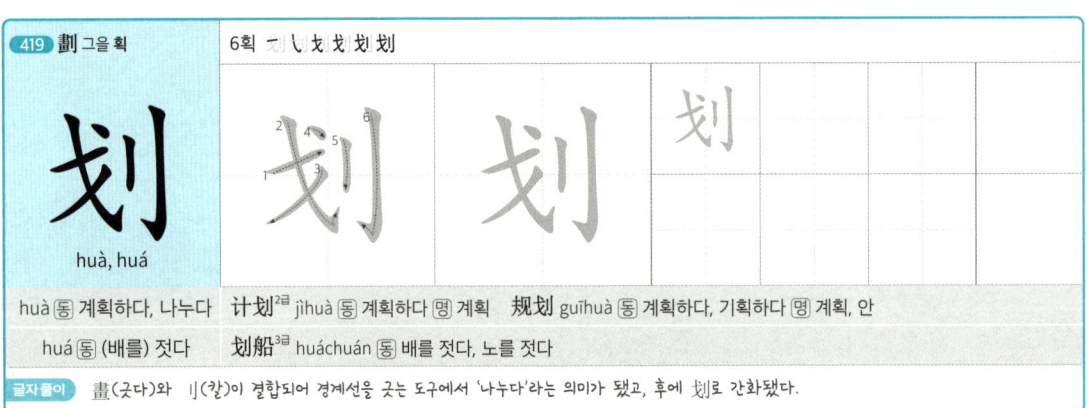

- huà 동 계획하다, 나누다
- huá 동 (배를) 젓다

计划²급 jìhuà 동 계획하다 명 계획   规划 guīhuà 동 계획하다, 기획하다 명 계획, 안
划船³급 huáchuán 동 배를 젓다, 노를 젓다

글자풀이 畫(긋다)와 刂(칼)이 결합되어 경계선을 긋는 도구에서 '나누다'라는 의미가 됐고, 후에 划로 간화됐다.

420 準 준할 준

10획 冫 冫 冫 冫 冫 冫 准 准 准 准

- 형 정확하다
- 명 표준, 기준

准确²급 zhǔnquè 형 정확하다, 틀림없다   准时⁴급 zhǔnshí 형 제때에, 시간에 맞다
标准³급 biāozhǔn 명 표준, 기준

글자풀이 氵(물)과 隼(눈이 좋은 매)가 결합되어 '정확하다'라는 의미가 됐고, 이후 '표준'이라는 의미로 확장됐다. 후에 准으로 간화됐다.

421 備 갖출 비

8획 备 备 备 备 备 备 备 备

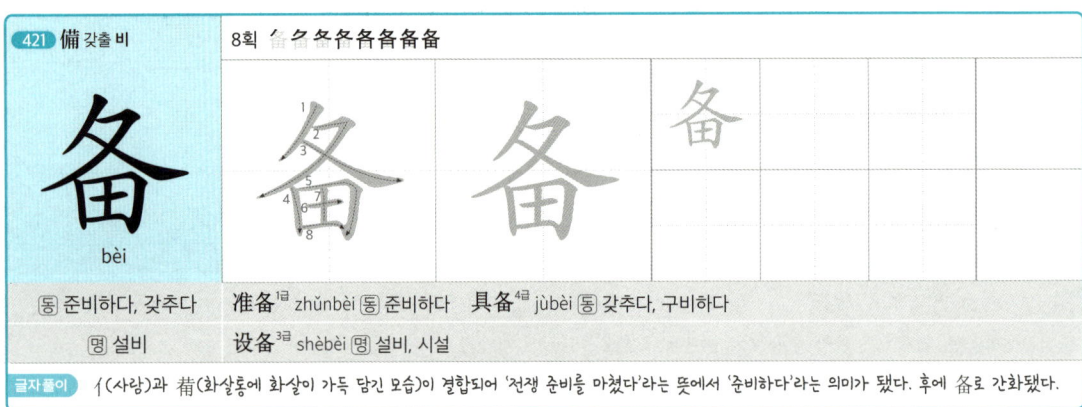

- 동 준비하다, 갖추다
- 명 설비

准备¹급 zhǔnbèi 동 준비하다   具备⁴급 jùbèi 동 갖추다, 구비하다
设备³급 shèbèi 명 설비, 시설

글자풀이 亻(사람)과 葡(화살통에 화살이 가득 담긴 모습)이 결합되어 '전쟁 준비를 마쳤다'라는 뜻에서 '준비하다'라는 의미가 됐다. 후에 备로 간화됐다.

422 排 밀칠 배

11획 ー 十 扌 扌 扌 扌 扌 捐 捐 排 排 排

排
pái

동 순서대로 배열하다   排名³급 páimíng 동 순위를 매기다, 서열을 매기다   安排³급 ānpái 동 (인원, 시간 등을) 배정하다, 안배하다
排列⁴급 páiliè 동 배열하다, 정렬하다

글자풀이   扌(손)과 非(두 손으로 밀어내는 모습)이 결합되어 '밀어 배열하다'라는 뜻에서 '순서대로 배열하다'라는 의미가 됐다.

423 队 무리 대

4획 ㇇ 阝 阝 队

队
duì

명 줄, 대열   排队²급 páiduì 동 줄을 서다
명 팀   队长²급 duìzhǎng 팀장, 주장   球队²급 qiúduì 구기팀, 구단   队员³급 duìyuán 명 팀원, 대원

글자풀이   阝(언덕)과 㒸(떨어지는 모습)이 결합되어 '떨어지다'라는 의미가 됐고, 차례차례 떨어지는 모습에서 '줄'이란 의미로 확장됐다. 후에 队로 간화됐다.

424 座 자리 좌

10획 丶 亠 广 广 广 庐 庐 座 座 座

座
zuò

명 자리, 좌석   座位²급 zuòwèi 명 자리, 좌석   星座 xīngzuò 명 별자리
讲座⁴급 jiǎngzuò 명 강좌

글자풀이   广(집)과 坐(앉다)가 결합되어 '집 안에 앉는 자리'라는 뜻에서 '자리, 좌석'이라는 의미가 됐다.

425 位 자리 위

7획 ノ 亻 亻 亻 亻 位 位

位
wèi

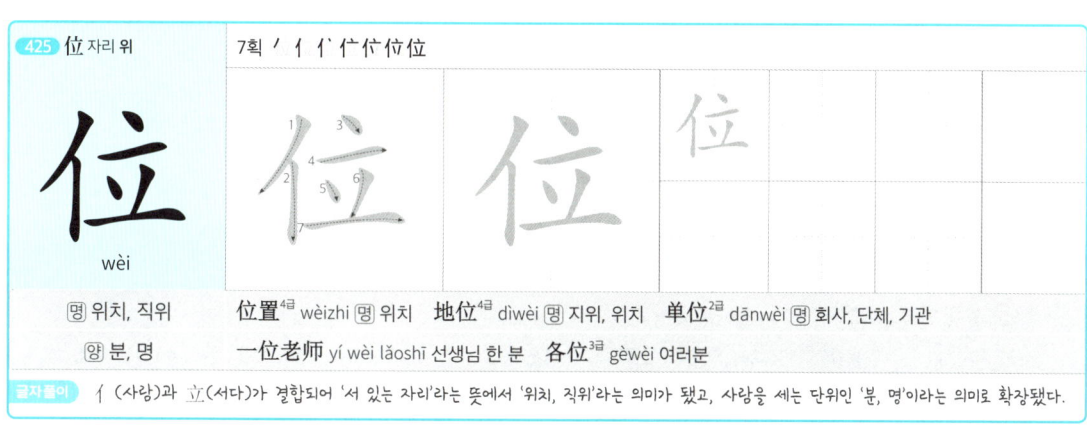

명 위치, 직위   位置⁴급 wèizhi 명 위치   地位⁴급 dìwèi 명 지위, 위치   单位²급 dānwèi 명 회사, 단체, 기관
양 분, 명   一位老师 yí wèi lǎoshī 선생님 한 분   各位³급 gèwèi 여러분

글자풀이   亻(사람)과 立(서다)가 결합되어 '서 있는 자리'라는 뜻에서 '위치, 직위'라는 의미가 됐고, 사람을 세는 단위인 '분, 명'이라는 의미로 확장됐다.

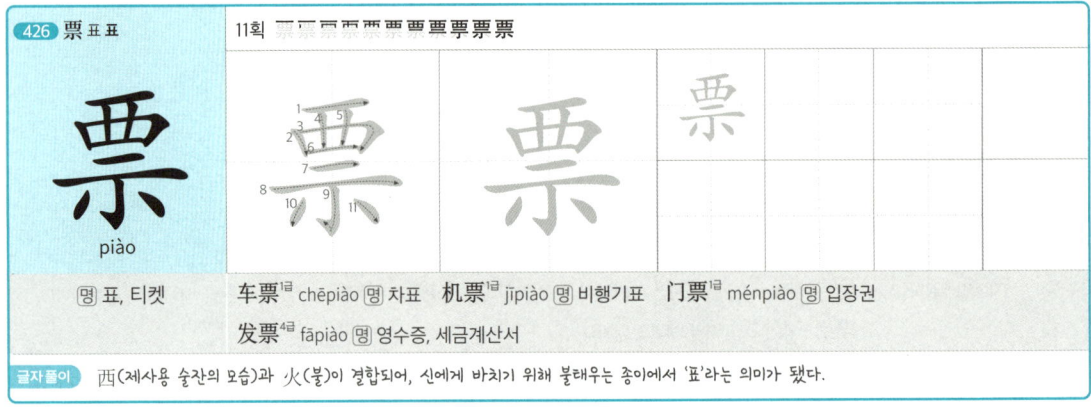

426 票 표 표 — 11획

piào

명 표, 티켓

车票¹급 chēpiào 명 차표   机票¹급 jīpiào 명 비행기표   门票¹급 ménpiào 명 입장권
发票⁴급 fāpiào 명 영수증, 세금계산서

글자풀이: 西(제사용 술잔의 모습)과 火(불)이 결합되어, 신에게 바치기 위해 불태우는 종이에서 '표'라는 의미가 됐다.

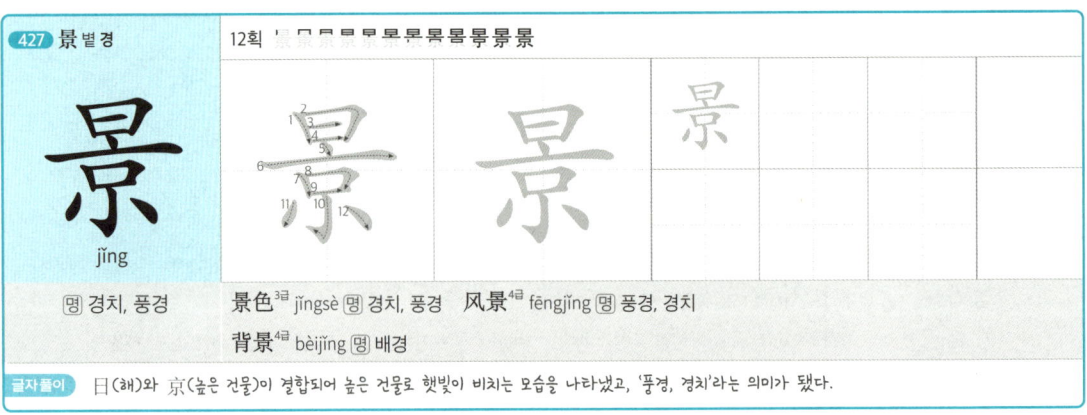

427 景 볕 경 — 12획

jǐng

명 경치, 풍경

景色³급 jǐngsè 명 경치, 풍경   风景⁴급 fēngjǐng 명 풍경, 경치
背景⁴급 bèijǐng 명 배경

글자풀이: 日(해)와 京(높은 건물)이 결합되어 높은 건물로 햇빛이 비치는 모습을 나타냈고, '풍경, 경치'라는 의미가 됐다.

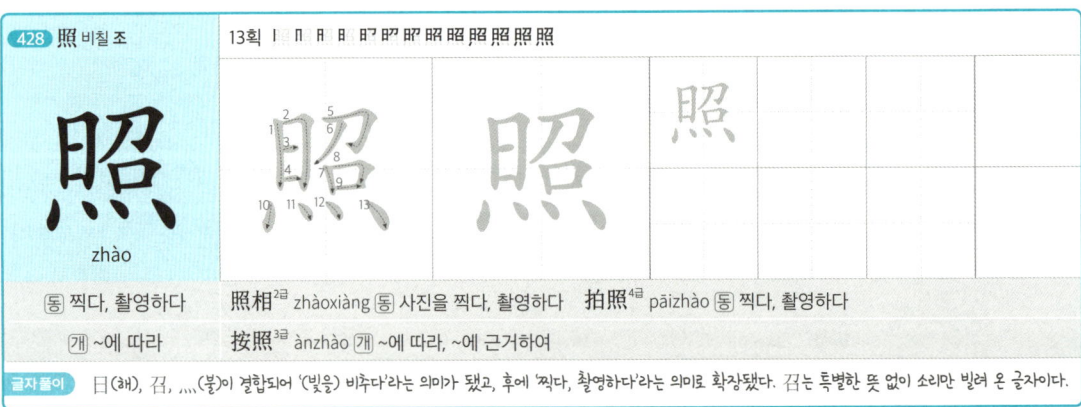

428 照 비칠 조 — 13획

zhào

동 찍다, 촬영하다

照相²급 zhàoxiàng 동 사진을 찍다, 촬영하다   拍照⁴급 pāizhào 동 찍다, 촬영하다

개 ~에 따라

按照³급 ànzhào 개 ~에 따라, ~에 근거하여

글자풀이: 日(해), 召, 灬(불)이 결합되어 '(빛을) 비추다'라는 의미가 됐고, 후에 '찍다, 촬영하다'라는 의미로 확장됐다. 召는 특별한 뜻 없이 소리만 빌려 온 글자이다.

429 片 조각 편 — 4획

piàn

명 얇은 조각, 영화

照片²급 zhàopiàn 명 사진   图片²급 túpiàn 명 사진, 그림   名片⁴급 míngpiàn 명 명함
影片²급 yǐngpiàn 명 영화, 필름

글자풀이: 나무를 조각으로 쪼갠 모습을 본떠 만들어진 글자로, '얇은 조각'이란 의미가 됐다.

단어로 써 보기

오늘 써 본 한자들로 조합된 HSK 빈출 단어들이에요. 칸에 맞춰 정확히 써 보세요.

交通
jiāotōng
명 교통

地铁
dìtiě
명 지하철

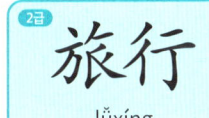
旅行
lǚxíng
동 여행하다

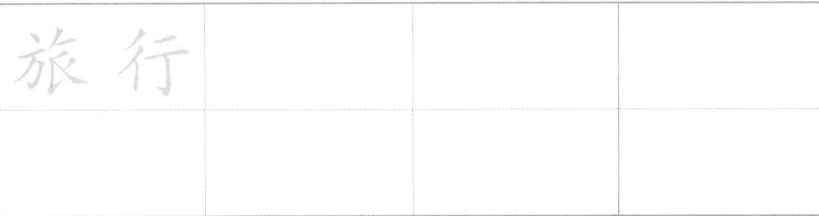

计划
jìhuà
동 계획하다 명 계획

照片
zhàopiàn
명 사진

19일차 문화·예술·언어

文(글), 艺(예술), 言(말)처럼 문화·예술·언어와 관련된 간체자를 써 볼 거예요. 음성을 들으며 한자와 단어의 발음도 함께 익혀 보세요.

 MP3 바로 듣기

430 文 wén
명 글, 문자

431 化 huà
동 변화하다

432 艺 yì
명 예술, 기예

433 术 shù
명 기술, 기예

434 语 yǔ
명 말, 언어

435 言 yán
명 말, 언어

436 句 jù
명 문장, 구
양 마디, 구절

437 话 huà
명 말, 이야기

438 汉 hàn
명 한족, 중국인

439 字 zì
명 글자, 문자

440 京 jīng
명 수도

441 剧 jù
명 극, 연극

442 声 shēng
명 소리, 음성

443 戏 xì
명 연극, 놀이

444 故 gù
형 예전의
명 원인

445 事 shì
명 일, 사건
명 직업
동 종사하다

446 报 bào
동 알리다

447 纸 zhǐ
명 종이

448 杂 zá
형 잡다한, 섞인

449 志 zhì
명 문자의 기록
명 뜻, 지향

450 影 yǐng
명 영상, 그림자

451 视 shì
동 보다, 대하다

452 广 guǎng
형 넓다, 크다

453 播 bō
동 퍼뜨리다, 전파하다

430 文 글월 문

4획 丶 亠 亣 文

wén

명 글, 문자

中文¹⁺ Zhōngwén 고유 중국어, 중문　英文²⁺ Yīngwén 고유 영문, 영어　作文²⁺ zuòwén 명 작문
文章³⁺ wénzhāng 명 글, 문장　文学³⁺ wénxué 명 문학

글자풀이 가슴에 문신을 한 사람의 모습을 본떠 만들어진 글자로, '무늬'라는 뜻에서 '글, 문자'라는 의미가 됐다.

431 化 될 화

4획 丿 亻 仏 化

huà

동 변화하다

文化³⁺ wénhuà 명 문화　变化³⁺ biànhuà 동 변화하다, 달라지다
现代化 xiàndàihuà 동 현대화하다　自动化 zìdònghuà 동 자동화하다

글자풀이 亻(똑바로 서있는 사람의 모습)과 匕(거꾸로 서있는 사람의 모습)이 결합되어, 생과 사를 나타냈고 이런 상태의 변화에서 '변화하다'라는 의미가 됐다.

432 藝 재주 예

4획 一 艹 艺 艺

yì

명 예술, 기예

文艺 wényì 명 문예, 문학과 예술　工艺³⁺ gōngyì 명 수공예
艺人 yìrén 명 예인, 연예인, 공예가

글자풀이 艹(풀)과 埶(심는 모습)이 결합되어 나무를 심는 행위에서 "예술"이라는 의미가 됐고, 후에 艺로 간화됐다.

433 術 재주 술

5획 一 十 才 木 术

shù

명 기술, 기예

艺术³⁺ yìshù 명 예술　技术³⁺ jìshù 명 기술　美术³⁺ měishù 명 미술
武术³⁺ wǔshù 명 무술

글자풀이 行(길)과 朮(손기술)이 결합되어 '기술'이라는 의미가 됐고, 후에 기술이 발전하는 방식에서 '방법'이란 의미로 확장됐다. 후에 术로 간화됐다.

1급 = HSK 1급　2급 = HSK 2급　3급 = HSK 3급　4급 = HSK 4급

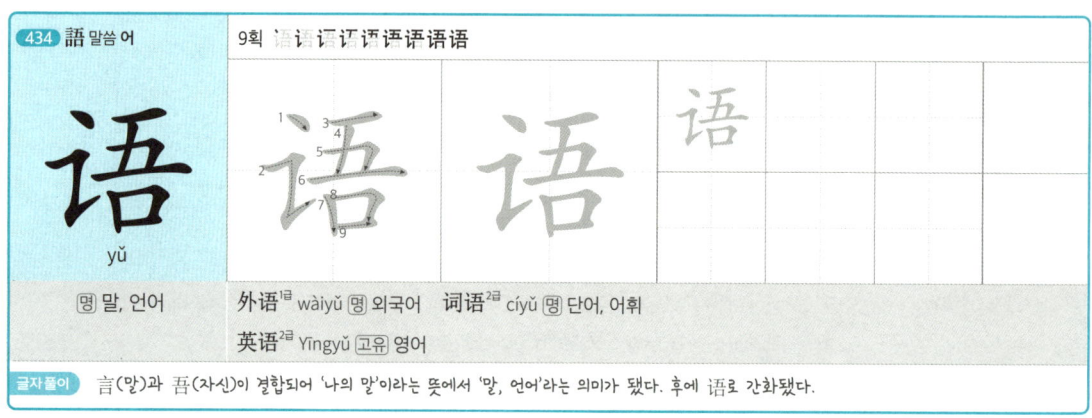

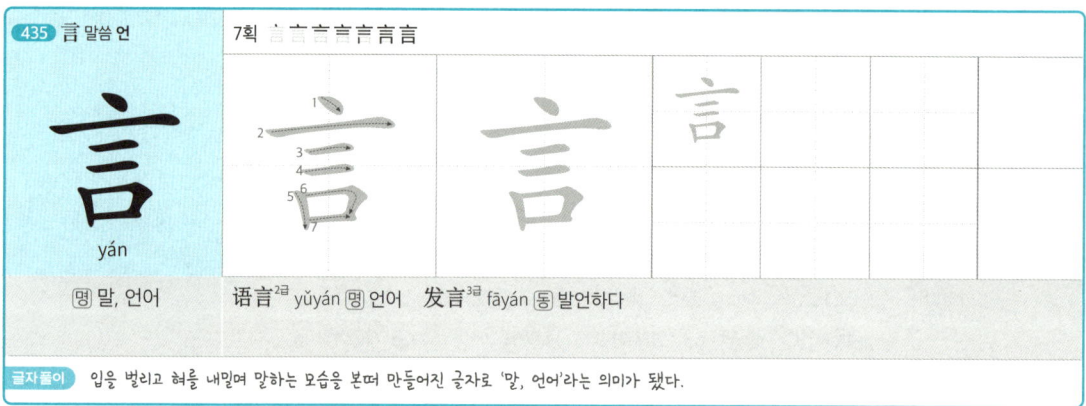

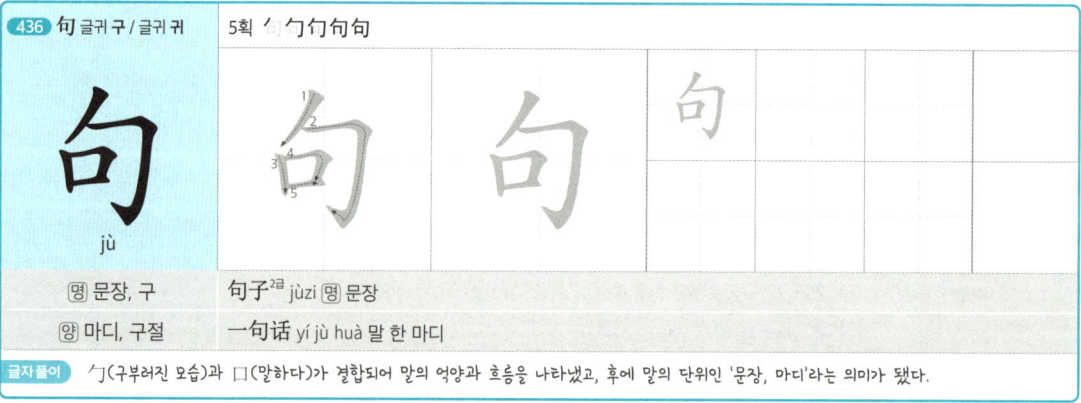

438 漢 한나라 한 — 5획

hàn

명 한족, 중국인

汉族 Hànzú 고유 한족[중국에서 인구가 가장 많은 민족]
汉语¹급 Hànyǔ 고유 중국어, 한어

글자풀이: 氵(물)과 難의 일부인 堇을 결합하여 큰 강의 이름으로 지었고, 한나라의 국호가 되면서 '한족, 중국인'이라는 의미로 확장됐다. 후에 汉으로 간화됐다.

439 字 글자 자 — 6획

zì

명 글자, 문자

汉字¹급 Hànzì 고유 한자   名字¹급 míngzi 명 이름   数字²급 shùzì 명 숫자, 수
文字³급 wénzì 명 문자, 글자

글자풀이: 宀(지붕)과 子(아이)가 결합되어 집 안에서 아이를 가르치는 것을 나타냈고, 후에 '글자, 문자'라는 의미가 됐다.

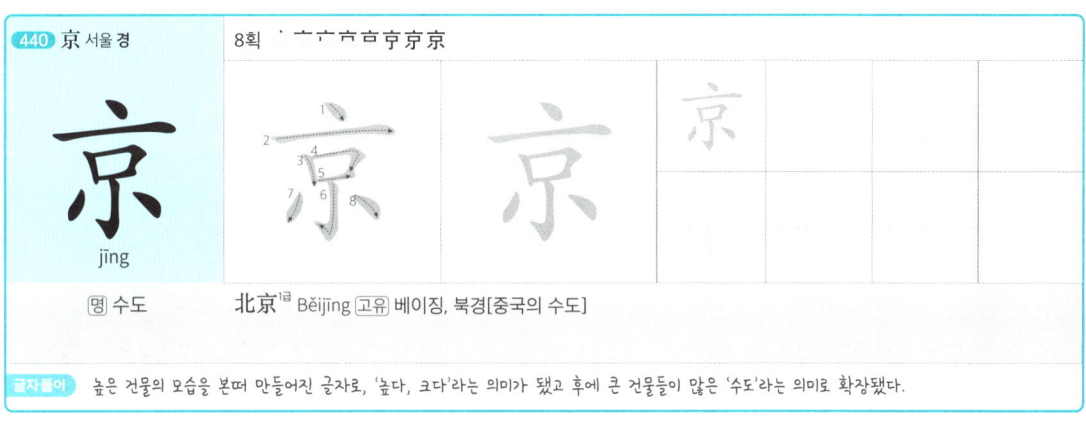

440 京 서울 경 — 8획

jīng

명 수도

北京¹급 Běijīng 고유 베이징, 북경[중국의 수도]

글자풀이: 높은 건물의 모습을 본떠 만들어진 글자로, '높다, 크다'라는 의미가 됐고 후에 큰 건물들이 많은 '수도'라는 의미로 확장됐다.

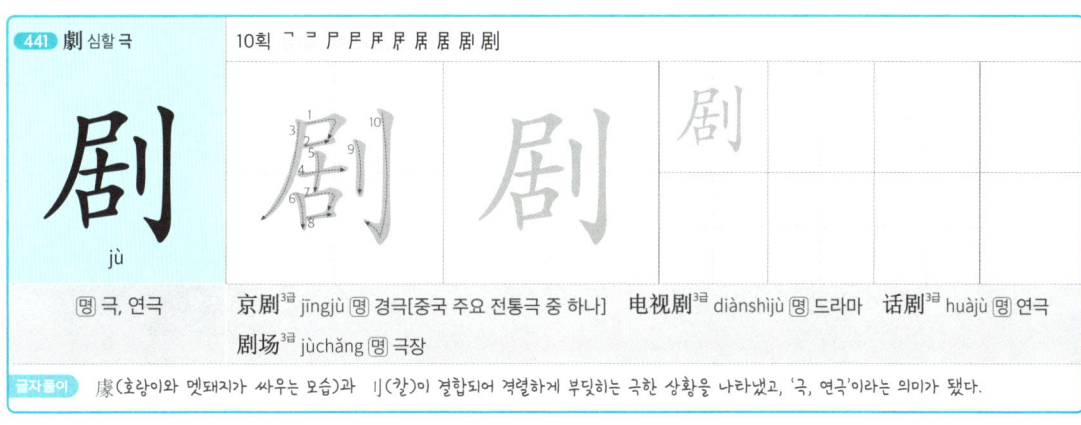

441 劇 심할 극 — 10획

jù

명 극, 연극

京剧³급 jīngjù 명 경극[중국 주요 전통극 중 하나]   电视剧³급 diànshìjù 명 드라마   话剧³급 huàjù 명 연극
剧场³급 jùchǎng 명 극장

글자풀이: 豦(호랑이와 멧돼지가 싸우는 모습)과 刂(칼)이 결합되어 격렬하게 부딪히는 극한 상황을 나타냈고, '극, 연극'이라는 의미가 됐다.

19일차 문화·예술·언어 157

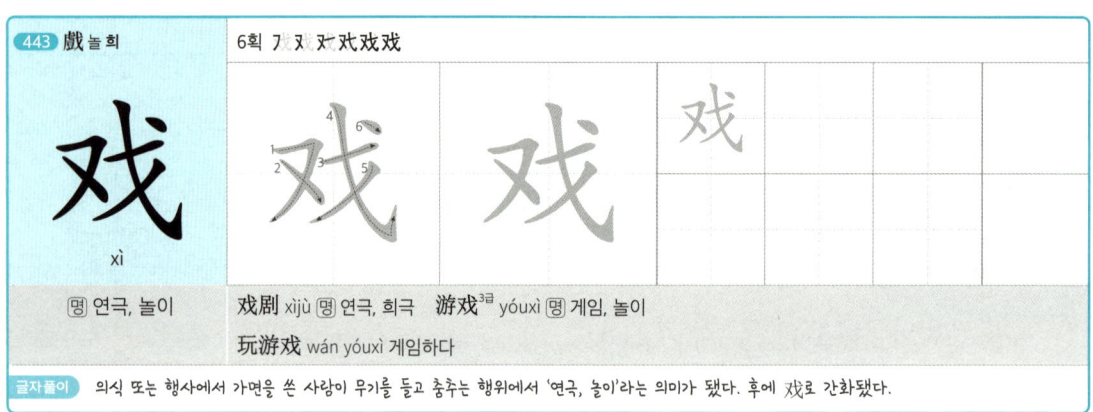
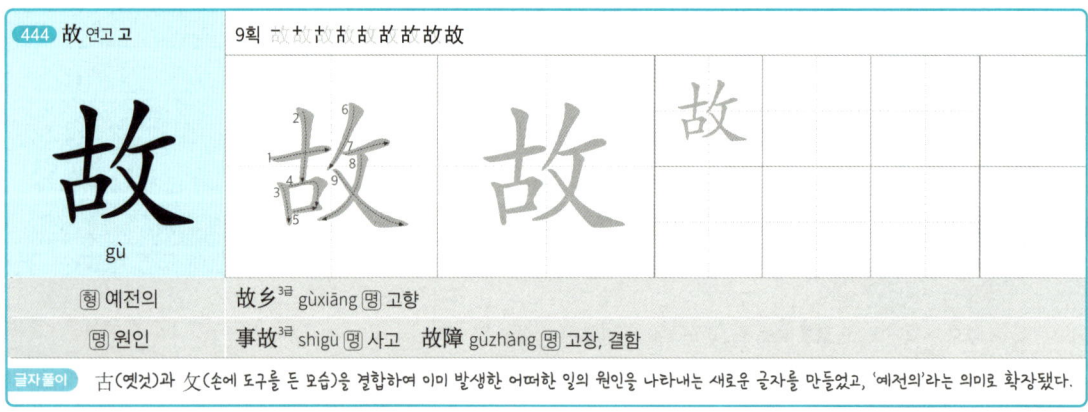
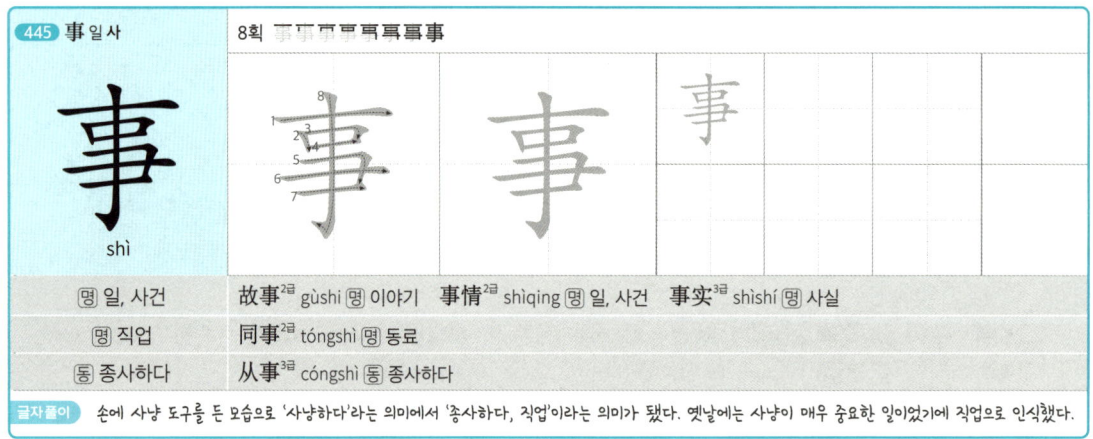

446 報 갚을 보   7획

동 알리다

报道³급 bàodào 동 보도하다   报告³급 bàogào 동 보고하다
报名²급 bàomíng 동 신청하다, 등록하다

글자풀이 형틀에 묶인 죄인의 모습을 본떠 만들어진 글자로 '형벌, 판결'이라는 의미가 됐고, '(결과를) 알리다'라는 의미로 확장됐다. 후에 报로 간화됐다.

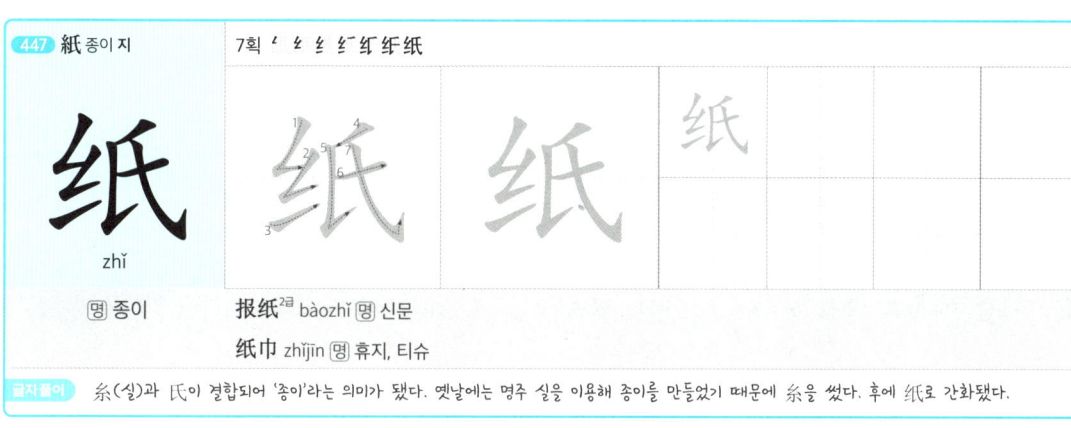

447 紙 종이 지   7획

명 종이

报纸²급 bàozhǐ 명 신문
纸巾 zhǐjīn 명 휴지, 티슈

글자풀이 糸(실)과 氏이 결합되어 '종이'라는 의미가 됐다. 옛날에는 명주 실을 이용해 종이를 만들었기 때문에 糸을 썼다. 후에 纸로 간화됐다.

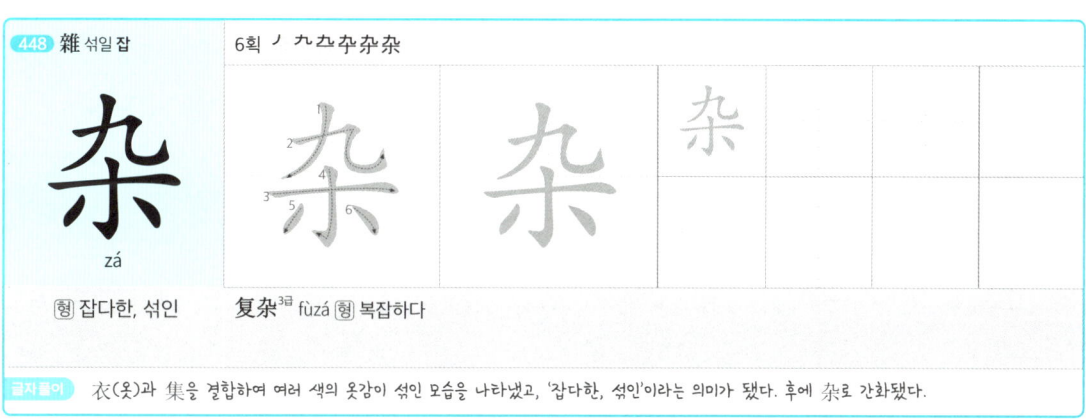

448 雜 섞일 잡   6획

형 잡다한, 섞인

复杂³급 fùzá 형 복잡하다

글자풀이 衣(옷)과 集을 결합하여 여러 색의 옷감이 섞인 모습을 나타냈고, '잡다한, 섞인'이라는 의미가 됐다. 후에 杂로 간화됐다.

449 志 뜻 지   7획

명 문자의 기록
명 뜻, 지향

杂志³급 zázhì 명 잡지   三国志 sānguózhì 명 삼국지
志愿者³급 zhìyuànzhě 명 자원봉사자, 지원자   标志⁴급 biāozhì 동 상징하다, 명시하다

글자풀이 之(나아가다)와 心(마음)이 결합되어 '마음이 향하다'라는 뜻에서 '뜻, 의지'라는 의미가 됐다. 후에 의지를 문서화하면서 '기록'이란 의미로 확장됐다.

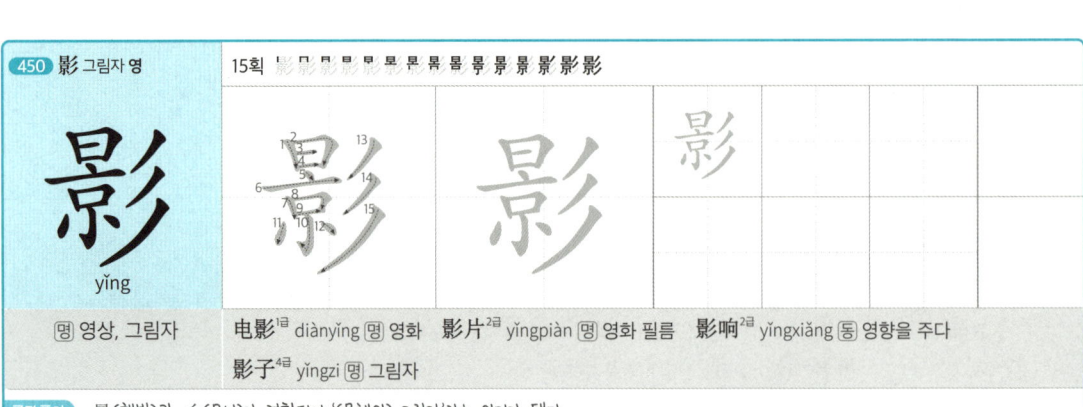

450 影 그림자 영 — yǐng
15획 影影影影影影影景景景影影

- 명 영상, 그림자
- 电影[1급] diànyǐng 명 영화
- 影片[2급] yǐngpiàn 명 영화 필름
- 影响[2급] yǐngxiǎng 동 영향을 주다
- 影子[4급] yǐngzi 명 그림자

글자풀이: 景(햇빛)과 彡(무늬)가 결합되어 '(물체의) 그림자'라는 의미가 됐다.

451 視 볼 시 — shì
8획 视视视视视视视视

- 동 보다, 대하다
- 重视[2급] zhòngshì 동 중시하다
- 影视[2급] yǐngshì 명 영화와 텔레비전[电影和电视]
- 视频[2급] shìpín 명 동영상, 비디오

글자풀이: 示(보이다)와 見(보다)가 결합되어 '보다'라는 의미가 됐다. 후에 视로 간화됐다.

452 廣 넓을 광 — guǎng
3획 广广广

- 형 넓다, 크다
- 广告[2급] guǎnggào 명 광고
- 推广[3급] tuīguǎng 동 홍보하다, 널리 보급하다
- 广场[2급] guǎngchǎng 명 광장

글자풀이: 广(큰 집)과 黃을 결합하여 '(공간이) 넓다'라는 의미가 됐고, 후에 广으로 간화됐다.

453 播 뿌릴 파 — bō
15획 播播播播播播播播播播播播播播播

- 동 퍼뜨리다, 전파하다
- 广播[3급] guǎngbō 동 방송하다
- 播放[3급] bōfàng 동 방송하다, 방영하다
- 传播[3급] chuánbō 동 널리 퍼뜨리다, 전파하다
- 直播[3급] zhíbō 동 생중계하다

글자풀이: 扌(손)과 番(반복되는 발자국)이 결합되어 반복되는 손동작을 나타냈고, '씨를 뿌리다'라는 의미가 됐다. 후에 '퍼뜨리다'라는 의미로 확장됐다.

단어로 써 보기

오늘 써 본 한자들로 조합된 HSK 빈출 단어들이에요. 칸에 맞춰 정확히 써 보세요.

20일차 학업·비즈니스

 考(시험하다), 职(직무)처럼 학업·비즈니스와 관련된 간체자를 써 볼 거예요. 음성을 들으며 한자와 단어의 발음도 함께 익혀 보세요.

MP3 바로 듣기

454 考 kǎo
동 시험하다, 연구하다

455 试 shì
동 시험하다, 시도하다

456 成 chéng
동 이루다, 완성하다, 성숙해지다
동 ~이 되다

457 绩 jì
명 성적, 업적

458 问 wèn
동 묻다
동 안부를 묻다

459 题 tí
명 제목, 문제

460 答 dá, dā
동 대답하다
동 동의하다

461 课 kè
명 수업, 과목

462 班 bān
명 반, 그룹
명 근무 시간

463 专 zhuān
형 전념한, 특별한

464 门 mén
명 분류, 부문
명 문

465 预 yù
부 미리, 사전에

466 复 fù
동 중복하다

467 练 liàn
동 연습하다, 단련하다

468 习 xí
동 학습하다, 복습하다

469 取 qǔ
동 얻다, 취하다

470 职 zhí
명 직무, 직책

471 业 yè
명 직업, 업종

472 工 gōng
명 일, 노동

473 资 zī
명 금전, 자원

474 任 rèn
동 맡다, 믿다

475 务 wù
명 일, 업무, 사무

476 负 fù
동 부담하다

477 责 zé
동 책임지다

454 考 생각할 고

6획 一 十 土 耂 考 考

kǎo

- 동 시험하다, 연구하다
- 考生 ² kǎoshēng 명 수험생 考验 ³ kǎoyàn 동 시험하다, 검증하다 考虑 ⁴ kǎolǜ 동 고려하다, 생각하다
- 参考 ⁴ cānkǎo 동 참고하다 思考 ⁴ sīkǎo 동 사고하다, 깊이 생각하다

글자풀이 지팡이를 짚은 노인의 모습을 본떠 만들어진 글자로 '깊이 헤아리다'라는 의미가 됐고, 후에 '연구하다, 시험하다'라는 의미가 됐다.

455 試 시험할 시

8획 ` 讠 讠 讠 试 试 试 试

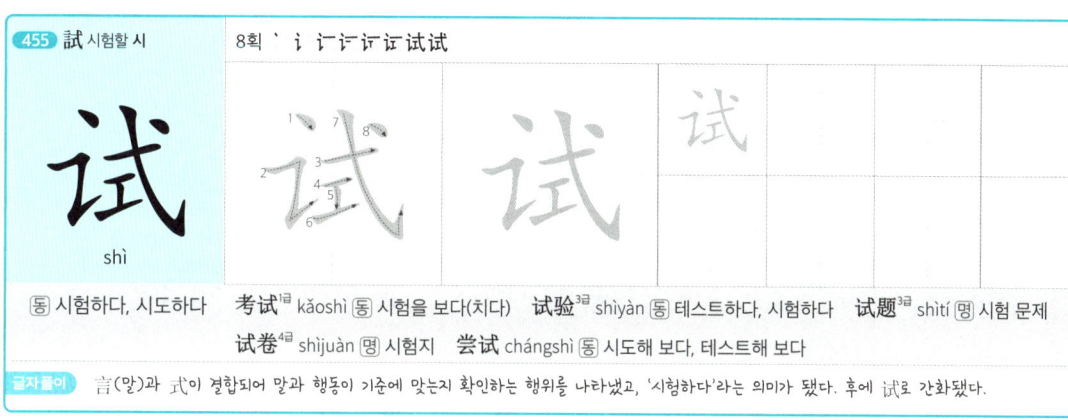

shì

- 동 시험하다, 시도하다
- 考试 ¹ kǎoshì 동 시험을 보다(치다) 试验 ³ shìyàn 동 테스트하다, 시험하다 试题 ³ shìtí 명 시험 문제
- 试卷 ⁴ shìjuàn 명 시험지 尝试 ⁴ chángshì 동 시도해 보다, 테스트해 보다

글자풀이 言(말)과 式이 결합되어 말과 행동이 기준에 맞는지 확인하는 행위를 나타냈고, '시험하다'라는 의미가 됐다. 후에 试로 간화됐다.

456 成 이룰 성

6획 一 厂 厅 成 成 成

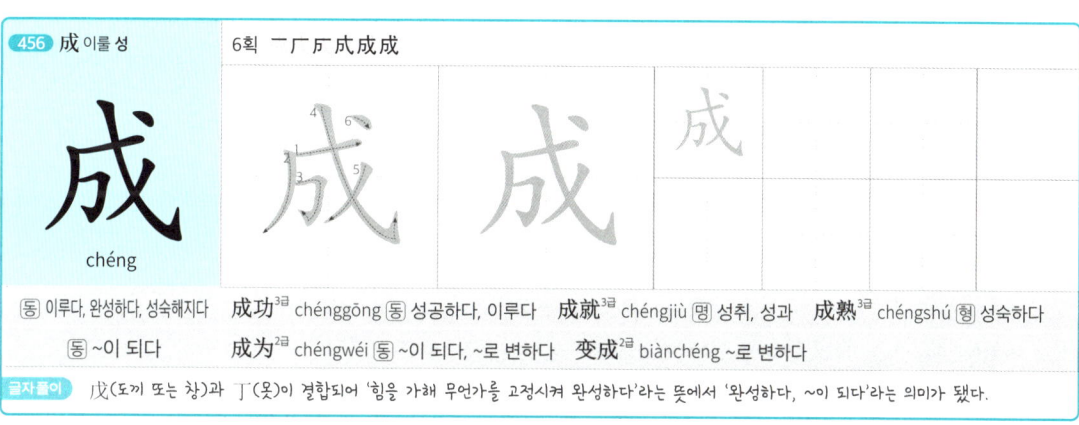

chéng

- 동 이루다, 완성하다, 성숙해지다
- 成功 ³ chénggōng 동 성공하다, 이루다 成就 ³ chéngjiù 명 성취, 성과 成熟 ³ chéngshú 형 성숙하다
- 동 ~이 되다
- 成为 ² chéngwéi 동 ~이 되다, ~로 변하다 变成 ² biànchéng ~로 변하다

글자풀이 戊(도끼 또는 창)과 丁(못)이 결합되어 '힘을 가해 무언가를 고정시켜 완성하다'라는 뜻에서 '완성하다, ~이 되다'라는 의미가 됐다.

457 績 길쌈할 적

11획 ` ⺌ 纟 纟 纟 纟 绩 绩 绩 绩 绩

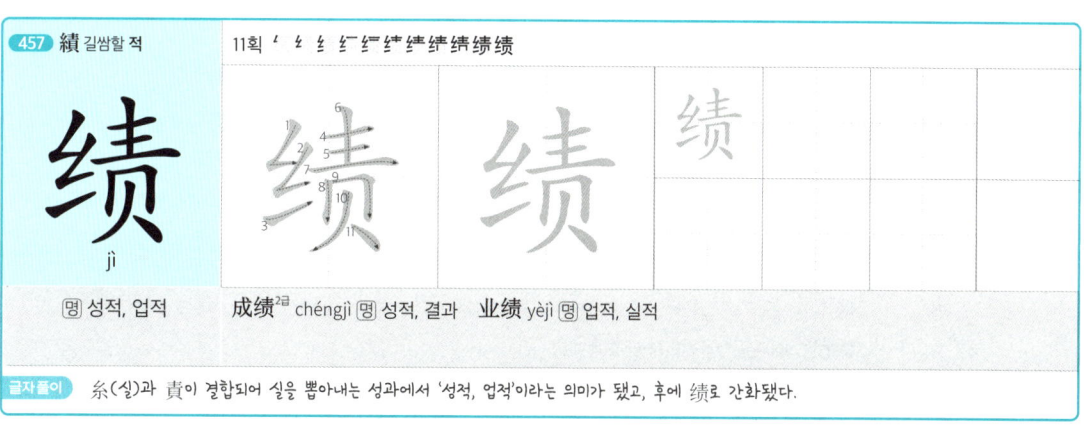

jì

- 명 성적, 업적
- 成绩 ² chéngjì 명 성적, 결과 业绩 yèjì 명 업적, 실적

글자풀이 糸(실)과 責이 결합되어 실을 뽑아내는 성과에서 '성적, 업적'이라는 의미가 됐고, 후에 绩로 간화됐다.

1급 = HSK 1급   2급 = HSK 2급   3급 = HSK 3급   4급 = HSK 4급

458 問 물을 문

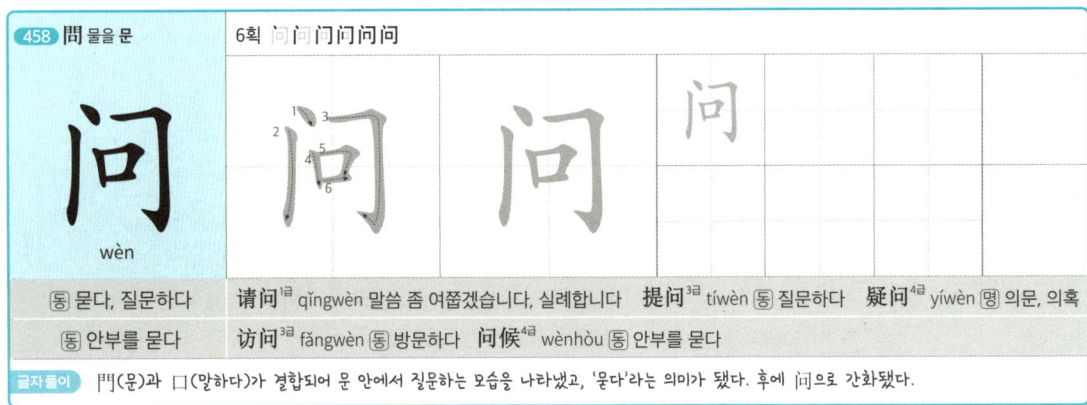

6획 问问问问问问

동 묻다, 질문하다
请问¹급 qǐngwèn 말씀 좀 여쭙겠습니다, 실례합니다   提问³급 tíwèn 동 질문하다   疑问⁴급 yíwèn 명 의문, 의혹
동 안부를 묻다
访问³급 fǎngwèn 동 방문하다   问候⁴급 wènhòu 동 안부를 묻다

글자풀이: 門(문)과 口(말하다)가 결합되어 문 안에서 질문하는 모습을 나타냈고, '묻다'라는 의미가 됐다. 후에 问으로 간화됐다.

459 題 제목 제

15획 题题题题题题题题题题题题题题题

명 제목, 문제
问题²급 wèntí 명 질문, 문제   难题²급 nántí 명 난제, 어려운 문제   题目³급 tímù 명 제목, 문제
标题³급 biāotí 명 제목, 표제, 타이틀   主题⁴급 zhǔtí 명 주제

글자풀이: 頁(머리)와 是이 결합되어 '이마'라는 의미가 됐고, 글의 머리 부분에 해당하는 '제목'이라는 의미로 확장됐다. 是는 특별한 뜻 없이 소리만 빌려 온 글자이다.

460 答 대답 답

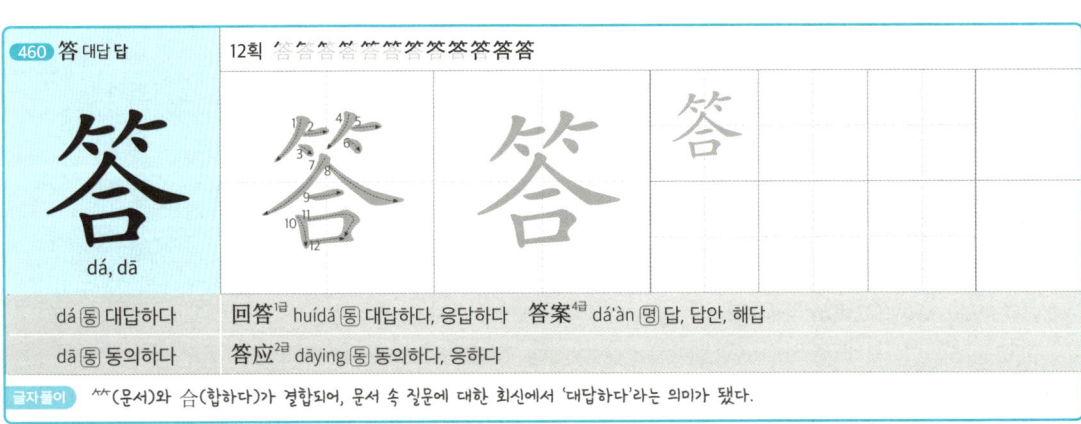

12획 答答答答答答答答答答答答

dá 동 대답하다
回答¹급 huídá 동 대답하다, 응답하다   答案⁴급 dá'àn 명 답, 답안, 해답
dā 동 동의하다
答应²급 dāying 동 동의하다, 응하다

글자풀이: ⺮(문서)와 合(합하다)가 결합되어, 문서 속 질문에 대한 회신에서 '대답하다'라는 의미가 됐다.

461 課 과정 과 / 공부할 과

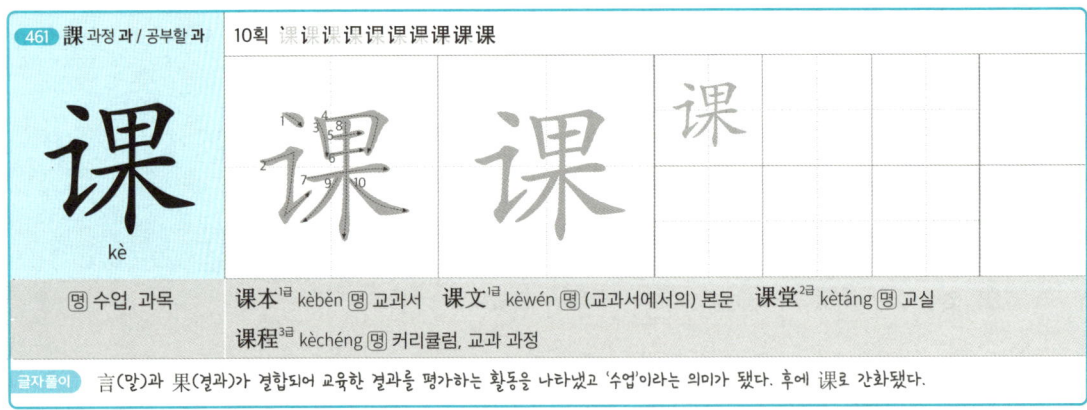

10획 课课课课课课课课课课

명 수업, 과목
课本¹급 kèběn 명 교과서   课文¹급 kèwén 명 (교과서에서의) 본문   课堂²급 kètáng 명 교실
课程³급 kèchéng 명 커리큘럼, 교과 과정

글자풀이: 言(말)과 果(결과)가 결합되어 교육한 결과를 평가하는 활동을 나타냈고 '수업'이라는 의미가 됐다. 후에 课로 간화됐다.

462 班 나눌 반

10획 一 = チ 王 王 尹 尹 尹 班 班

班 bān

명 반, 그룹
명 근무 시간

班长³급 bānzhǎng 명 반장   班级³급 bānjí 명 학급
上班¹급 shàngbān 동 출근하다   下班²급 xiàbān 동 퇴근하다   加班⁴급 jiābān 동 야근하다, 초과 근무를 하다

글자풀이: 珏(두 개의 옥)과 刂(나누다)가 결합되어 두 개의 옥을 나눠가지는 행위를 나타냈고, '분배하다'라는 의미가 됐다. 후에 '반, 그룹'이라는 의미로 확장됐다.

463 專 오로지 전

4획 一 = 专 专

专 zhuān

형 전념한, 특별한

专业³급 zhuānyè 명 전공   专家³급 zhuānjiā 명 전문가   专题³급 zhuāntí 명 특정 주제, 전문 테마
专心⁴급 zhuānxīn 형 열중하다, 몰두하다

글자풀이: 방추의 모습을 본떠 만들어진 글자로, 한쪽으로만 도는 방추와 한 가지 일에만 전념하는 모습이 유사하여 '전념한'이라는 의미로 확장됐다.

464 門 문 문

3획 ` 冂 门

门 mén

명 분류, 부문
명 문

专门³급 zhuānmén 부 전문적으로, 오로지, 특별히   部门³급 bùmén 명 부서, 부문
门口¹급 ménkǒu 명 입구, 현관   出门²급 chūmén 동 외출하다   上门⁴급 shàngmén 동 (다른 사람 집을) 방문하다

글자풀이: 대문의 모습을 본떠 만들어진 글자로 '문'이라는 의미가 됐고, 문이 안팎을 나눈다 하여 '분류'라는 의미로 확장됐다. 후에 门으로 간화됐다.

465 預 미리 예/맡길 예

10획 一 = チ 予 予 予' 予' 预 预 预

预 yù

부 미리, 사전에

预报³급 yùbào 동 예보하다   预防³급 yùfáng 동 예방하다   预订⁴급 yùdìng 동 예약하다
预测⁴급 yùcè 동 예측하다

글자풀이: 頁(머리)와 予가 결합되어, '미리 생각하다'라는 뜻에서 '미리'라는 의미가 됐다. 후에 预로 간화됐다.

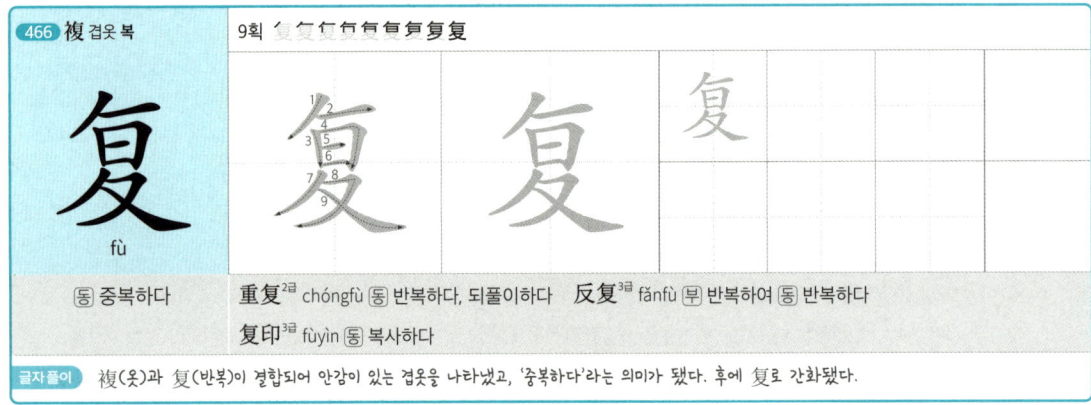

466 複 겹옷 복

9획 复复复复复复复复复

fù

⑧ 중복하다

重复² chóngfù ⑧ 반복하다, 되풀이하다   反复³ fǎnfù ⑨ 반복하여 ⑧ 반복하다
复印³ fùyìn ⑧ 복사하다

글자풀이 複(옷)과 复(반복)이 결합되어 안감이 있는 겹옷을 나타냈고, '중복하다'라는 의미가 됐다. 후에 复로 간화됐다.

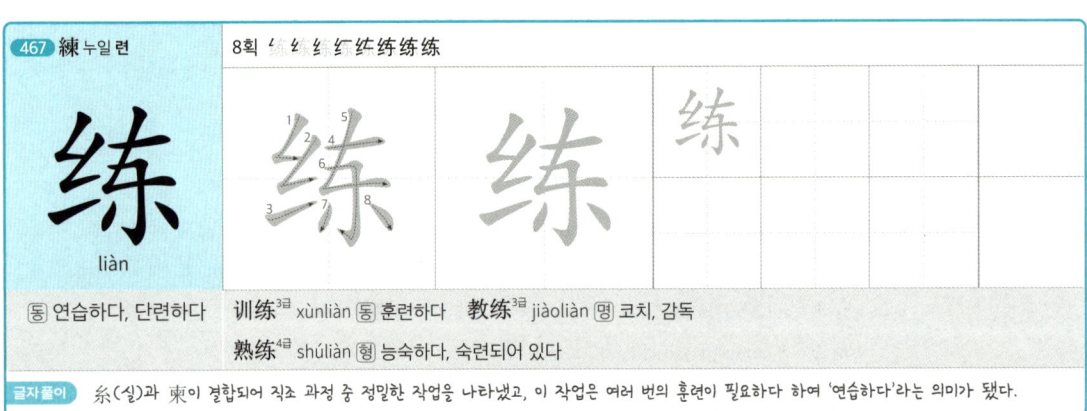

467 練 누일 련

8획 练练练练练练练练

liàn

⑧ 연습하다, 단련하다

训练³ xùnliàn ⑧ 훈련하다   教练³ jiàoliàn ⑨ 코치, 감독
熟练⁴ shúliàn ⑩ 능숙하다, 숙련되어 있다

글자풀이 糸(실)과 柬이 결합되어 직조 과정 중 정밀한 작업을 나타냈고, 이 작업은 여러 번의 훈련이 필요하다 하여 '연습하다'라는 의미가 됐다.

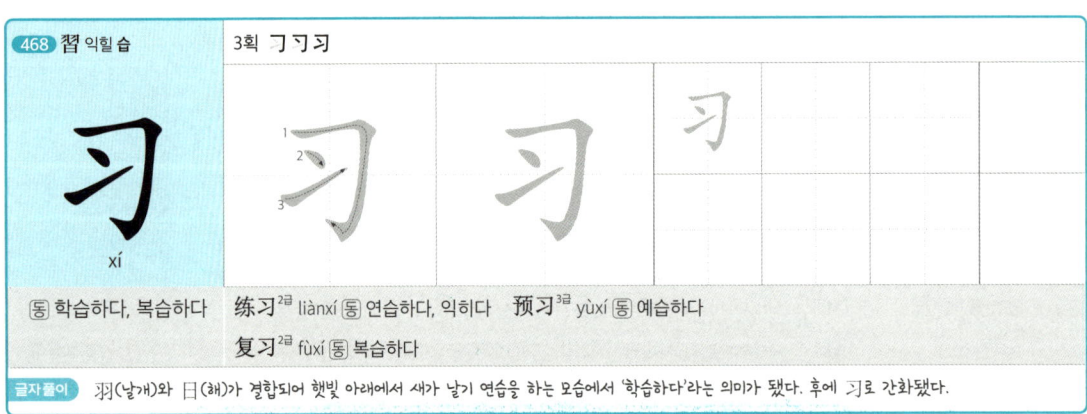

468 習 익힐 습

3획 习习习

xí

⑧ 학습하다, 복습하다

练习² liànxí ⑧ 연습하다, 익히다   预习³ yùxí ⑧ 예습하다
复习² fùxí ⑧ 복습하다

글자풀이 羽(날개)와 日(해)가 결합되어 햇빛 아래에서 새가 날기 연습을 하는 모습에서 '학습하다'라는 의미가 됐다. 후에 习로 간화됐다.

469 取 가질 취

8획 取取取取取取取取

qǔ

⑧ 얻다, 취하다

取得² qǔdé ⑧ 얻다, 획득하다   采取³ cǎiqǔ ⑧ 채택하다, 취하다   取消³ qǔxiāo ⑧ 취소하다
获取⁴ huòqǔ ⑧ 얻다, 획득하다

글자풀이 耳(귀)와 又(손)이 결합되어 공을 세웠음을 나타냈고, '얻다, 취하다'라는 의미가 됐다. 옛날에는 전쟁에서 포상을 받기 위해 적의 귀를 잘라 바쳤다.

470 職 직분 직

11획 一 丆 丆 耳 耳 耳 町 町 职 职 职

职 zhí

명 직무, 직책

职工³급 zhígōng 명 사무직과 노동자　辞职 cízhí 동 사직하다, 직장을 그만두다
职位 zhíwèi 명 직위

글자풀이 耳(듣다)와 戠이 결합되어, 명령을 듣고 업무를 기록하는 것에서 '기록하다'라는 의미였으나 기록을 담당하는 직무가 강조되면서 '직무'라는 의미가 됐다.

471 業 업 업

5획 丨 丨丨 业 业

业 yè

명 직업, 업종

职业³급 zhíyè 명 직업　事业³급 shìyè 명 사업　商业³급 shāngyè 명 상업　农业³급 nóngyè 명 농업
就业³급 jiùyè 동 취직하다, 취업하다

글자풀이 악기를 걸어 두는 틀의 모습을 본떠 만들어진 글자로, '틀, 기반'이란 뜻에서 '직업, 업종'이란 의미가 됐다. 후에 业로 간화됐다.

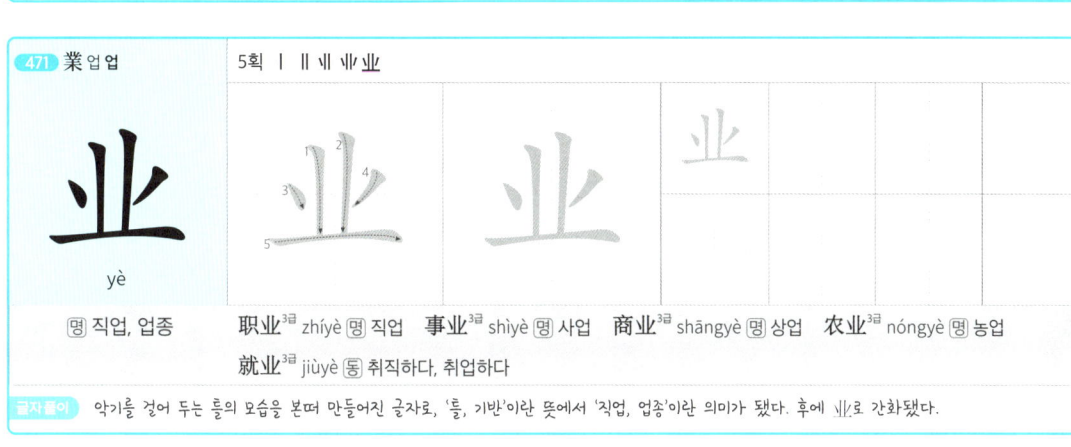

472 工 장인 공

3획 一 丅 工

工 gōng

명 일, 노동

打工²급 dǎgōng 동 아르바이트하다, 일하다　工厂³급 gōngchǎng 명 공장　工业³급 gōngyè 명 공업
员工³급 yuángōng 명 직원, 종업원　人工³급 réngōng 명 수동, 인공

글자풀이 'ㄱ'자 모양인 도구의 모습을 본떠 만들어진 글자로 '일, 노동'이라는 의미가 됐다.

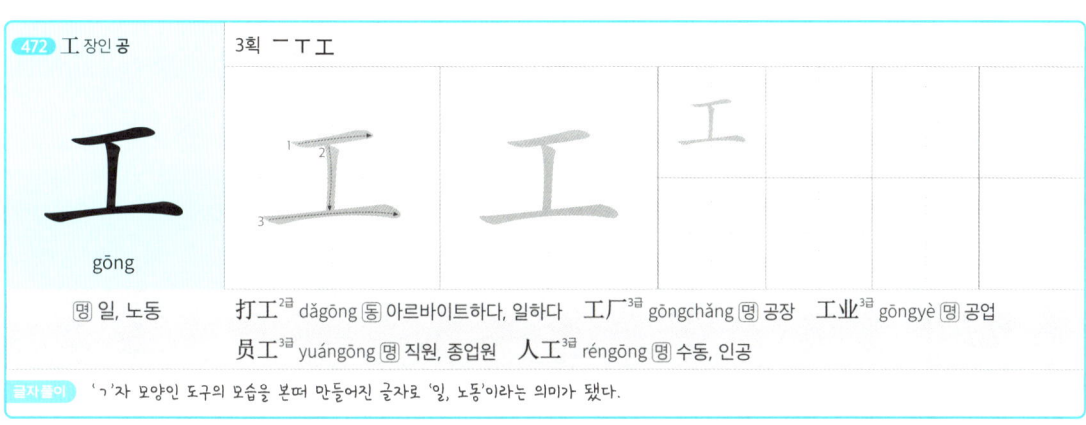

473 資 재물 자

10획 丶 冫 次 次 次 资 资 资

资 zī

명 금전, 비용, 자원

工资³급 gōngzī 명 월급, 임금　资金³급 zījīn 명 자금　投资⁴급 tóuzī 명 투자
资料⁴급 zīliào 명 자료

글자풀이 貝(재물)과 次가 결합되어 누구나 탐하는 재물인 '금전, 자원'이라는 의미가 됐고, 후에 资로 간화됐다.

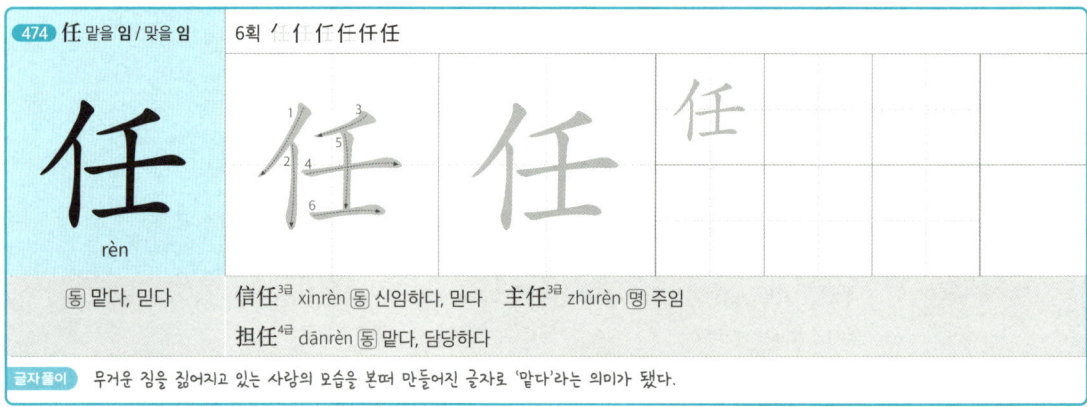

474 任 맡을 임 / 맞을 임 6획

rèn

동 맡다, 믿다

信任³급 xìnrèn 동 신임하다, 믿다   主任³급 zhǔrèn 명 주임
担任⁴급 dānrèn 동 맡다, 담당하다

글자풀이 무거운 짐을 짊어지고 있는 사람의 모습을 본떠 만들어진 글자로 '맡다'라는 의미가 됐다.

475 务 힘쓸 무 5획

wù

명 일, 업무, 사무

任务³급 rènwu 명 임무   公务员³급 gōngwùyuán 명 공무원, 고용원, 잡역부   家务⁴급 jiāwù 명 가사, 집안일
商务⁴급 shāngwù 명 비즈니스, 상업상의 용무   义务⁴급 yìwù 명 의무

글자풀이 力(힘)과 攵가 결합되어 어떤 일에 힘써 몰두하는 모습을 나타냈고, '일, 업무'라는 의미가 됐다. 후에 务로 간화됐다.

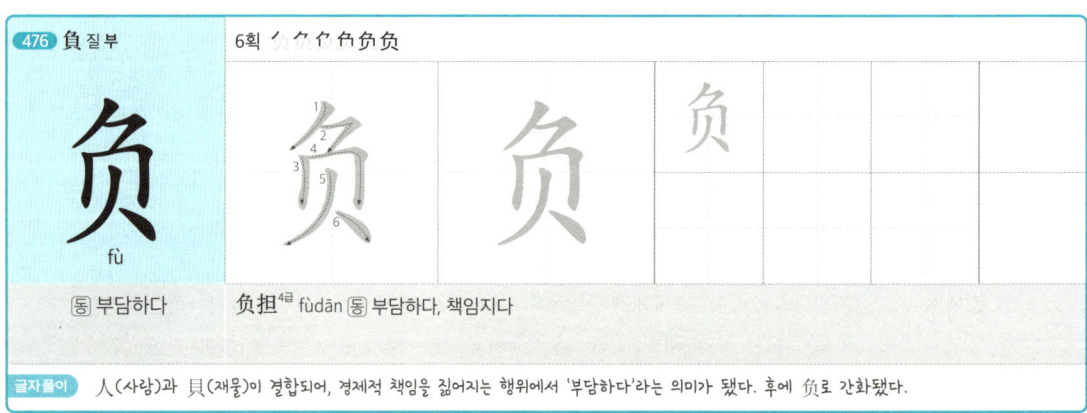

476 负 질 부 6획

fù

동 부담하다

负担⁴급 fùdān 동 부담하다, 책임지다

글자풀이 人(사람)과 貝(재물)이 결합되어, 경제적 책임을 짊어지는 행위에서 '부담하다'라는 의미가 됐다. 후에 负로 간화됐다.

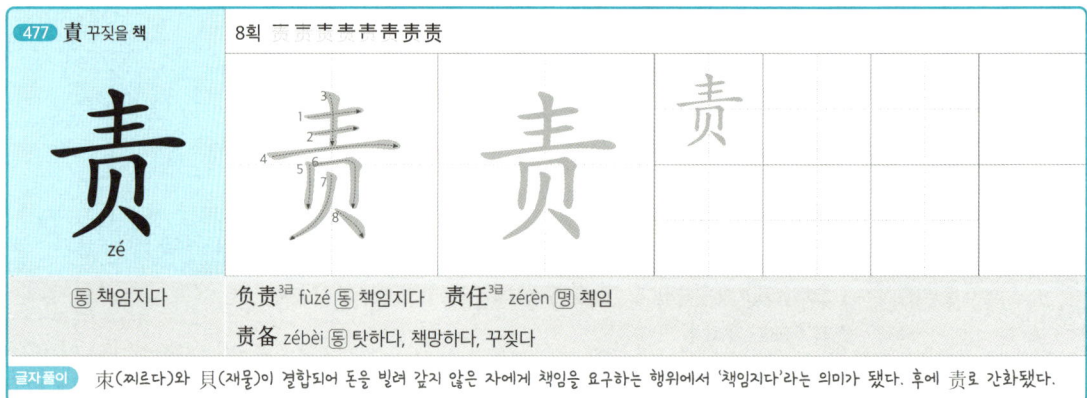

477 责 꾸짖을 책 8획

zé

동 책임지다

负责³급 fùzé 동 책임지다   责任³급 zérèn 명 책임
责备 zébèi 동 탓하다, 책망하다, 꾸짖다

글자풀이 朿(찌르다)와 貝(재물)이 결합되어 돈을 빌려 갚지 않은 자에게 책임을 요구하는 행위에서 '책임지다'라는 의미가 됐다. 후에 责로 간화됐다.

단어로 써 보기

오늘 써 본 한자들로 조합된 HSK 빈출 단어들이에요. 칸에 맞춰 정확히 써 보세요.

考试 kǎoshì
동 시험을 보다(치다)

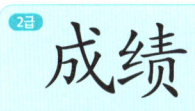

成绩 chéngjì
명 성적, 결과

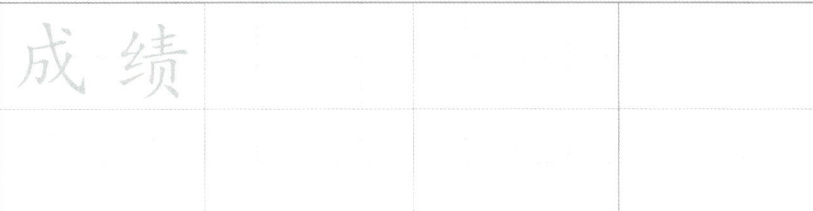

练习 liànxí
동 연습하다, 익히다

职业 zhíyè
명 직업

负责 fùzé
동 책임지다

21일차 감정·태도

爱(사랑하다), 诚(진실하다)처럼 감정·태도와 관련된 간체자를 써 볼 거예요. 음성을 들으며 한자와 단어의 발음도 함께 익혀 보세요.

478 爱 ài	479 喜 xǐ	480 欢 huān	481 笑 xiào	482 幸 xìng	483 福 fú
동 사랑하다, 좋아하다	형 기쁘다, 즐겁다	형 즐겁다, 기쁘다	동 웃다	형 행복하다	명 행복, 복

484 担 dān	485 心 xīn	486 害 hài	487 怕 pà	488 哭 kū	489 努 nǔ
동 부담하다, 지다	명 마음, 감정	동 해치다 명 재해	동 두려워하다, 무서워하다	동 울다	동 힘을 쓰다, 애쓰다

490 麻 má	491 烦 fán	492 态 tài	493 度 dù	494 认 rèn	495 真 zhēn
형 얼얼하다, 마비되다	형 귀찮아하다	명 태도, 모습	명 정도	동 알다 동 동의하다	형 진실하다

496 积 jī	497 极 jí	498 诚 chéng	499 实 shí	500 勇 yǒng	501 敢 gǎn
동 쌓다, 누적하다	동 정점에 이르다 명 정점, 극도	형 진실하다	형 실재하다 명 실제, 사실	형 용감하다	동 용기 있다

478 爱 사랑 애

10획

ài

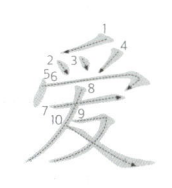 

동 사랑하다, 좋아하다   爱好¹급 àihào 명 취미   可爱²급 kě'ài 형 귀엽다, 사랑스럽다   爱情²급 àiqíng 명 사랑, 애정
爱人²급 àiren 명 남편, 아내   热爱³급 rè'ài 동 열렬히 좋아하다, 사랑하다

글자풀이   입을 벌린 사람의 모습과 心(마음)이 결합되어 '말로 드러내는 사랑'을 뜻했고, '사랑하다'의 뜻으로 확장됐다. 후에 爱로 간화됐다.

479 喜 기쁠 희

12획

喜
xǐ

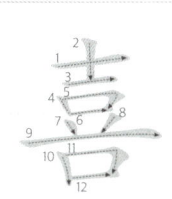 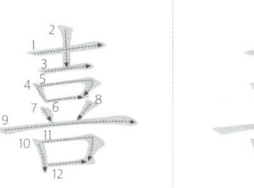

형 기쁘다, 즐겁다   喜爱⁴급 xǐ'ài 동 좋아하다
喜剧 xǐjù 명 희극, 코미디

글자풀이   壴(북)과 口(입)이 결합되어 축제의 웃음소리를 표현했고, '기쁘다, 즐겁다'라는 의미가 됐다.

480 欢 기쁠 환

6획

欢
huān

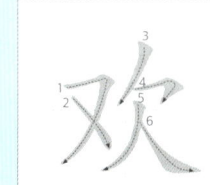 

형 즐겁다, 기쁘다   喜欢¹급 xǐhuan 동 좋아하다   欢迎²급 huānyíng 동 환영하다
欢乐³급 huānlè 형 즐겁다, 유쾌하다

글자풀이   입을 벌린 모양을 나타내는 欠과 소리를 나타내는 雚이 결합되어 새가 우는 소리를 의미했고, '즐겁다, 기쁘다'의 의미로 파생됐다. 후에 欢으로 간화됐다.

481 笑 웃음 소

10획

xiào

동 웃다   开玩笑¹급 kāi wánxiào 농담하다   笑话(儿)²급 xiàohua(r) 명 농담 동 비웃다
微笑⁴급 wēixiào 명 미소

글자풀이   머리를 기울여 춤을 추는 모습을 본뜬 글자로, 후에 '웃다'의 의미로 파생됐다.

1급 = HSK 1급   2급 = HSK 2급   3급 = HSK 3급   4급 = HSK 4급

482 幸 다행 행

8획 幸幸幸幸幸幸幸幸

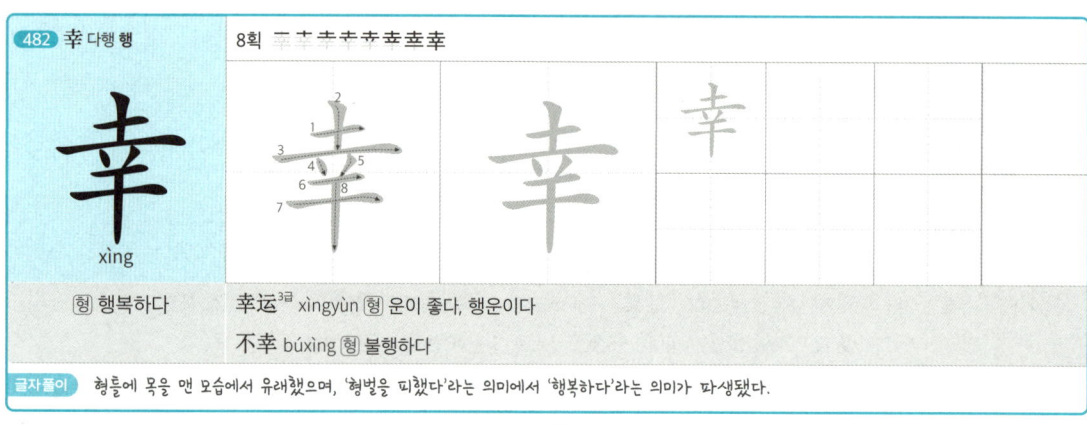

xìng

형 행복하다

幸运³급 xìngyùn 형 운이 좋다, 행운이다
不幸 búxìng 형 불행하다

글자풀이 형틀에 목을 맨 모습에서 유래했으며, '형벌을 피했다'라는 의미에서 '행복하다'라는 의미가 파생됐다.

483 福 복 복

13획 福福福福福福福福福福福福福

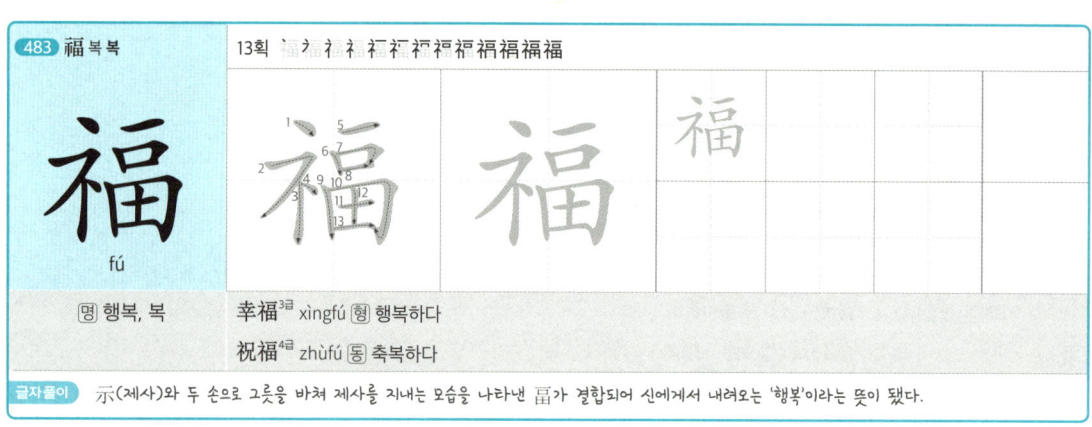

fú

명 행복, 복

幸福³급 xìngfú 형 행복하다
祝福⁴급 zhùfú 동 축복하다

글자풀이 示(제사)와 두 손으로 그릇을 바쳐 제사를 지내는 모습을 나타낸 畐가 결합되어 신에게서 내려오는 '행복'이라는 뜻이 됐다.

484 担 멜 담

8획 担担担担担担担担

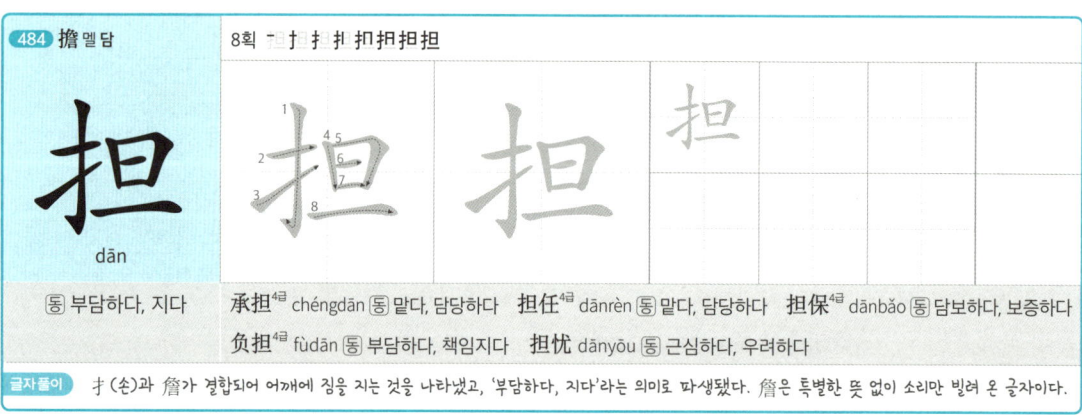

dān

동 부담하다, 지다

承担⁴급 chéngdān 동 맡다, 담당하다   担任⁴급 dānrèn 동 맡다, 담당하다   担保⁴급 dānbǎo 동 담보하다, 보증하다
负担⁴급 fùdān 동 부담하다, 책임지다   担忧 dānyōu 동 근심하다, 우려하다

글자풀이 扌(손)과 詹가 결합되어 어깨에 짐을 지는 것을 나타냈고, '부담하다, 지다'라는 의미로 파생됐다. 詹은 특별한 뜻 없이 소리만 빌려 온 글자이다.

485 心 마음 심

4획 心心心心

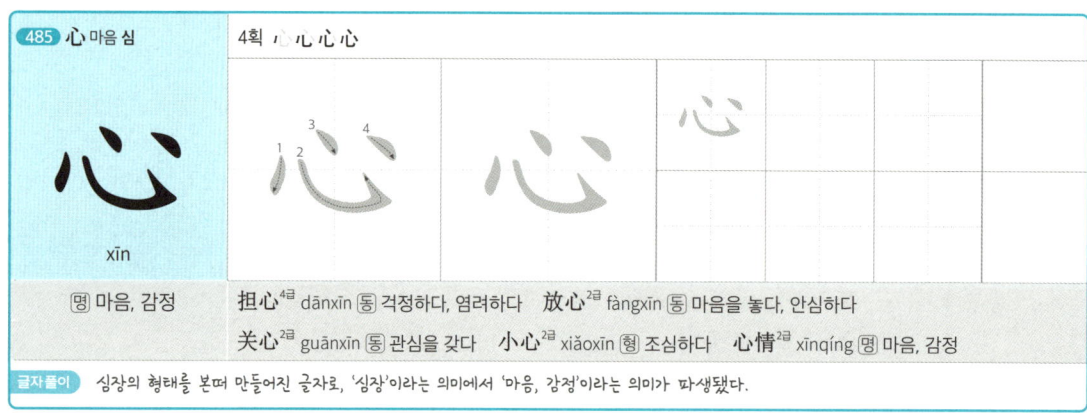

xīn

명 마음, 감정

担心⁴급 dānxīn 동 걱정하다, 염려하다   放心²급 fàngxīn 동 마음을 놓다, 안심하다
关心²급 guānxīn 동 관심을 갖다   小心²급 xiǎoxīn 형 조심하다   心情²급 xīnqíng 명 마음, 감정

글자풀이 심장의 형태를 본떠 만들어진 글자로, '심장'이라는 의미에서 '마음, 감정'이라는 의미가 파생됐다.

486 害 해할 해

10획 `宀宀宀宀害害害害`

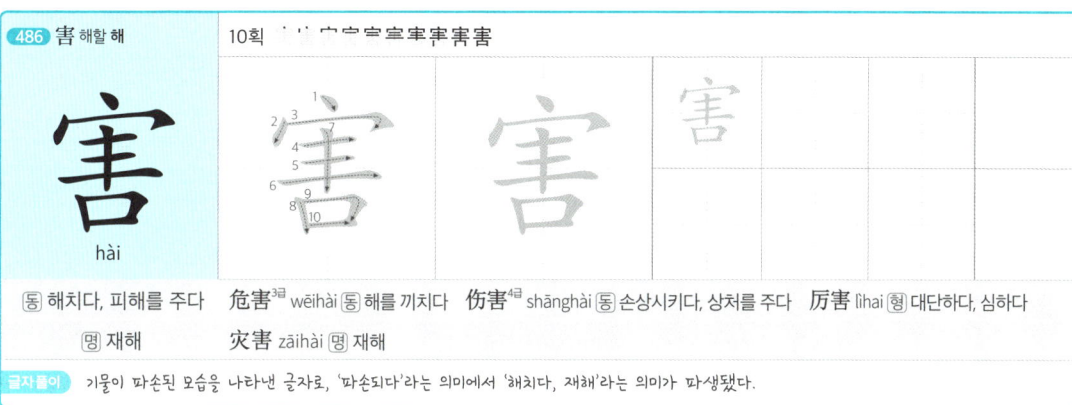

hài

동 해치다, 피해를 주다 危害³급 wēihài 동 해를 끼치다 伤害⁴급 shānghài 동 손상시키다, 상처를 주다 厉害 lìhai 형 대단하다, 심하다
명 재해 灾害 zāihài 명 재해

글자풀이 기물이 파손된 모습을 나타낸 글자로, '파손되다'라는 의미에서 '해치다, 재해'라는 의미가 파생됐다.

487 怕 두려워할 파

8획 `忄忄忄忄怕怕怕`

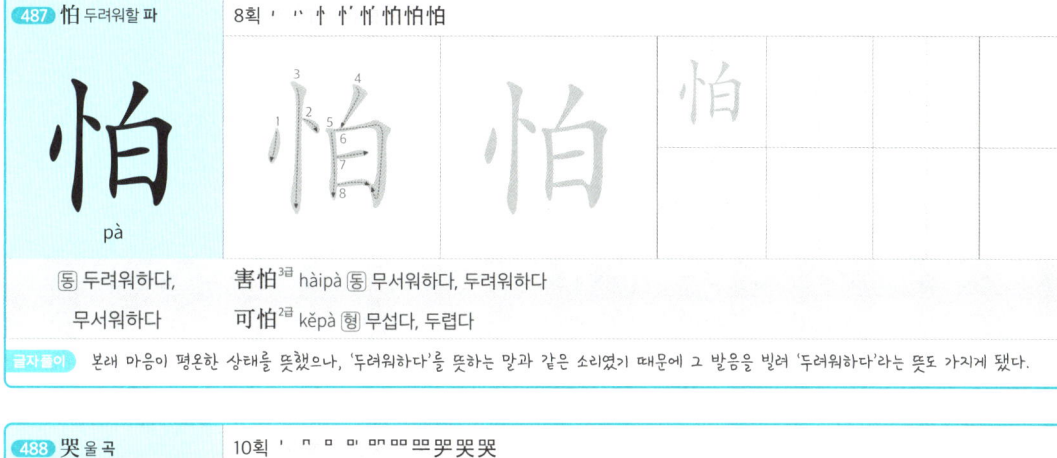

pà

동 두려워하다, 害怕³급 hàipà 동 무서워하다, 두려워하다
무서워하다 可怕²급 kěpà 형 무섭다, 두렵다

글자풀이 본래 마음이 평온한 상태를 뜻했으나, '두려워하다'를 뜻하는 말과 같은 소리였기 때문에 그 발음을 빌려 '두려워하다'라는 뜻도 가지게 됐다.

488 哭 울 곡

10획 `口口口口吅吅哭哭哭`

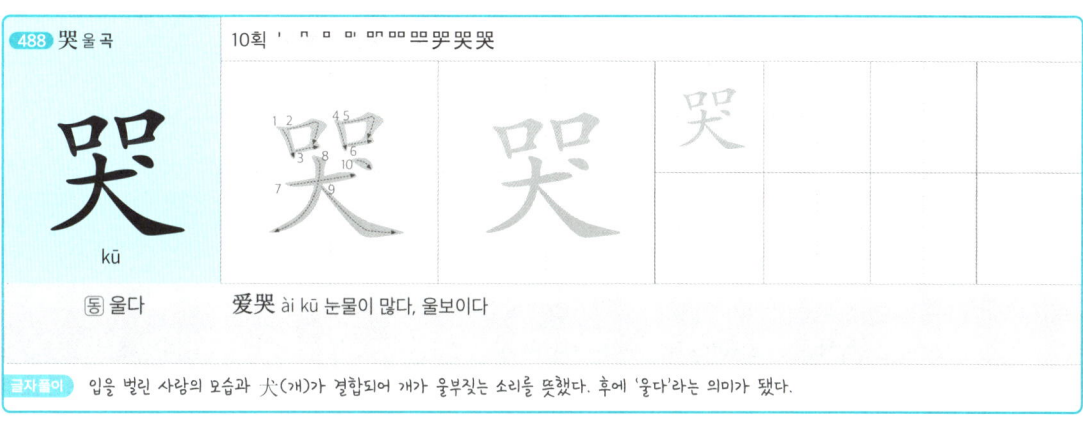

kū

동 울다 爱哭 ài kū 눈물이 많다, 울보이다

글자풀이 입을 벌린 사람의 모습과 犬(개)가 결합되어 개가 울부짖는 소리를 뜻했다. 후에 '울다'라는 의미가 됐다.

489 努 힘쓸 노

7획 `㇆女女奴奴努努`

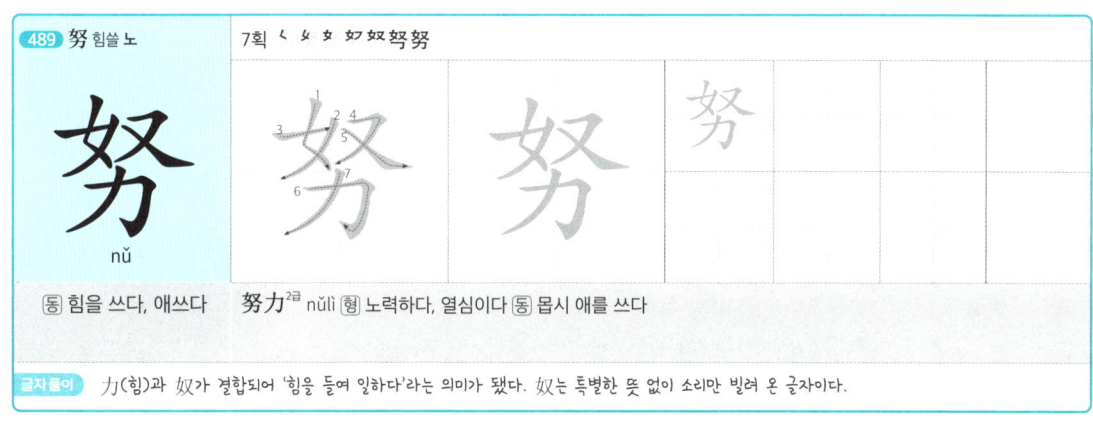

nǔ

동 힘을 쓰다, 애쓰다 努力²급 nǔlì 형 노력하다, 열심이다 동 몹시 애를 쓰다

글자풀이 力(힘)과 奴가 결합되어 '힘을 들여 일하다'라는 의미가 됐다. 奴는 특별한 뜻 없이 소리만 빌려 온 글자이다.

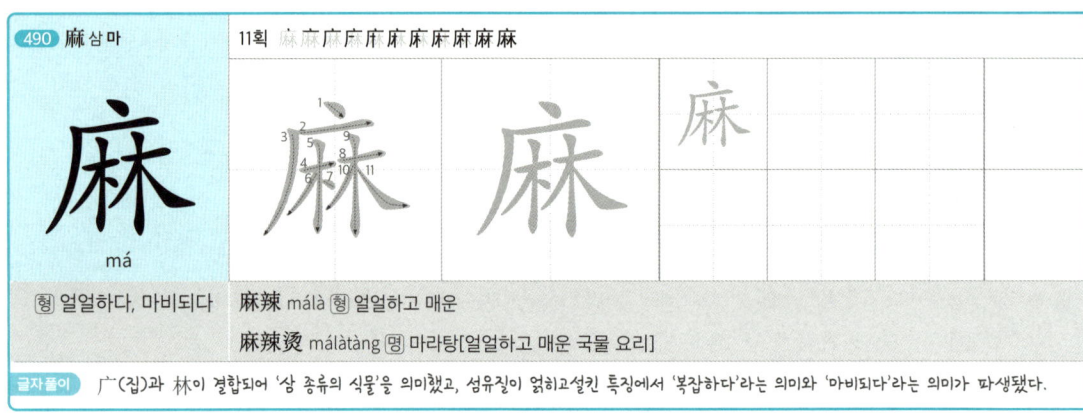

490 麻 삼 마

11획 麻广广广广广床床麻麻麻

[형] 얼얼하다, 마비되다
麻辣 málà [형] 얼얼하고 매운
麻辣烫 málàtàng [명] 마라탕[얼얼하고 매운 국물 요리]

글자풀이 广(집)과 林이 결합되어 '삼 종류의 식물'을 의미했고, 섬유질이 얽히고설킨 특징에서 '복잡하다'라는 의미와 '마비되다'라는 의미가 파생됐다.

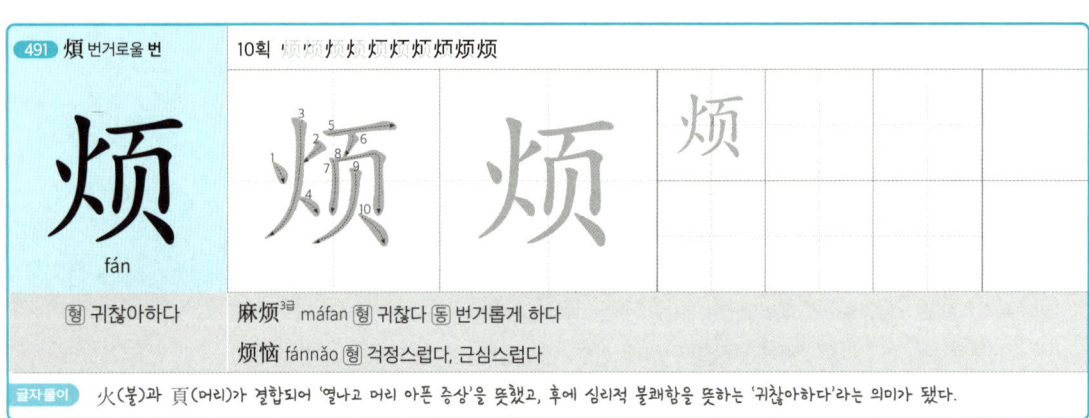

491 烦 번거로울 번

10획 烦火火火'炸炸炸烦烦烦

[형] 귀찮아하다
麻烦³급 máfan [형] 귀찮다 [동] 번거롭게 하다
烦恼 fánnǎo [형] 걱정스럽다, 근심스럽다

글자풀이 火(불)과 页(머리)가 결합되어 '열나고 머리 아픈 증상'을 뜻했고, 후에 심리적 불쾌함을 뜻하는 '귀찮아하다'라는 의미가 됐다.

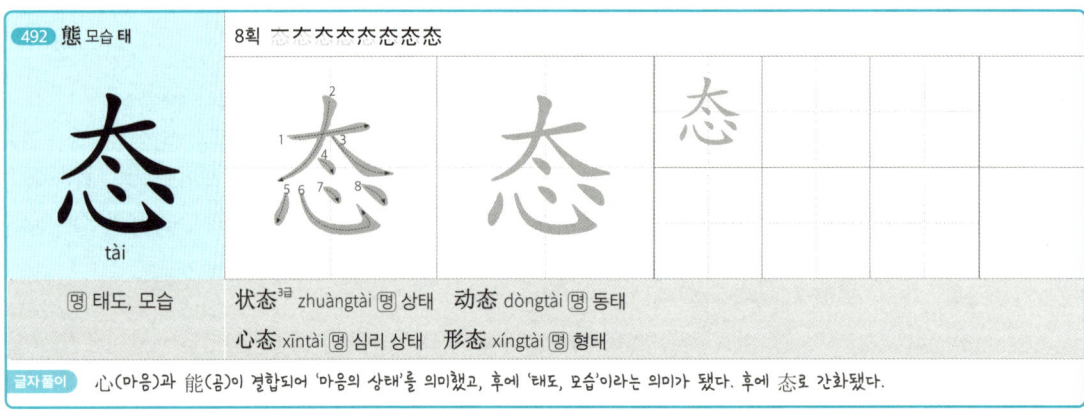

492 态 모습 태

8획 态一ナ大太态态态态

[명] 태도, 모습
状态³급 zhuàngtài [명] 상태   动态 dòngtài [명] 동태
心态 xīntài [명] 심리 상태   形态 xíngtài [명] 형태

글자풀이 心(마음)과 能(곰)이 결합되어 '마음의 상태'를 의미했고, 후에 '태도, 모습'이라는 의미가 됐다. 후에 态로 간화됐다.

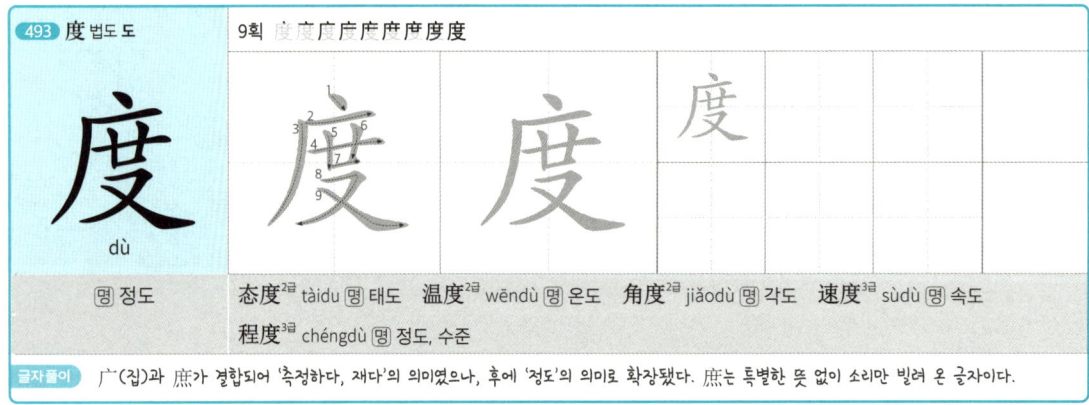

493 度 법도 도

9획 度`广广广广庐度度

[명] 정도
态度²급 tàidu [명] 태도   温度²급 wēndù [명] 온도   角度 jiǎodù [명] 각도   速度 sùdù [명] 속도
程度³급 chéngdù [명] 정도, 수준

글자풀이 广(집)과 庶가 결합되어 '측정하다, 재다'의 의미였으나, 후에 '정도'의 의미로 확장됐다. 庶는 특별한 뜻 없이 소리만 빌려 온 글자이다.

494 認 알 인

4획 `ノ 讠 订 认`

认 rèn

동 알다
동 동의하다, 승인하다

认识¹급 rènshi 동 알다, 인식하다   认为²급 rènwéi 동 ~라고 생각하다
认可³급 rènkě 동 인정하다, 승인하다   确认⁴급 quèrèn 동 확인하다

글자풀이 言(말하다)와 忍이 결합되어 '말로 확인하다'는 의미에서 이후 '알다, 인식하다'는 의미로 확장됐다. 忍은 특별한 뜻 없이 소리만 빌려 온 글자이다.

495 眞 참 진

10획 `一 十 十 广 古 贞 苜 直 真 真`

真 zhēn

형 진실하다

认真¹급 rènzhēn 형 성실하다, 진지하다   真的¹급 zhēn de 진짜의, 정말   真正²급 zhēnzhèng 형 진정한, 참된
真实³급 zhēnshí 형 진실하다, 참되다

글자풀이 본래 鼎(제사에 쓰는 그릇)과 人(사람)이 결합되어, 점을 쳐서 진실을 얻음을 나타냈고, 후에 '진실하다'라는 의미가 됐다.

496 積 쌓을 적

10획 `一 二 千 禾 禾 利 和 和 积 积`

积 jī

동 쌓다, 누적하다

面积³급 miànjī 명 면적   体积 tǐjī 명 부피, 체적
积累⁴급 jīlěi 동 쌓이다, 누적하다

글자풀이 禾(곡식)과 責이 결합되어 곡식이 쌓임을 나타냈고, '쌓다'라는 의미가 됐다. 후에 积로 간화됐다. 責는 특별한 뜻 없이 소리만 빌려 온 글자이다.

497 極 극진할 극 / 다할 극

7획 `一 十 才 木 朽 极 极`

极 jí

동 정점에 이르다
명 정점, 극도

积极³급 jījí 형 적극적이다, 긍정적이다   消极 xiāojí 형 소극적이다, 부정적이다
北极 běijí 명 북극   南极 nánjí 명 남극

글자풀이 지붕의 모습을 본떠 만들어진 글자로, '정점, 정점에 이르다'라는 의미가 됐다. 후에 极로 간화됐다.

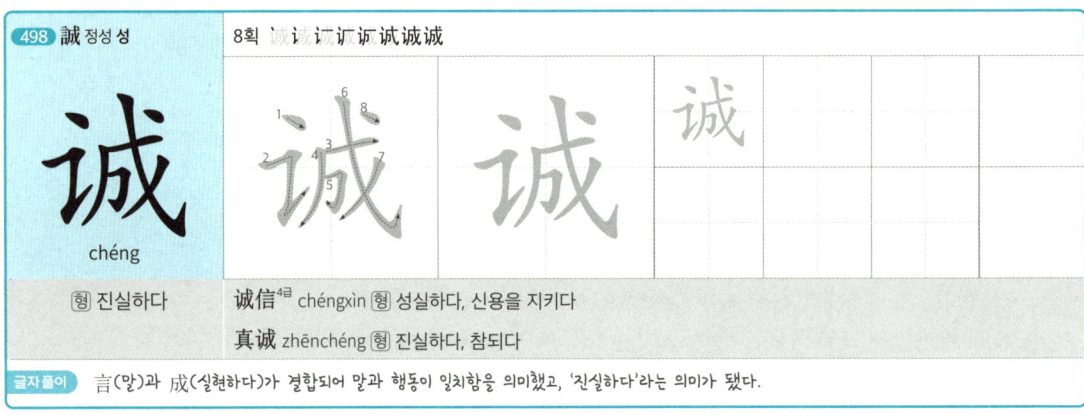

498 誠 정성 성

8획 诚 诉 诉 诉 诚 诚 诚 诚

chéng

(형) 진실하다

诚信⁴급 chéngxìn (형) 성실하다, 신용을 지키다
真诚 zhēnchéng (형) 진실하다, 참되다

글자풀이 言(말)과 成(실현하다)가 결합되어 말과 행동이 일치함을 의미했고, '진실하다'라는 의미가 됐다.

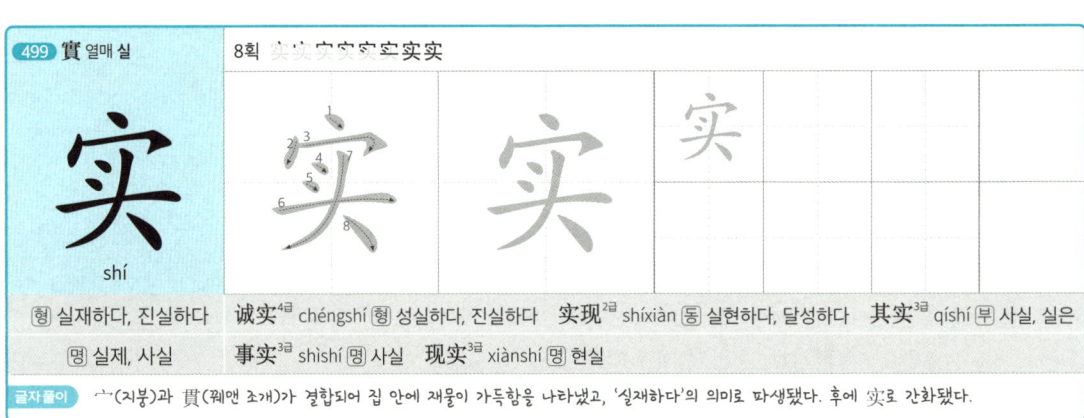

499 實 열매 실

8획 实 实 实 实 实 实 实 实

shí

(형) 실재하다, 진실하다
(명) 실제, 사실

诚实⁴급 chéngshí (형) 성실하다, 진실하다   实现²급 shíxiàn (동) 실현하다, 달성하다   其实³급 qíshí (부) 사실, 실은
事实³급 shìshí (명) 사실   现实³급 xiànshí (명) 현실

글자풀이 宀(지붕)과 貫(꿰맨 조개)가 결합되어 집 안에 재물이 가득함을 나타냈고, '실재하다'의 의미로 파생됐다. 후에 实로 간화됐다.

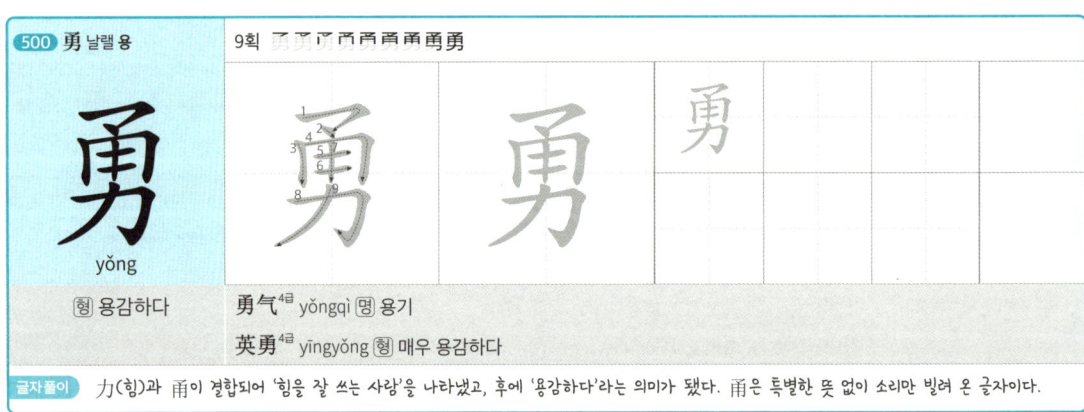

500 勇 날랠 용

9획 勇 勇 勇 勇 勇 勇 勇 勇 勇

yǒng

(형) 용감하다

勇气⁴급 yǒngqì (명) 용기
英勇⁴급 yīngyǒng (형) 매우 용감하다

글자풀이 力(힘)과 甬이 결합되어 '힘을 잘 쓰는 사람'을 나타냈고, 후에 '용감하다'라는 의미가 됐다. 甬은 특별한 뜻 없이 소리만 빌려 온 글자이다.

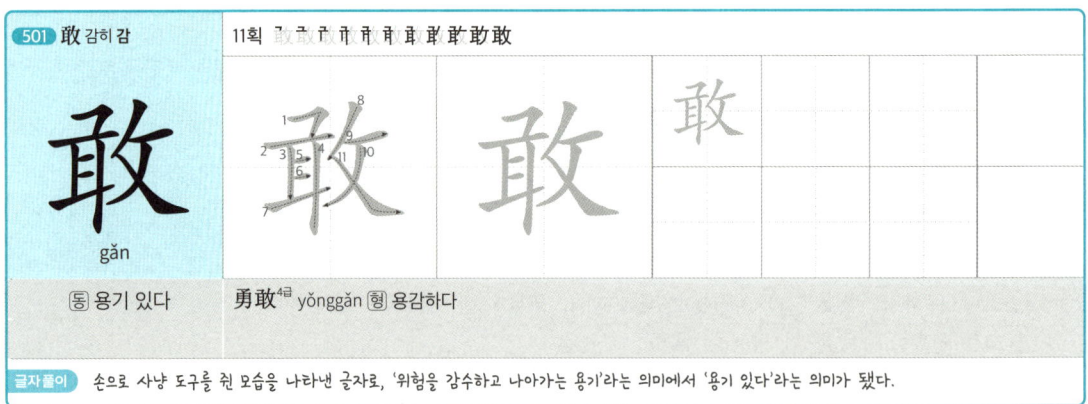

501 敢 감히 감

11획 敢 敢 敢 敢 敢 敢 敢 敢 敢 敢 敢

gǎn

(동) 용기 있다

勇敢⁴급 yǒnggǎn (형) 용감하다

글자풀이 손으로 사냥 도구를 쥔 모습을 나타낸 글자로, '위험을 감수하고 나아가는 용기'라는 의미에서 '용기 있다'라는 의미가 됐다.

단어로 써 보기

오늘 써 본 한자들로 조합된 HSK 빈출 단어들이에요. 칸에 맞춰 정확히 써 보세요.

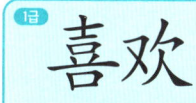

1급
喜欢
xǐhuan
동 좋아하다

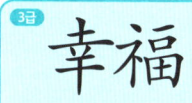

3급
幸福
xìngfú
형 행복하다

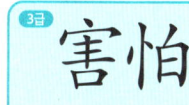

3급
害怕
hàipà
동 무서워하다, 두려워하다

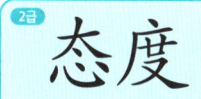

2급
态度
tàidu
명 태도

1급
认真
rènzhēn
형 성실하다, 진지하다

22일차 사교·자기소개

见(만나다), 介(소개하다)처럼 사교·자기소개와 관련된 간체자를 써 볼 거예요. 음성을 들으며 한자와 단어의 발음도 함께 익혀 보세요.

502 关 guān	503 系 xì, jì	504 见 jiàn	505 叫 jiào	506 迎 yíng	507 请 qǐng
동 닫다 동 관련되다	동 연결하다 동 매다, 묶다	동 만나다, 보다 명 의견	동 부르다, 외치다	동 맞이하다	동 청하다, 부탁하다

508 互 hù	509 相 xiāng, xiàng	510 帮 bāng	511 助 zhù	512 给 gěi	513 送 sòng
부 서로, 상호	부 서로, 상호 명 외모, 상	동 돕다, 도와주다	동 돕다, 도와주다	동 주다 개 ~에게 주다	동 보내다, 선물하다

514 借 jiè	515 联 lián	516 介 jiè	517 绍 shào	518 姓 xìng	519 名 míng
동 빌리다, 빌려주다	동 연결하다, 연합하다	동 소개하다	동 소개하다	명 성씨 동 성이 ~이다	명 이름, 명칭

520 性 xìng	521 别 bié	522 号 hào	523 码 mǎ	524 印 yìn	525 象 xiàng
명 성격, 성질	동 구별하다 대 다른, 그 외	명 기호, 명칭	명 [숫자를 나타내는 부호]	동 인쇄하다	명 형상 명 코끼리

502 關 관계할 관

6획 `丶丷꽇关关`

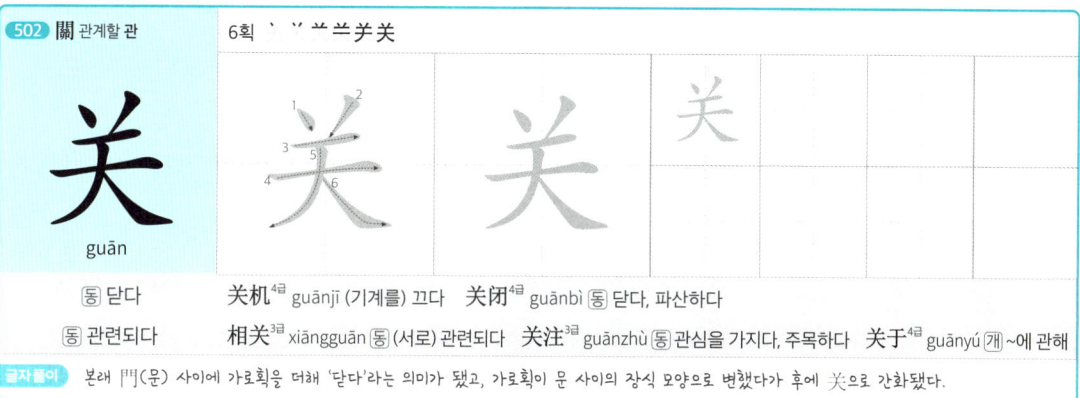

- 동 닫다
- 동 관련되다

关机 ⁴급 guānjī (기계를) 끄다　关闭 ⁴급 guānbì 동 닫다, 파산하다
相关 ³급 xiāngguān 동 (서로) 관련되다　关注 ³급 guānzhù 동 관심을 가지다, 주목하다　关于 ⁴급 guānyú 개 ~에 관해

글자풀이　본래 門(문) 사이에 가로획을 더해 '닫다'라는 의미가 됐고, 가로획이 문 사이의 장식 모양으로 변했다가 후에 关으로 간화됐다.

503 系 맬 계

7획 `一ㄱ乑乑系系系`

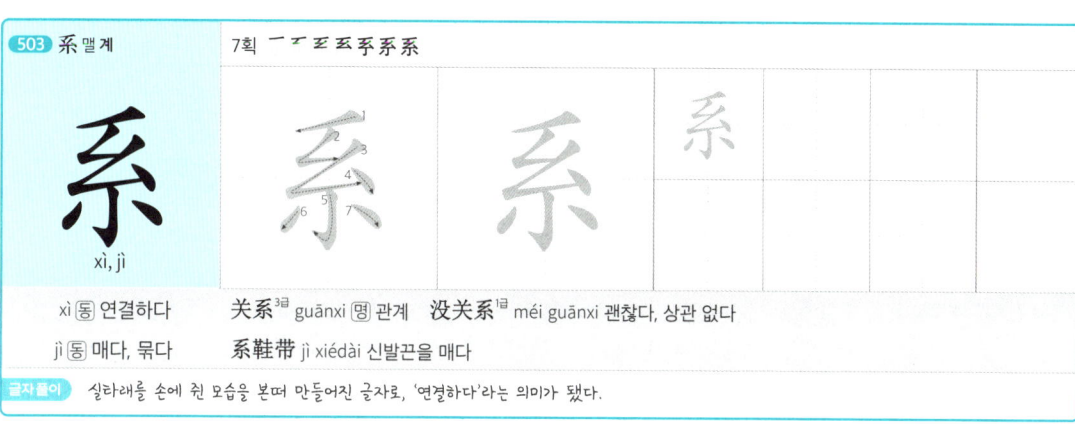

- xì 동 연결하다
- jì 동 매다, 묶다

关系 ³급 guānxi 명 관계　没关系 ¹급 méi guānxi 괜찮다, 상관 없다
系鞋带 jì xiédài 신발끈을 매다

글자풀이　실타래를 손에 쥔 모습을 본떠 만들어진 글자로, '연결하다'라는 의미가 됐다.

504 見 볼 견

4획 `丨冂见见`

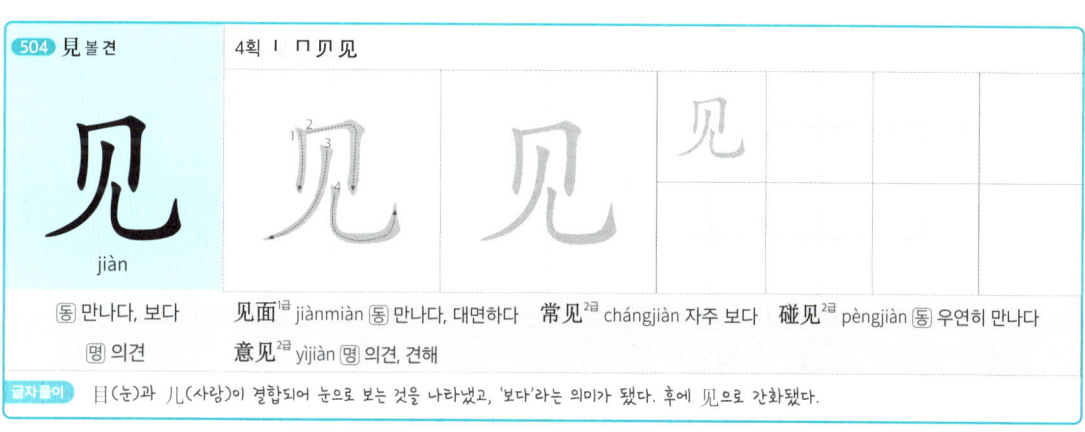

- 동 만나다, 보다
- 명 의견

见面 ¹급 jiànmiàn 동 만나다, 대면하다　常见 ²급 chángjiàn 자주 보다　碰见 ²급 pèngjiàn 동 우연히 만나다
意见 ²급 yìjiàn 명 의견, 견해

글자풀이　目(눈)과 儿(사람)이 결합되어 눈으로 보는 것을 나타냈고, '보다'라는 의미가 됐다. 후에 见으로 간화됐다.

505 叫 부를 짖을 규

5획 `丨冂口叫叫`

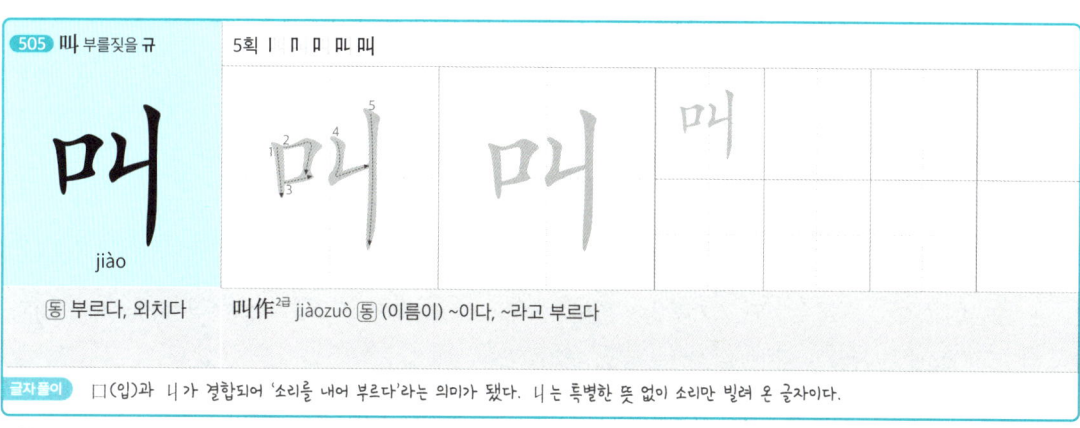

- 동 부르다, 외치다

叫作 ²급 jiàozuò 동 (이름이) ~이다, ~라고 부르다

글자풀이　口(입)과 丩가 결합되어 '소리를 내어 부르다'라는 의미가 됐다. 丩는 특별한 뜻 없이 소리만 빌려 온 글자이다.

1급 = HSK 1급　2급 = HSK 2급　3급 = HSK 3급　4급 = HSK 4급

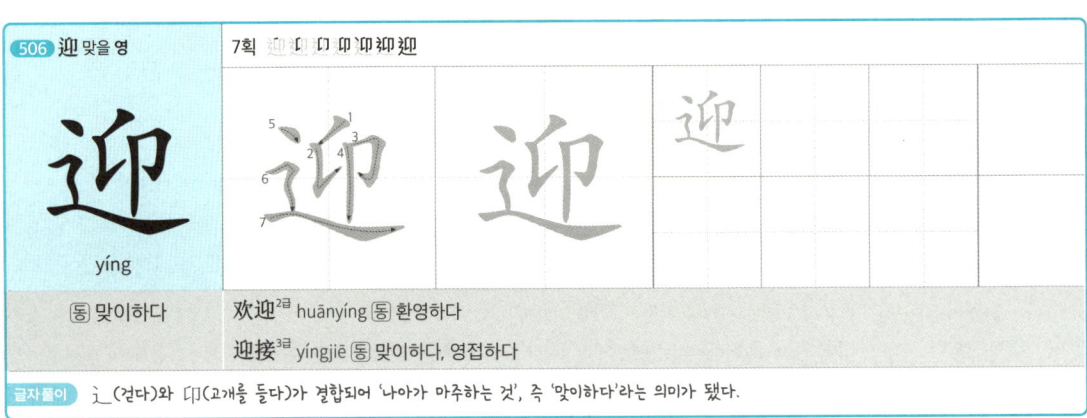

506 迎 맞을 영 — 7획

yíng

동 맞이하다

欢迎² huānyíng 동 환영하다
迎接³ yíngjiē 동 맞이하다, 영접하다

글자풀이: 辶(걷다)와 卬(고개를 들다)가 결합되어 '나아가 마주하는 것', 즉 '맞이하다'라는 의미가 됐다.

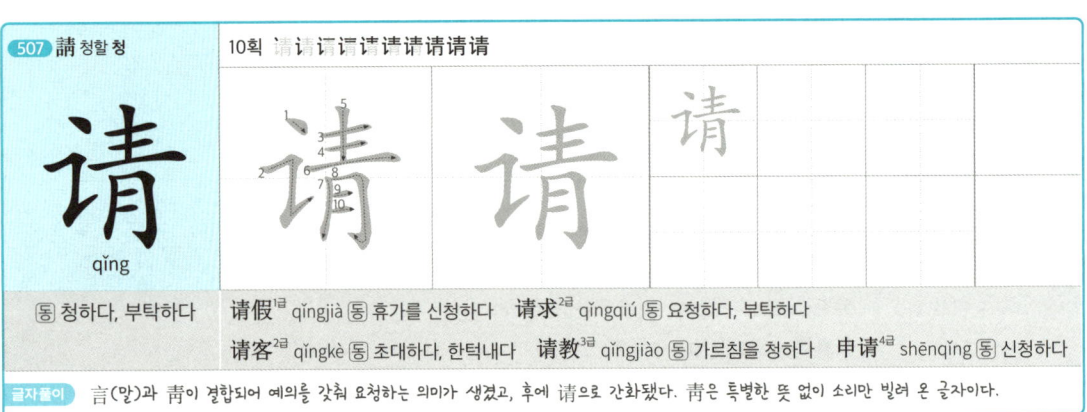

507 請 청할 청 — 10획

qǐng

동 청하다, 부탁하다

请假¹ qǐngjià 동 휴가를 신청하다   请求² qǐngqiú 동 요청하다, 부탁하다
请客² qǐngkè 동 초대하다, 한턱내다   请教³ qǐngjiào 동 가르침을 청하다   申请⁴ shēnqǐng 동 신청하다

글자풀이: 言(말)과 靑이 결합되어 예의를 갖춰 요청하는 의미가 생겼고, 후에 请으로 간화됐다. 靑은 특별한 뜻 없이 소리만 빌려 온 글자이다.

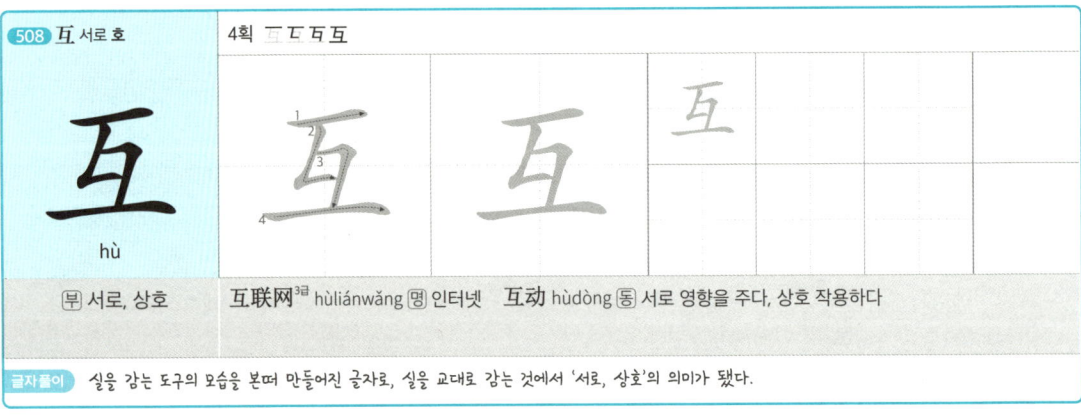

508 互 서로 호 — 4획

hù

부 서로, 상호

互联网³ hùliánwǎng 명 인터넷   互动 hùdòng 동 서로 영향을 주다, 상호 작용하다

글자풀이: 실을 감는 도구의 모습을 본떠 만들어진 글자로, 실을 교대로 감는 것에서 '서로, 상호'의 의미가 됐다.

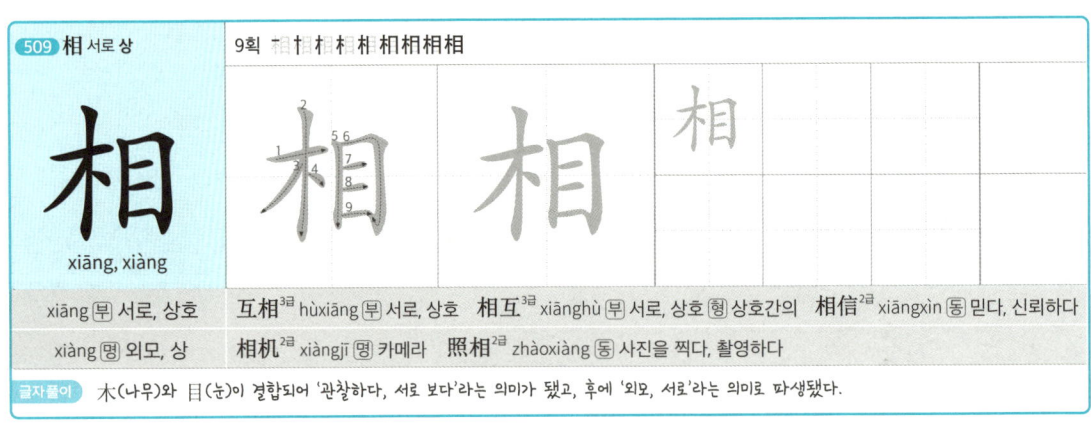

509 相 서로 상 — 9획

xiāng, xiàng

xiāng 부 서로, 상호
xiàng 명 외모, 상

互相³ hùxiāng 부 서로, 상호   相互³ xiānghù 부 서로, 상호   형 상호간의   相信² xiāngxìn 동 믿다, 신뢰하다
相机² xiàngjī 명 카메라   照相 zhàoxiàng 동 사진을 찍다, 촬영하다

글자풀이: 木(나무)와 目(눈)이 결합되어 '관찰하다, 서로 보다'라는 의미가 됐고, 후에 '외모, 서로'라는 의미로 파생됐다.

510 帮 도울 방

9획 一 一 三 丰 丰 邦 邦 帮 帮

bāng

동 돕다, 도와주다   帮忙¹급 bāngmáng 동 (일을) 돕다, 도움을 주다

글자풀이 帛(비단)과 封(봉하다)가 결합되어 신발 옆면의 천을 의미했고, 옆에서 받쳐준다 하여 '돕다'라는 의미로 확장됐다. 후에 帮으로 간화됐다.

511 助 도울 조

7획 丨 冂 冃 且 且 助 助

zhù

동 돕다, 도와주다   帮助²급 bāngzhù 동 돕다   助理 zhùlǐ 명 보조, 보좌관
助手 zhùshǒu 명 조수

글자풀이 力(힘)과 且를 결합하여 '돕다, 도와주다'는 의미가 됐다. 且는 특별한 뜻 없이 소리만 빌려 온 글자이다.

512 给 줄 급

9획 ㄥ ㄠ ㅛ ㅛ 纟 纟 纟 给 给 给

gěi

동 주다
개 ~에게 주다

给我一杯水。 Gěi wǒ yì bēi shuǐ. 저에게 물 한 잔 주세요.
交给²급 jiāogěi ~에게 건네 주다

글자풀이 糸(실)과 合(합하다)가 결합되어 음식과 옷이 풍족함을 나타냈고, 후에 '주다, 공급하다'라는 의미로 확장됐다.

513 送 보낼 송

9획 ` ` ` ` ` ` 关 送 送

sòng

동 보내다, 선물하다   发送³급 fāsòng 동 발송하다
送给²급 sònggěi ~에게 주다, 선물하다

글자풀이 辶(가다)와 불씨를 들고 있는 모습의 글자가 결합하여 불씨를 들고 배웅하거나 호송하는 것을 나타냈고, '보내다, 선물하다'의 의미가 파생됐다.

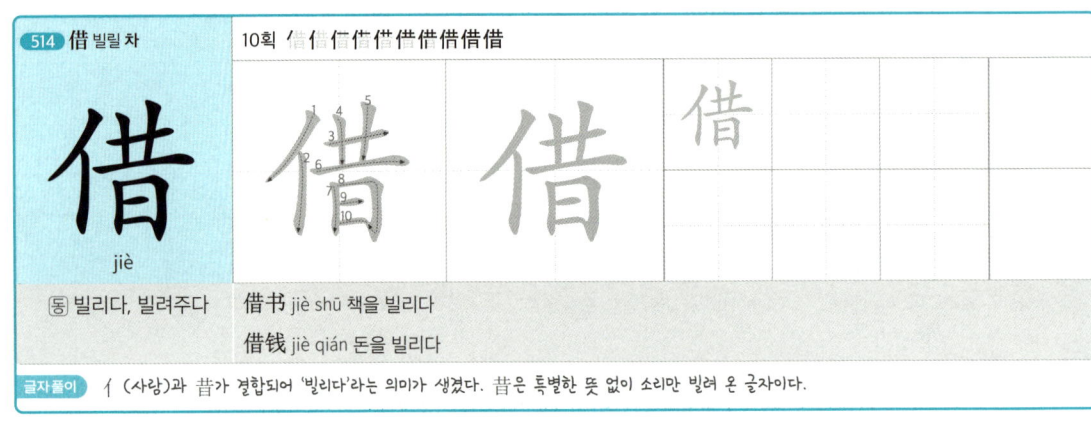

514 借 빌릴 차

jiè

10획 借借借借借借借借借借

동 빌리다, 빌려주다

借书 jiè shū 책을 빌리다
借钱 jiè qián 돈을 빌리다

글자풀이 亻(사람)과 昔가 결합되어 '빌리다'라는 의미가 생겼다. 昔은 특별한 뜻 없이 소리만 빌려 온 글자이다.

515 聯 연이을 련

lián

12획 联联联联联联联联联联联联

동 연결하다, 연합하다

联系³급 liánxì 동 연락하다, 연결하다   联合³급 liánhé 동 단결하다, 연합하다
关联 guānlián 동 관계되다, 관련되다

글자풀이 귀(耳)와 幺(가는 실)이 결합되어 끊기지 않고 이어지는 소리를 의미했고, '연결하다'라는 의미가 됐다. 후에 联으로 간화됐다.

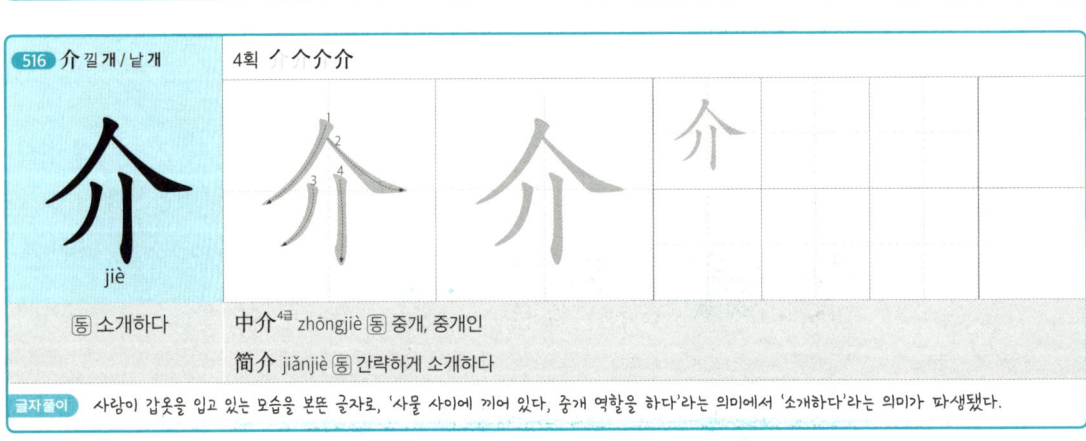

516 介 낄 개 / 낱 개

jiè

4획 介介介介

동 소개하다

中介⁴급 zhōngjiè 동 중개, 중개인
简介 jiǎnjiè 동 간략하게 소개하다

글자풀이 사람이 갑옷을 입고 있는 모습을 본뜬 글자로, '사물 사이에 끼어 있다, 중개 역할을 하다'라는 의미에서 '소개하다'라는 의미가 파생됐다.

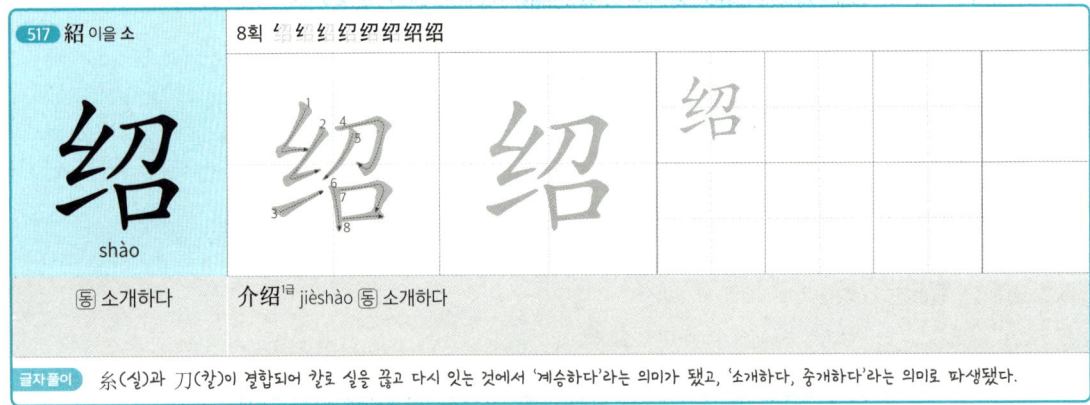

517 紹 이을 소

shào

8획 绍绍绍绍绍绍绍绍

동 소개하다

介绍¹급 jièshào 동 소개하다

글자풀이 糸(실)과 刀(칼)이 결합되어 칼로 실을 끊고 다시 잇는 것에서 '계승하다'라는 의미가 됐고, '소개하다, 중개하다'라는 의미로 파생됐다.

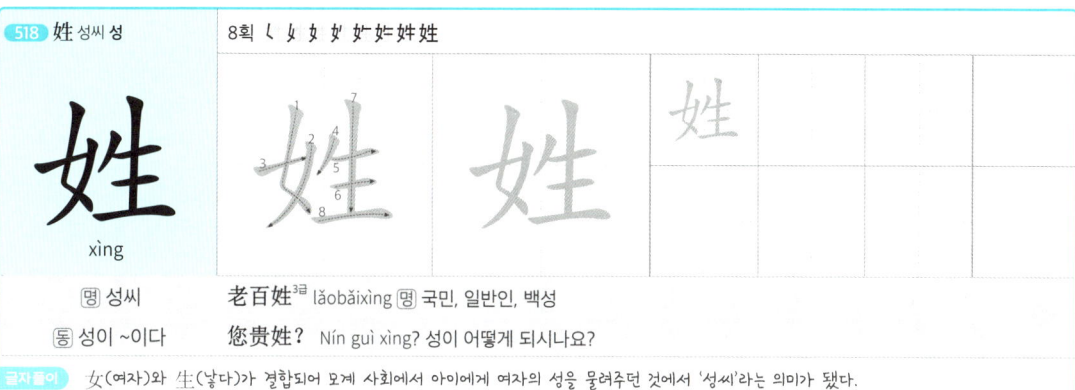

518 姓 성씨 성 — xìng
8획 ㄑ ㄑ 女 女 女 女ᄀ 姓 姓

명 성씨
동 성이 ~이다

老百姓³급 lǎobǎixìng 명 국민, 일반인, 백성
您贵姓? Nín guì xìng? 성이 어떻게 되시나요?

글자풀이 女(여자)와 生(낳다)가 결합되어 모계 사회에서 아이에게 여자의 성을 물려주던 것에서 '성씨'라는 의미가 됐다.

519 名 이름 명 — míng
6획 ノ ク タ 夕 名 名

명 이름, 명칭

姓名²급 xìngmíng 명 성명, 성과 이름   名字¹급 míngzi 명 이름   有名¹급 yǒumíng 형 유명하다
名称²급 míngchēng 명 이름, 명칭

글자풀이 夕(저녁)과 口(입)이 결합되어 밤에 목소리로 사람을 구분하던 것에서 '이름'이라는 의미가 됐다.

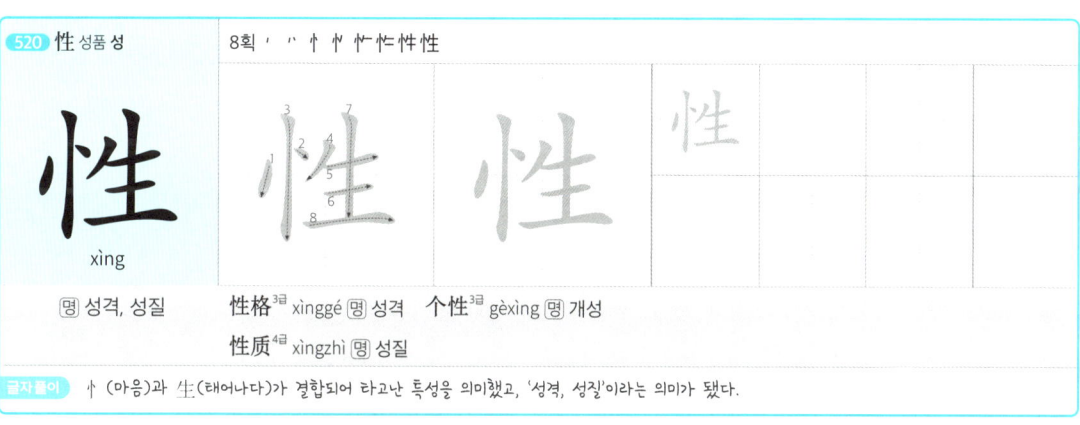

520 性 성품 성 — xìng
8획 ㆍ ㆍ ㅏ ㅏ 忄 忄ᅮ 性 性

명 성격, 성질

性格³급 xìnggé 명 성격   个性³급 gèxìng 명 개성
性质⁴급 xìngzhì 명 성질

글자풀이 忄(마음)과 生(태어나다)가 결합되어 타고난 특성을 의미했고, '성격, 성질'이라는 의미가 됐다.

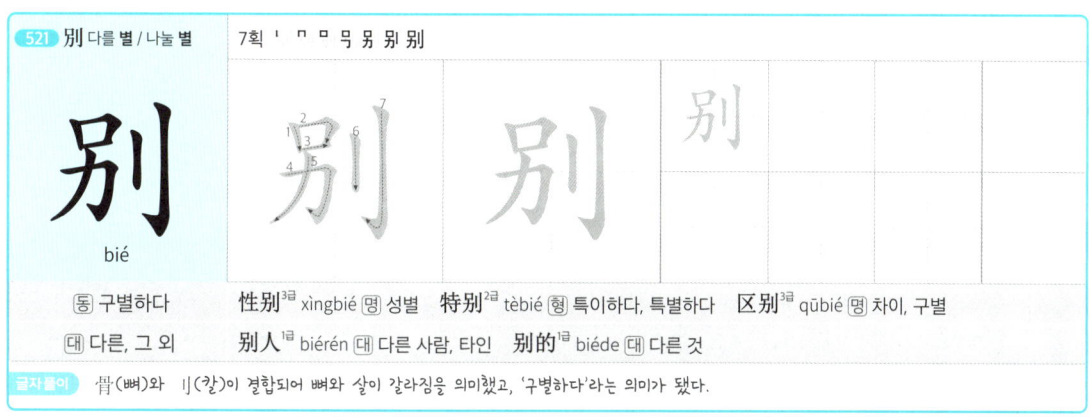

521 別 다를 별 / 나눌 별 — bié
7획 ㅣ ㄱ ㄇ 号 另 別 別

동 구별하다
대 다른, 그 외

性别³급 xìngbié 명 성별   特别²급 tèbié 형 특이하다, 특별하다   区别³급 qūbié 명 차이, 구별
别人¹급 biérén 대 다른 사람, 타인   别的¹급 biéde 대 다른 것

글자풀이 骨(뼈)와 刂(칼)이 결합되어 뼈와 살이 갈라짐을 의미했고, '구별하다'라는 의미가 됐다.

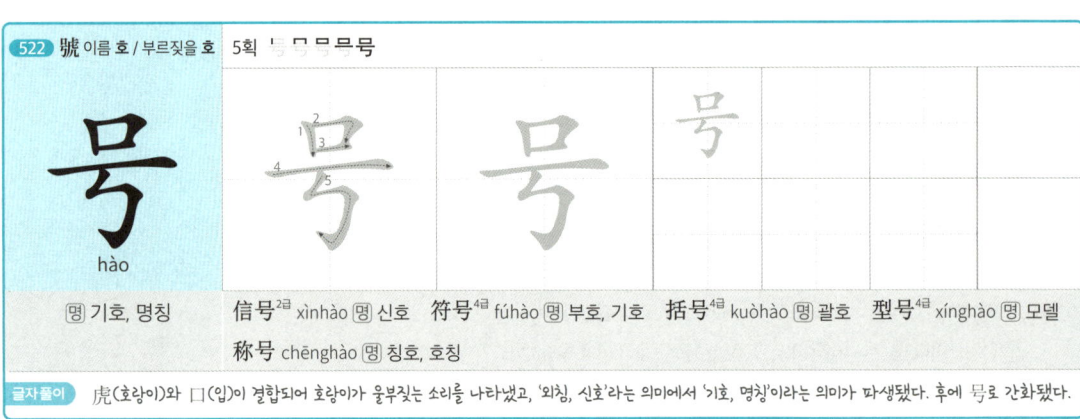

522 號 이름 호 / 부르짖을 호 5획 号号号号号

hào

명 기호, 명칭

信号²급 xìnhào 명 신호　符号⁴급 fúhào 명 부호, 기호　括号⁴급 kuòhào 명 괄호　型号⁴급 xínghào 명 모델
称号 chēnghào 명 칭호, 호칭

글자풀이　虎(호랑이)와 口(입)이 결합되어 호랑이가 울부짖는 소리를 나타냈고, '외침, 신호'라는 의미에서 '기호, 명칭'이라는 의미가 파생됐다. 후에 号로 간화됐다.

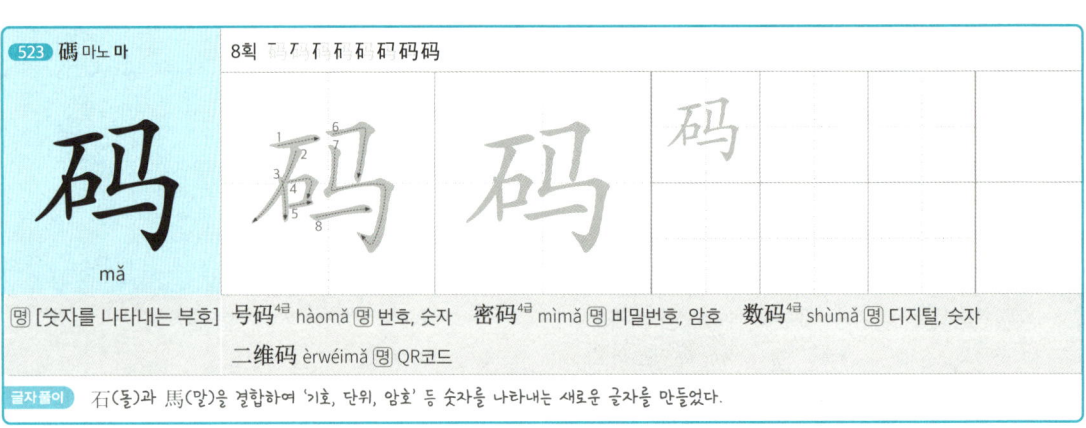

523 碼 마노 마 8획 码码码码码码码码

mǎ

명 [숫자를 나타내는 부호]

号码⁴급 hàomǎ 명 번호, 숫자　密码⁴급 mìmǎ 명 비밀번호, 암호　数码 shùmǎ 명 디지털, 숫자
二维码 èrwéimǎ 명 QR코드

글자풀이　石(돌)과 馬(말)을 결합하여 '기호, 단위, 암호' 등 숫자를 나타내는 새로운 글자를 만들었다.

524 印 도장 인 5획 印印印印印

yìn

동 인쇄하다

打印²급 dǎyìn 동 (프린터로) 인쇄하다　打印机 dǎyìnjī 명 프린터　复印³급 fùyìn 동 복사하다
印刷 yìnshuā 동 인쇄하다

글자풀이　손으로 물건을 누르는 모습으로, 눌러서 낸 자국, 도장을 찍는 것을 의미했고, 인쇄술이 발명된 후 '인쇄하다'라는 의미가 됐다.

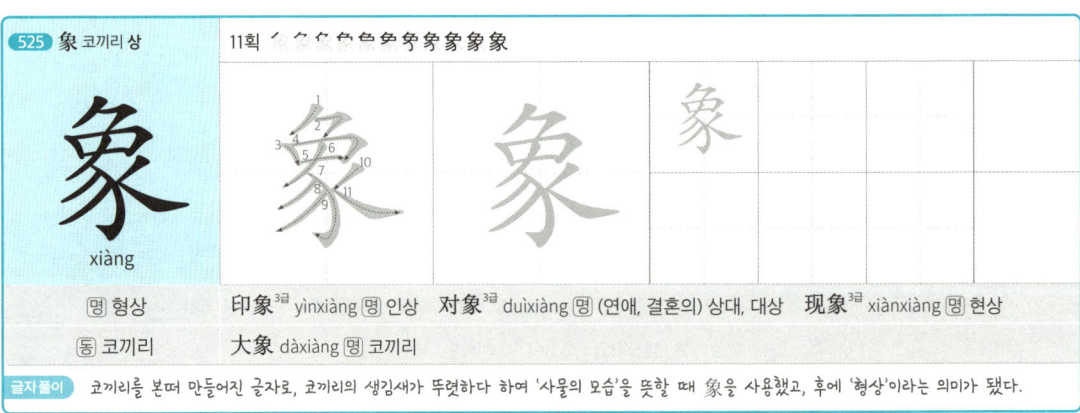

525 象 코끼리 상 11획 象象象象象象象象象象象

xiàng

명 형상
동 코끼리

印象³급 yìnxiàng 명 인상　对象³급 duìxiàng 명 (연애, 결혼의) 상대, 대상　现象³급 xiànxiàng 명 현상
大象 dàxiàng 명 코끼리

글자풀이　코끼리를 본떠 만들어진 글자로, 코끼리의 생김새가 뚜렷하다 하여 '사물의 모습'을 뜻할 때 象을 사용했고, 후에 '형상'이라는 의미가 됐다.

단어로 써 보기

오늘 써 본 한자들로 조합된 HSK 빈출 단어들이에요. 칸에 맞춰 정확히 써 보세요.

3급 关系 guānxi 명 관계

2급 帮助 bāngzhù 동 돕다

1급 介绍 jièshào 동 소개하다

4급 号码 hàomǎ 명 번호, 숫자

3급 印象 yìnxiàng 명 인상

23일차 의견·생각 ①

 说(말하다), 想(생각하다)처럼 의견·생각과 관련된 간체자를 써 볼 거예요. 음성을 들으며 한자와 단어의 발음도 함께 익혀 보세요.

526 说 shuō
동 말하다, 이야기하다

527 谈 tán
동 토론하다, 말하다

528 告 gào
동 알리다

529 诉 sù
동 알리다
동 고소하다

530 讲 jiǎng
동 말하다, 해설하다

531 想 xiǎng
동 생각하다, 그리워하다

532 讨 tǎo
동 토론하다

533 论 lùn
동 논하다
명 이론, 주장

534 主 zhǔ
형 주요한
동 주장하다, 주관하다

535 意 yì
명 의미, 뜻
명 의향, 염원

536 思 sī
동 생각하다

537 换 huàn
동 바꾸다, 교환하다

538 改 gǎi
동 고치다, 바꾸다

539 变 biàn
동 변하다, 바뀌다

540 表 biǎo
동 나타내다
명 표

541 示 shì
동 보여주다, 나타내다

542 决 jué
동 결정하다, 해결되다

543 定 dìng
동 결정하다, 고정되다

544 选 xuǎn
동 선택하다, 고르다

545 择 zé
동 선택하다

546 判 pàn
동 판별하다

547 断 duàn
동 끊다, 자르다
동 판단하다

548 建 jiàn
동 건설하다, 세우다

549 议 yì
명 의견
동 상의하다

526 说 말씀 설

9획 ` 讠 讠 讠 说 说 说 说

shuō

⑤ 말하다, 이야기하다

说话¹급 shuōhuà ⑤ 말하다, 이야기하다　说明²급 shuōmíng ⑤ 설명하다, 해설하다
传说³급 chuánshuō ⑤ 전하다 ⑱ 전설　说服⁴급 shuōfú ⑤ 설득하다

글자풀이　言(말하다)와 兑가 결합되어 입을 벌리고 말하는 모습을 나타냈고, '말하다, 이야기하다'라는 의미가 됐다.

527 谈 말씀 담

10획 ` 讠 讠 讠 讠 讠 谈 谈 谈 谈

tán

⑤ 토론하다, 말하다

谈话³급 tánhuà ⑤ 이야기하다, 담화하다 ⑱ 담화

글자풀이　言(말하다)와 炎(열렬하다)가 결합되어 열렬하게 이야기하는 것을 의미했고, '토론하다, 말하다'의 의미가 됐다.

528 告 고할 고

7획 ´ ㅗ 씨 牛 告 告 告

gào

⑤ 알리다

广告²급 guǎnggào ⑱ 광고　报告³급 bàogào ⑤ 보고하다　告别³급 gàobié ⑤ 작별 인사를 하다, 이별을 고하다
转告⁴급 zhuǎngào ⑤ (말을) 전하다

글자풀이　牛(소)와 口(입)이 결합되어 제단에 소의 머리를 바치며 신에게 고하는 모습을 나타냈다. 후에 '알리다'의 의미가 됐다.

529 诉 호소할 소

7획 ` 讠 讠 讠 诉 诉 诉

sù

⑤ 알리다
⑤ 고소하다

告诉¹급 gàosu ⑤ 알리다, 말하다
投诉⁴급 tóusù ⑤ 고소하다, 소송하다　起诉 qǐsù ⑤ 소송을 제기하다, 기소하다

글자풀이　言(말하다)와 斥가 결합되어 아래에서 위로 '호소하다'라는 의미가 됐고, '고소하다, 알리다'의 의미가 됐다. 斥는 특별한 뜻 없이 소리만 빌려 온 글자이다.

1급 = HSK 1급　2급 = HSK 2급　3급 = HSK 3급　4급 = HSK 4급

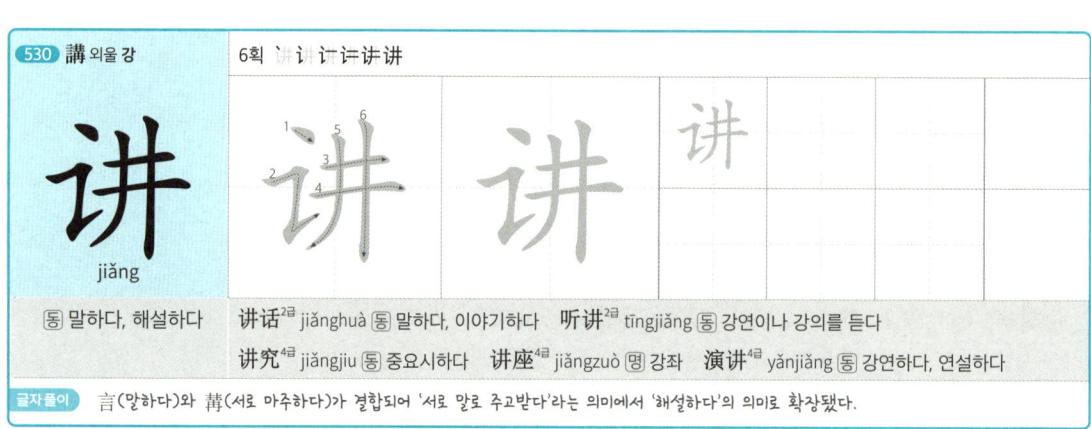

530 講 외울 강

6획 讲 讲 讲 讲 讲 讲

jiǎng

(동) 말하다, 해설하다
讲话²급 jiǎnghuà (동) 말하다, 이야기하다   听讲²급 tīngjiǎng (동) 강연이나 강의를 듣다
讲究⁴급 jiǎngjiu (동) 중요시하다   讲座⁴급 jiǎngzuò (명) 강좌   演讲⁴급 yǎnjiǎng (동) 강연하다, 연설하다

글자풀이 言(말하다)와 冓(서로 마주하다)가 결합되어 '서로 말로 주고받다'라는 의미에서 '해설하다'의 의미로 확장됐다.

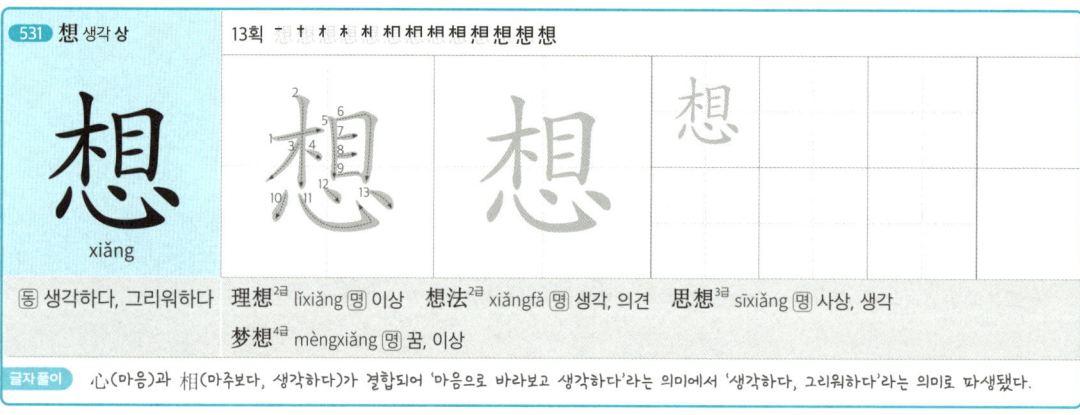

531 想 생각 상

13획 一 十 才 木 机 机 相 相 相 相 想 想 想

xiǎng

(동) 생각하다, 그리워하다
理想²급 lǐxiǎng (명) 이상   想法²급 xiǎngfǎ (명) 생각, 의견   思想³급 sīxiǎng (명) 사상, 생각
梦想⁴급 mèngxiǎng (명) 꿈, 이상

글자풀이 心(마음)과 相(마주보다, 생각하다)가 결합되어 '마음으로 바라보고 생각하다'라는 의미에서 '생각하다, 그리워하다'라는 의미로 파생됐다.

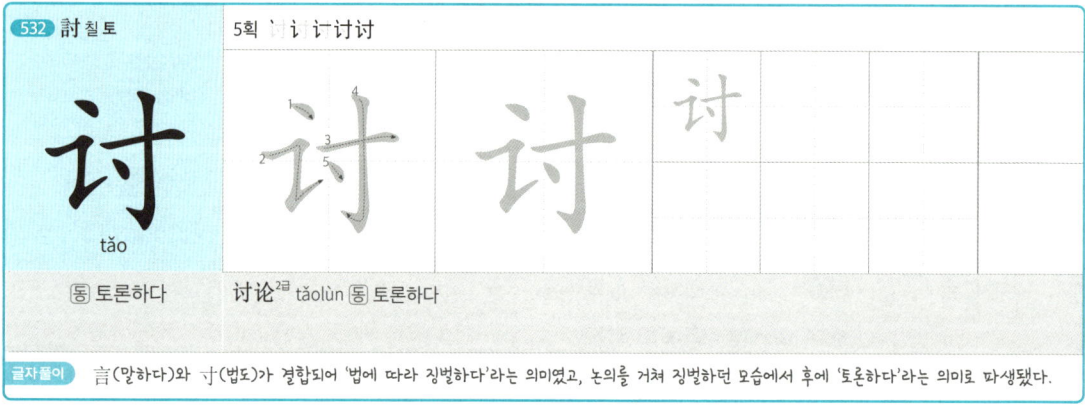

532 討 칠 토

5획 讨 讨 讨 讨 讨

tǎo

(동) 토론하다
讨论²급 tǎolùn (동) 토론하다

글자풀이 言(말하다)와 寸(법도)가 결합되어 '법에 따라 징벌하다'라는 의미였고, 논의를 거쳐 징벌하던 모습에서 후에 '토론하다'라는 의미로 파생됐다.

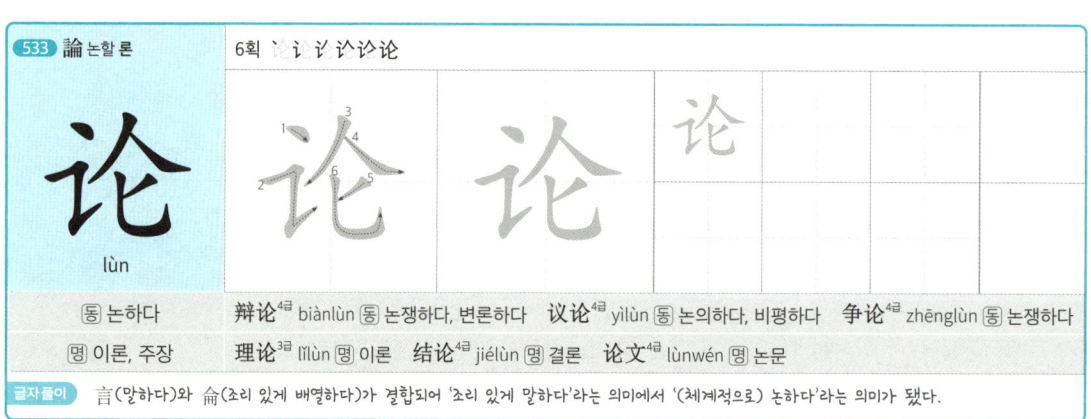

533 論 논할 론

6획 论 论 论 论 论 论

lùn

(동) 논하다
辩论⁴급 biànlùn (동) 논쟁하다, 변론하다   议论⁴급 yìlùn (동) 논의하다, 비평하다   争论⁴급 zhēnglùn (동) 논쟁하다
(명) 이론, 주장
理论³급 lǐlùn (명) 이론   结论⁴급 jiélùn (명) 결론   论文⁴급 lùnwén (명) 논문

글자풀이 言(말하다)와 侖(조리 있게 배열하다)가 결합되어 '조리 있게 말하다'라는 의미에서 '(체계적으로) 논하다'라는 의미가 됐다.

534 主 임금 주 / 주인 주

5획 `丶亠宀主主`

主
zhǔ

- 형 주요한
- 동 주장하다, 주관하다

主要² zhǔyào 형 주요하다
主张³ zhǔzhāng 동 주장하다 主动³ zhǔdòng 형 자발적이다, 능동적이다 自主³ zìzhǔ 동 자주적으로 하다

글자풀이 등잔에 불이 붙어 있는 모습을 본떠 만들어진 글자로, 등불의 중심이라는 의미에서 '주요한'이라는 의미가 파생됐다.

535 意 뜻 의

13획 `丶亠宀立产产音音音音意意意`

意
yì

- 명 의미, 뜻
- 명 의향, 염원

意义³ yìyì 명 의의, 의미
主意³ zhǔyi 명 주견, 아이디어 满意² mǎnyì 동 만족하다 愿意² yuànyì 동 원하다

글자풀이 音(소리)와 心(마음)이 결합되어 내면의 활동을 통해 소리를 냄을 의미했고, '마음속 의지, 의향, 뜻'이라는 의미가 됐다.

536 思 생각 사

9획 `丨冂日田田思思思思`

思
sī

- 동 생각하다

意思² yìsi 명 뜻, 의미 有意思² yǒu yìsi 재미있다 思想³ sīxiǎng 명 사상, 생각
思考⁴ sīkǎo 동 사고하다, 깊이 생각하다

글자풀이 뇌의 모습을 본뜬 글자와 心(마음)이 결합되어 '뇌가 생각하는 활동'을 의미했고, 후에 '생각하다'라는 의미가 됐다.

537 换 바꿀 환

10획 `一𠄐才扌扩扩扩护换换换`

换
huàn

- 동 바꾸다, 교환하다

交换⁴ jiāohuàn 동 교환하다 更换 gēnghuàn 동 바꾸다, 대체하다
转换 zhuǎnhuàn 동 바꾸다, 전환하다

글자풀이 扌(손)과 奂이 결합되어 양손으로 물건을 교환하는 것을 나타냈다. 奂은 특별한 뜻 없이 소리만 빌려 온 글자이다.

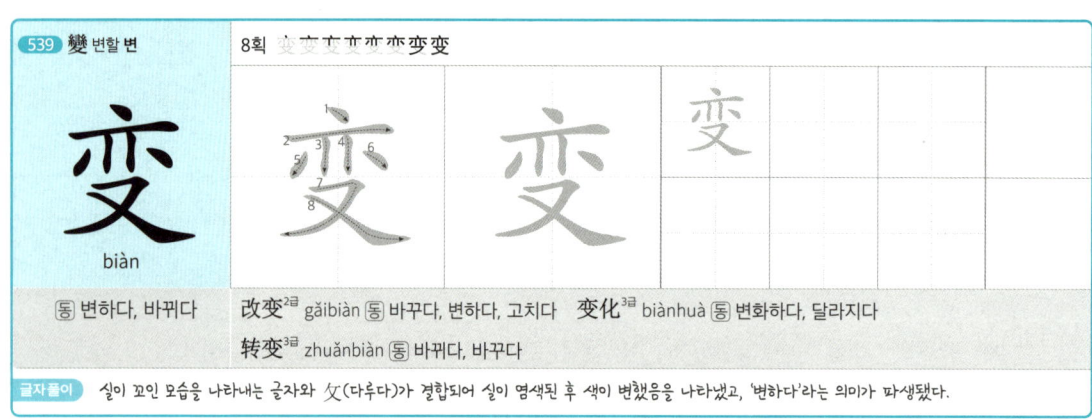

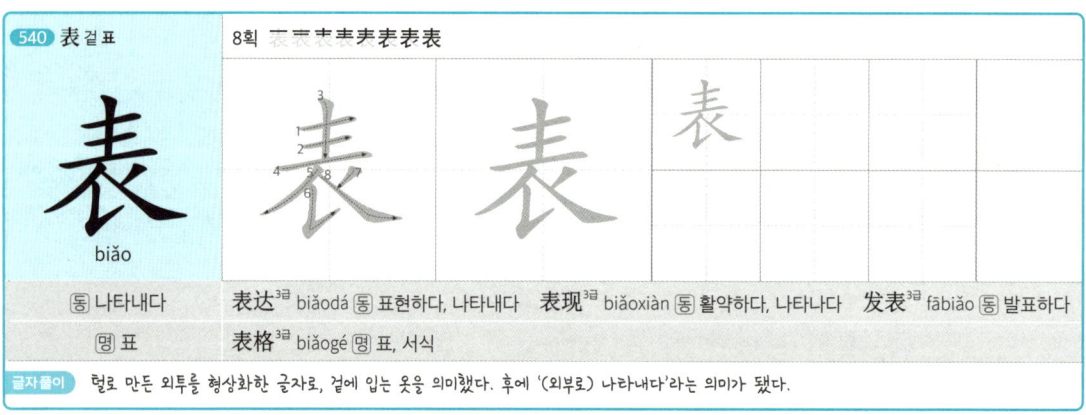

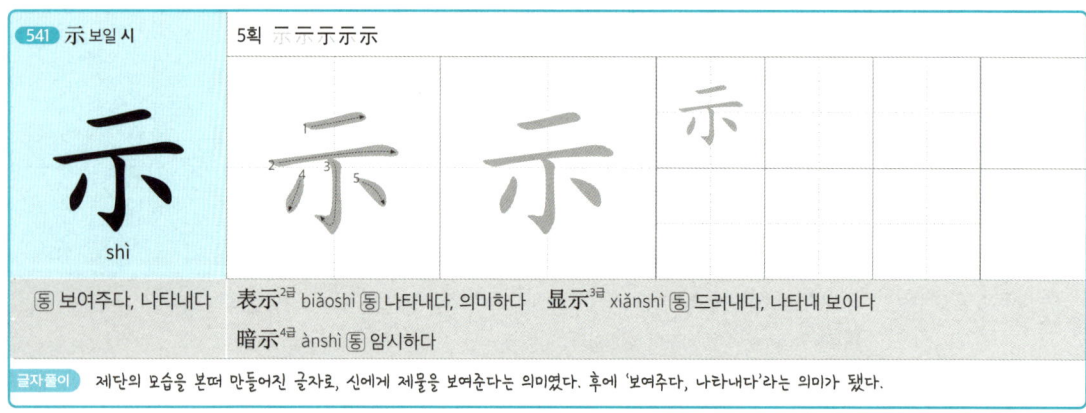

542 决 결단할 **결** 6획 `丶冫冫冫决决`

jué

图 결정하다, 해결되다   决心³급 juéxīn 图 결심   解决³급 jiějué 图 해결하다, 풀다
决赛³급 juésài 图 결승전

글자풀이 氵(물)과 夬(물길)이 결합되어 물길을 터서 물이 나누어 흐르게 함을 의미했고, 후에 '해결되다'라는 의미가 파생됐다.

543 定 정할 **정** 8획 `丶丶宀宀宁宇定定`

dìng

图 결정하다, 고정되다   决定³급 juédìng 图 결정하다   一定²급 yídìng 图 어느 정도의, 상당한 图 반드시   定期³급 dìngqī 图 정기적인
固定⁴급 gùdìng 图 고정되다, 불변하다

글자풀이 宀(집)과 正(안정되다)가 결합되어 집을 다 지어 안정된 상태를 의미했고, '고정되다'라는 의미가 됐다.

544 選 가릴 **선** 9획 `丿丷丷丷生生先先选选`

选
xuǎn

图 선택하다, 고르다   选手³급 xuǎnshǒu 图 선수
挑选⁴급 tiāoxuǎn 图 고르다, 선택하다

글자풀이 辶(걷다)와 巽(가려내다)가 결합되어 기준에 따라 인재를 선발함을 의미했고, '선택하다, 고르다'라는 의미가 됐다. 후에 选으로 간화됐다.

545 擇 가릴 **택** 8획 `一丶扌扌扞择择择`

zé

图 선택하다   选择⁴급 xuǎnzé 图 선택하다, 고르다

글자풀이 扌(손)과 睪(살피다)가 결합되어 손으로 물건을 고르는 것을 의미했고, '선택하다'라는 의미가 됐다.

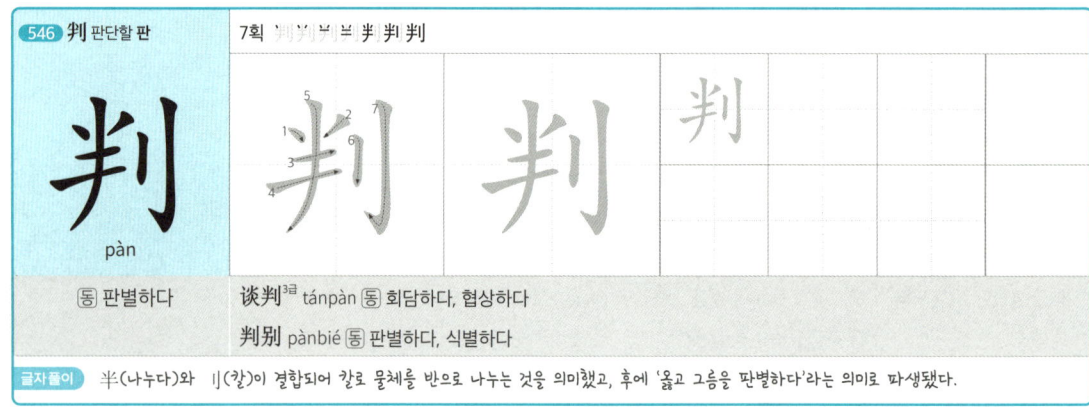

546 判 판단할 판
pàn

7획 判 判 判 判 判 判 判

동 판별하다

谈判³급 tánpàn 동 회담하다, 협상하다
判别 pànbié 동 판별하다, 식별하다

글자풀이: 半(나누다)와 刂(칼)이 결합되어 칼로 물체를 반으로 나누는 것을 의미했고, 후에 '옳고 그름을 판별하다'라는 의미로 파생됐다.

547 断 끊을 단
duàn

11획 断 断 断 断 断 断 断 断 断 断 断

동 끊다, 자르다
동 판단하다

不断³급 búduàn 동 끊임없다   中断 zhōngduàn 동 중단하다, 끊기다
判断³급 pànduàn 동 판단하다

글자풀이: 糸(실)과 斤(도끼)가 결합되어 도끼로 실을 자르는 것을 의미했고, 물건을 자르는 것에서 추상적인 것을 '결단하다, 판단하다'라는 의미도 파생됐다.

548 建 세울 건
jiàn

8획 建 建 建 建 建 建 建 建

동 건설하다, 세우다

建立³급 jiànlì 동 건립하다, 세우다   建设³급 jiànshè 동 건설하다
建筑 jiànzhù 동 짓다, 건축하다 명 건축물

글자풀이: 廴(오래 가다)와 聿(붓)이 결합되어 붓으로 장기적인 공사를 설계하는 것을 의미했고, '건설하다'라는 의미가 됐다.

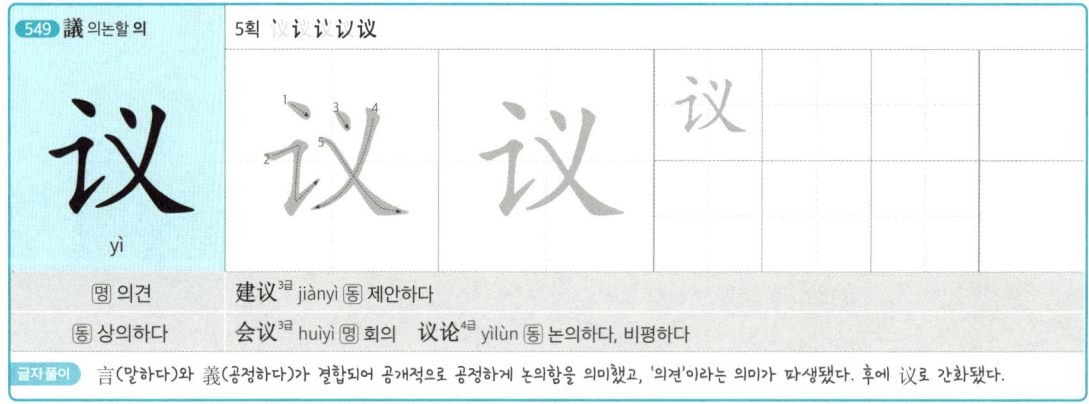

549 議 의논할 의
yì

5획 议 议 议 议 议

명 의견
동 상의하다

建议³급 jiànyì 동 제안하다
会议³급 huìyì 명 회의   议论⁴급 yìlùn 동 논의하다, 비평하다

글자풀이: 言(말하다)와 義(공정하다)가 결합되어 공개적으로 공정하게 논의함을 의미했고, '의견'이라는 의미가 파생됐다. 후에 议로 간화됐다.

단어로 써 보기

오늘 써 본 한자들로 조합된 HSK 빈출 단어들이에요. 칸에 맞춰 정확히 써 보세요.

1급 告诉 gàosu
(동) 알리다, 말하다

2급 讨论 tǎolùn
(동) 토론하다

3급 决定 juédìng
(동) 결정하다

4급 选择 xuǎnzé
(동) 선택하다, 고르다

3급 建议 jiànyì
(동) 제안하다

23일차 의견·생각 ①

24일차 의견·생각 ②

受(받아들이다), 据(~에 근거하여)처럼 의견·생각과 관련된 간체자를 써 볼 거예요. 음성을 들으며 한자와 단어의 발음도 함께 익혀 보세요.

550 接 jiē
동 가까이하다
동 받다, 맞이하다

551 受 shòu
동 받다, 받아들이다

552 需 xū
동 필요하다

553 求 qiú
동 요구하다, 요청하다

554 应 yīng, yìng
조동 ~해야 한다
동 적응하다, 대응하다

555 该 gāi
조동 ~해야 한다

556 坚 jiān
형 견고하다

557 持 chí
동 유지하다

558 根 gēn
명 뿌리, 근본
양 가닥, 대

559 据 jù
개 ~에 근거하여
명 증거

560 例 lì
명 예, 사례

561 如 rú
동 ~와 같다
접 만약

562 消 xiāo
동 사라지다

563 息 xī
명 소식
동 쉬다

564 忘 wàng
동 잊다

565 证 zhèng
동 증명하다
명 증거, 증명서

566 批 pī
동 비평하다

567 评 píng
동 비판하다, 평론하다

568 希 xī
형 희망하다

569 望 wàng
동 희망하다

570 愿 yuàn
명 소원
조동 바라다

571 理 lǐ
명 이치, 도리
동 관리하다, 처리하다

572 解 jiě
동 이해하다
동 풀다

573 懂 dǒng
동 알다, 이해하다

550 接 이을 접

11획 ー † ‡ ‡ ‡ 扩 拧 按 按 接 接

jiē

⑧ 가까이하다, 연결하다 接着²급 jiēzhe ⑧ (말을) 이어서 直接²급 zhíjiē ⑱ 바로 ~하다, 직접적이다 接近³급 jiējìn ⑧ 접근하다

⑧ 받다, 맞이하다 接到²급 jiēdào 받다, 입수하다 接待³급 jiēdài ⑧ 응대하다, 접대하다 迎接³급 yíngjiē ⑧ 맞이하다, 영접하다

글자풀이 扌(손)과 妾(첩, 노예)가 결합되어 손으로 물건을 건네는 행위를 나타냈고, '가까이하다, 받다'라는 의미로 파생됐다.

551 受 받을 수

8획 ー ⼕ ⼕ ⼕ ⼕ 严 受 受

shòu

⑧ 받다, 받아들이다 接受²급 jiēshòu ⑧ 받아들이다, 받다 难受²급 nánshòu ⑱ 불편하다, 괴롭다 感受³급 gǎnshòu ⑲ 느낌, 감상

承受⁴급 chéngshòu ⑧ 감당하다, 받아들이다

글자풀이 두 손이 위아래로 물건을 주고받는 모습을 본떠 만들어진 글자로, '주고받다'라는 의미가 됐고, '받다'라는 의미로 확장됐다.

552 需 기다릴 수

14획 ー 〒 〒 雨 雨 雨 雨 雨 雰 雷 需 需 需 需

xū

⑧ 필요하다 需要³급 xūyào ⑧ 필요하다, 요구되다

必需 bìxū ⑧ 반드시 필요하다

글자풀이 雨(비)와 빗물이 수염을 타고 흘러내리는 모습을 나타낸 而이 결합되어, 비가 필요한 농경 사회의 상황을 나타냈고, '필요하다'라는 의미로 파생됐다.

553 求 구할 구

7획 ー 〒 寸 才 才 求 求

qiú

⑧ 요구하다, 요청하다 需求³급 xūqiú ⑲ 수요, 필요 要求²급 yāoqiú ⑧ 요구하다

请求²급 qǐngqiú ⑧ 요청하다, 부탁하다

글자풀이 손으로 가죽을 움켜쥔 모습을 본떠 만들어진 글자로, 가죽을 얻기 위해 사냥하는 것을 나타냈고, '요구하다, 요청하다'라는 의미로 확장됐다.

1급 = HSK 1급 2급 = HSK 2급 3급 = HSK 3급 4급 = HSK 4급

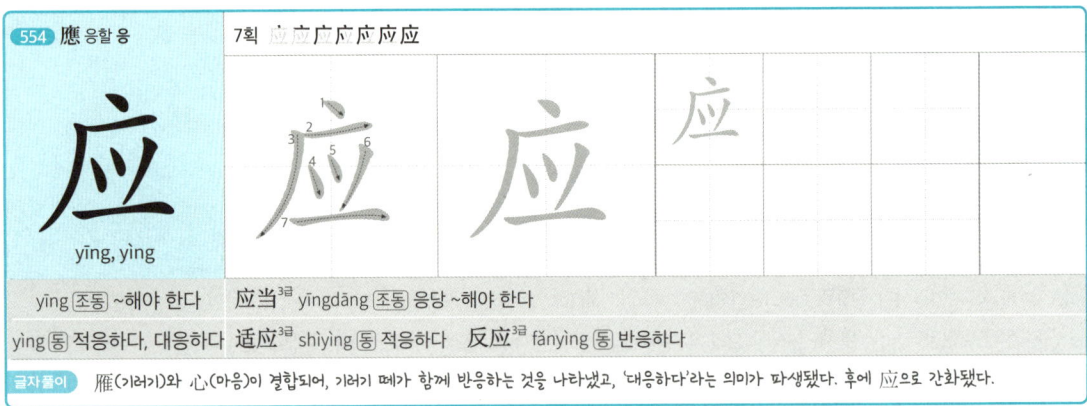

554 應 응할 응

7획 应广应应应

yīng, yìng

yīng [조동] ~해야 한다
yìng [동] 적응하다, 대응하다

应当³⁰ yīngdāng [조동] 응당 ~해야 한다
适应³⁰ shìyìng [동] 적응하다   反应³⁰ fǎnyìng [동] 반응하다

글자풀이   雁(기러기)와 心(마음)이 결합되어, 기러기 떼가 함께 반응하는 것을 나타냈고, '대응하다'라는 의미가 파생됐다. 후에 应으로 간화됐다.

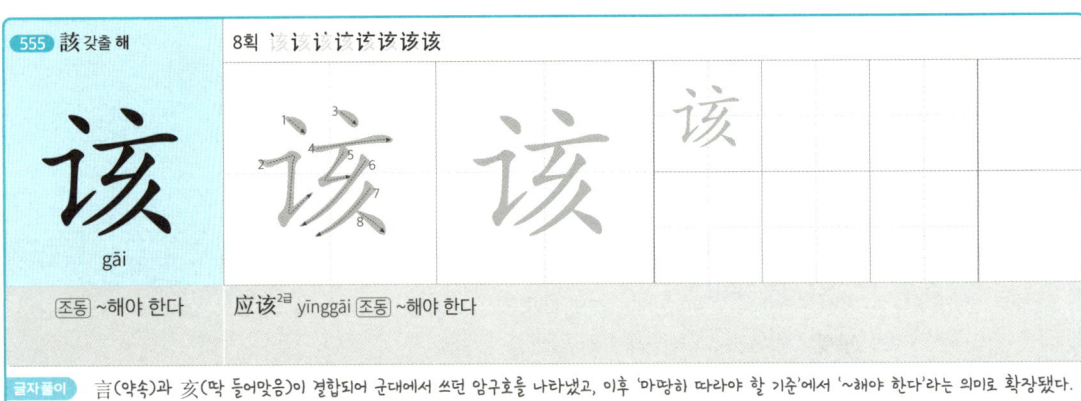

555 該 갖출 해

8획 该该讠该该该该该

gāi

[조동] ~해야 한다

应该²⁰ yīnggāi [조동] ~해야 한다

글자풀이   言(약속)과 亥(딱 들어맞음)이 결합되어 군대에서 쓰던 암구호를 나타냈고, 이후 '마땅히 따라야 할 기준'에서 '~해야 한다'라는 의미로 확장됐다.

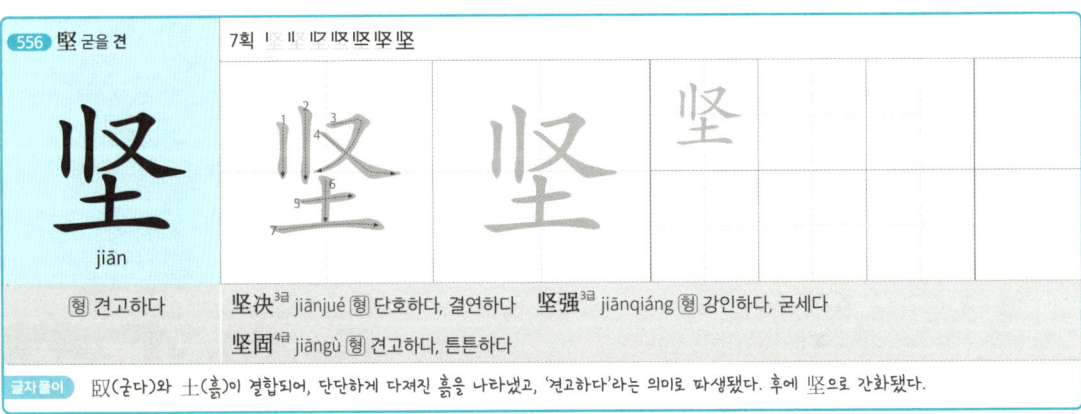

556 堅 굳을 견

7획 坚坚坚坚坚坚坚

jiān

[형] 견고하다

坚决³⁰ jiānjué [형] 단호하다, 결연하다   坚强³⁰ jiānqiáng [형] 강인하다, 굳세다
坚固⁴⁰ jiāngù [형] 견고하다, 튼튼하다

글자풀이   臤(굳다)와 土(흙)이 결합되어, 단단하게 다져진 흙을 나타냈고, '견고하다'라는 의미로 파생됐다. 후에 坚으로 간화됐다.

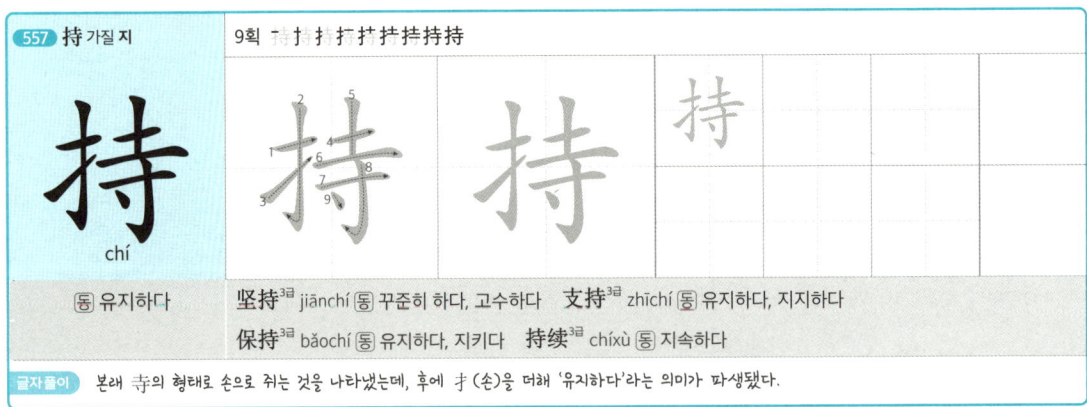

557 持 가질 지

9획 持持持持持持持持持

chí

[동] 유지하다

坚持³⁰ jiānchí [동] 꾸준히 하다, 고수하다   支持³⁰ zhīchí [동] 유지하다, 지지하다
保持³⁰ bǎochí [동] 유지하다, 지키다   持续³⁰ chíxù [동] 지속하다

글자풀이   본래 寺의 형태로 손으로 쥐는 것을 나타냈는데, 후에 扌(손)을 더해 '유지하다'라는 의미가 파생됐다.

558 根 뿌리 근

10획 一十 十 木 朾 朾 柯 根 根 根

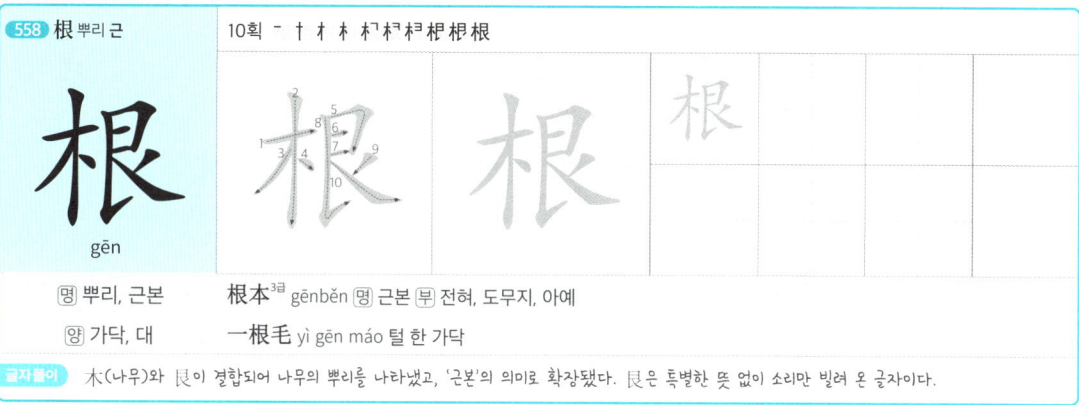

gēn

- 명 뿌리, 근본
- 양 가닥, 대

根本³급 gēnběn 명 근본 부 전혀, 도무지, 아예
一根毛 yì gēn máo 털 한 가닥

글자풀이 木(나무)와 艮이 결합되어 나무의 뿌리를 나타냈고, '근본'의 의미로 확장됐다. 艮은 특별한 뜻이 없이 소리만 빌려 온 글자이다.

559 据 의거할 거

11획 一 十 扌 扌 扩 护 护 护 据 据 据

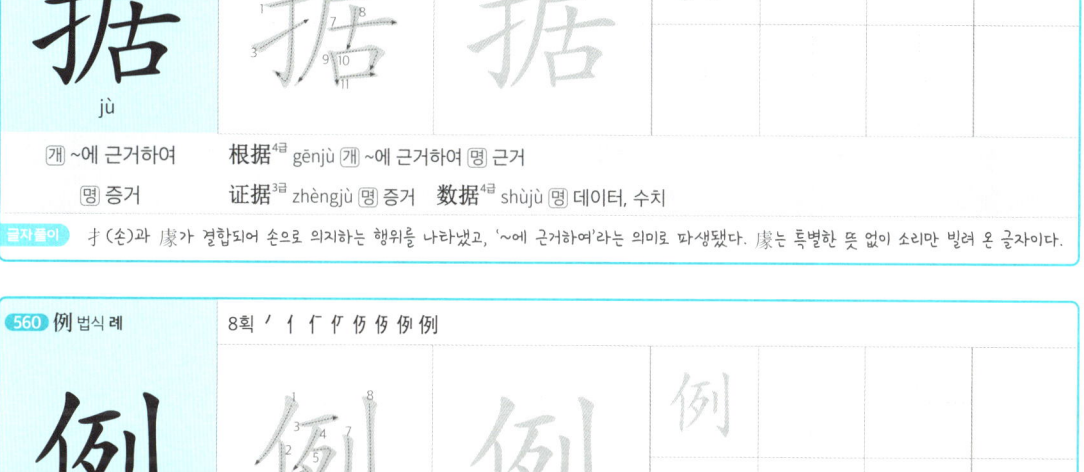

jù

- 개 ~에 근거하여
- 명 증거

根据⁴급 gēnjù 개 ~에 근거하여 명 근거
证据³급 zhèngjù 명 증거 数据⁴급 shùjù 명 데이터, 수치

글자풀이 扌(손)과 豦가 결합되어 손으로 의지하는 행위를 나타냈고, '~에 근거하여'라는 의미로 파생됐다. 豦는 특별한 뜻 없이 소리만 빌려 온 글자이다.

560 例 법식 례

8획 丿 亻 亻 伢 伢 伢 例 例

例

lì

- 명 예, 사례

例子²급 lìzi 명 예, 보기
比例³급 bǐlì 명 비율, 비례

글자풀이 亻(사람)과 列가 결합되어 분류하여 나열하는 것을 나타냈고, '예시, 사례'의 뜻으로 확장됐다. 列는 특별한 뜻 없이 소리만 빌려 온 글자이다.

561 如 같을 여

6획 ㄑ 乆 女 如 如 如

rú

- 동 ~와 같다
- 접 만약

例如²급 lìrú 동 예를 들다, 예컨대   比如²급 bǐrú 동 예를 들어
如果²급 rúguǒ 접 만약   假如⁴급 jiǎrú 접 만약, 만일, 가령

글자풀이 본래 '순종하다'라는 의미였으나, 의미가 발전하면서 '~와 같다, 만약'을 뜻하는 글자로 如를 사용하게 됐다.

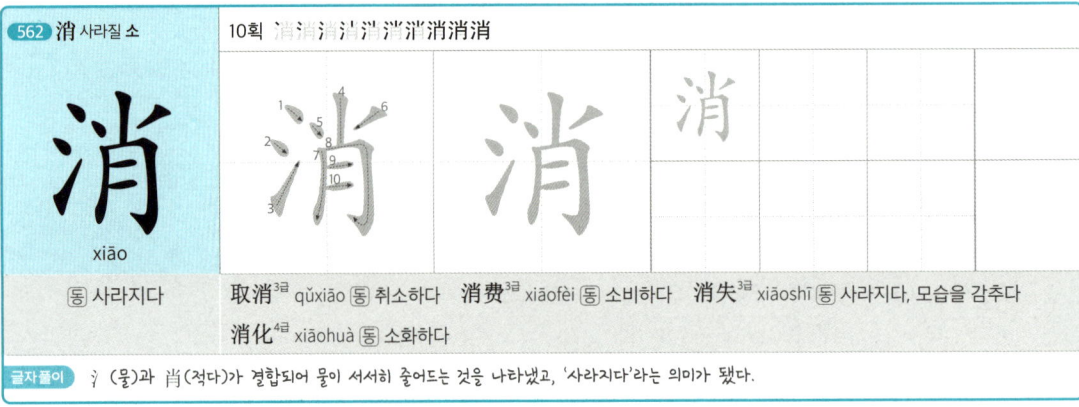

562 消 사라질 소 xiāo

10획 消消消消消消消消消

(동) 사라지다

取消³급 qǔxiāo (동) 취소하다　消费³급 xiāofèi (동) 소비하다　消失³급 xiāoshī (동) 사라지다, 모습을 감추다
消化⁴급 xiāohuà (동) 소화하다

글자풀이　氵(물)과 肖(적다)가 결합되어 물이 서서히 줄어드는 것을 나타냈고, '사라지다'라는 의미가 됐다.

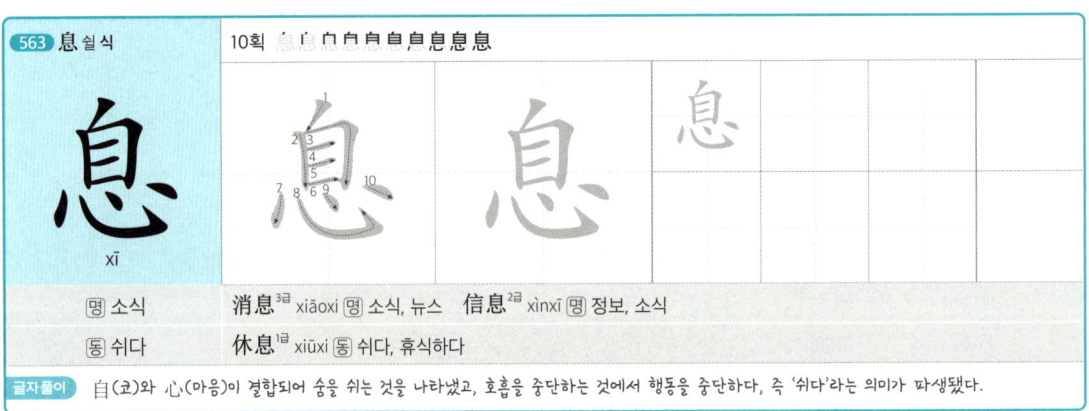

563 息 쉴 식 xī

10획 息息息息息息息息息息

(명) 소식
(동) 쉬다

消息³급 xiāoxi (명) 소식, 뉴스　信息²급 xìnxī (명) 정보, 소식
休息¹급 xiūxi (동) 쉬다, 휴식하다

글자풀이　自(코)와 心(마음)이 결합되어 숨을 쉬는 것을 나타냈고, 호흡을 중단하는 것에서 행동을 중단하다, 즉 '쉬다'라는 의미가 파생됐다.

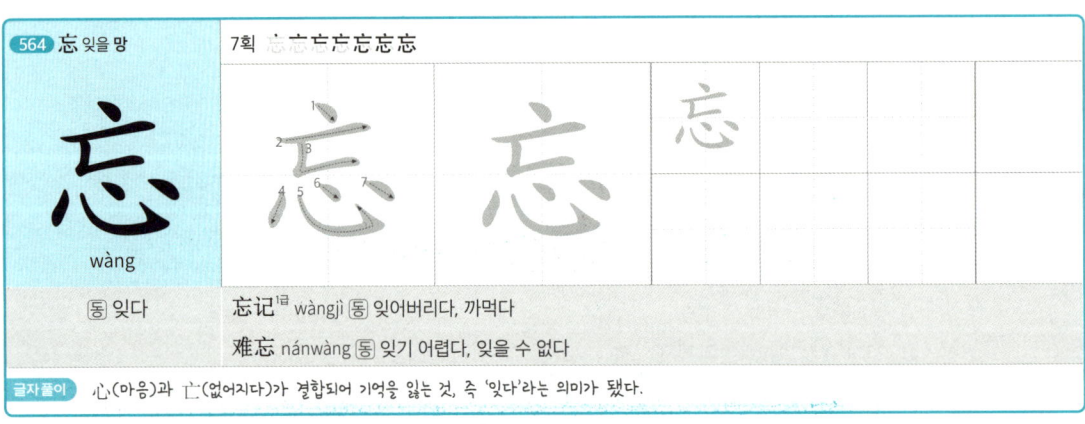

564 忘 잊을 망 wàng

7획 忘忘忘忘忘忘忘

(동) 잊다

忘记¹급 wàngjì (동) 잊어버리다, 까먹다
难忘 nánwàng (동) 잊기 어렵다, 잊을 수 없다

글자풀이　心(마음)과 亡(없어지다)가 결합되어 기억을 잃는 것, 즉 '잊다'라는 의미가 됐다.

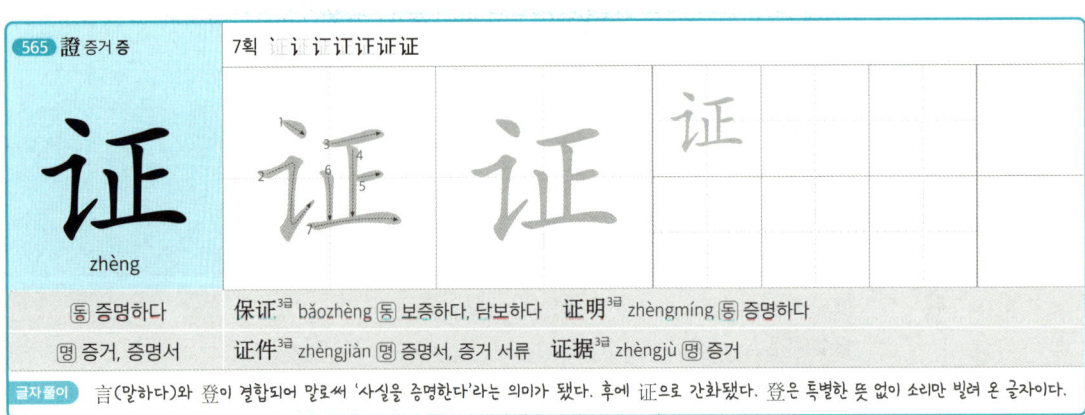

565 證 증거 증 zhèng

7획 证证证证证证证

(동) 증명하다
(명) 증거, 증명서

保证³급 bǎozhèng (동) 보증하다, 담보하다　证明³급 zhèngmíng (동) 증명하다
证件³급 zhèngjiàn (명) 증명서, 증거 서류　证据³급 zhèngjù (명) 증거

글자풀이　言(말하다)와 登이 결합되어 말로써 '사실을 증명한다'라는 의미가 됐다. 후에 证으로 간화됐다. 登은 특별한 뜻 없이 소리만 빌려 온 글자이다.

566 批 비평할 비

7획 ノ 扌 扌 扑 扑 批

pī

동 비평하다

批准³급 pīzhǔn 동 (상부 기관이 하부 기관에게) 허가하다, 승인하다

글자풀이 扌(손)과 比가 결합되어 손으로 내리쳐 깎는 것을 뜻했고, 글을 깎고 다듬는다 하여 이후 '비평하다'의 의미로 확장됐다.

567 評 평할 평

7획 丶 讠 讠 评 评 评 评

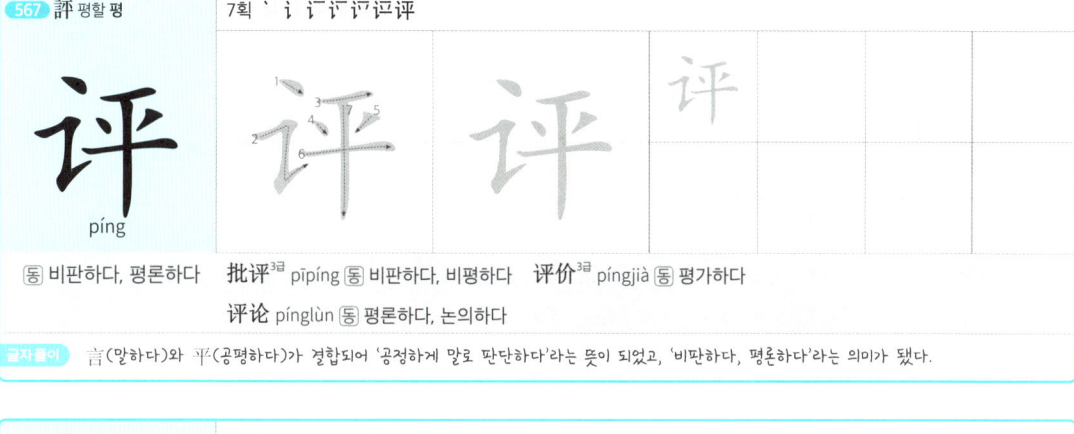

píng

동 비판하다, 평론하다

批评³급 pīpíng 동 비판하다, 비평하다　评价³급 píngjià 동 평가하다
评论 pínglùn 동 평론하다, 논의하다

글자풀이 言(말하다)와 平(공평하다)가 결합되어 '공정하게 말로 판단하다'라는 뜻이 되었고, '비판하다, 평론하다'라는 의미가 됐다.

568 希 바랄 희

7획 ノ ㄨ 쏘 产 产 希 希

xī

형 희망하다

希望³급 xīwàng 동 바라다, 희망하다

글자풀이 爻(교차한 모양)과 巾(천)이 결합되어 수를 놓는 것을 의미했으나, '드물다'라는 글자와 발음이 같아 드문 것을 바란다 하여 '희망하다'라는 의미도 가지게 됐다.

569 望 바랄 망

11획 ` ㅗ ㅗ ㅎ ㅎ 朝 朝 朝 望 望 望

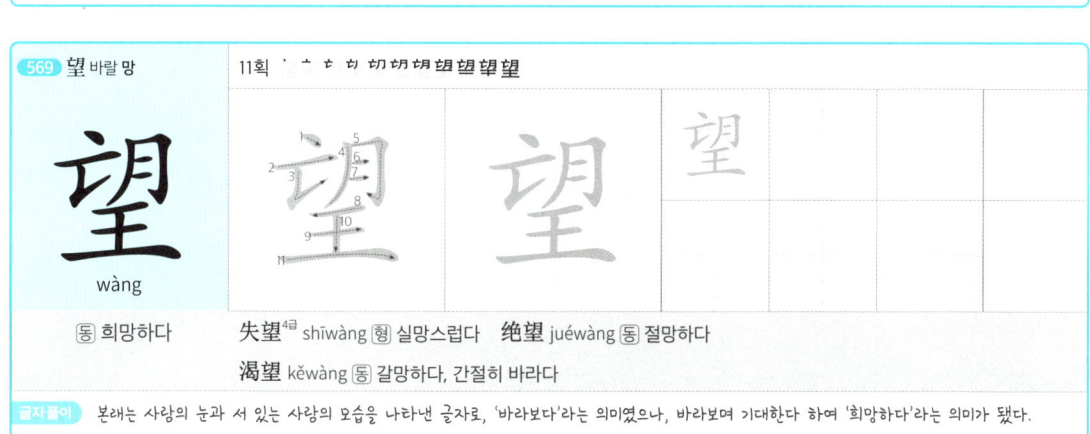

wàng

동 희망하다

失望⁴급 shīwàng 형 실망스럽다　绝望 juéwàng 동 절망하다
渴望 kěwàng 동 갈망하다, 간절히 바라다

글자풀이 본래는 사람의 눈과 서 있는 사람의 모습을 나타낸 글자로, '바라보다'라는 의미였으나, 바라보며 기대한다 하여 '희망하다'라는 의미가 됐다.

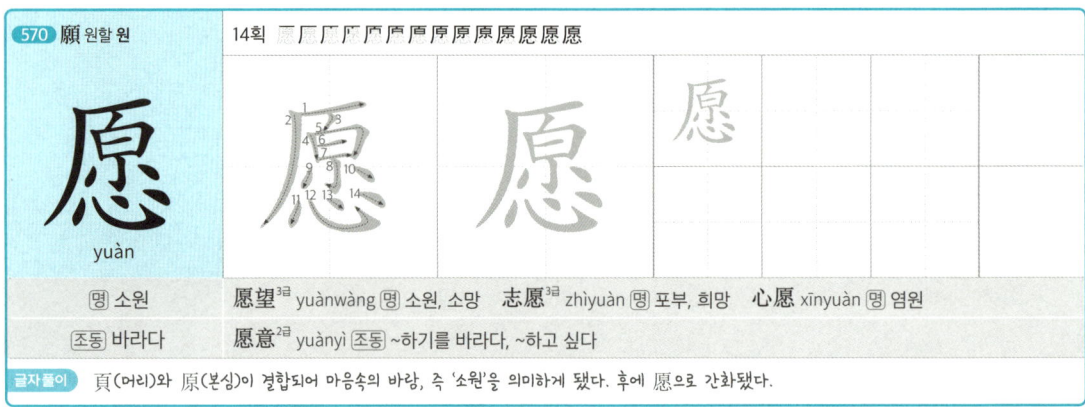

570 願 원할 원

14획 願願願願願願願願願願願願願願

yuàn

- 명 소원   愿望³급 yuànwàng 명 소원, 소망   志愿³급 zhìyuàn 명 포부, 희망   心愿 xīnyuàn 명 염원
- 조동 바라다   愿意²급 yuànyì 조동 ~하기를 바라다, ~하고 싶다

글자풀이: 頁(머리)와 原(본심)이 결합되어 마음속의 바람, 즉 '소원'을 의미하게 됐다. 후에 愿으로 간화됐다.

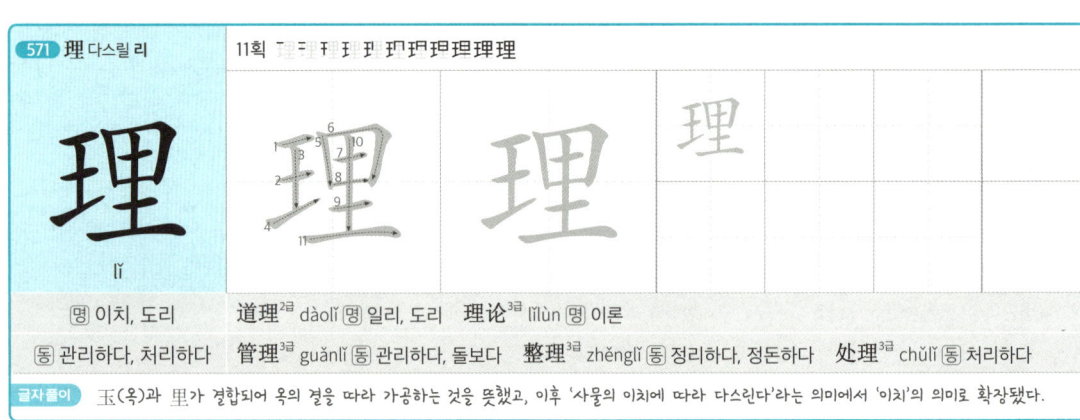

571 理 다스릴 리

11획 理理理理理理理理理理理

lǐ

- 명 이치, 도리   道理²급 dàolǐ 명 일리, 도리   理论³급 lǐlùn 명 이론
- 동 관리하다, 처리하다   管理³급 guǎnlǐ 동 관리하다, 돌보다   整理³급 zhěnglǐ 동 정리하다, 정돈하다   处理³급 chǔlǐ 동 처리하다

글자풀이: 玉(옥)과 里가 결합되어 옥의 결을 따라 가공하는 것을 뜻했고, 이후 '사물의 이치에 따라 다스린다'라는 의미에서 '이치'의 의미로 확장됐다.

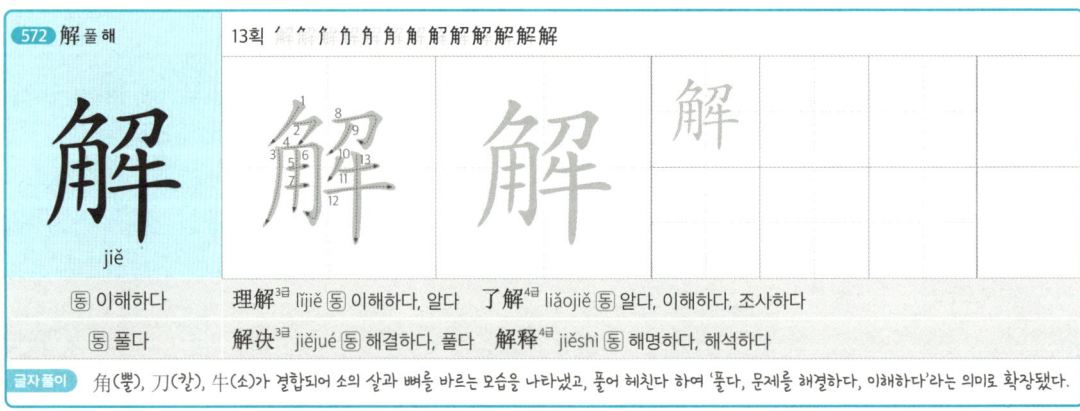

572 解 풀 해

13획 解解解解解解解解解解解解解

jiě

- 동 이해하다   理解³급 lǐjiě 동 이해하다, 알다   了解⁴급 liǎojiě 동 알다, 이해하다, 조사하다
- 동 풀다   解决³급 jiějué 동 해결하다, 풀다   解释⁴급 jiěshì 동 해명하다, 해석하다

글자풀이: 角(뿔), 刀(칼), 牛(소)가 결합되어 소의 살과 뼈를 바르는 모습을 나타냈고, 풀어 헤친다 하여 '풀다, 문제를 해결하다, 이해하다'라는 의미로 확장됐다.

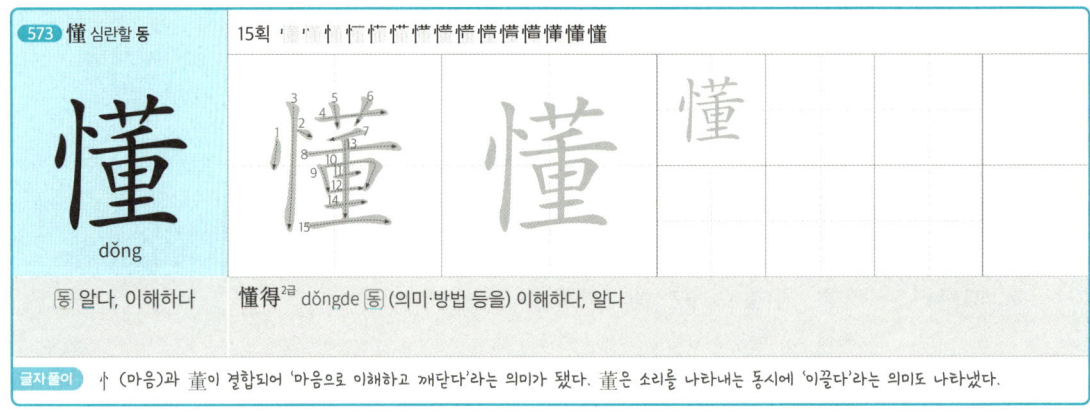

573 懂 심란할 동

15획 懂懂懂懂懂懂懂懂懂懂懂懂懂懂懂

dǒng

- 동 알다, 이해하다   懂得²급 dǒngde 동 (의미·방법 등을) 이해하다, 알다

글자풀이: 忄(마음)과 董이 결합되어 '마음으로 이해하고 깨닫다'라는 의미가 됐다. 董은 소리를 나타내는 동시에 '이끌다'라는 의미도 나타냈다.

단어로 써 보기

오늘 써 본 한자들로 조합된 HSK 빈출 단어들이에요. 칸에 맞춰 정확히 써 보세요.

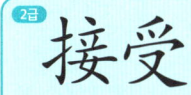

2급 接受 jiēshòu
[동] 받아들이다, 받다

3급 坚持 jiānchí
[동] 꾸준히 하다, 고수하다

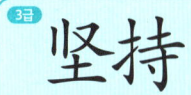

3급 批评 pīpíng
[동] 비판하다, 비평하다

3급 希望 xīwàng
[동] 바라다, 희망하다

3급 理解 lǐjiě
[동] 이해하다, 알다

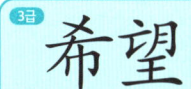

25일차 경제

经(경영하다), 钱(돈, 화폐)처럼 경제와 관련된 간체자를 써 볼 거예요. 음성을 들으며 한자와 단어의 발음도 함께 익혀 보세요.

MP3 바로 듣기

574 经 jīng
동 경영하다
동 경과하다

575 济 jì
동 돕다, 구제하다

576 金 jīn
명 금, 돈

577 银 yín
명 은, 화폐

578 钱 qián
명 돈, 화폐

579 费 fèi
명 비용
동 소비하다

580 信 xìn
동 믿다

581 用 yòng
동 사용하다, 유용하다

582 卡 kǎ
명 카드

583 租 zū
동 세를 놓다, 세를 내다
명 세, 임대료

584 增 zēng
동 증가하다, 늘어나다

585 汇 huì
명 외화
동 송금하다

586 收 shōu
동 받다, 거두다

587 入 rù
명 수입
동 들어가다

588 值 zhí
명 가격, 가치

589 得 dé
동 얻다

590 存 cún
동 축적하다
동 존재하다

591 留 liú
동 남기다
동 유학하다

592 约 yuē
동 절약하다, 약속하다
부 약, 대략

593 省 shěng
동 절약하다
명 성[중국 지방 행정 구역 단위]

594 差 chà, chā, chāi
형 다르다
명 공무, 임무

595 缺 quē
동 부족하다

596 降 jiàng
동 떨어지다

597 落 luò
동 떨어지다

574 經 날 경   8획 ㄥ ㄠ ㅅ 纟 ㄠ乙 纟又 经 经

经
jīng

- 동 경영하다
- 동 경과하다

经理² jīnglǐ 명 사장, 매니저   经营³ jīngyíng 동 경영하다, 운영하다
经过² jīngguò 동 경과하다, 경험하다   经历³ jīnglì 명 경험하다, 겪다   经验³ jīngyàn 동 경험하다

글자풀이 糸(실)과 巠(세로로 걸려 있는 실의 모습)이 결합됐고, 세로 실은 항상 고정되어 있어 '기준'이라는 의미가 됐고 '경영하다'라는 의미까지 확장됐다.

575 濟 건널 제   9획 丶 丶 氵 氵 沙 泙 浐 济 济

济
jǐ

- 동 돕다, 구제하다

经济³ jīngjì 명 경제

글자풀이 氵(물)과 齊(여러 사람이 노를 젓는 모습)이 결합되어 '(강을) 건너다'라는 의미가 됐고, 함께 건너가는 모습에서 '돕다, 구제하다'라는 의미로 확장됐다.

576 金 쇠 금   8획 ノ 人 ㅅ ㅅ 쇼 숟 숟 金

金
jīn

- 명 금, 돈

现金³ xiànjīn 명 현금   资金³ zījīn 명 자금
奖金⁴ jiǎngjīn 명 보너스, 상금   黄金⁴ huángjīn 명 황금

글자풀이 용광로(人)에 무기(王)를 넣고 청동을 녹여 만드는 모습에서, '금속'이란 의미가 됐고, 후엔 황금만 가리켜 '금'이란 의미가 됐다.

577 銀 은 은   11획 ノ ㅅ ㅅ 乍 钅 钅 钅⁻ 钅⁼ 钅艮 银 银

银
yín

- 명 은, 화폐

银行² yínháng 명 은행
银牌³ yínpái 명 은메달

글자풀이 金(금)과 艮(흰색 금속)이 결합되어 '은'이라는 의미가 됐고, 옛날에는 화폐로 은을 사용했었기 때문에 '화폐'라는 의미로 확장됐다.

1급 = HSK 1급   2급 = HSK 2급   3급 = HSK 3급   4급 = HSK 4급

25일차 경제   203

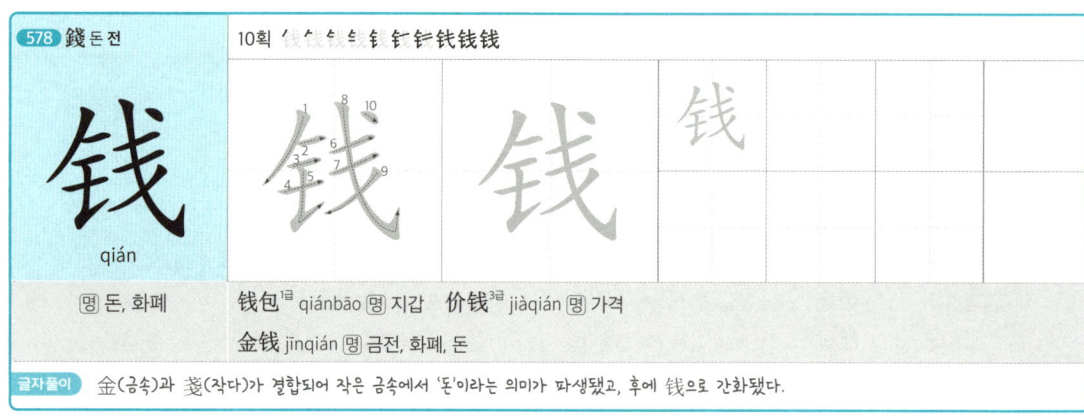

578 錢 돈 전

10획 钱钱钱钱钱钱钱钱钱钱

qián

[명] 돈, 화폐

钱包¹급 qiánbāo [명] 지갑 价钱³급 jiàqián [명] 가격

金钱 jīnqián [명] 금전, 화폐, 돈

글자풀이 金(금속)과 戔(작다)가 결합되어 작은 금속에서 '돈'이라는 의미가 파생됐고, 후에 钱으로 간화됐다.

579 費 쓸 비

9획 费费费费费费费费费

fèi

[명] 비용

[동] 소비하다

浪费³급 làngfèi [동] 낭비하다, 헛되이 쓰다 费用³급 fèiyong [명] 비용 交费³급 jiāofèi [동] 비용을 내다

收费³급 shōufèi [동] 비용을 받다 免费⁴급 miǎnfèi [동] 무료로 하다

글자풀이 부정의 의미로 사용됐던 弗와 貝(재물)이 결합되어 재물이 쌓이지 않고 사라지는 것을 나타냈고, '소비하다'라는 의미가 됐다. 후에 费로 간화됐다.

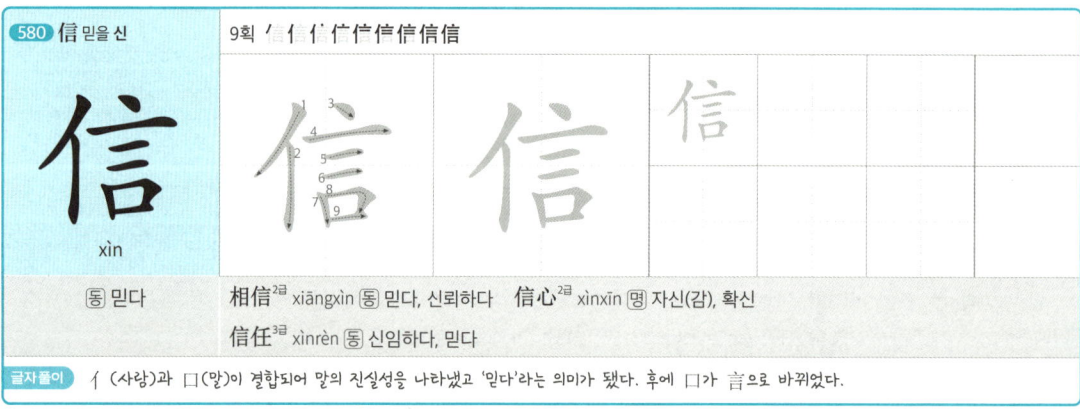

580 信 믿을 신

9획 信信信信信信信信信

xìn

[동] 믿다

相信²급 xiāngxìn [동] 믿다, 신뢰하다 信心²급 xìnxīn [명] 자신(감), 확신

信任³급 xìnrèn [동] 신임하다, 믿다

글자풀이 亻(사람)과 口(말)이 결합되어 말의 진실성을 나타냈고 '믿다'라는 의미가 됐다. 후에 口가 言으로 바뀌었다.

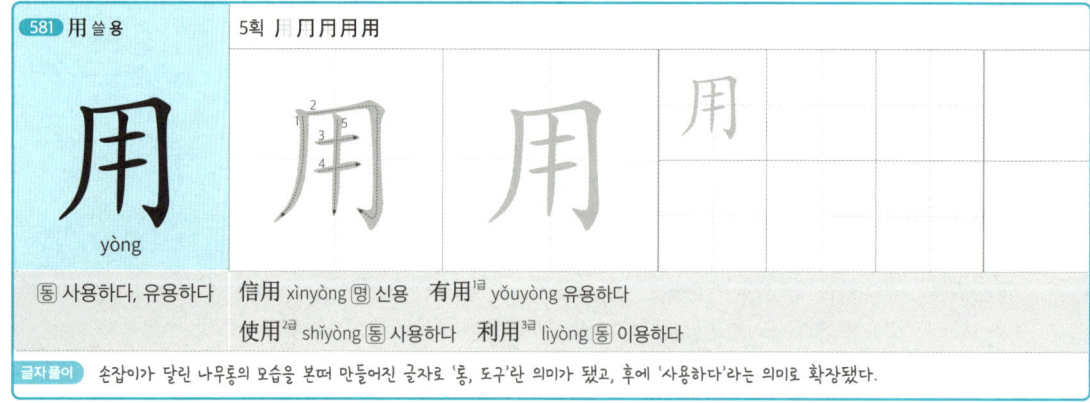

581 用 쓸 용

5획 用 用 用 用 用

yòng

[동] 사용하다, 유용하다

信用 xìnyòng [명] 신용 有用¹급 yǒuyòng 유용하다

使用²급 shǐyòng [동] 사용하다 利用³급 lìyòng [동] 이용하다

글자풀이 손잡이가 달린 나무통의 모습을 본떠 만들어진 글자로 '통, 도구'란 의미가 됐고, 후에 '사용하다'라는 의미로 확장됐다.

582 卡 음역자 가

5획 卜卡卡卡

kǎ

- 몡 카드
- 信用卡 ²급 xìnyòngkǎ 몡 신용 카드   银行卡 ²급 yínhángkǎ 몡 은행 카드
- 贺卡 hèkǎ 몡 축하 카드

글자풀이 외국어인 card(카드)가 중국어로 들어올 때, 발음이 비슷한 글자 卡(qiǎ)를 사용했고 후에 'kǎ'라는 발음으로 굳혀졌다.

583 租 조세 조

10획 一二千千千利和和和租

zū

- 통 세를 놓다, 세를 내다 出租 ²급 chūzū 통 세주다, 세놓다   出租车 ²급 chūzūchē 몡 택시
- 몡 세, 임대료 房租 ³급 fángzū 몡 집세   租金 zūjīn 몡 임대료

글자풀이 禾(벼)와 且가 결합되어 '토지세'에서 '세, 세를 놓다'라는 의미가 됐다. 옛날에는 수확한 벼로 세금을 냈다. 且는 특별한 뜻 없이 소리만 빌려 온 글자다.

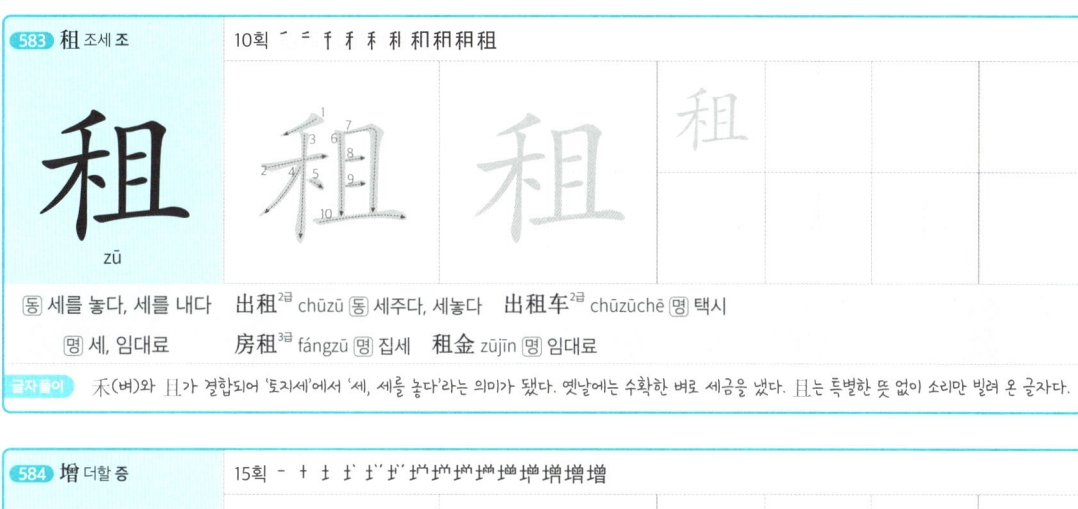

584 增 더할 증

15획 一十土土䑓坩坩坤坤增增增增增

zēng

- 통 증가하다, 늘어나다
- 增加 ³급 zēngjiā 통 증가하다, 늘리다
- 增长 ³급 zēngzhǎng 통 늘어나다, 증가하다, 높아지다

글자풀이 土(흙)과 曾(겹치다)가 결합되어, 흙이 높게 쌓이는 것을 나타냈고, 후에 '증가하다, 늘어나다'라는 의미가 됐다.

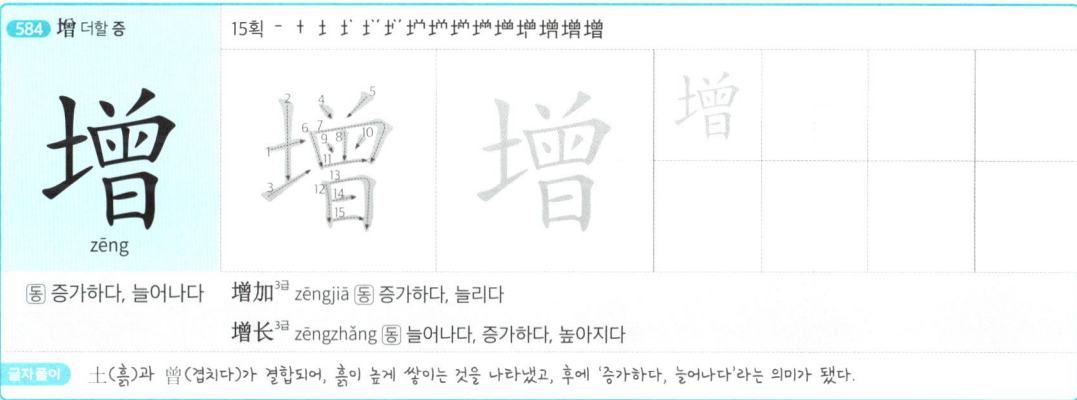

585 匯 물 돌아 나갈 회

5획 丶丶氵汇汇

huì

- 몡 외화 汇率 ⁴급 huìlǜ 몡 환율
- 통 송금하다 汇款 huìkuǎn 통 송금하다

글자풀이 匚(용기)과 淮(강의 흐름)이 결합되어 강물이 흐르는 것을 나타냈고, 근래에 자금이 이동하는 것, 즉 '송금하다'라는 의미로 파생됐다.

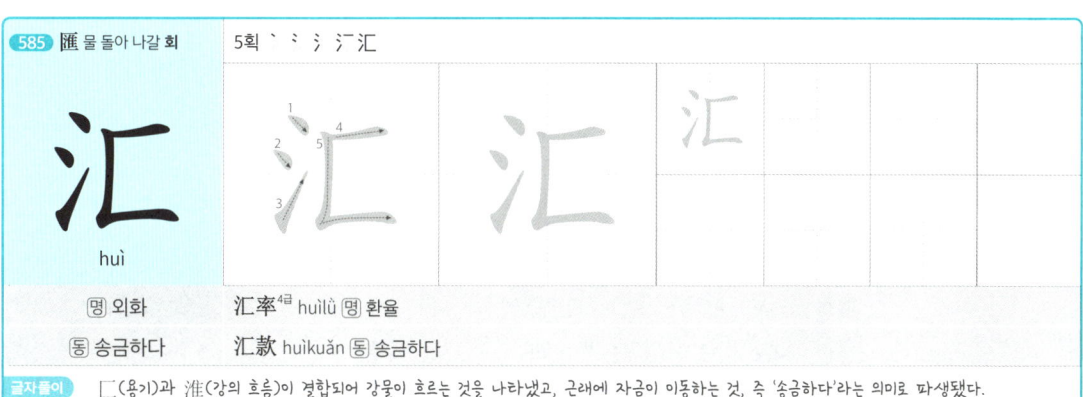

586 收 거둘 수

6획 收收收收收收

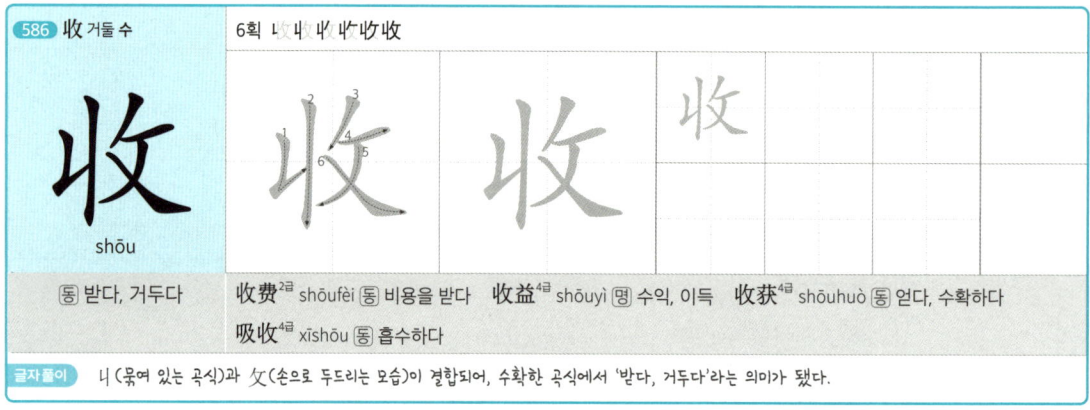

shōu

동 받다, 거두다

收费²급 shōufèi 동 비용을 받다   收益⁴급 shōuyì 명 수익, 이득   收获⁴급 shōuhuò 동 얻다, 수확하다
吸收⁴급 xīshōu 동 흡수하다

글자풀이 丩(묶여 있는 곡식)과 攵(손으로 두드리는 모습)이 결합되어, 수확한 곡식에서 '받다, 거두다'라는 의미가 됐다.

587 入 들 입

2획 入入

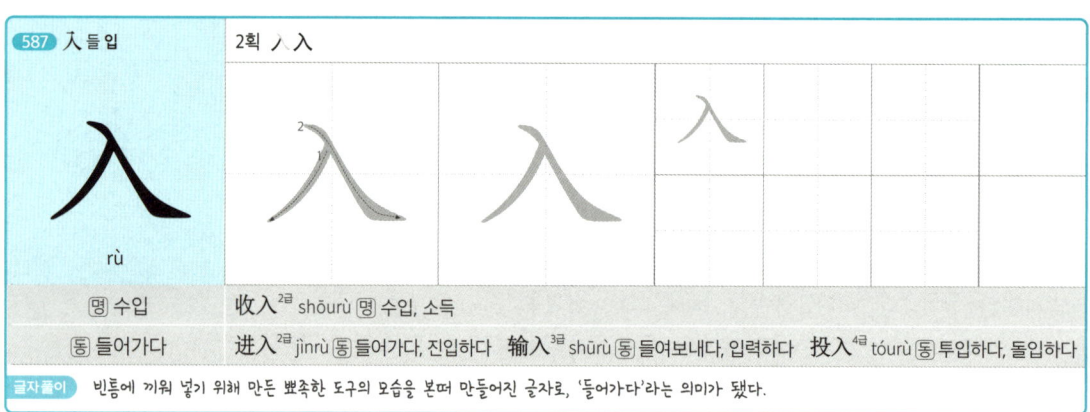

rù

명 수입
동 들어가다

收入²급 shōurù 명 수입, 소득
进入²급 jìnrù 동 들어가다, 진입하다   输入³급 shūrù 동 들여보내다, 입력하다   投入⁴급 tóurù 동 투입하다, 돌입하다

글자풀이 빈틈에 끼워 넣기 위해 만든 뾰족한 도구의 모습을 본떠 만들어진 글자로, '들어가다'라는 의미가 됐다.

588 值 값 치

10획 值值值值值值值值值值

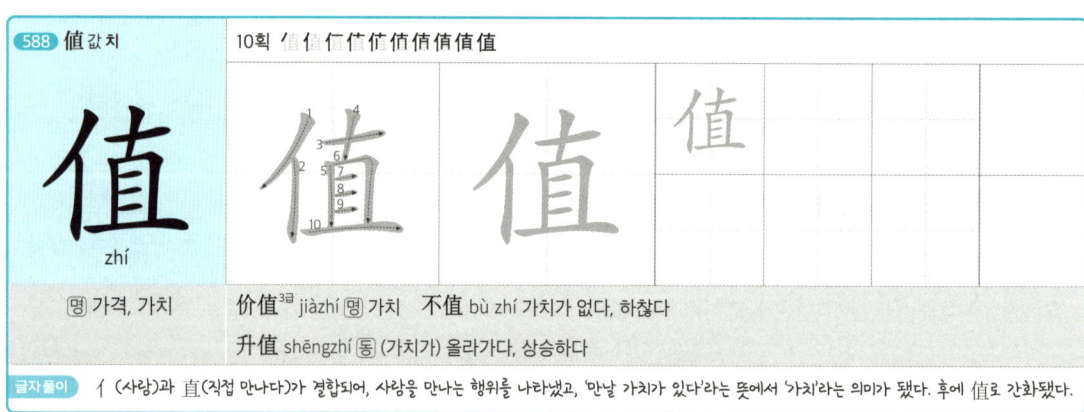

zhí

명 가격, 가치

价值³급 jiàzhí 명 가치   不值 bù zhí 가치가 없다, 하찮다
升值 shēngzhí 동 (가치가) 올라가다, 상승하다

글자풀이 亻(사람)과 直(직접 만나다)가 결합되어, 사람을 만나는 행위를 나타냈고, '만날 가치가 있다'라는 뜻에서 '가치'라는 의미가 됐다. 후에 值로 간화됐다.

589 得 얻을 득

11획 得得得得得得得得得得得

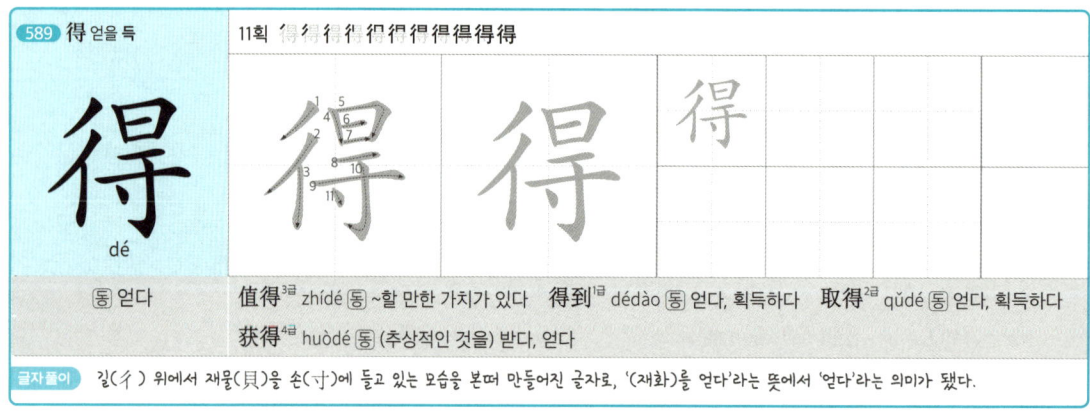

dé

동 얻다

值得³급 zhídé 동 ~할 만한 가치가 있다   得到¹급 dédào 동 얻다, 획득하다   取得²급 qǔdé 동 얻다, 획득하다
获得⁴급 huòdé 동 (추상적인 것을) 받다, 얻다

글자풀이 길(彳) 위에서 재물(貝)을 손(寸)에 들고 있는 모습을 본떠 만들어진 글자로, '(재화)를 얻다'라는 뜻에서 '얻다'라는 의미가 됐다.

590 存 있을 존

6획 一ナキ存存存

cún

- 동 축적하다, 보존하다 存款 cúnkuǎn 명 저금, 예금   保存³급 bǎocún 동 보존하다
- 동 존재하다 存在³급 cúnzài 동 존재하다   生存³급 shēngcún 동 생존하다

글자풀이 어머니가 아이를 감싸는 모습을 본떠 만들어진 글자로, '돌보며 지키다'라는 뜻에서 '보존하다, 존재하다'라는 의미가 됐다.

591 留 머무를 류

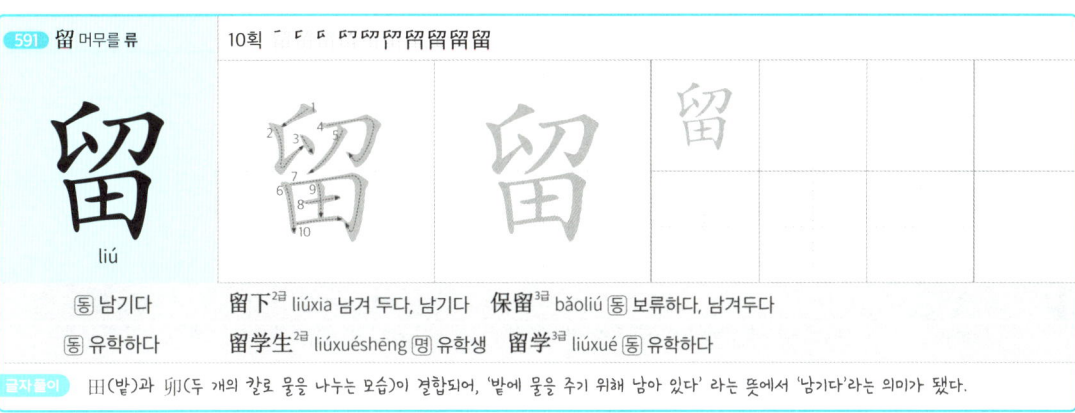

10획 ⺈⺈⺈⺈⺈留留留留留

liú

- 동 남기다 留下²급 liúxia 남겨 두다, 남기다   保留³급 bǎoliú 동 보류하다, 남겨두다
- 동 유학하다 留学生²급 liúxuéshēng 명 유학생   留学 liúxué 동 유학하다

글자풀이 田(밭)과 卯(두 개의 칼로 물을 나누는 모습)이 결합되어, '밭에 물을 주기 위해 남아 있다'라는 뜻에서 '남기다'라는 의미가 됐다.

592 约 맺을 약

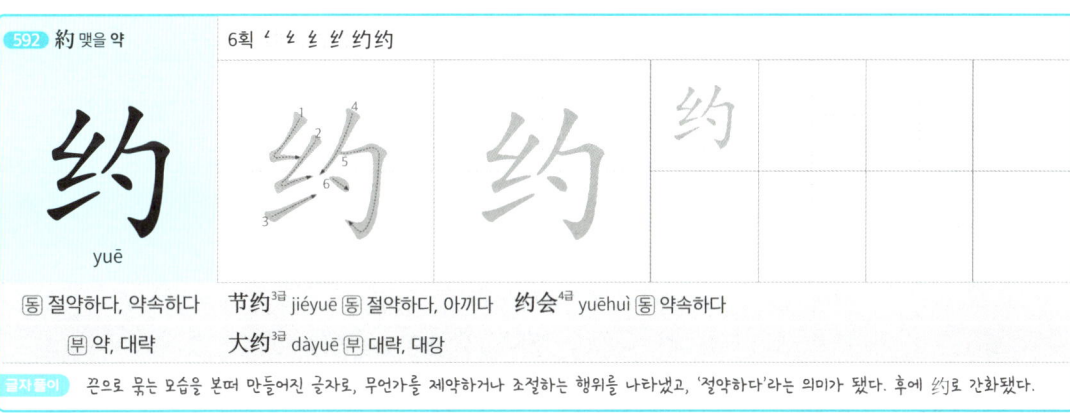

6획 ⺁⺁纟约约约

yuē

- 동 절약하다, 약속하다 节约³급 jiéyuē 동 절약하다, 아끼다   约会⁴급 yuēhuì 동 약속하다
- 부 약, 대략 大约³급 dàyuē 부 대략, 대강

글자풀이 끈으로 묶는 모습을 본떠 만들어진 글자로, 무언가를 제약하거나 조절하는 행위를 나타냈고, '절약하다'라는 의미가 됐다. 후에 约로 간화됐다.

593 省 살필 성

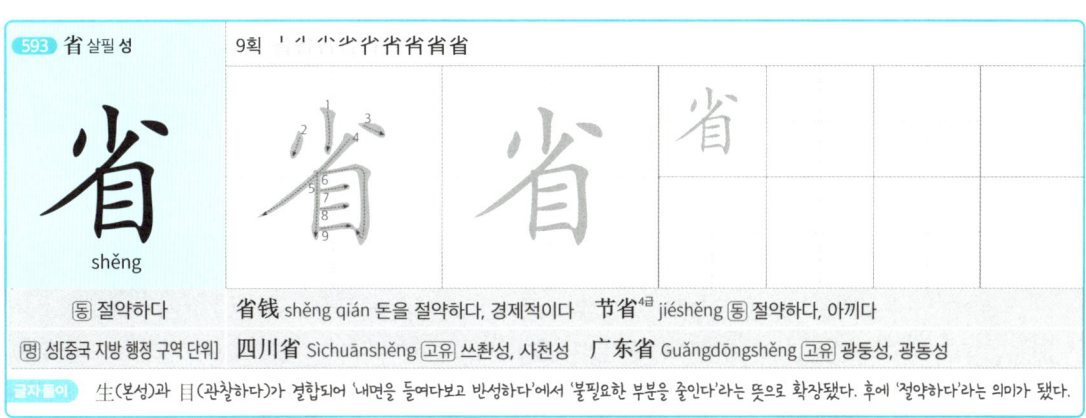

9획 ⺌⺌少少省省省省

shěng

- 동 절약하다 省钱 shěng qián 돈을 절약하다, 경제적이다   节省⁴급 jiéshěng 동 절약하다, 아끼다
- 명 성[중국 지방 행정 구역 단위] 四川省 Sìchuānshěng 고유 쓰촨성, 사천성   广东省 Guǎngdōngshěng 고유 광둥성, 광동성

글자풀이 生(본성)과 目(관찰하다)가 결합되어 '내면을 들여다보고 반성하다'에서 '불필요한 부분을 줄인다'라는 뜻으로 확장됐다. 후에 '절약하다'라는 의미가 됐다.

594 差 다를 차

9획 差差差差差差差差差

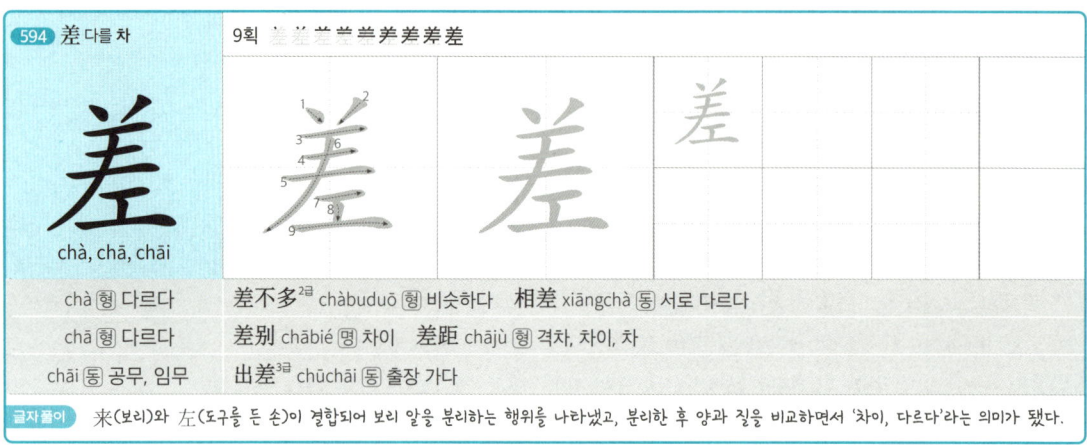

- chà 형 다르다
- chā 형 다르다
- chāi 동 공무, 임무

差不多 ²급 chàbuduō 형 비슷하다　相差 xiāngchà 동 서로 다르다
差别 chābié 명 차이　差距 chājù 명 격차, 차이, 차
出差 ³급 chūchāi 동 출장 가다

글자풀이 来(보리)와 左(도구를 든 손)이 결합되어 보리 알을 분리하는 행위를 나타냈고, 분리한 후 양과 질을 비교하면서 '차이, 다르다'라는 의미가 됐다.

595 缺 이지러질 결

10획 缺缺缺缺缺缺缺缺缺缺

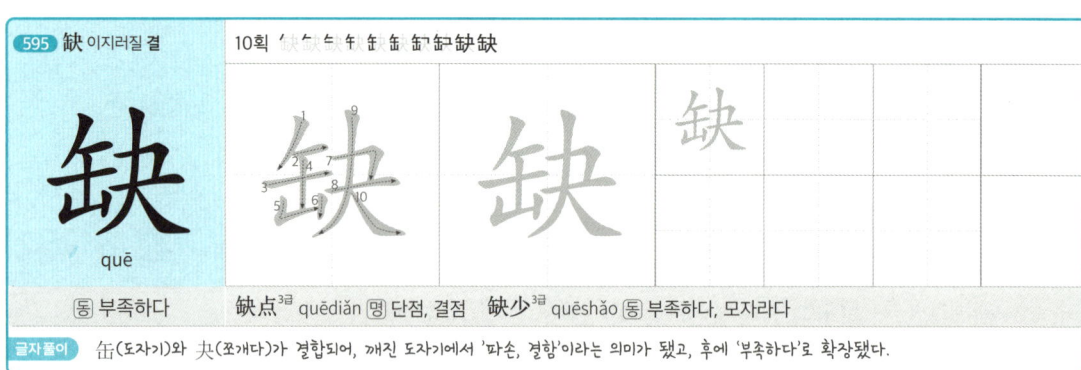

quē

- 동 부족하다

缺点 ³급 quēdiǎn 명 단점, 결점　缺少 ³급 quēshǎo 동 부족하다, 모자라다

글자풀이 缶(도자기)와 夬(쪼개다)가 결합되어, 깨진 도자기에서 '파손, 결함'이라는 의미가 됐고, 후에 '부족하다'로 확장됐다.

596 降 내릴 강

8획 降降降降降降降降

jiàng

- 동 떨어지다

降低 ⁴급 jiàngdī 동 내려가다, 낮추다　降价 ⁴급 jiàngjià 동 (값을) 내리다, 인하하다
降温 ⁴급 jiàngwēn 동 기온이 내려가다　下降 ⁴급 xiàjiàng 동 떨어지다, 줄어들다

글자풀이 阝(언덕)과 夅(아래쪽으로 내려오는 모습)이 결합되어 '높은 곳에서 내려오다'라는 의미가 됐고, 후에 '떨어지다'라는 의미로 확장됐다.

597 落 떨어질 락

12획 落落落落落落落落落落落落

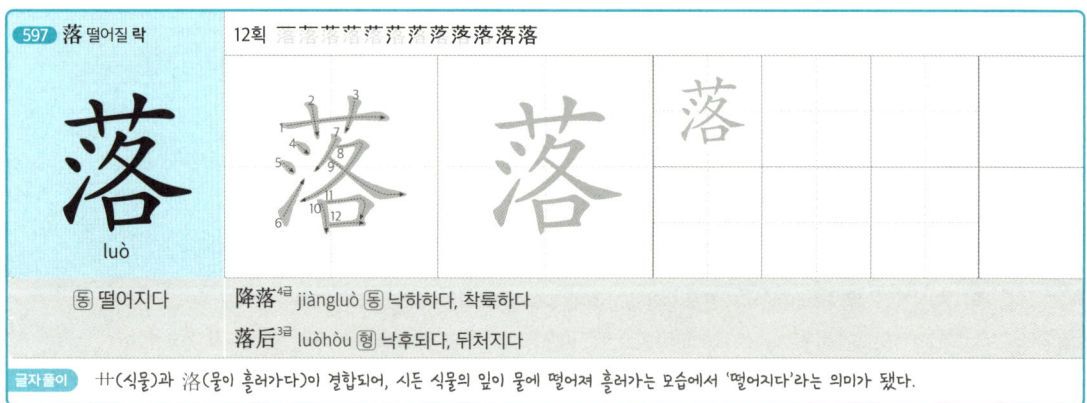

luò

- 동 떨어지다

降落 ⁴급 jiàngluò 동 낙하하다, 착륙하다
落后 ³급 luòhòu 형 낙후되다, 뒤처지다

글자풀이 艹(식물)과 洛(물이 흘러가다)이 결합되어, 시든 식물의 잎이 물에 떨어져 흘러가는 모습에서 '떨어지다'라는 의미가 됐다.

단어로 써 보기

오늘 써 본 한자들로 조합된 HSK 빈출 단어들이에요. 칸에 맞춰 정확히 써 보세요.

3급 经济 jīngjì
명 경제

省钱 shěng qián
돈을 절약하다

信用 xìnyòng
명 신용

2급 收入 shōurù
명 수입, 소득

3급 值得 zhídé
동 ~할 만한 가치가 있다

26일차 과학·기술

 技(기술), 识(지식)처럼 과학·기술과 관련된 간체자를 써 볼 거예요. 음성을 들으며 한자와 단어의 발음도 함께 익혀 보세요.

MP3 바로 듣기

598 科 kē	599 技 jì	600 知 zhī	601 识 shí	602 优 yōu	603 秀 xiù
명 과[학술이나 업무의 분류]	명 기술, 재능	동 알다	명 지식, 식견	형 우수하다	형 우수하다

604 正 zhèng	605 式 shì	606 基 jī	607 础 chǔ	608 检 jiǎn	609 查 chá
형 바르다	명 양식, 형식	명 기초	명 기초, 초석	동 검사하다	동 검사하다, 조사하다

610 质 zhì	611 量 liàng	612 程 chéng	613 序 xù	614 效 xiào	615 果 guǒ
명 성질, 품질	명 양, 수량	명 순서, 과정	명 순서	명 효과	명 결과 / 명 열매

616 停 tíng	617 止 zhǐ	618 超 chāo	619 速 sù	620 修 xiū	621 算 suàn
동 정지하다	동 정지하다	동 초과하다, 넘다	명 속도 / 형 빠르다	동 수리하다, 꾸미다	동 계산하다

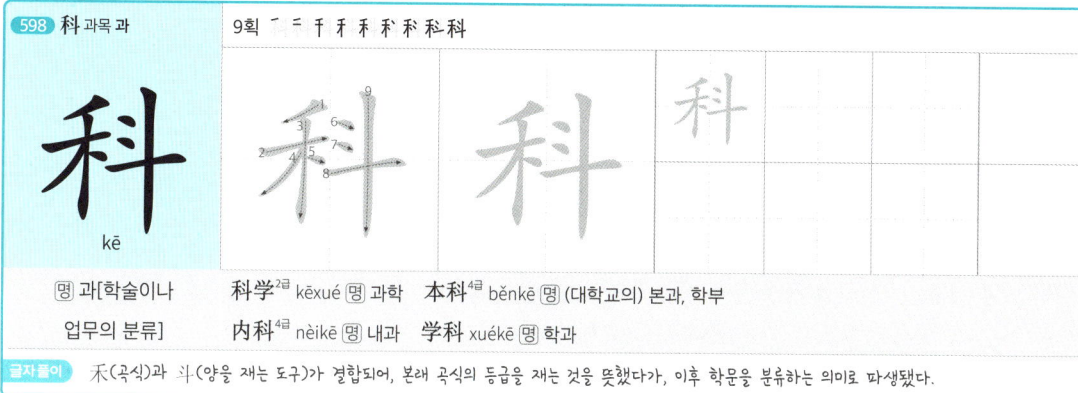

598 科 과목 과

9획 一 二 千 千 禾 禾 科 科 科

kē

명 과[학술이나 업무의 분류]

科学²급 kēxué 명 과학　本科⁴급 běnkē 명 (대학교의) 본과, 학부
内科⁴급 nèikē 명 내과　学科 xuékē 명 학과

글자풀이　禾(곡식)과 斗(양을 재는 도구)가 결합되어, 본래 곡식의 등급을 재는 것을 뜻했다가, 이후 학문을 분류하는 의미로 파생됐다.

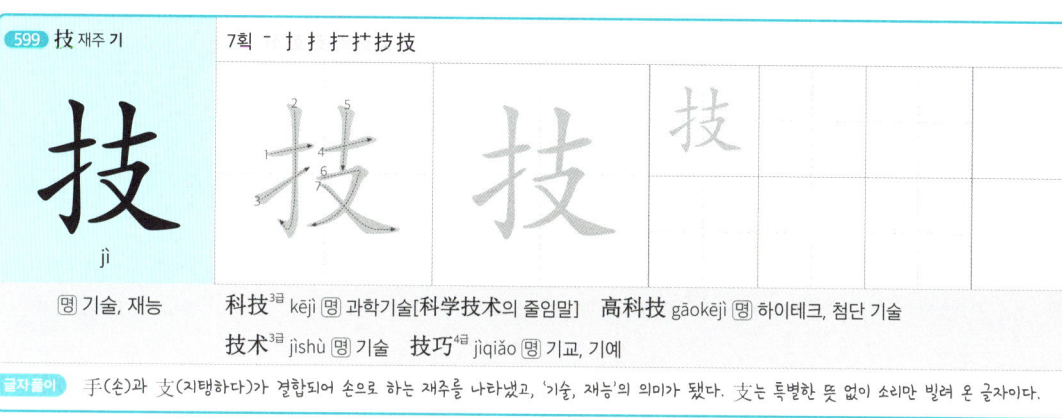

599 技 재주 기

7획 一 十 扌 扌 抃 抁 技

jì

명 기술, 재능

科技³급 kējì 명 과학기술[科学技术의 줄임말]　高科技 gāokējì 명 하이테크, 첨단 기술
技术³급 jìshù 명 기술　技巧⁴급 jìqiǎo 명 기교, 기예

글자풀이　手(손)과 支(지탱하다)가 결합되어 손으로 하는 재주를 나타냈고, '기술, 재능'의 의미가 됐다. 支는 특별한 뜻 없이 소리만 빌려 온 글자이다.

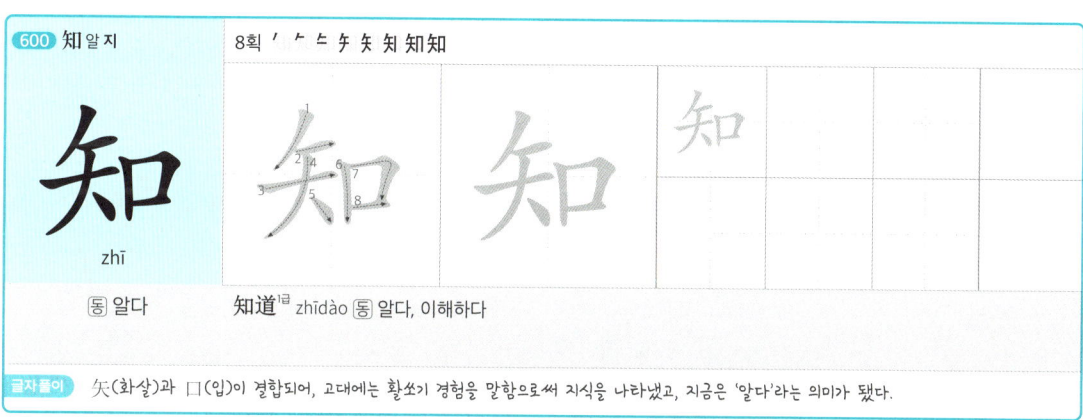

600 知 알 지

8획 ノ 一 二 午 矢 知 知 知

zhī

동 알다

知道¹급 zhīdào 동 알다, 이해하다

글자풀이　矢(화살)과 口(입)이 결합되어, 고대에는 활쏘는 경험을 말함으로써 지식을 나타냈고, 지금은 '알다'라는 의미가 됐다.

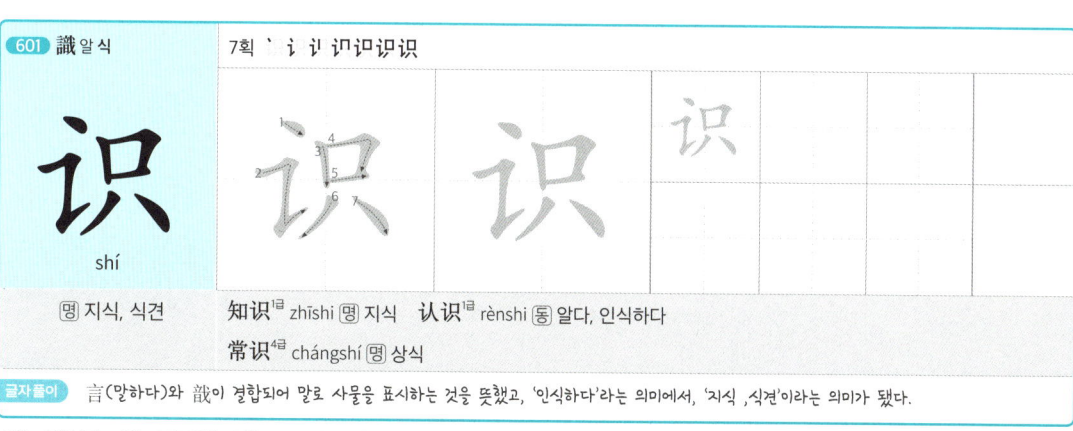

601 識 알 식

7획 丶 讠 识 识 识 识 识

shí

명 지식, 식견

知识¹급 zhīshi 명 지식　认识¹급 rènshi 동 알다, 인식하다
常识⁴급 chángshí 명 상식

글자풀이　言(말하다)와 戠이 결합되어 말로 사물을 표시하는 것을 뜻했고, '인식하다'라는 의미에서, '지식, 식견'이라는 의미가 됐다.

1급 = HSK 1급　2급 = HSK 2급　3급 = HSK 3급　4급 = HSK 4급

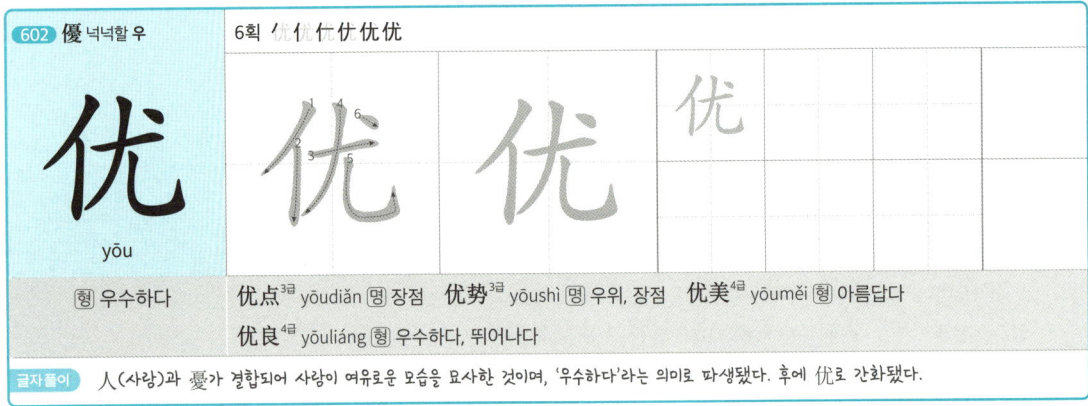

602 優 넉넉할 우

6획 优优优优优优

yōu

형 우수하다

优点³급 yōudiǎn 명 장점   优势³급 yōushì 명 우위, 장점   优美⁴급 yōuměi 형 아름답다
优良⁴급 yōuliáng 형 우수하다, 뛰어나다

글자풀이   人(사람)과 憂가 결합되어 사람이 여유로운 모습을 묘사한 것이며, '우수하다'라는 의미로 파생됐다. 후에 优로 간화됐다.

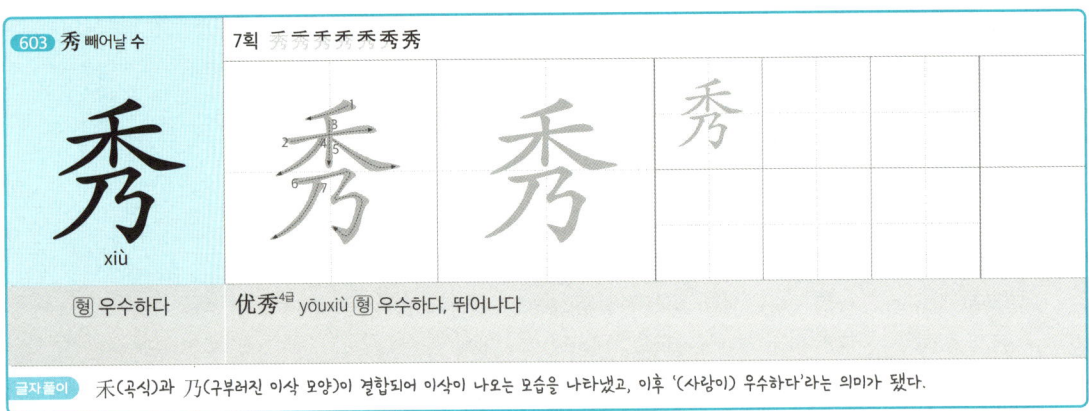

603 秀 빼어날 수

7획 秀秀秀秀秀秀秀

xiù

형 우수하다

优秀⁴급 yōuxiù 형 우수하다, 뛰어나다

글자풀이   禾(곡식)과 乃(구부러진 이삭 모양)이 결합되어 이삭이 나오는 모습을 나타냈고, 이후 '(사람이) 우수하다'라는 의미가 됐다.

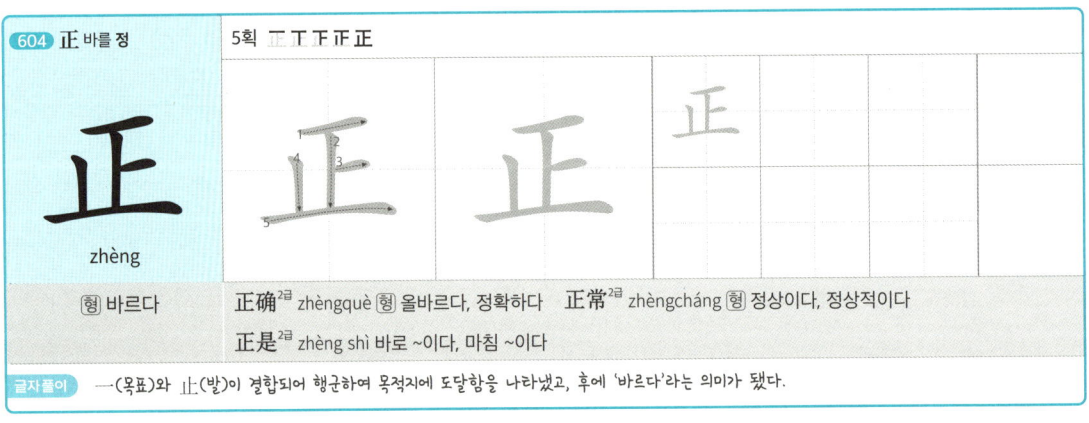

604 正 바를 정

5획 正 丅 下 正 正

zhèng

형 바르다

正确²급 zhèngquè 형 올바르다, 정확하다   正常²급 zhèngcháng 형 정상이다, 정상적이다
正是²급 zhèng shì 바로 ~이다, 마침 ~이다

글자풀이   一(목표)와 止(발)이 결합되어 행군하여 목적지에 도달함을 나타냈고, 후에 '바르다'라는 의미가 됐다.

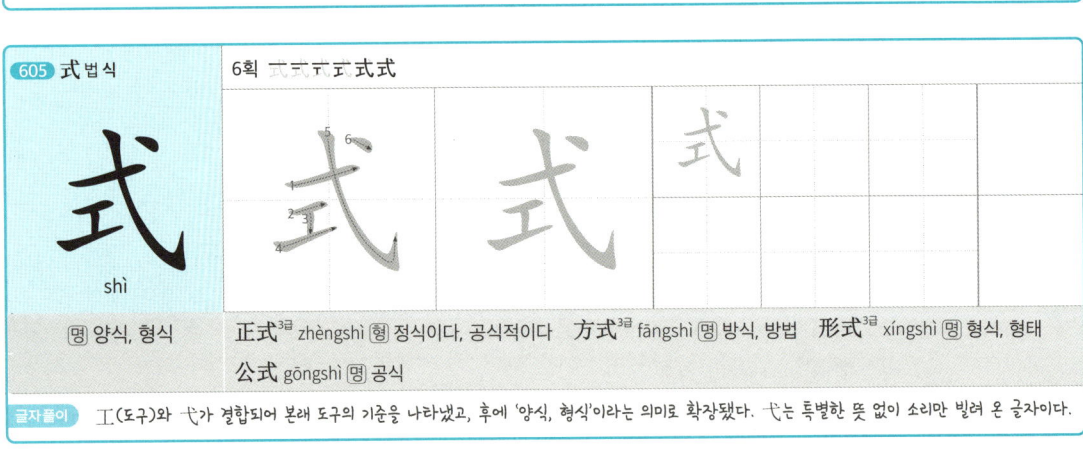

605 式 법식 식

6획 式式式式式式

shì

명 양식, 형식

正式³급 zhèngshì 형 정식이다, 공식적이다   方式³급 fāngshì 명 방식, 방법   形式³급 xíngshì 명 형식, 형태
公式 gōngshì 명 공식

글자풀이   工(도구)와 弋가 결합되어 본래 도구의 기준을 나타냈고, 이후 '양식, 형식'이라는 의미로 확장됐다. 弋는 특별한 뜻 없이 소리만 빌려 온 글자이다.

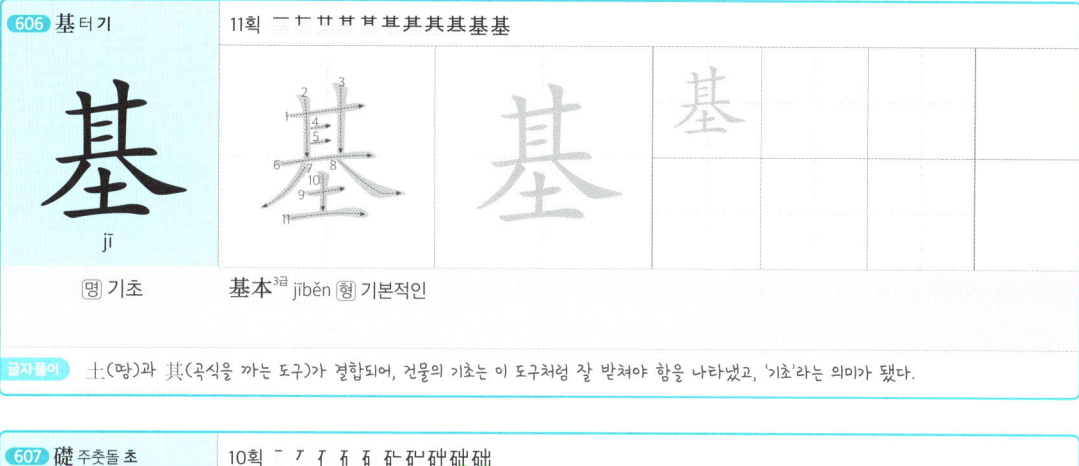

606 基 터 기 / jī

11획 一 十 卄 廿 甘 苷 其 其 其 基 基

명 기초

基本³급 jīběn 형 기본적인

글자풀이 土(땅)과 其(곡식을 까는 도구)가 결합되어, 건물의 기초는 이 도구처럼 잘 받쳐야 함을 나타냈고, '기초'라는 의미가 됐다.

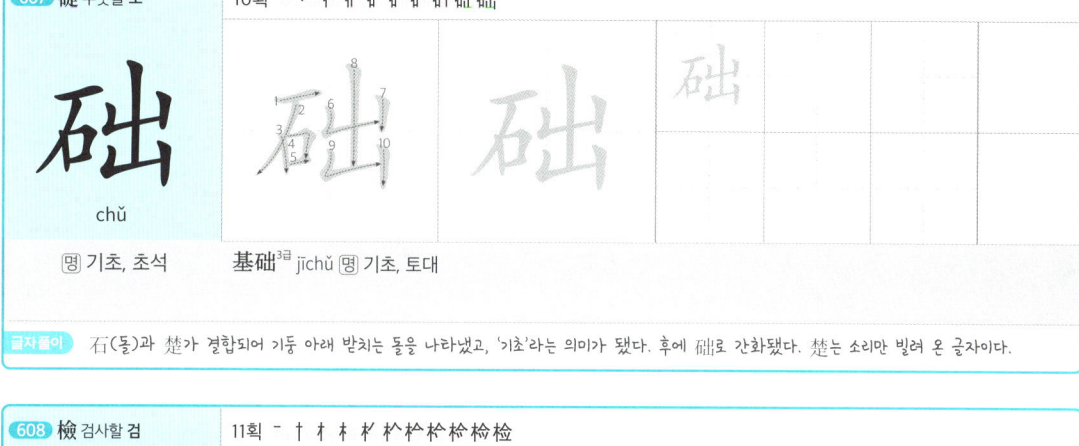

607 础 주춧돌 초 / chǔ

10획 一 ァ 才 石 石 矶 矶 砑 础 础

명 기초, 초석

基础³급 jīchǔ 명 기초, 토대

글자풀이 石(돌)과 楚가 결합되어 기둥 아래 받치는 돌을 나타냈고, '기초'라는 의미가 됐다. 후에 础로 간화됐다. 楚는 소리만 빌려 온 글자이다.

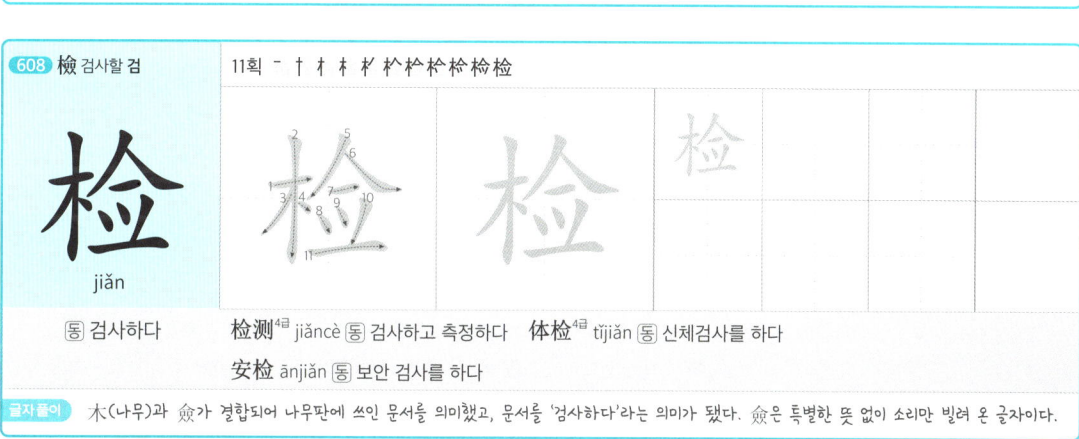

608 检 검사할 검 / jiǎn

11획 一 十 才 木 朾 朽 朽 柃 柃 检 检

동 검사하다

检测⁴급 jiǎncè 동 검사하고 측정하다   体检⁴급 tǐjiǎn 동 신체검사를 하다

安检 ānjiǎn 동 보안 검사를 하다

글자풀이 木(나무)과 佥가 결합되어 나무판에 쓰인 문서를 의미했고, 문서를 '검사하다'라는 의미가 됐다. 佥은 특별한 뜻 없이 소리만 빌려 온 글자이다.

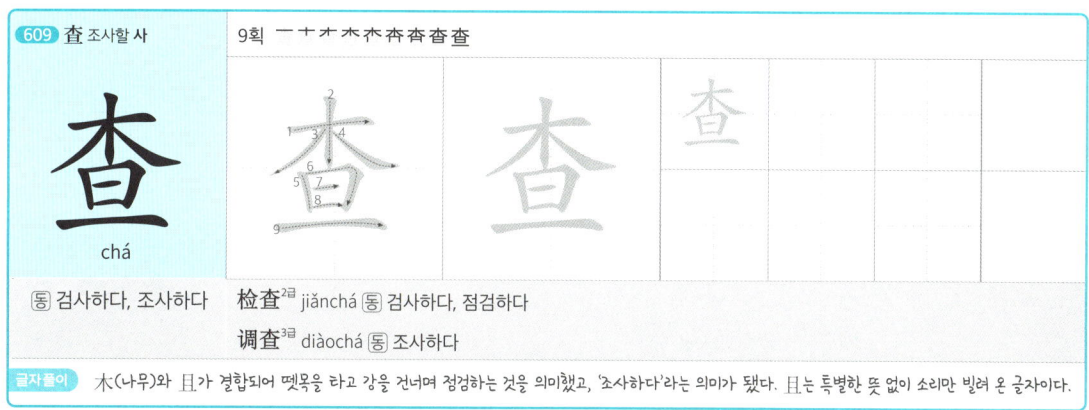

609 查 조사할 사 / chá

9획 一 十 才 木 木 杏 杳 查 查

동 검사하다, 조사하다

检查²급 jiǎnchá 동 검사하다, 점검하다

调查³급 diàochá 동 조사하다

글자풀이 木(나무)와 且가 결합되어 뗏목을 타고 강을 건너며 점검하는 것을 의미했고, '조사하다'라는 의미가 됐다. 且는 특별한 뜻 없이 소리만 빌려 온 글자이다.

610 質 바탕 질

8획 质厂厂厂厉质质

zhì

명 성질, 품질

性质⁴급 xìngzhì 명 성질   品质⁴급 pǐnzhì 명 품질, 자질, 품성   物质 wùzhì 명 물질

优质 yōuzhì 형 양질의, 우수한 품질의

글자풀이 斤(도끼)와 貝(화폐)가 결합되어 조개를 도끼로 쳐서 진위를 가리는 것을 의미했고, '품질, 본질'이라는 의미가 됐다. 후에 质로 간화됐다.

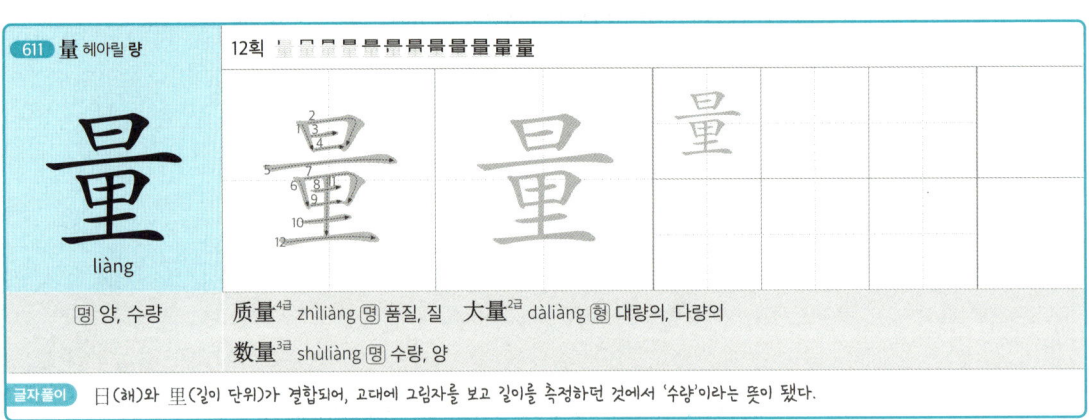

611 量 헤아릴 량

12획 量口日日旦昌昌昌量量量

liàng

명 양, 수량

质量⁴급 zhìliàng 명 품질, 질   大量²급 dàliàng 형 대량의, 다량의

数量³급 shùliàng 명 수량, 양

글자풀이 日(해)와 里(길이 단위)가 결합되어, 고대에 그림자를 보고 길이를 측정하던 것에서 '수량'이라는 뜻이 됐다.

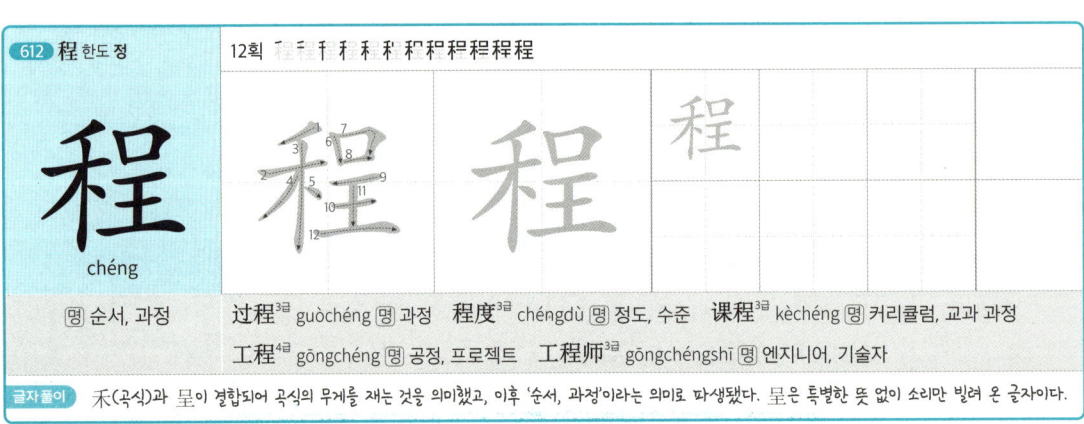

612 程 한도 정

12획 程一千千禾禾禾禾和和程程程

chéng

명 순서, 과정

过程³급 guòchéng 명 과정   程度 chéngdù 명 정도, 수준   课程 kèchéng 명 커리큘럼, 교과 과정

工程⁴급 gōngchéng 명 공정, 프로젝트   工程师³급 gōngchéngshī 명 엔지니어, 기술자

글자풀이 禾(곡식)과 呈이 결합되어 곡식의 무게를 재는 것을 의미했고, 이후 '순서, 과정'이라는 의미로 파생됐다. 呈은 특별한 뜻 없이 소리만 빌려 온 글자이다.

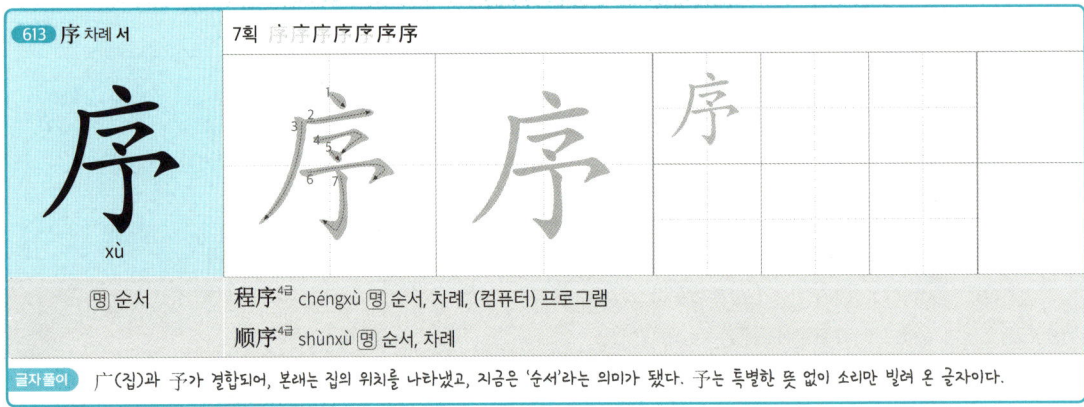

613 序 차례 서

7획 序丶广广户序序

xù

명 순서

程序⁴급 chéngxù 명 순서, 차례, (컴퓨터) 프로그램

顺序⁴급 shùnxù 명 순서, 차례

글자풀이 广(집)과 予가 결합되어, 본래는 집의 위치를 나타냈고, 지금은 '순서'라는 의미가 됐다. 予는 특별한 뜻 없이 소리만 빌려 온 글자이다.

614 效 본받을 효

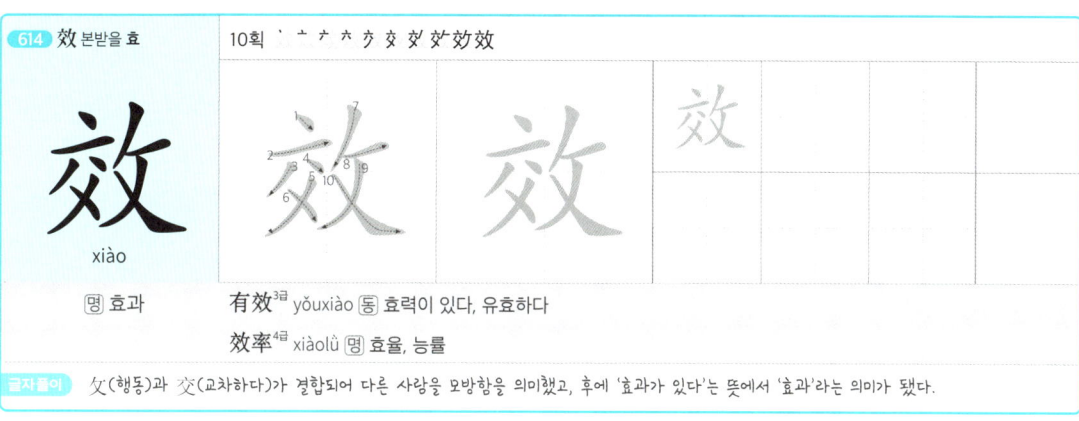

xiào

- 명 효과

有效³급 yǒuxiào 동 효력이 있다, 유효하다
效率⁴급 xiàolǜ 명 효율, 능률

글자풀이 攵(행동)과 交(교차하다)가 결합되어 다른 사람을 모방함을 의미했고, 후에 '효과가 있다'는 뜻에서 '효과'라는 의미가 됐다.

615 果 실과 과

guǒ

- 명 결과
- 명 열매

效果³급 xiàoguǒ 명 효과 结果²급 jiéguǒ 명 결과, 결실 成果³급 chéngguǒ 명 성과
水果¹급 shuǐguǒ 명 과일 苹果³급 píngguǒ 명 사과 果实⁴급 guǒshí 명 열매, 과실

글자풀이 나무에 열매가 맺힌 모양을 나타내어 '열매'를 의미했고, 일의 '결과'라는 의미로 확대됐다.

616 停 머무를 정

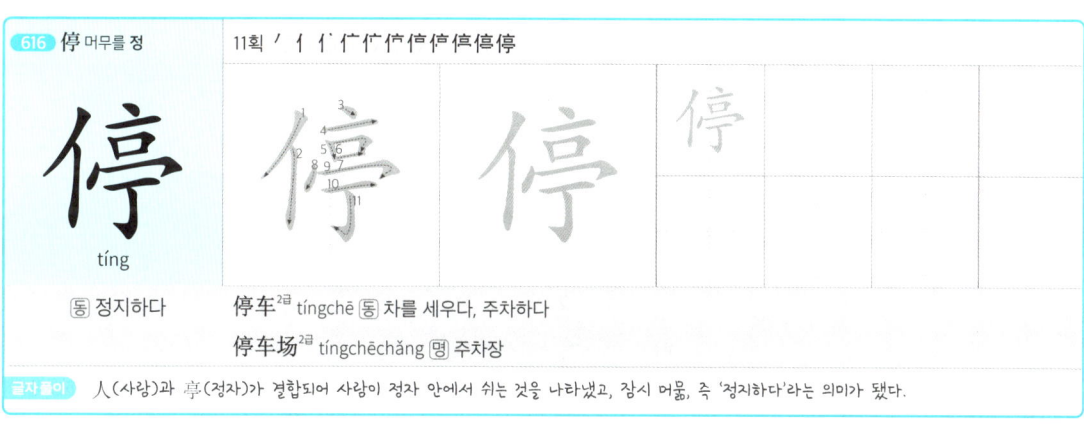

tíng

- 동 정지하다

停车²급 tíngchē 동 차를 세우다, 주차하다
停车场²급 tíngchēchǎng 명 주차장

글자풀이 人(사람)과 亭(정자)가 결합되어 사람이 정자 안에서 쉬는 것을 나타냈고, 잠시 머묾, 즉 '정지하다'라는 의미가 됐다.

617 止 그칠 지

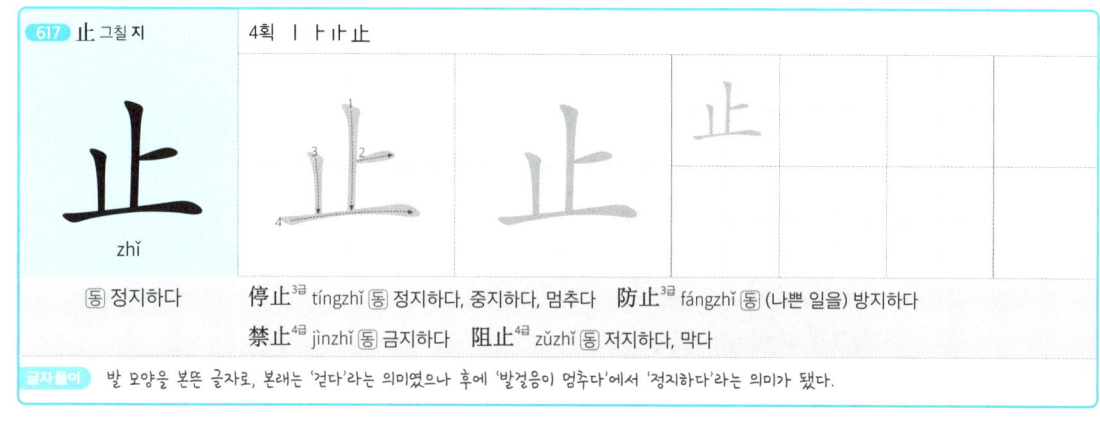

zhǐ

- 동 정지하다

停止³급 tíngzhǐ 동 정지하다, 중지하다, 멈추다 防止³급 fángzhǐ 동 (나쁜 일을) 방지하다
禁止⁴급 jìnzhǐ 동 금지하다 阻止⁴급 zǔzhǐ 동 저지하다, 막다

글자풀이 발 모양을 본뜬 글자로, 본래는 '걷다'라는 의미였으나 후에 '발걸음이 멈추다'에서 '정지하다'라는 의미가 됐다.

618 超 뛰어넘을 초

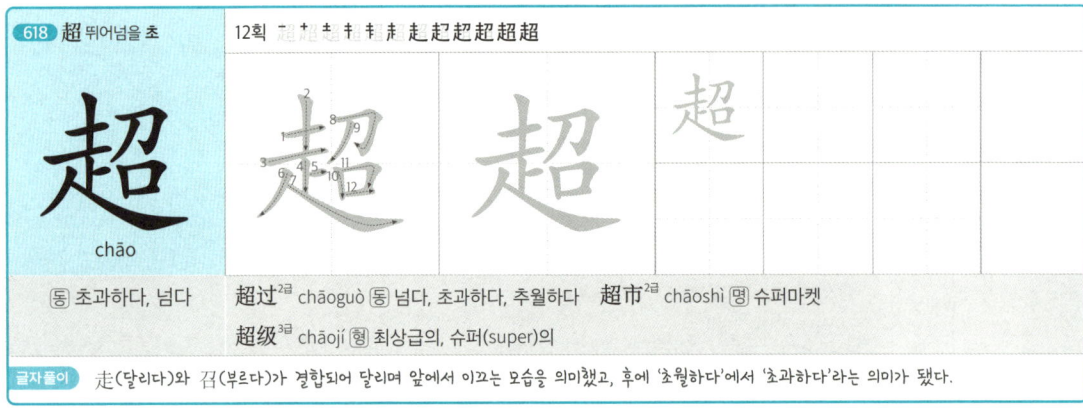

chāo

12획 超超超超超走起起起超超

동 초과하다, 넘다

超过²급 chāoguò 동 넘다, 초과하다, 추월하다　超市²급 chāoshì 명 슈퍼마켓
超级³급 chāojí 형 최상급의, 슈퍼(super)의

글자풀이 走(달리다)와 召(부르다)가 결합되어 달리며 앞에서 이끄는 모습을 의미했고, 후에 '초월하다'에서 '초과하다'라는 의미가 됐다.

619 速 빠를 속

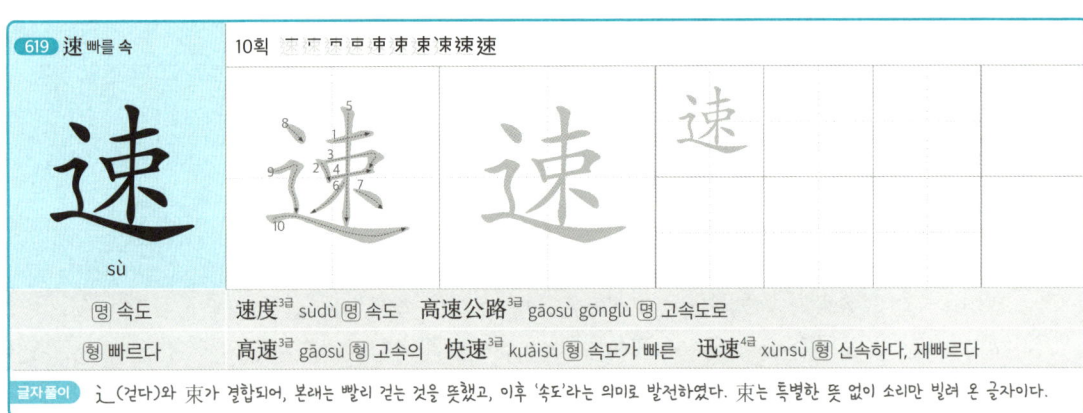

sù

10획 速速速速束束束速速速

명 속도
형 빠르다

速度³급 sùdù 명 속도　高速公路³급 gāosù gōnglù 고속도로
高速³급 gāosù 고속의　快速³급 kuàisù 형 속도가 빠른　迅速⁴급 xùnsù 형 신속하다, 재빠르다

글자풀이 辶(걷다)와 束가 결합되어, 본래는 빨리 걷는 것을 뜻했고, 이후 '속도'라는 의미로 발전하였다. 束는 특별한 뜻 없이 소리만 빌려 온 글자이다.

620 修 닦을 수

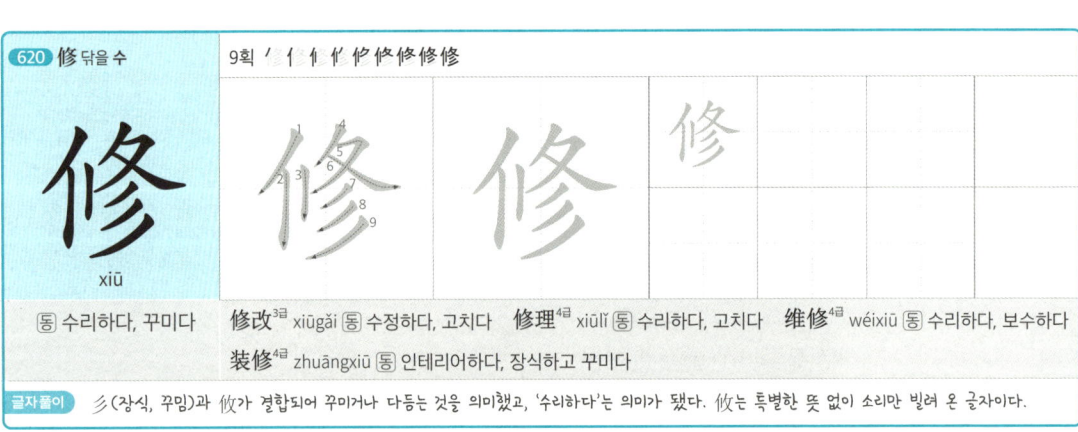

xiū

9획 修修修修修修修修修

동 수리하다, 꾸미다

修改³급 xiūgǎi 동 수정하다, 고치다　修理⁴급 xiūlǐ 동 수리하다, 고치다　维修⁴급 wéixiū 동 수리하다, 보수하다
装修⁴급 zhuāngxiū 동 인테리어하다, 장식하고 꾸미다

글자풀이 彡(장식, 꾸밈)과 攸가 결합되어 꾸미거나 다듬는 것을 의미했고, '수리하다'는 의미가 됐다. 攸는 특별한 뜻 없이 소리만 빌려 온 글자이다.

621 算 셈 산

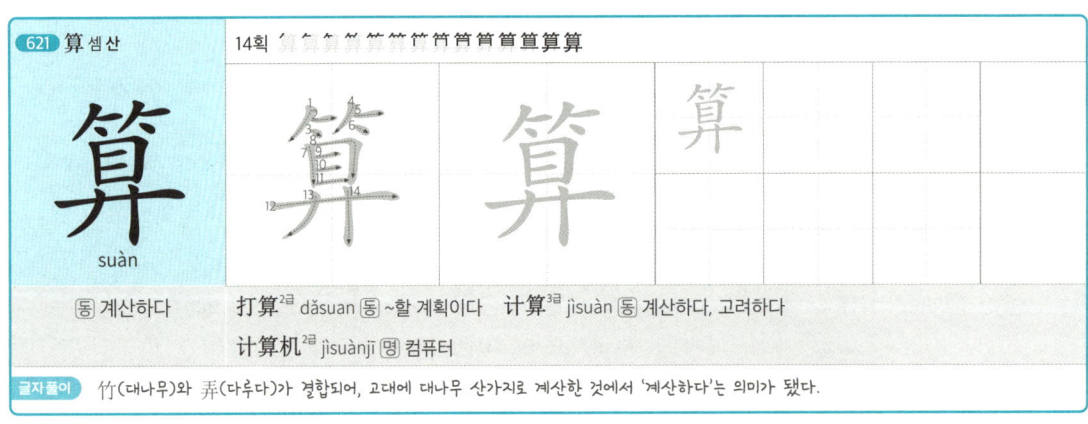

suàn

14획 算算算算算算竹竹笆筲筲算算算

동 계산하다

打算²급 dǎsuan 동 ~할 계획이다　计算³급 jìsuàn 동 계산하다, 고려하다
计算机²급 jìsuànjī 명 컴퓨터

글자풀이 竹(대나무)와 弄(다루다)가 결합되어, 고대에 대나무 산가지로 계산한 것에서 '계산하다'는 의미가 됐다.

단어로 써 보기

오늘 써 본 한자들로 조합된 HSK 빈출 단어들이에요. 칸에 맞춰 정확히 써 보세요.

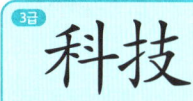
科技
kējì
몡 과학기술

知识
zhīshi
몡 지식

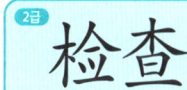
检查
jiǎnchá
동 검사하다, 점검하다

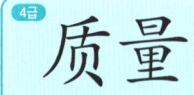
质量
zhìliàng
몡 품질, 질

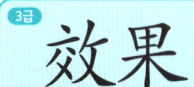
效果
xiàoguǒ
몡 효과

26일차 과학·기술

27일차 국제·사회

国(나라), 族(민족)처럼 국제·사회와 관련된 간체자를 써 볼 거예요.
음성을 들으며 한자와 단어의 발음도 함께 익혀 보세요.

622 国 guó — 명 나라

623 际 jì — 명 경계, 서로 간

624 社 shè — 명 집단, 단체

625 会 huì — 동 만나다 / 명 회, 모임 / 조동 ~할 줄 알다

626 安 ān — 형 안전하다 / 동 배치하다, 설치하다

627 全 quán — 형 완전하다

628 危 wēi — 동 위험하게 하다 / 형 위험하다

629 险 xiǎn — 형 위험하다 / 명 위험

630 丰 fēng — 형 풍부하다

631 富 fù — 형 부유하다 / 명 재산

632 共 gòng — 부 모두, 전부 / 형 공통의

633 同 tóng — 형 동일한

634 发 fā — 동 생기다, 밝히다 / 동 확대하다, 시작하다

635 展 zhǎn — 동 펼치다, 전개하다

636 举 jǔ — 동 개시하다 / 동 들어 올리다

637 办 bàn — 동 처리하다

638 参 cān — 동 참가하다 / 동 참고하다

639 加 jiā — 동 더하다, 증가하다

640 新 xīn — 형 새로운

641 闻 wén — 명 소식 / 동 듣다, 냄새를 맡다

642 民 mín — 명 국민, 백성

643 族 zú — 명 민족, 가족

644 法 fǎ — 명 법 / 명 방법

645 律 lǜ — 명 법률, 규칙

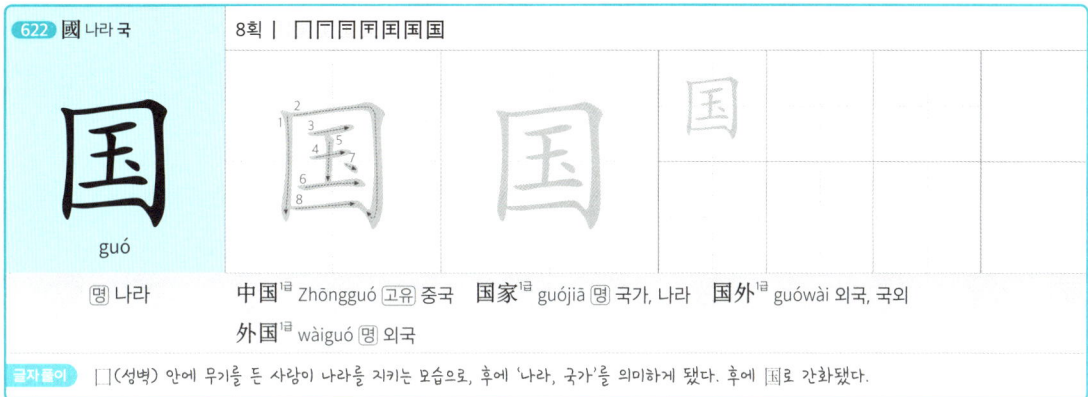

622 國 나라 국 8획 | 冂冂冃屈囸国国

国 guó

명 나라

中国¹급 Zhōngguó 고유 중국　国家¹급 guójiā 명 국가, 나라　国外¹급 guówài 외국, 국외
外国¹급 wàiguó 명 외국

글자풀이 囗(성벽) 안에 무기를 든 사람이 나라를 지키는 모습으로, 후에 '나라, 국가'를 의미하게 됐다. 후에 国로 간화됐다.

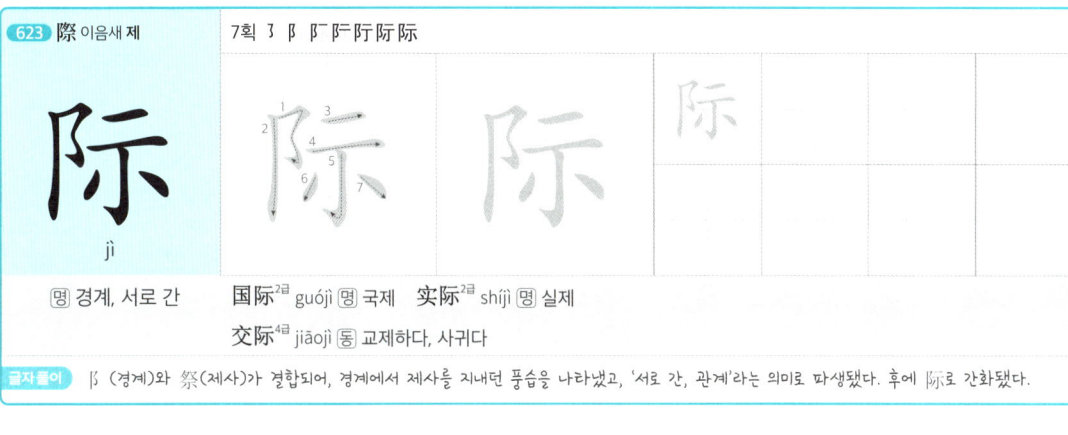

623 際 이음새 제 7획 阝阝阝阝阝阝际际

际 jì

명 경계, 서로 간

国际²급 guójì 명 국제　实际²급 shíjì 명 실제
交际⁴급 jiāojì 동 교제하다, 사귀다

글자풀이 阝(경계)와 祭(제사)가 결합되어, 경계에서 제사를 지내던 풍습을 나타냈고, '서로 간, 관계'라는 의미로 파생됐다. 후에 际로 간화됐다.

624 社 토지신 사 7획 丶ㄅㄧネネ社社

社 shè

명 집단, 단체

社会³급 shèhuì 명 사회　旅行社³급 lǚxíngshè 명 여행사

글자풀이 示(제사)와 土(땅)이 결합되어, 토지신에게 제사를 지내는 풍습을 나타냈고, 이후 사람들이 모이는 장소에서 '집단'이라는 의미가 됐다.

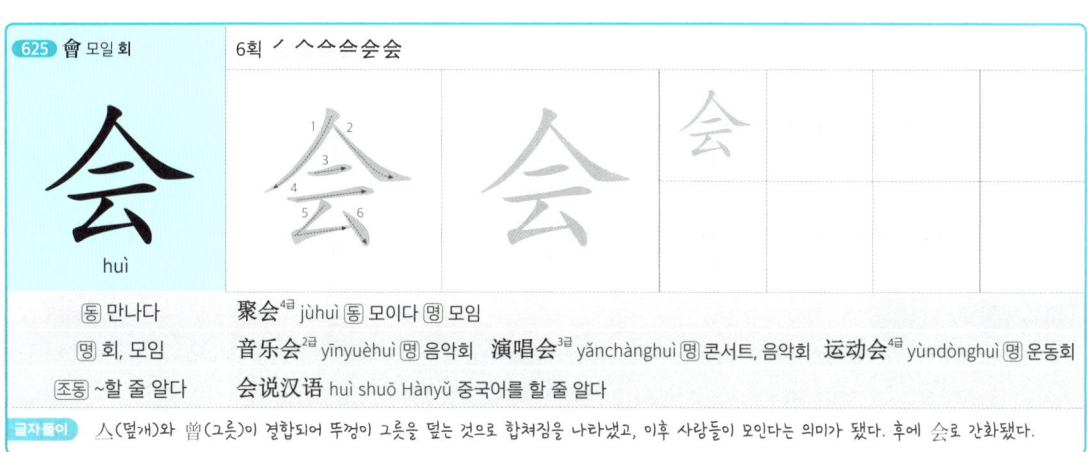

625 會 모일 회 6획 ノ人ㅅ合会会

会 huì

동 만나다
명 회, 모임
조동 ~할 줄 알다

聚会⁴급 jùhuì 동 모이다 명 모임
音乐会²급 yīnyuèhuì 명 음악회　演唱会³급 yǎnchànghuì 콘서트, 음악회　运动会⁴급 yùndònghuì 명 운동회
会说汉语 huì shuō Hànyǔ 중국어를 할 줄 알다

글자풀이 人(덮개)와 曾(그릇)이 결합되어 뚜껑이 그릇을 덮는 것으로 합쳐짐을 나타냈고, 이후 사람들이 모인다는 의미가 됐다. 후에 会로 간화됐다.

1급 = HSK 1급　2급 = HSK 2급　3급 = HSK 3급　4급 = HSK 4급

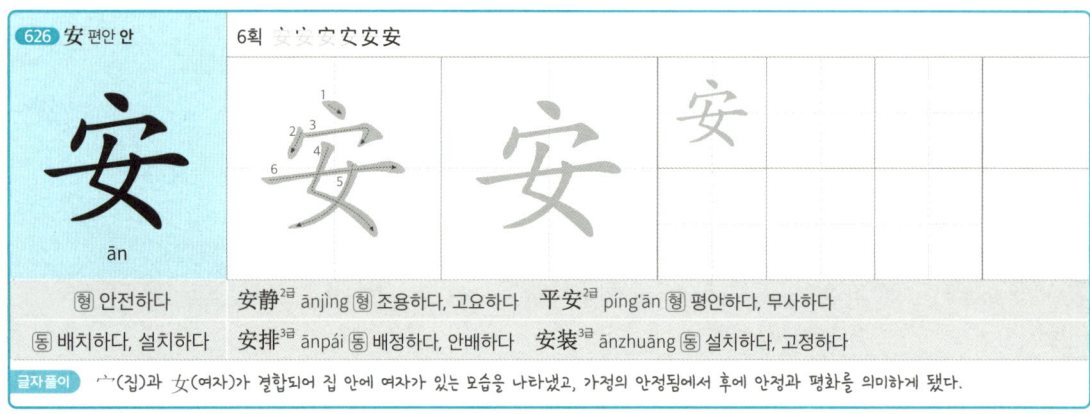

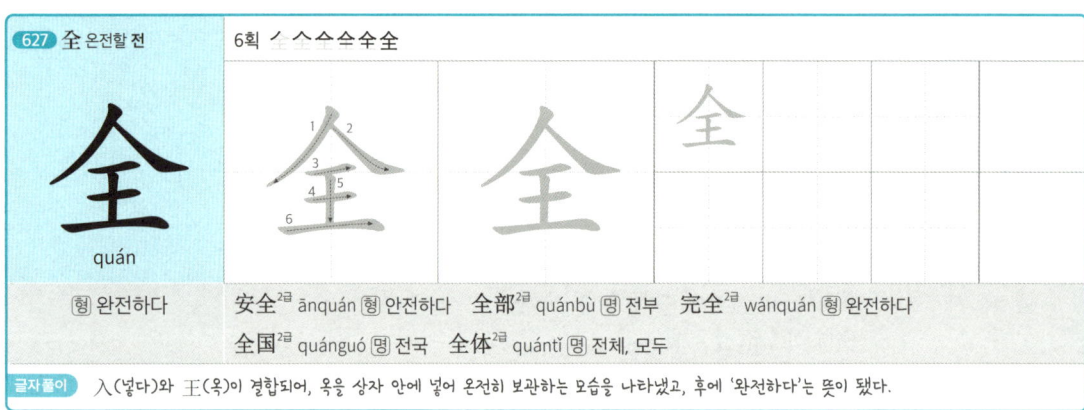

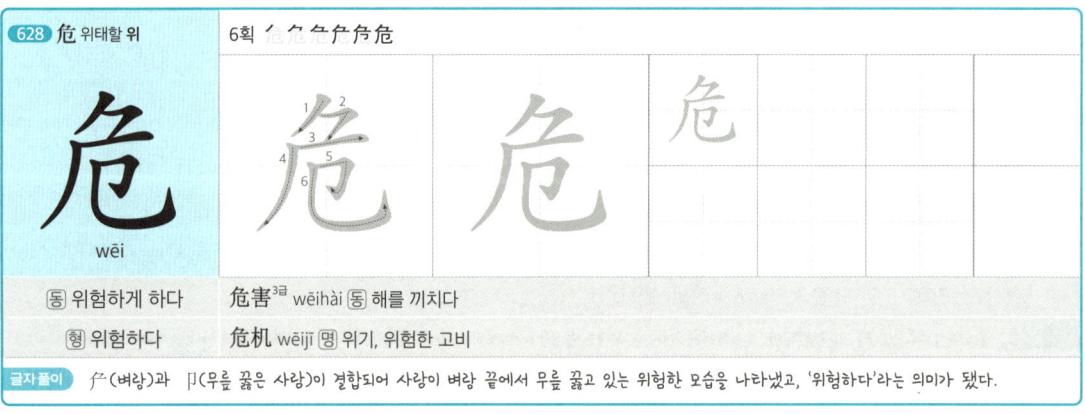

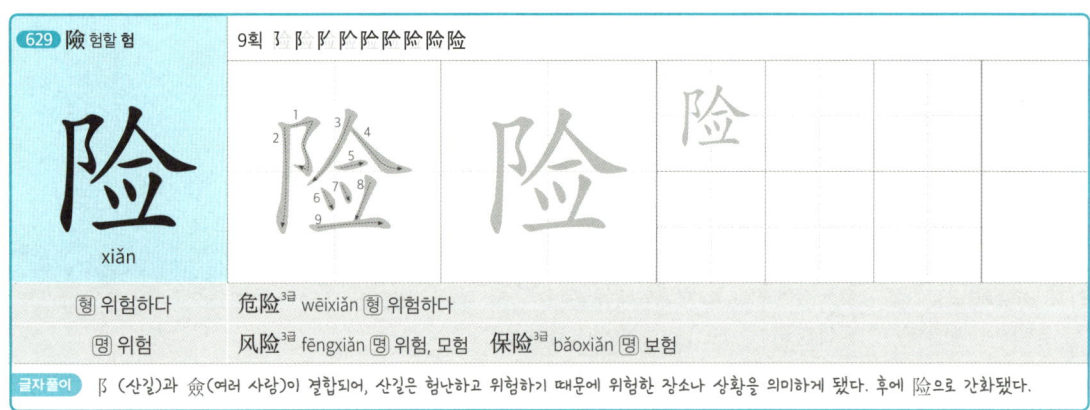

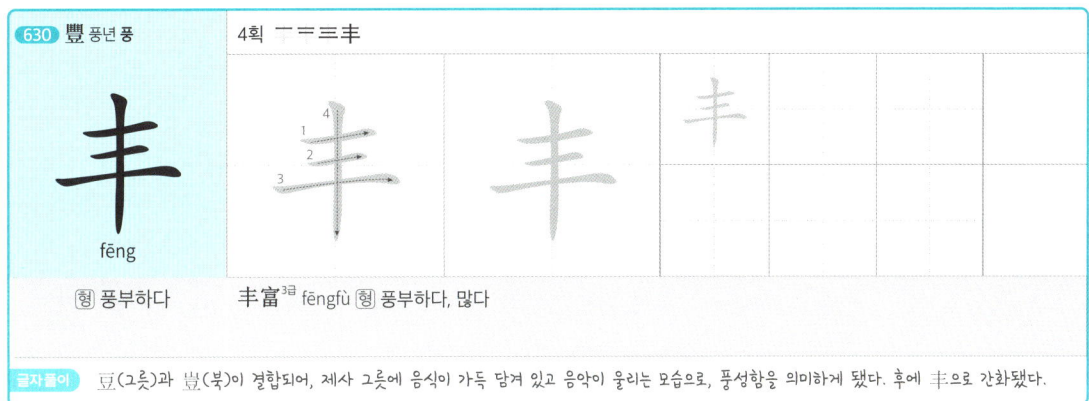

630 豐 풍년 풍 — 丰 fēng

4획 一 三 丰

[형] 풍부하다

丰富³급 fēngfù [형] 풍부하다, 많다

글자풀이 豆(그릇)과 豊(북)이 결합되어, 제사 그릇에 음식이 가득 담겨 있고 음악이 울리는 모습으로, 풍성함을 의미하게 됐다. 후에 丰으로 간화됐다.

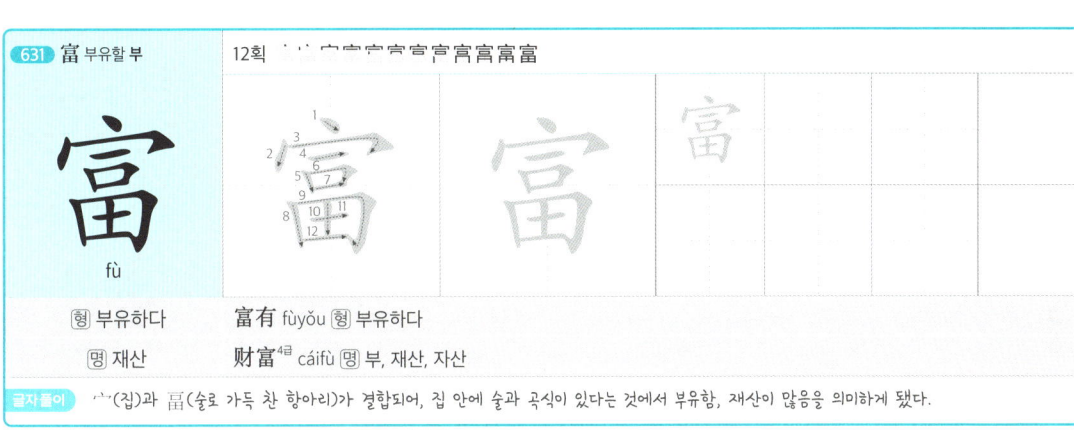

631 富 부유할 부 — 富 fù

12획 丶 宀 宀 宀 宀 宁 宫 宫 富 富 富 富

[형] 부유하다   富有 fùyǒu [형] 부유하다
[명] 재산   财富⁴급 cáifù [명] 부, 재산, 자산

글자풀이 宀(집)과 畐(술로 가득 찬 항아리)가 결합되어, 집 안에 술과 곡식이 있다는 것에서 부유함, 재산이 많음을 의미하게 됐다.

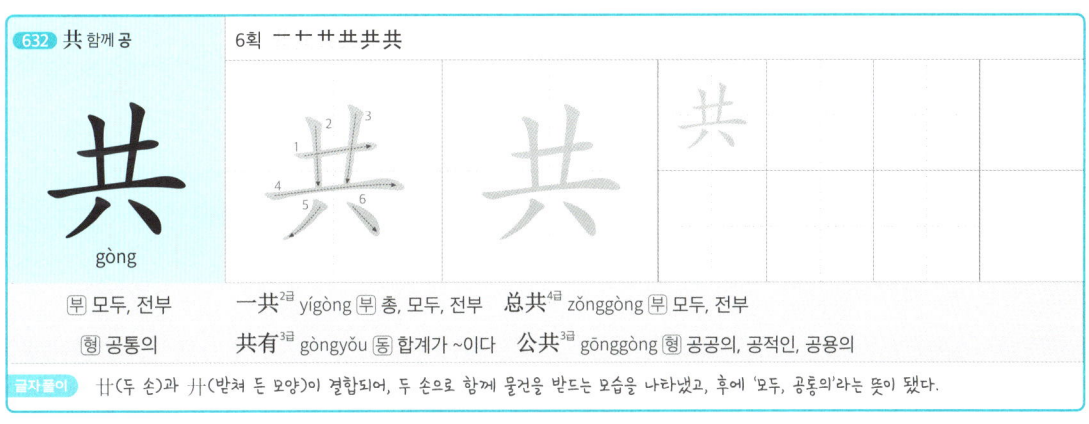

632 共 함께 공 — 共 gòng

6획 一 十 廾 共 共 共

[부] 모두, 전부   一共²급 yígòng [부] 총, 모두, 전부   总共⁴급 zǒnggòng [부] 모두, 전부
[형] 공통의   共有³급 gòngyǒu [동] 합계가 ~이다   公共³급 gōnggòng [형] 공공의, 공적인, 공용의

글자풀이 廾(두 손)과 卄(받쳐 든 모양)이 결합되어, 두 손으로 함께 물건을 받드는 모습을 나타냈고, 후에 '모두, 공통의'라는 뜻이 됐다.

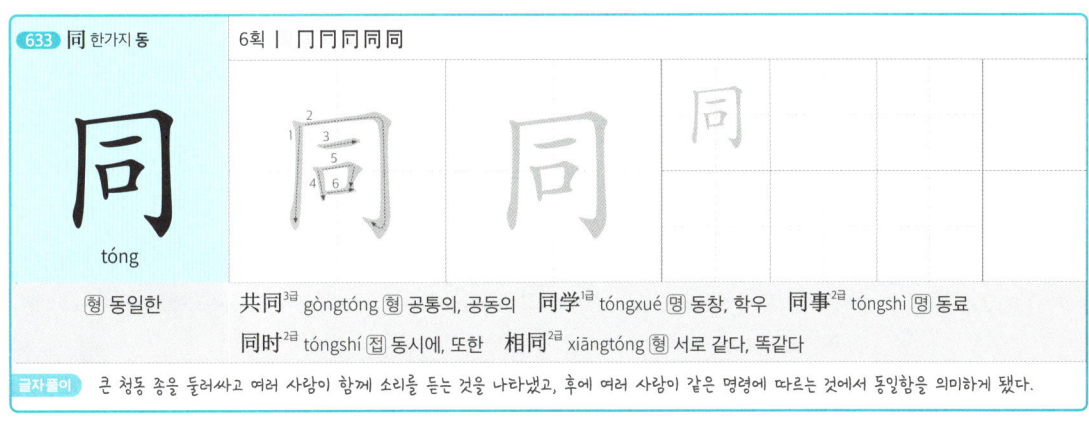

633 同 한가지 동 — 同 tóng

6획 丨 冂 冂 同 同 同

[형] 동일한   共同³급 gòngtóng [형] 공통의, 공동의   同学¹급 tóngxué [명] 동창, 학우   同事²급 tóngshì [명] 동료
同时²급 tóngshí [접] 동시에, 또한   相同²급 xiāngtóng [형] 서로 같다, 똑같다

글자풀이 큰 청동 종을 둘러싸고 여러 사람이 함께 소리를 듣는 것을 나타냈고, 후에 여러 사람이 같은 명령에 따르는 것에서 동일함을 의미하게 됐다.

634 發 필 발 — 发 fā

5획 发 发 发 发 发

- 동 생기다, 밝히다
- 동 확대하다, 시작하다

发现²급 fāxiàn 동 발견하다, 알아차리다　发明³급 fāmíng 동 발명하다　发生³급 fāshēng 동 생기다, 발생하다
发达³급 fādá 형 발달하다　出发²급 chūfā 동 출발하다, 떠나다

글자풀이 弓(활)과 又(손)이 결합되어 활을 들고 발사 준비를 하는 모습을 나타냈고, 후에 '시작하다'라는 의미로 파생됐다. 후에 发으로 간화됐다.

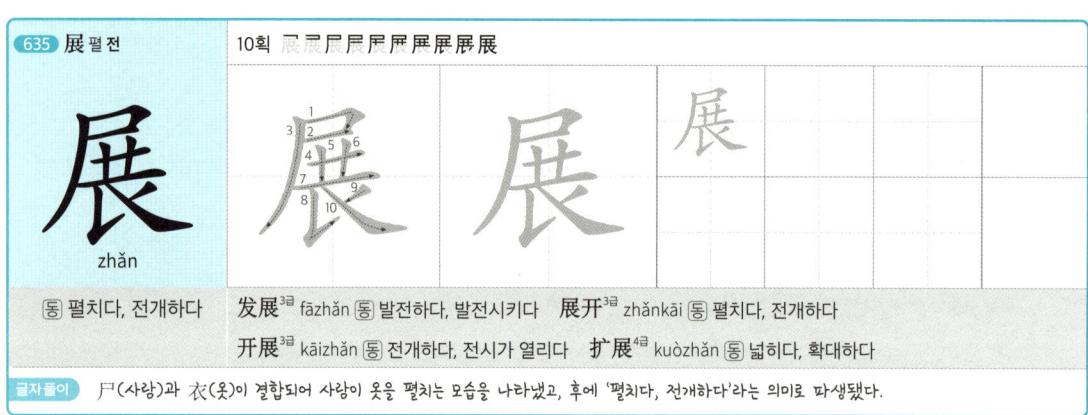

635 展 펼 전 — 展 zhǎn

10획 展 展 展 展 展 展 展 展 展 展

- 동 펼치다, 전개하다

发展³급 fāzhǎn 동 발전하다, 발전시키다　展开³급 zhǎnkāi 동 펼치다, 전개하다
开展³급 kāizhǎn 동 전개하다, 전시가 열리다　扩展⁴급 kuòzhǎn 동 넓히다, 확대하다

글자풀이 尸(사람)과 衣(옷)이 결합되어 사람이 옷을 펼치는 모습을 나타냈고, 후에 '펼치다, 전개하다'라는 의미로 파생됐다.

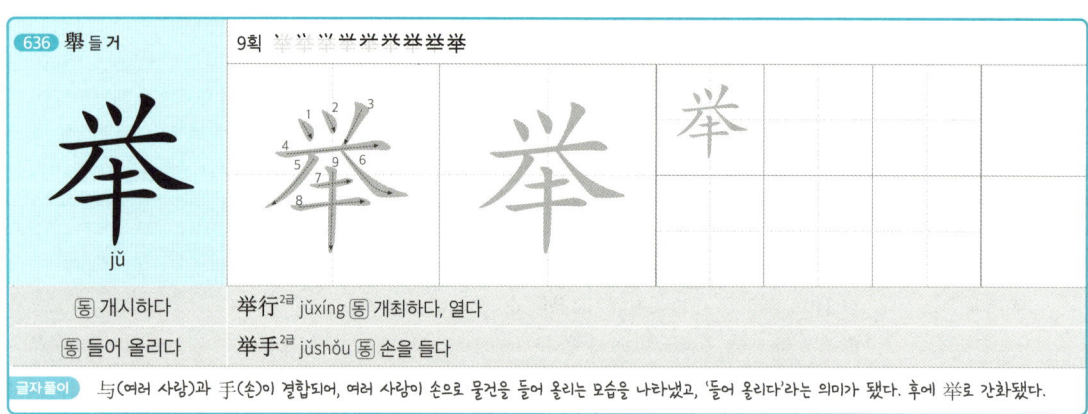

636 擧 들 거 — 举 jǔ

9획 举 举 举 举 举 举 举 举 举

- 동 개시하다
- 동 들어 올리다

举行²급 jǔxíng 동 개최하다, 열다
举手²급 jǔshǒu 동 손을 들다

글자풀이 与(여러 사람)과 手(손)이 결합되어, 여러 사람이 손으로 물건을 들어 올리는 모습을 나타냈고, '들어 올리다'라는 의미가 됐다. 후에 举로 간화됐다.

637 辦 힘들일 판 — 办 bàn

4획 办 办 办 办

- 동 처리하다

举办³급 jǔbàn 동 개최하다, 열다　办法²급 bànfǎ 명 방법, 수단　办公室²급 bàngōngshì 명 사무실
办理³급 bànlǐ 동 (수속을) 밟다, 처리하다

글자풀이 力(힘)과 分(나누다)가 결합되어, 힘을 써서 일을 나누어 처리하는 모습을 나타냈고, 후에 '처리하다, 업무를 보다'라는 의미가 됐다.

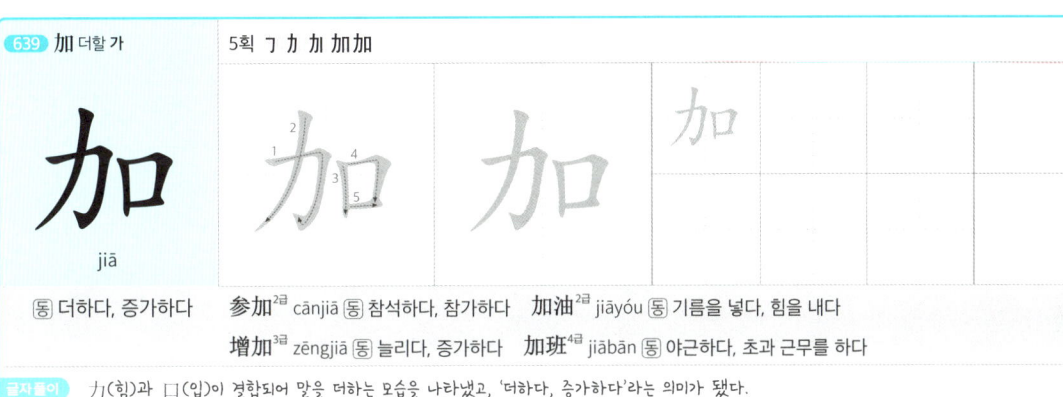
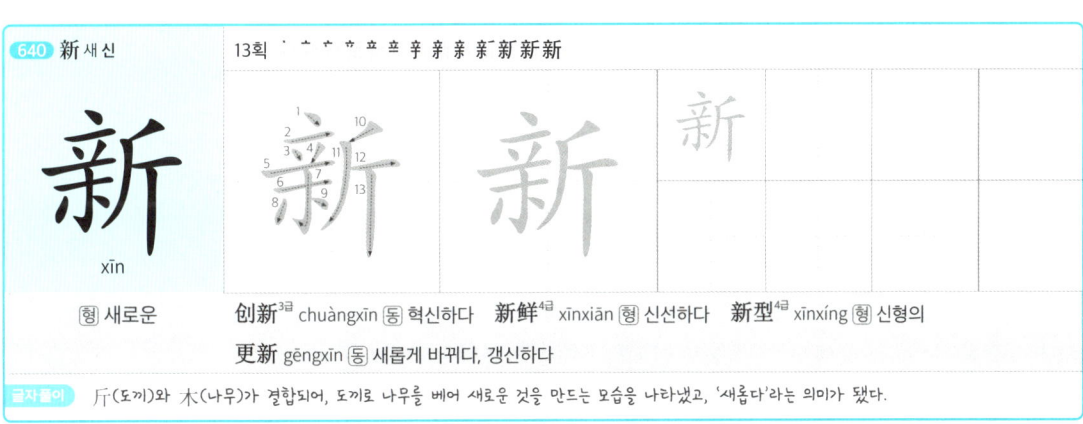

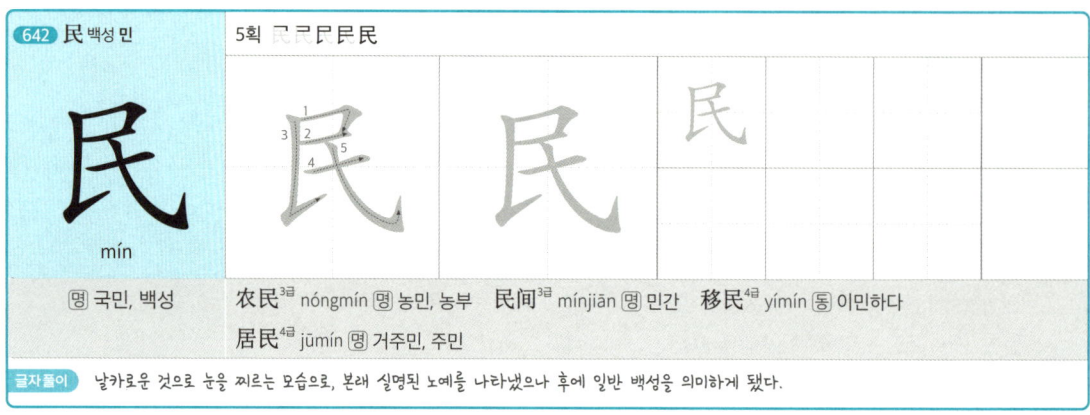

642 民 백성 민

mín

5획 民 ユ ㄸ 戸 民

명 국민, 백성

农民³급 nóngmín 명 농민, 농부　民间³급 mínjiān 명 민간　移民⁴급 yímín 동 이민하다
居民⁴급 jūmín 명 거주민, 주민

글자풀이　날카로운 것으로 눈을 찌르는 모습으로, 본래 실명된 노예를 나타냈으나 후에 일반 백성을 의미하게 됐다.

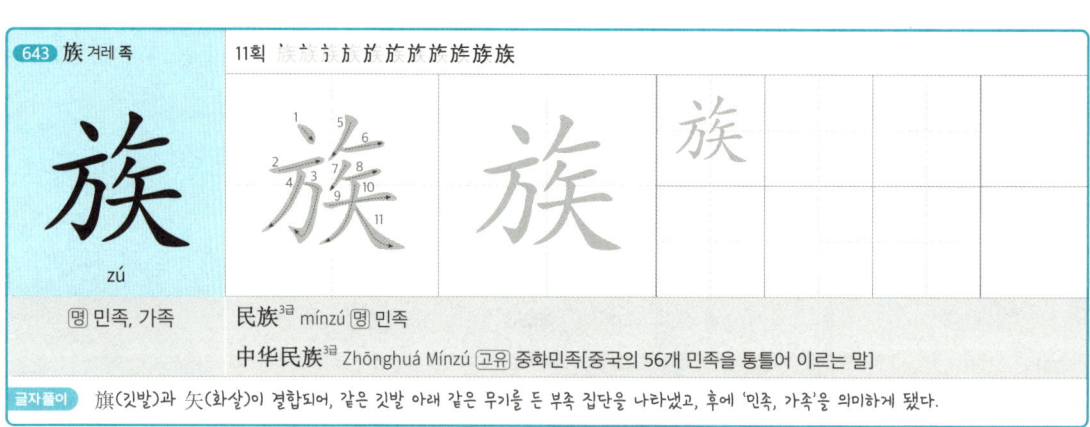

643 族 겨레 족

zú

11획 族 方 方 方 方 旅 族 族 族

명 민족, 가족

民族³급 mínzú 명 민족
中华民族³급 Zhōnghuá Mínzú 고유 중화민족[중국의 56개 민족을 통틀어 이르는 말]

글자풀이　旗(깃발)과 矢(화살)이 결합되어, 같은 깃발 아래 같은 무기를 든 부족 집단을 나타냈고, 후에 '민족, 가족'을 의미하게 됐다.

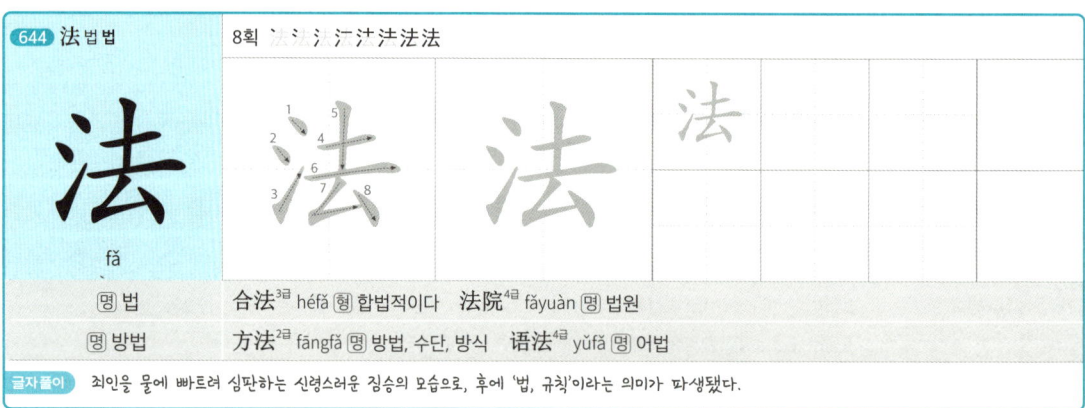

644 法 법 법

fǎ

8획 法 氵 氵 法 法 法 法

명 법

合法³급 héfǎ 형 합법적이다　法院⁴급 fǎyuàn 명 법원

명 방법

方法²급 fāngfǎ 명 방법, 수단, 방식　语法⁴급 yǔfǎ 명 어법

글자풀이　죄인을 물에 빠트려 심판하는 신령스러운 짐승의 모습으로, 후에 '법, 규칙'이라는 의미가 파생됐다.

645 律 법칙 률

lǜ

9획 律 彳 彳 彳 彳 律 律 律

명 법률, 규칙

法律⁴급 fǎlǜ 명 법률　律师⁴급 lǜshī 명 변호사　规律⁴급 guīlǜ 명 규율, 법칙
纪律⁴급 jìlǜ 명 규율, 기강　一律⁴급 yílǜ 부 일률적으로, 예외 없이

글자풀이　彳(걷다)과 聿(붓)이 결합되어, 사람들이 따라야 할 규칙을 적어둔 것을 나타냈고, '법률, 규칙'이라는 의미가 됐다.

단어로 써 보기

오늘 써 본 한자들로 조합된 HSK 빈출 단어들이에요. 칸에 맞춰 정확히 써 보세요.

28 일차 삶·경험

活(살다), 败(패배하다)처럼 삶·경험과 관련된 간체자를 써 볼 거예요.
음성을 들으며 한자와 단어의 발음도 함께 익혀 보세요.

646 活 huó
동 살다, 활동하다
명 일, 노동

647 死 sǐ
동 죽다

648 目 mù
명 눈
명 항목, 명칭

649 的 dì, de
명 과녁의 중심
조 ~의, ~한

650 梦 mèng
명 꿈
동 꿈을 꾸다

651 永 yǒng
부 영원히

652 将 jiāng
부 곧 ~하려고 하다

653 来 lái
동 오다

654 开 kāi
동 열다, 시작하다

655 始 shǐ
동 시작하다
명 처음, 시작

656 终 zhōng
명 끝, 마지막
부 결국

657 束 shù
동 제한하다

658 结 jié, jiē
동 맺다, 이루다
동 (열매를) 맺다

659 婚 hūn
명 결혼
동 결혼하다

660 养 yǎng
동 기르다
동 요양하다

661 要 yào, yāo
형 중요하다
동 원하다
동 요구하다

662 功 gōng
명 공로, 공

663 反 fǎn
동 반대하다, 되돌리다
형 반대의

664 失 shī
동 잃다, 이루지 못하다

665 败 bài
동 패배하다

666 错 cuò
형 틀리다

667 误 wù
형 틀리다

668 继 jì
동 계속하다

669 续 xù
동 이어지다

646 活 살 활 — 9획

huó

동 살다, 활동하다
명 일, 노동

活动² huódòng 동 움직이다, 활동하다   生活² shēnghuó 동 살다, 생활하다 명 생활   活力⁴ huólì 명 활력, 생기
干活儿² gànhuór 동 일을 하다, 노동하다

글자풀이 氵(물)과 갈라진 바위 무늬를 나타낸 글자가 결합되어 물줄기의 생명력을 나타냈고, '살다, 활동하다'라는 의미가 됐다.

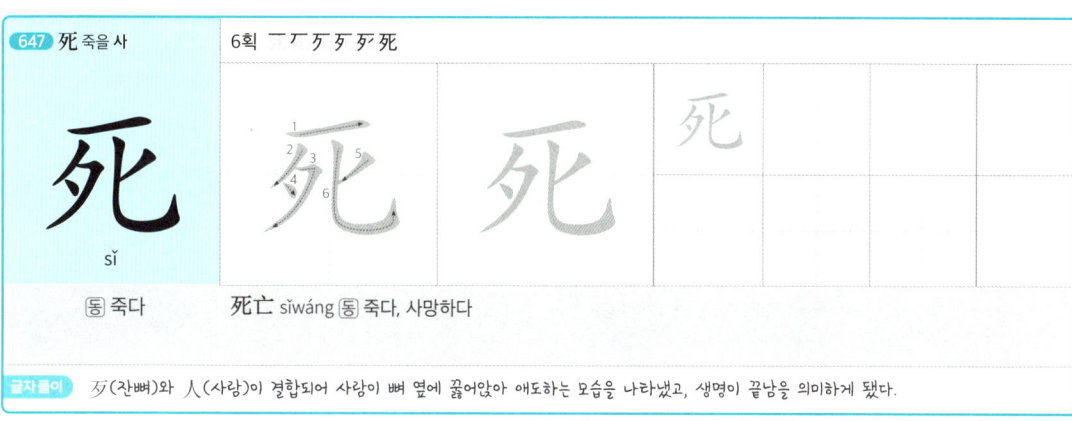

647 死 죽을 사 — 6획

sǐ

동 죽다

死亡 sǐwáng 동 죽다, 사망하다

글자풀이 歹(잔뼈)와 人(사람)이 결합되어 사람이 뼈 옆에 꿇어앉아 애도하는 모습을 나타냈고, 생명이 끝남을 의미하게 됐다.

648 目 눈 목 — 5획

mù

명 눈
명 항목, 명칭

目前³ mùqián 명 현재, 지금   目标³ mùbiāo 명 목표
节目² jiémù 명 프로그램, 종목   题目³ tímù 명 테마, 제목, 표제   项目⁴ xiàngmù 명 항목, 프로젝트

글자풀이 눈의 모습을 본떠 만들어진 글자로 '눈'이라는 의미가 됐다.

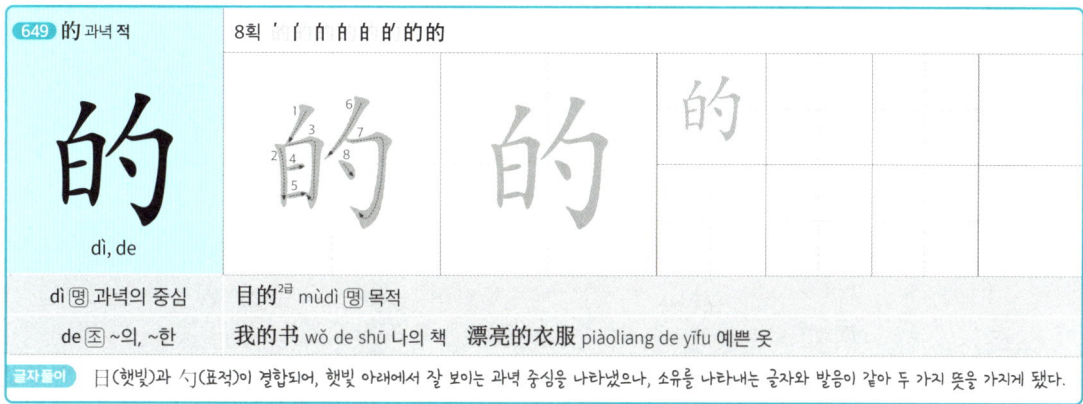

649 的 과녁 적 — 8획

dì, de

dì 명 과녁의 중심
de 조 ~의, ~한

目的² mùdì 명 목적
我的书 wǒ de shū 나의 책   漂亮的衣服 piàoliang de yīfu 예쁜 옷

글자풀이 日(햇빛)과 勺(표적)이 결합되어, 햇빛 아래에서 잘 보이는 과녁 중심을 나타냈으나, 소유를 나타내는 글자와 발음이 같아 두 가지 뜻을 가지게 됐다.

1급 = HSK 1급   2급 = HSK 2급   3급 = HSK 3급   4급 = HSK 4급

650 夢 꿈 몽

11획

梦 mèng

- 명 꿈
- 동 꿈을 꾸다

梦想⁴급 mèngxiǎng 동 갈망하다, 몽상하다　梦见⁴급 mèngjiàn 꿈에 ~을 보다
做梦⁴급 zuòmèng 동 꿈을 꾸다, 꿈꾸다

글자풀이　夕(밤)과 침상 위에 누운 사람을 나타낸 글자가 결합되어 '꿈'이라는 의미가 됐고, 후에 梦으로 간화됐다.

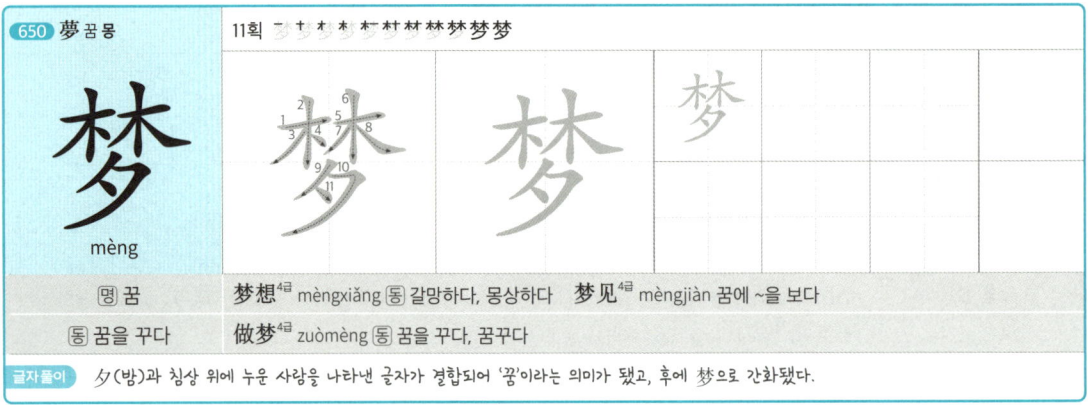

651 永 길 영

5획

永 yǒng

- 부 영원히

永远²급 yǒngyuǎn 부 영원히, 항상

글자풀이　굽이치는 강물의 형상을 본떠 만들어진 글자로, 물줄기가 오랫동안 흐른다 하여 '영원히'라는 의미가 됐다.

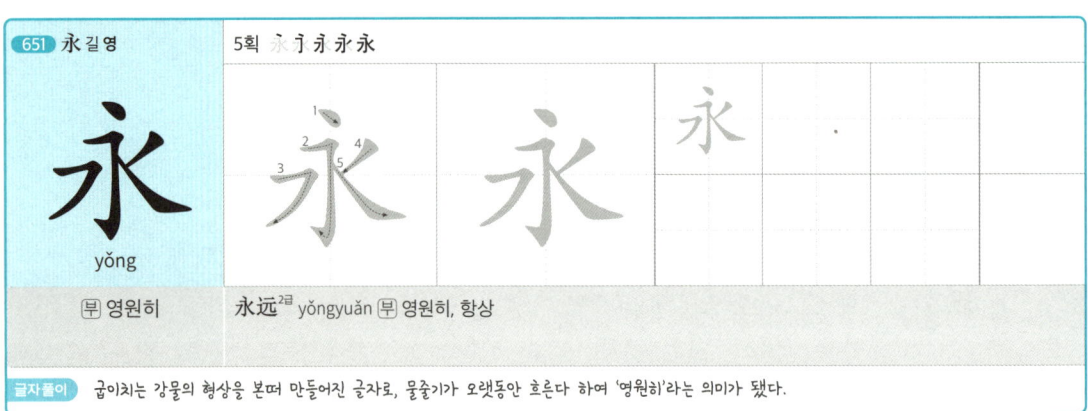

652 將 장수 장

9획

将 jiāng

- 부 곧 ~하려고 하다

将近³급 jiāngjìn 부 (시간이나 수량 등이) 거의 ~에 가깝다　即将⁴급 jíjiāng 부 곧, 머지않아

글자풀이　肉(고기), 爿(상), 寸(손)이 결합되어 제물을 상에 올리는 것을 나타낸다. 후에 군을 이끄는 장수를 뜻하게 됐고, '곧 ~하려고 하다'의 뜻도 가지게 됐다.

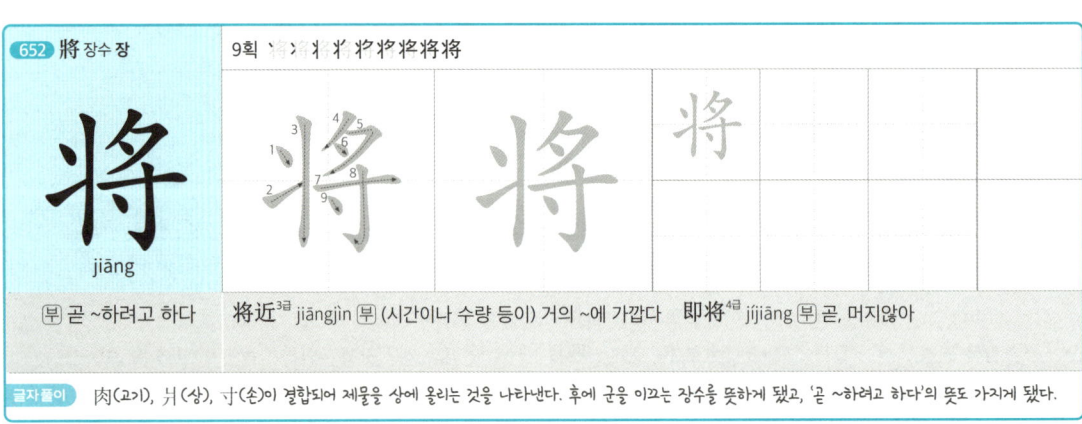

653 來 올 래

7획

来 lái

- 동 오다

将来³급 jiānglái 명 장래, 미래　回来¹급 huílai 동 돌아오다　进来¹급 jìnlai 동 들어오다
原来²급 yuánlái 형 원래의　未来⁴급 wèilái 명 미래

글자풀이　보리의 이삭과 뿌리까지 표현한 글자로, 보리는 외래 작물이었기 때문에 '오다'라는 뜻이 됐고, 후에 来로 간화됐다.

654 開 열 개

4획 一 二 开 开

开 kāi

- 동 열다, 시작하다
- 打开¹급 dǎkāi 동 열다, 펼치다   开学²급 kāixué 동 개학하다   开发³급 kāifā 동 개발하다, 개척하다
- 开放³급 kāifàng 동 개방하다

글자풀이 門(문)과 양손으로 문을 여는 모습을 나타낸 글자가 결합되어, '열다'라는 의미가 됐고 후에 开로 간화됐다.

655 始 비로소 시

8획 ㄥ ㄥ 女 女 女' 女'' 始 始

始 shǐ

- 동 시작하다
- 명 처음, 시작
- 开始³급 kāishǐ 동 시작하다
- 原始 yuánshǐ 형 원시적인, 최초의

글자풀이 女(여자)와 태아의 모습을 나타낸 台가 결합되어, 아이가 생기는 것이 시작임을 의미했고, 이후 '시작하다'라는 의미로 확장됐다.

656 終 끝 종

8획 ㄥ ㄥ ㄠ ㄠ' ㄠ'' 终 终 终

终 zhōng

- 명 끝, 마지막
- 부 결국
- 始终³급 shǐzhōng 부 한결같이, 언제나   终点 zhōngdiǎn 명 종점, 결승점
- 终于³급 zhōngyú 부 마침내, 결국

글자풀이 冬은 실이 끝에서 매듭지어진 모습을 본뜬 글자로 '끝'을 의미했으나, 후에 冬이 '겨울'을 나타내게 되면서 纟(실)을 더한 终이 '끝'을 의미하게 됐다.

657 束 묶을 속

7획 一 ㄱ 币 币 申 束 束

束 shù

- 동 제한하다
- 结束³급 jiéshù 동 끝나다, 마치다

글자풀이 묶은 나뭇가지의 모습을 본떠 만들어진 글자로, '묶다'라는 의미에서 '제한하다'라는 의미가 파생됐다.

28일차 삶·경험

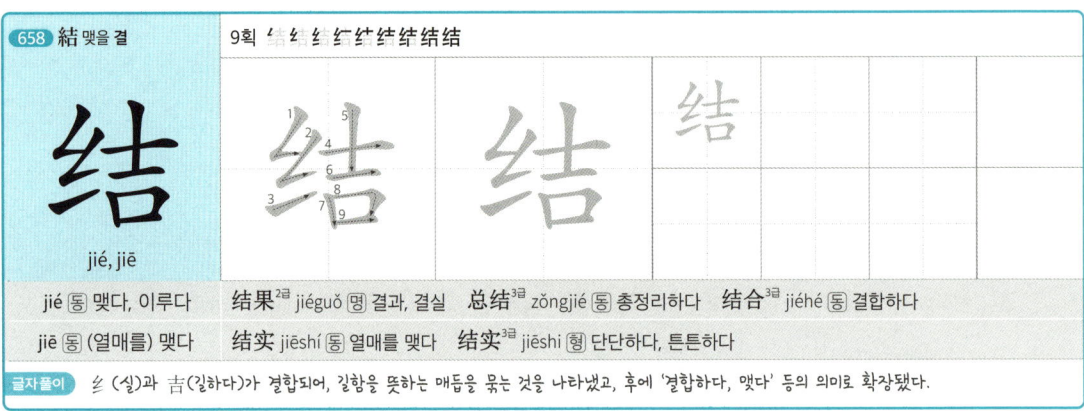

658 結 맺을 결

9획 结结结结结结结结结

jié, jiē

- jié 동 맺다, 이루다
- jiē 동 (열매를) 맺다

结果²급 jiéguǒ 명 결과, 결실 总结³급 zǒngjié 동 총정리하다 结合³급 jiéhé 동 결합하다
结实 jiēshí 동 열매를 맺다 结实³급 jiēshi 형 단단하다, 튼튼하다

글자풀이 纟(실)과 吉(길하다)가 결합되어, 길함을 뜻하는 매듭을 묶는 것을 나타냈고, 후에 '결합하다, 맺다' 등의 의미로 확장됐다.

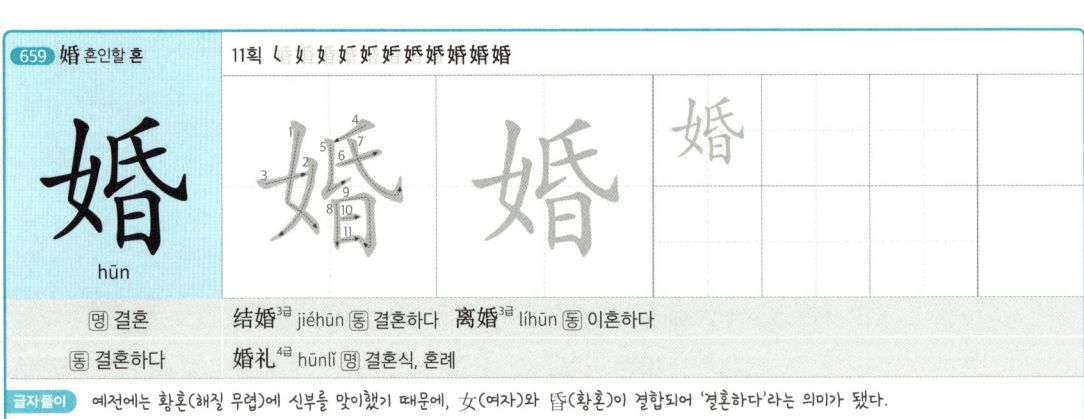

659 婚 혼인할 혼

11획 婚婚婚婚婚婚婚婚婚婚婚

hūn

- 명 결혼
- 동 결혼하다

结婚³급 jiéhūn 동 결혼하다 离婚³급 líhūn 동 이혼하다
婚礼⁴급 hūnlǐ 명 결혼식, 혼례

글자풀이 예전에는 황혼(해질 무렵)에 신부를 맞이했기 때문에, 女(여자)와 昏(황혼)이 결합되어 '결혼하다'라는 의미가 됐다.

660 養 기를 양

9획 养养养养养养养养养

yǎng

- 동 기르다
- 동 요양하다

培养⁴급 péiyǎng 동 기르다, 양성하다 养成⁴급 yǎngchéng 동 형성하다, 기르다, 키우다
营养³급 yíngyǎng 명 영양 疗养⁴급 liáoyǎng 동 요양하다

글자풀이 손에 채찍을 들고 양을 모는 모습을 본떠 만든 글자로, 食(먹다)를 더해 '먹이다, 기르다'라는 의미가 강조됐다. 후에 养으로 간화됐다.

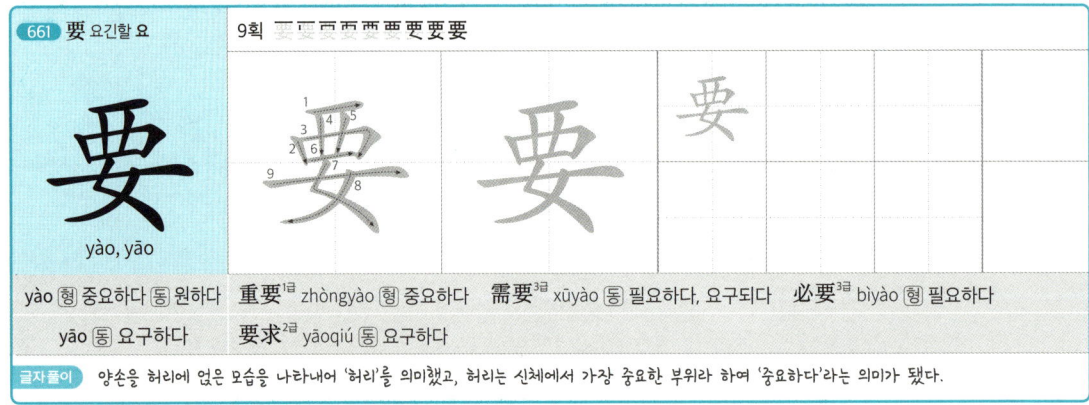

661 要 요긴할 요

9획 要要要要要要要要要

yào, yāo

- yào 형 중요하다 동 원하다
- yāo 동 요구하다

重要¹급 zhòngyào 형 중요하다 需要³급 xūyào 동 필요하다, 요구되다 必要³급 bìyào 형 필요하다
要求²급 yāoqiú 동 요구하다

글자풀이 양손을 허리에 얹은 모습을 나타내어 '허리'를 의미했고, 허리는 신체에서 가장 중요한 부위라 하여 '중요하다'라는 의미가 됐다.

662 功 공 공

5획 ー T I 功功

- 명 공로, 공
- 成功³급 chénggōng 동 성공하다, 이루다   功能³급 gōngnéng 명 기능, 효능
- 功夫³급 gōngfu 명 재주, 솜씨, (일을 하기 위해) 들인 시간과 노력, 쿵후

글자풀이 工(도구)와 力(힘)이 결합되어 힘을 들여 도구로 일하는 모습을 나타냈고, '공로, 공'이라는 의미로 파생됐다.

663 反 돌이킬 반

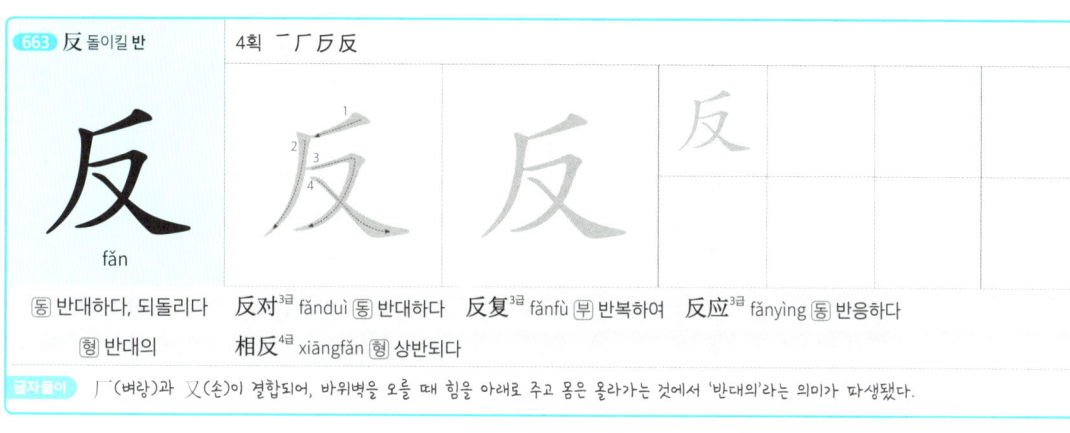

4획 ー 厂 厅 反

- 동 반대하다, 되돌리다
- 형 반대의
- 反对³급 fǎnduì 동 반대하다   反复³급 fǎnfù 부 반복하여   反应³급 fǎnyìng 동 반응하다
- 相反⁴급 xiāngfǎn 형 상반되다

글자풀이 厂(벼랑)과 又(손)이 결합되어, 바위벽을 오를 때 힘을 아래로 주고 몸은 올라가는 것에서 '반대의'라는 의미가 파생됐다.

664 失 잃을 실

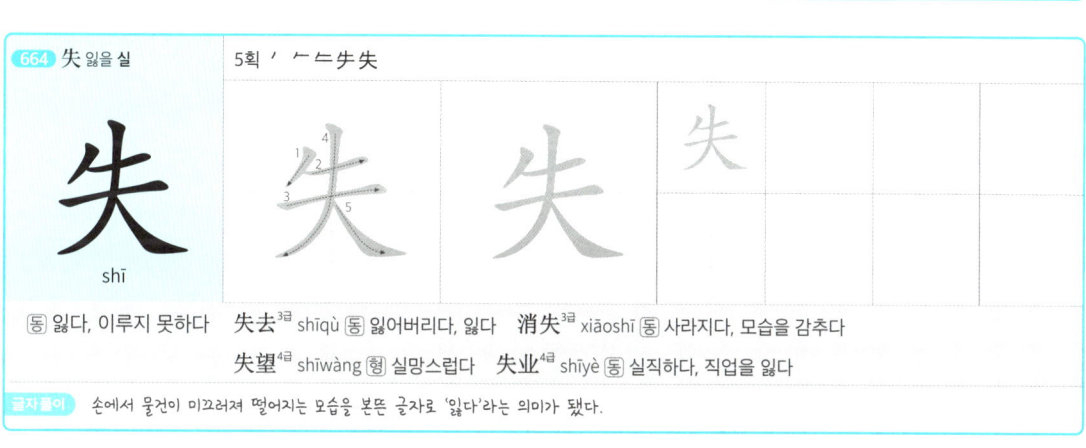

5획 ノ ー 二 午 失

- 동 잃다, 이루지 못하다
- 失去³급 shīqù 동 잃어버리다, 잃다   消失³급 xiāoshī 동 사라지다, 모습을 감추다
- 失望⁴급 shīwàng 형 실망스럽다   失业⁴급 shīyè 동 실직하다, 직업을 잃다

글자풀이 손에서 물건이 미끄러져 떨어지는 모습을 본뜬 글자로 '잃다'라는 의미가 됐다.

665 败 패할 패

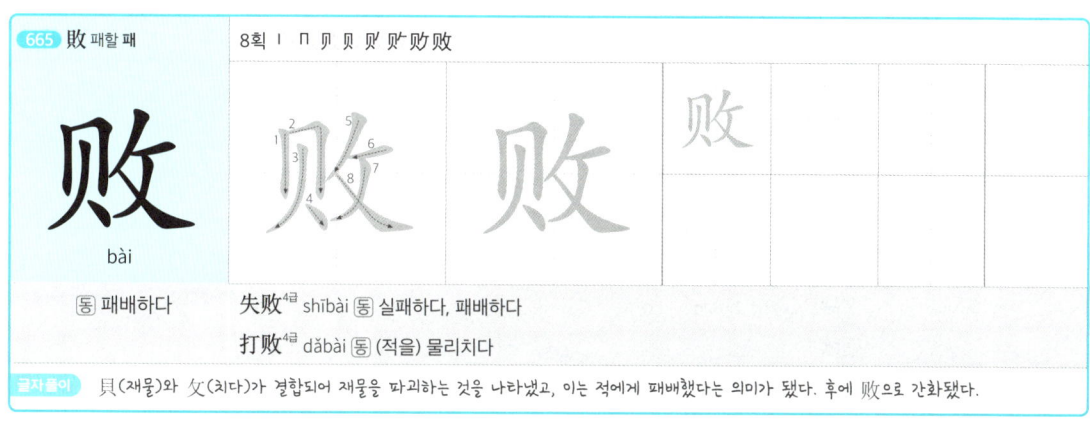

8획 丨 冂 贝 贝 贝 贩 败 败

- 동 패배하다
- 失败⁴급 shībài 동 실패하다, 패배하다
- 打败⁴급 dǎbài 동 (적을) 물리치다

글자풀이 贝(재물)와 攵(치다)가 결합되어 재물을 파괴하는 것을 나타냈고, 이는 적에게 패배했다는 의미가 됐다. 후에 败으로 간화됐다.

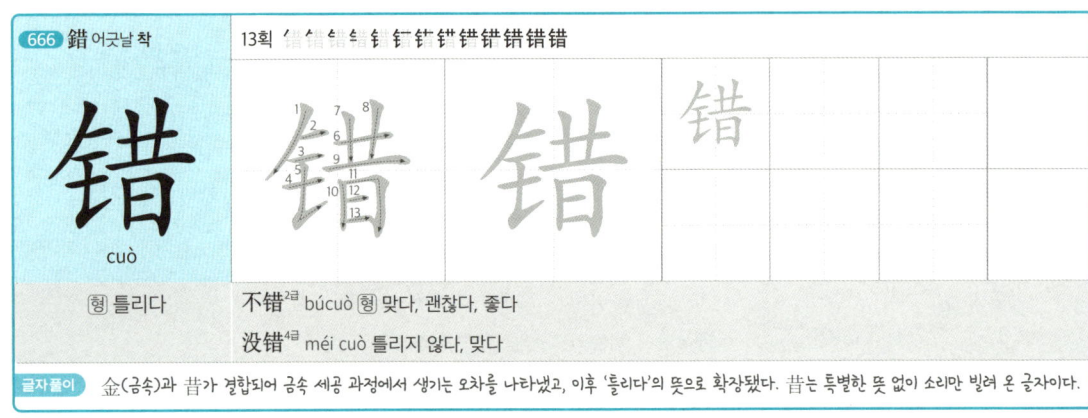

666 错 어긋날 착

13획 错错错错错错错错错错错错错

cuò

[형] 틀리다

不错² búcuò [형] 맞다, 괜찮다, 좋다
没错⁴ méi cuò 틀리지 않다, 맞다

글자풀이: 金(금속)과 昔가 결합되어 금속 세공 과정에서 생기는 오차를 나타냈고, 이후 '틀리다'의 뜻으로 확장됐다. 昔는 특별한 뜻 없이 소리만 빌려 온 글자이다.

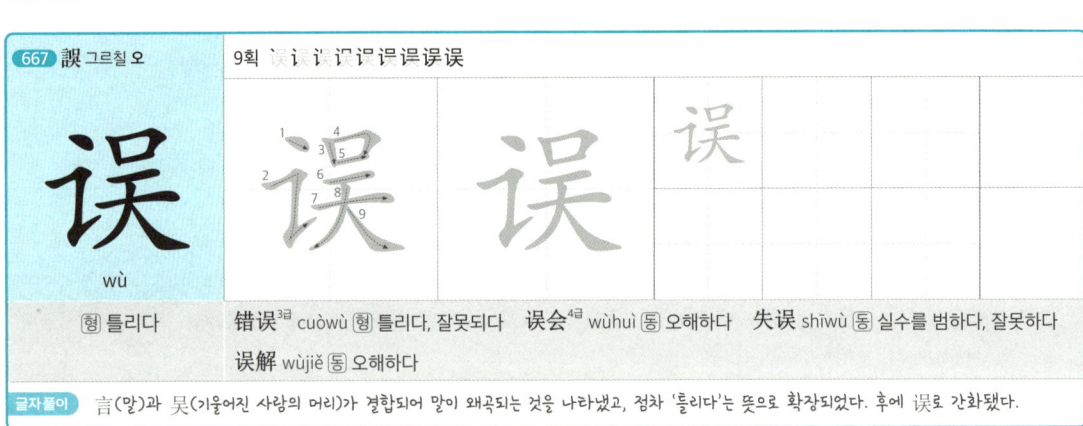

667 誤 그르칠 오

9획 误误误误误误误误误

wù

[형] 틀리다

错误³ cuòwù [형] 틀리다, 잘못되다   误会⁴ wùhuì [동] 오해하다   失误 shīwù [동] 실수를 범하다, 잘못하다
误解 wùjiě [동] 오해하다

글자풀이: 言(말)과 吳(기울어진 사람의 머리)가 결합되어 말이 왜곡되는 것을 나타냈고, 점차 '틀리다'는 뜻으로 확장되었다. 후에 误로 간화됐다.

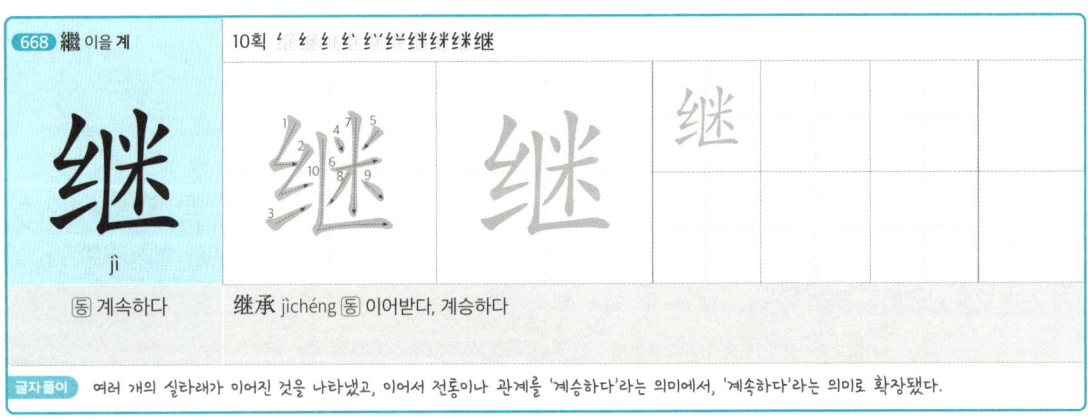

668 繼 이을 계

10획 继继继继继继继继继继

jì

[동] 계속하다

继承 jìchéng [동] 이어받다, 계승하다

글자풀이: 여러 개의 실타래가 이어진 것을 나타냈고, 이어서 전통이나 관계를 '계승하다'라는 의미에서, '계속하다'라는 의미로 확장됐다.

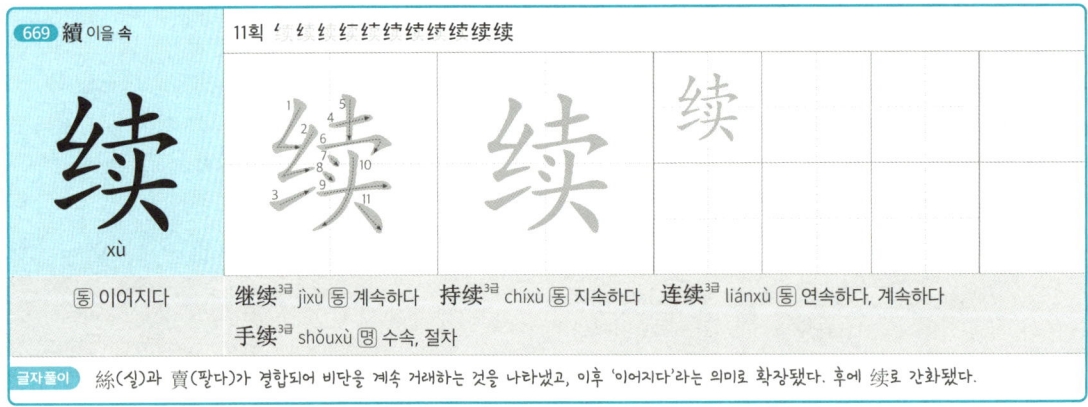

669 續 이을 속

11획 续续续续续续续续续续续

xù

[동] 이어지다

继续³ jìxù [동] 계속하다   持续³ chíxù [동] 지속하다   连续³ liánxù [동] 연속하다, 계속하다
手续³ shǒuxù [명] 수속, 절차

글자풀이: 絲(실)과 賣(팔다)가 결합되어 비단을 계속 거래하는 것을 나타냈고, 이후 '이어지다'라는 의미로 확장됐다. 후에 续로 간화됐다.

단어로 써 보기

오늘 써 본 한자들로 조합된 HSK 빈출 단어들이에요. 칸에 맞춰 정확히 써 보세요.

目的
mùdì
명 목적

将来
jiānglái
명 장래, 미래

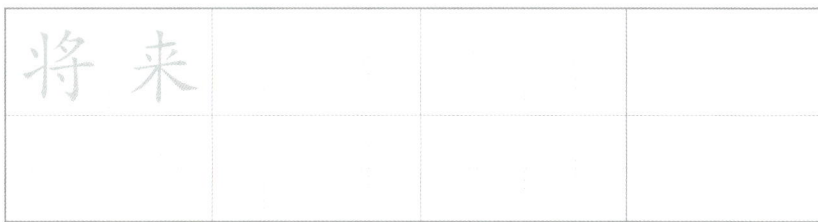

开始
kāishǐ
동 시작하다

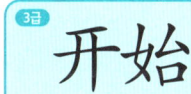

错误
cuòwù
형 틀리다, 잘못되다

继续
jìxù
동 계속하다

29일차 문장 구성 표현 ①

是(~이다), 很(매우, 아주)처럼 문장 구성 표현과 관련된 간체자를 써 볼 거예요. 음성을 들으며 한자와 단어의 발음도 함께 익혀 보세요.

670 是 shì
동 ~이다

671 不 bù
부 ~않다, 아니다

672 有 yǒu
동 있다, 가지고 있다

673 没 méi
동 없다
부 ~하지 않았다

674 很 hěn
부 매우, 아주

675 非 fēi
부 아니다, 비정상적인

676 常 cháng
부 자주
형 보통이다

677 挺 tǐng
부 꽤, 매우

678 已 yǐ
부 이미

679 又 yòu
부 또, 다시

680 再 zài
부 또, 재차, 다시

681 还 hái, huán
부 아직, 또
동 돌려주다

682 就 jiù
부 곧, 벌써, 바로
동 맡다, 완성하다

683 更 gèng, gēng
부 더, 더욱
동 바꾸다

684 最 zuì
부 가장, 제일

685 较 jiào
부 비교적

686 什 shén
대 무엇

687 么 me
[대명사나 부사 뒤에 붙는 접미사]

688 怎 zěn
대 어떻게

689 谁 shéi
대 누구

690 哪 nǎ
대 어디, 어느

691 让 ràng
동 ~하게 하다
동 양보하다

692 能 néng
조동 ~할 수 있다
명 능력

693 够 gòu
동 충분하다

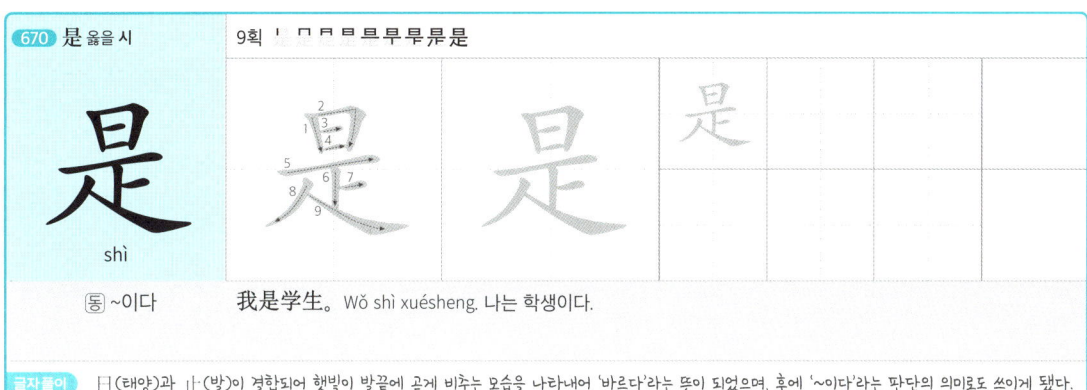

670 是 옳을 시 — 9획 丨 冂 日 旦 里 무 무 是 是

shì

(동) ~이다

我是学生。 Wǒ shì xuésheng. 나는 학생이다.

글자풀이 日(태양)과 止(발)이 결합되어 햇빛이 발끝에 곧게 비추는 모습을 나타내어 '바르다'라는 뜻이 되었으며, 후에 '~이다'라는 판단의 의미로도 쓰이게 됐다.

671 不 아닐 불/아닐 부 — 4획 一 ア 不 不

bù

(부) ~않다, 아니다

不用¹급 búyòng (부) ~할 필요 없다   不要²급 búyào (부) ~하지 마라
不客气¹급 búkèqi 별 말씀을요, 천만에요   对不起¹급 duìbuqǐ (동) 죄송합니다, 미안합니다

글자풀이 식물의 뿌리가 땅으로 뻗으려다 막힌 모습으로, 진행이 저지된 상태를 나타냈다. 후에 '아니다'라는 부정의 의미가 파생되었다.

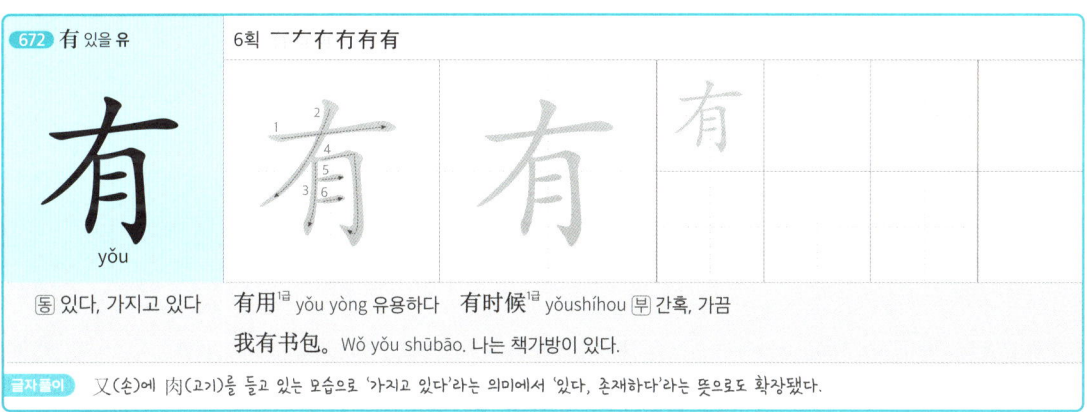

672 有 있을 유 — 6획 一 ナ オ 冇 有 有

yǒu

(동) 있다, 가지고 있다

有用¹급 yǒu yòng 유용하다   有时候¹급 yǒushíhou (부) 간혹, 가끔
我有书包。 Wǒ yǒu shūbāo. 나는 책가방이 있다.

글자풀이 又(손)에 肉(고기)를 들고 있는 모습으로 '가지고 있다'라는 의미에서 '있다, 존재하다'라는 뜻으로도 확장됐다.

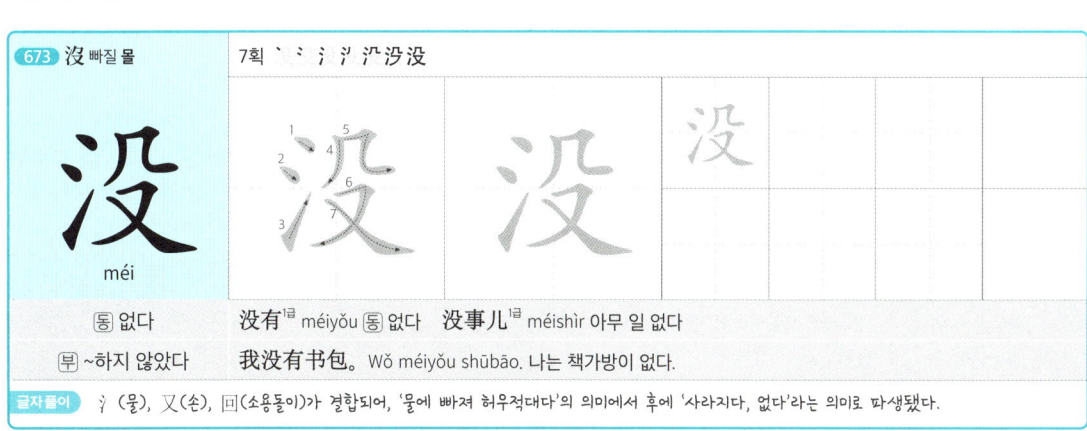

673 没 빠질 몰 — 7획 丶 冫 氵 氵 沪 汐 没

méi

(동) 없다
(부) ~하지 않았다

没有¹급 méiyǒu (동) 없다   没事儿¹급 méishìr 아무 일 없다
我没有书包。 Wǒ méiyǒu shūbāo. 나는 책가방이 없다.

글자풀이 氵(물), 又(손), 回(소용돌이)가 결합되어, '물에 빠져 허우적대다'의 의미에서 후에 '사라지다, 없다'라는 의미로 파생됐다.

1급 = HSK 1급   2급 = HSK 2급   3급 = HSK 3급   4급 = HSK 4급

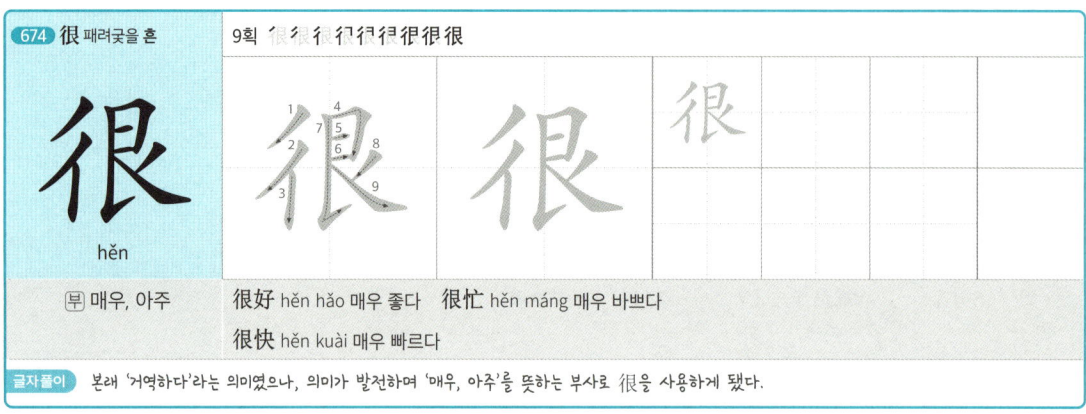

674 很 패려궂을 흔
9획 很很很很很很很很很
hěn
(부) 매우, 아주
很好 hěn hǎo 매우 좋다   很忙 hěn máng 매우 바쁘다
很快 hěn kuài 매우 빠르다
글자풀이 본래 '거역하다'라는 의미였으나, 의미가 발전하며 '매우, 아주'를 뜻하는 부사로 很을 사용하게 됐다.

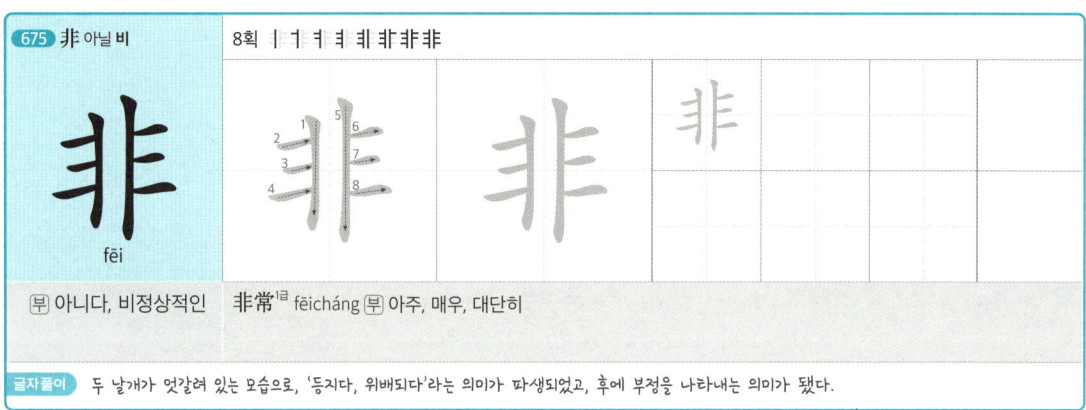

675 非 아닐 비
8획 丨丿丿丨丨非非非
fēi
(부) 아니다, 비정상적인
非常¹급 fēicháng (부) 아주, 매우, 대단히
글자풀이 두 날개가 엇갈려 있는 모습으로, '등지다, 위배되다'라는 의미가 파생되었고, 후에 부정을 나타내는 의미가 됐다.

676 常 떳떳할 상 / 항상 상
11획 常常常常常常常常常常常
cháng
(부) 자주
常常¹급 chángcháng (부) 자주, 종종   经常²급 jīngcháng (부) 자주, 늘, 항상   常用²급 cháng yòng 자주 쓰다
(형) 보통이다
平常²급 píngcháng (명) 평소   日常³급 rìcháng (형) 일상의, 일상적인
글자풀이 옷의 모양을 본떠 만든 글자로 '치마'라는 의미였고, 옷은 항시 입고 있다 하여 '늘, 자주'라는 의미가 됐다.

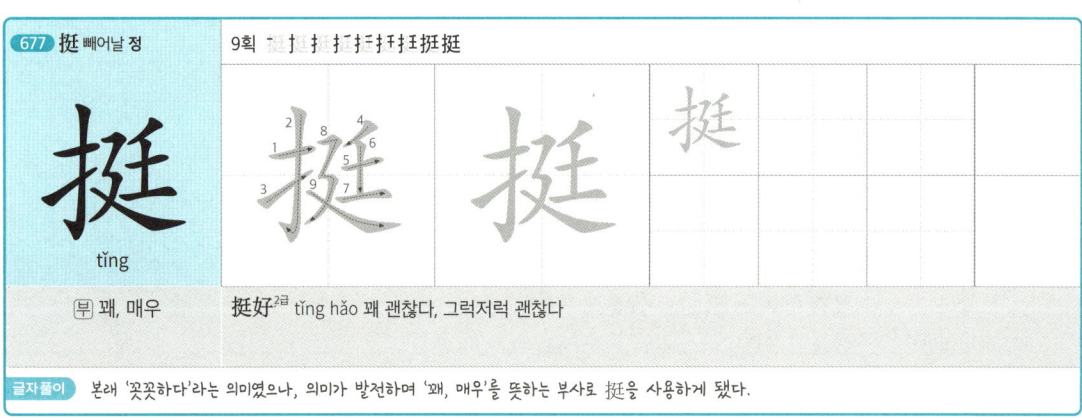

677 挺 빼어날 정
9획 挺挺挺挺挺挺挺挺挺
tǐng
(부) 꽤, 매우
挺好²급 tǐng hǎo 꽤 괜찮다, 그럭저럭 괜찮다
글자풀이 본래 '꼿꼿하다'라는 의미였으나, 의미가 발전하며 '꽤, 매우'를 뜻하는 부사로 挺을 사용하게 됐다.

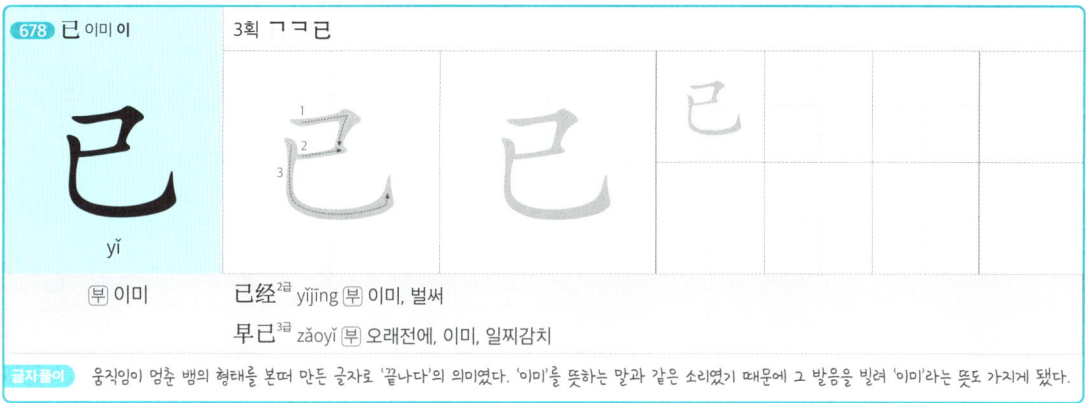

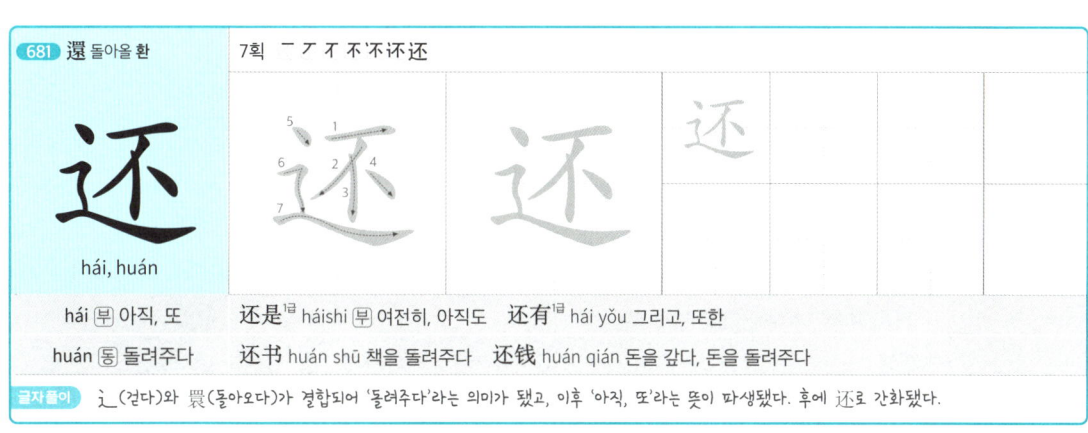

682 就 나아갈 취

jiù

- 🔹 곧, 벌써, 바로
- 🔹 맡다, 완성하다

12획

就要² jiùyào 🔹 곧, 머지않아 早就² zǎo jiù 벌써, 오래전에
成就³ chéngjiù 🔹 성취, 성과 就业³ jiùyè 🔹 취직하다, 취업하다

글자풀이 京(높은 곳)과 尤(뛰어나다)가 결합되어 '높은 곳에 닿다'라는 의미가 됐고, '완성하다, 이루다'라는 뜻이 파생됐다.

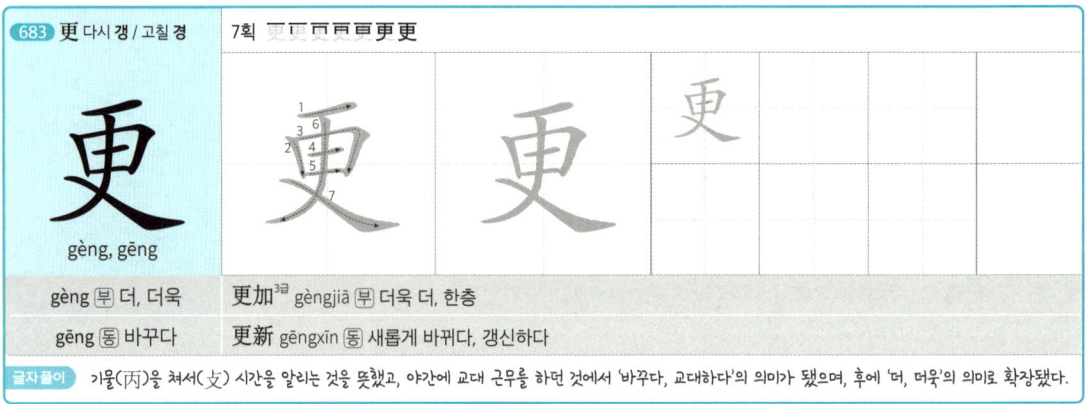

683 更 다시 갱 / 고칠 경

gèng, gēng

- gèng 🔹 더, 더욱
- gēng 🔹 바꾸다

7획

更加³ gèngjiā 🔹 더욱 더, 한층
更新 gēngxīn 🔹 새롭게 바뀌다, 갱신하다

글자풀이 기물(丙)을 쳐서(攴) 시간을 알리는 것을 뜻했고, 야간에 교대 근무를 하던 것에서 '바꾸다, 교대하다'의 의미가 됐으며, 후에 '더, 더욱'의 의미로 확장됐다.

684 最 가장 최

zuì

- 🔹 가장, 제일

12획

最后¹ zuìhòu 🔹 맨 마지막, 최후, 끝 最好¹ zuìhǎo 🔹 ~하는 게 제일 좋다 最近² zuìjìn 🔹 요즘, 최근
最初⁴ zuìchū 🔹 처음, 최초

글자풀이 고과 등급에서 '최고 등급'이라는 의미를 나타냈고, 후에 '가장'이라는 의미로 파생됐다.

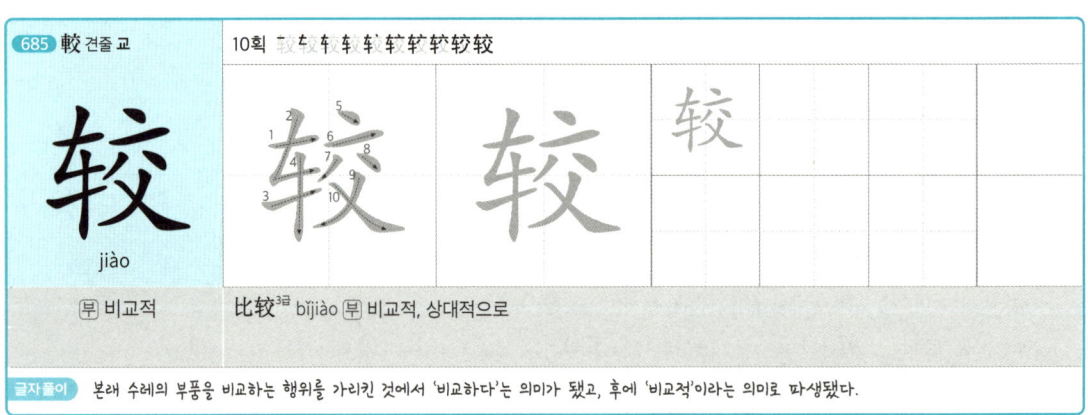

685 較 견줄 교

jiào

- 🔹 비교적

10획

比较³ bǐjiào 🔹 비교적, 상대적으로

글자풀이 본래 수레의 부품을 비교하는 행위를 가리킨 것에서 '비교하다'는 의미가 됐고, 후에 '비교적'이라는 의미로 파생됐다.

686 什 열 사람 십

4획 ノ 亻 什 什

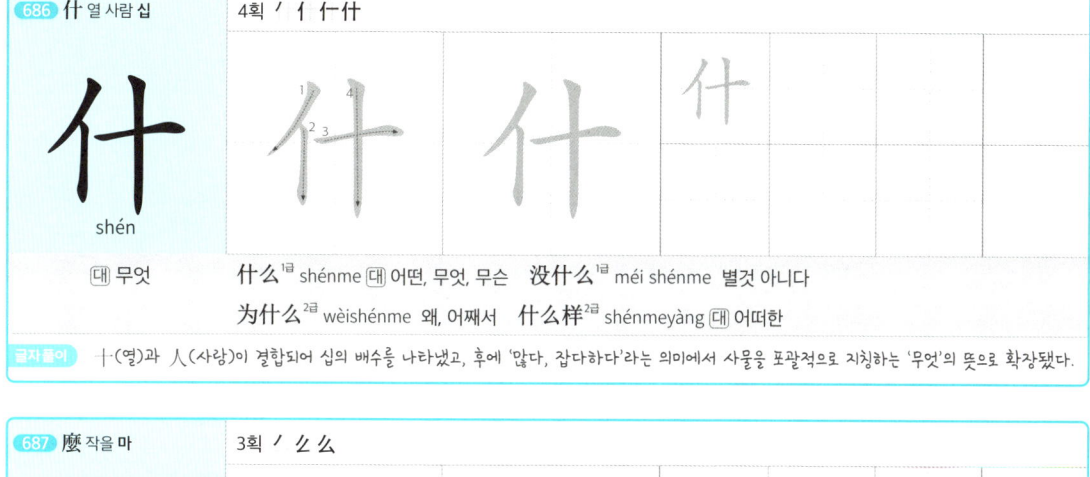

shén

[대] 무엇

什么¹급 shénme [대] 어떤, 무엇, 무슨   没什么¹급 méi shénme 별것 아니다
为什么²급 wèishénme 왜, 어째서   什么样²급 shénmeyàng [대] 어떠한

글자풀이 十(열)과 人(사람)이 결합되어 십의 배수를 나타냈고, 후에 '많다, 잡다하다'라는 의미에서 사물을 포괄적으로 지칭하는 '무엇'의 뜻으로 확장됐다.

687 麼 작을 마

3획 ノ 厶 么

me

[대명사나 부사 뒤에 붙는 접미사]

这么²급 zhème [대] 이러한, 이와 같은   那么²급 nàme [대] 그렇게, 저렇게
多么²급 duōme [부] 얼마나[정도·수량을 물음]

글자풀이 麻(삼, 마)와 幺(가는 실)이 결합되어 '가는 실, 미세함'을 나타냈고, 이후 접미사로 쓰이기 시작했다. 후에 么로 간화됐다.

688 怎 어찌 즘

9획 ノ 一 乍 乍 午 乍 怎 怎 怎

zěn

[대] 어떻게

怎么¹급 zěnme [대] 어떻게, 어째서   怎么样²급 zěnmeyàng [대] 어떠한가, 어떻다
怎么办²급 zěnmebàn 어떻게 하나, 어쩌지   怎样²급 zěnyàng [대] 어떻다, 어떠하다

글자풀이 본래 争 등의 글자가 '어떻게 ~하겠는가?'라는 용법으로 쓰였으나, 후에 음이 비슷한 怎이 대체하게 됐다.

689 誰 누구 수

10획 丶 讠 讠 讠 讠 讠 讠 讠 讠 谁 谁 谁

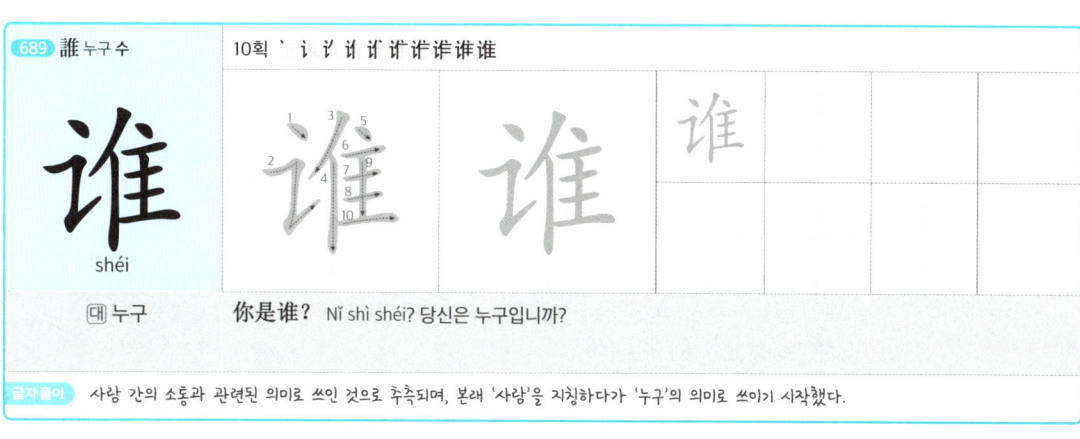

shéi

[대] 누구

你是谁? Nǐ shì shéi? 당신은 누구입니까?

글자풀이 사람 간의 소통과 관련된 의미로 쓰인 것으로 추측되며, 본래 '사람'을 지칭하다가 '누구'의 의미로 쓰이기 시작했다.

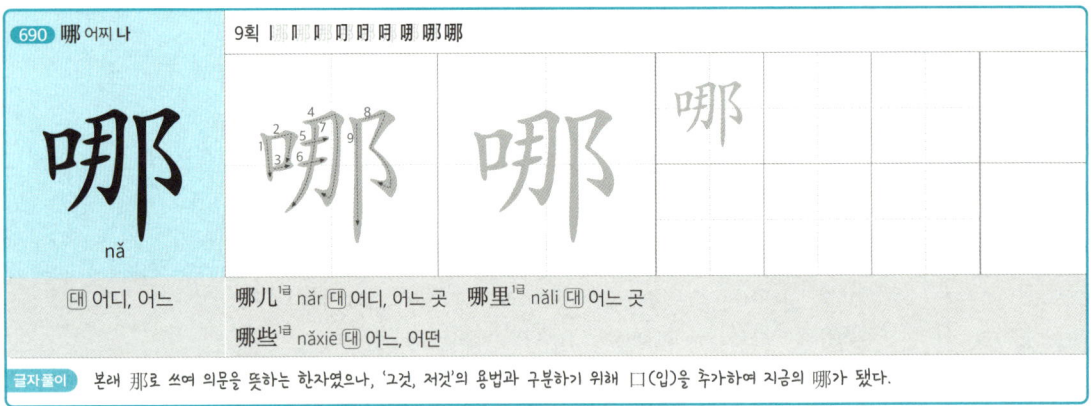

690 哪 어찌 나 9획
nǎ

- [대] 어디, 어느
- 哪儿 1급 nǎr [대] 어디, 어느 곳 哪里 1급 nǎli [대] 어느 곳
- 哪些 1급 nǎxiē [대] 어느, 어떤

글자풀이: 본래 那로 쓰여 의문을 뜻하는 한자였으나, '그것, 저것'의 용법과 구분하기 위해 口(입)을 추가하여 지금의 哪가 됐다.

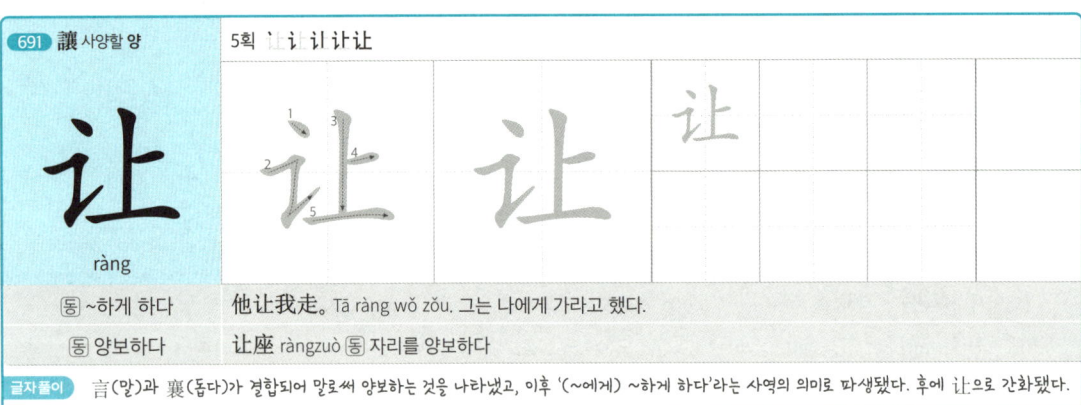

691 讓 사양할 양 5획
ràng

- [동] ~하게 하다 他让我走。 Tā ràng wǒ zǒu. 그는 나에게 가라고 했다.
- [동] 양보하다 让座 ràngzuò [동] 자리를 양보하다

글자풀이: 言(말)과 襄(돕다)가 결합되어 말로써 양보하는 것을 나타냈고, 이후 '(~에게) ~하게 하다'라는 사역의 의미로 파생됐다. 후에 让으로 간화됐다.

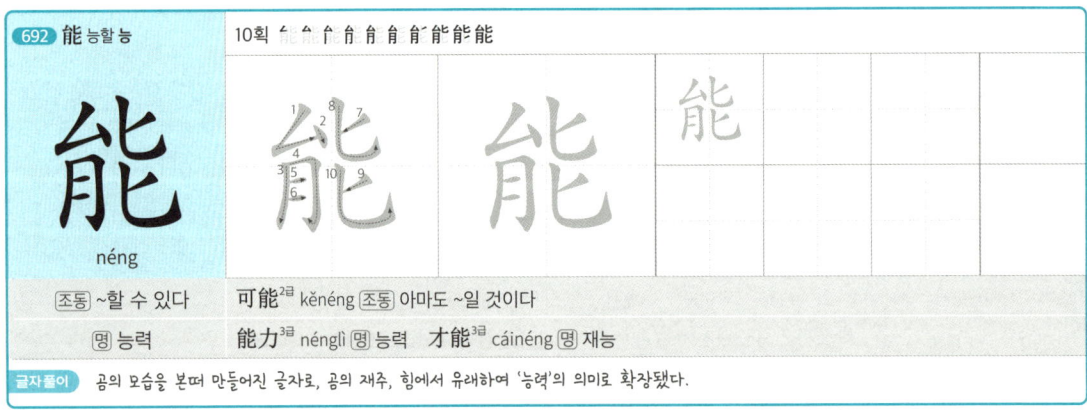

692 能 능할 능 10획
néng

- [조동] ~할 수 있다 可能 2급 kěnéng [조동] 아마도 ~일 것이다
- [명] 능력 能力 3급 nénglì [명] 능력 才能 3급 cáinéng [명] 재능

글자풀이: 곰의 모습을 본떠 만들어진 글자로, 곰의 재주, 힘에서 유래하여 '능력'의 의미로 확장됐다.

693 够 많을 구 11획
gòu

- [동] 충분하다 能够 2급 nénggòu [조동] ~할 수 있다 不够 2급 búgòu [동] 부족하다, 모자라다
- 足够 3급 zúgòu [동] 족하다, 충분하다

글자풀이: 多(많다)와 句(모이다)가 결합되어 '말이 많다'라는 의미였으나, 후에 발음을 빌려 '충분하다'라는 의미도 나타내게 됐다.

단어로 써 보기

오늘 써 본 한자들로 조합된 HSK 빈출 단어들이에요. 칸에 맞춰 정확히 써 보세요.

1급 没有 méiyǒu
[동] 없다

1급 非常 fēicháng
[부] 아주, 매우, 대단히

1급 还是 háishi
[부] 여전히, 아직도

1급 什么 shénme
[대] 어떤, 무엇, 무슨

2급 能够 nénggòu
[조동] ~할 수 있다

30일차 문장 구성 표현 ②

 因(~때문에), 但(그러나)처럼 문장 구성 표현과 관련된 간체자를 써 볼 거예요. 음성을 들으며 한자와 단어의 발음도 함께 익혀 보세요.

 MP3 바로 듣기

694 **因** yīn
접 ~때문에
명 원인

695 **为** wèi, wéi
개 ~때문에, ~을 위해
동 ~이 되다, ~이다

696 **由** yóu
명 이유

697 **于** yú
개 ~에, ~에서

698 **所** suǒ
[동사 앞에 사용되는 조사]
명 장소

699 **以** yǐ
[어휘를 구성하는 조사]

700 **虽** suī
접 비록

701 **然** rán
대 이와 같다
[상태를 나타내는 접미사]

702 **可** kě
조동 ~할 수 있다
접 그러나

703 **但** dàn
접 그러나

704 **并** bìng
접 또한, 그리고
동 합치다

705 **且** qiě
접 또한, 게다가

706 **而** ér
~하고, ~지만

707 **跟** gēn
접 ~와
개 ~에게, ~와 함께

708 **除** chú
개 ~를 제외하고

709 **了** le
조 [동작이나 변화가 완료됨을 나타냄]

710 **或** huò
접 혹은
부 아마

711 **仍** réng
부 여전히

712 **从** cóng
개 ~로부터

713 **到** dào
개 ~까지
동 도착하다

714 **也** yě
부 ~도, 또한

715 **许** xǔ
부 아마
[정도가 많음을 나타냄]

716 **否** fǒu
동 부정하다

717 **则** zé
접 ~하면, ~하니
명 규칙

694 因 인할 인

6획 | 冂冂四因因

- 접 ~때문에
- 명 원인

因此³급 yīncǐ 접 그래서, 이로 인하여
原因²급 yuányīn 명 원인

글자풀이: 사람이 누운 모습을 본뜬 글자로, '자리'를 가리켰으나, 의미가 발전하며 원인을 뜻하는 '~때문에'라는 의미로 사용하게 됐다.

695 为 할 위

4획 ＼ ノ 为 为

wèi, wéi

wèi 개 ~때문에, ~을 위해 因为²급 yīnwèi 접 ~때문에, 왜냐하면 为了³급 wèile 개 ~을 위해서
wéi 동 ~이 되다, ~이다 成为²급 chéngwéi 동 ~이 되다 认为²급 rènwéi 동 ~라고 생각하다 称为³급 chēngwéi ~라고 부르다

글자풀이: 손이 코끼리를 끌며 일하는 모습을 본뜬 글자로, '하다, 만들다'의 의미였으나, 후에 '~때문에, ~을 위해'의 의미로 발전했다.

696 由 말미암을 유

5획 | 冂冂由由

yóu

- 명 이유

理由³급 lǐyóu 명 이유

글자풀이: 그릇에서 기름이 흘러나오는 모습에서 '~을 통해'라는 경로의 의미가 생겼고, 후에 '이유, ~때문에'의 의미로 발전했다.

697 於 어조사 어

3획 一二于

yú

- 개 ~에, ~에서

由于³급 yóuyú 개 ~때문에 접 ~때문에

글자풀이: 까마귀의 모습을 본뜬 글자였으나, 의미가 발전하며 '~에, ~에서'의 의미도 생겼다.

1급 = HSK 1급   2급 = HSK 2급   3급 = HSK 3급   4급 = HSK 4급

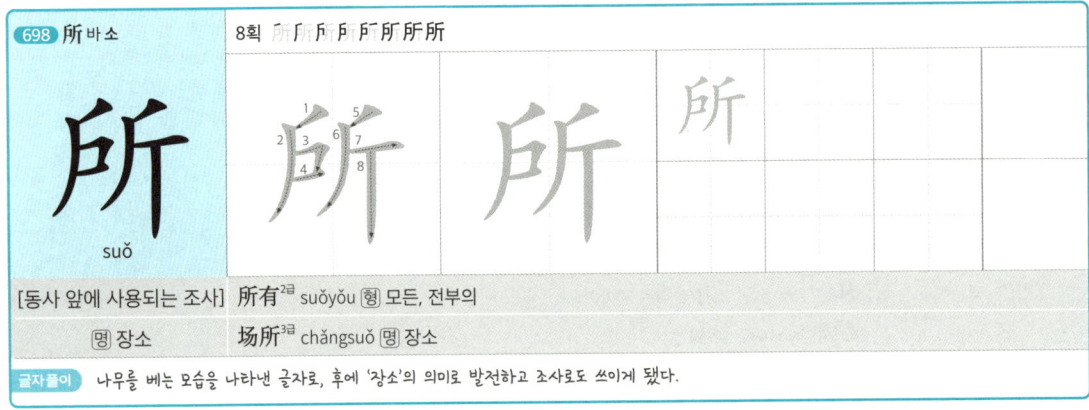

698 所 바 소

8획 ノ ｒ ｆ ｆ 斤 斤 所 所

suǒ

[동사 앞에 사용되는 조사] 所有² suǒyǒu 혱 모든, 전부의

명 장소　场所³ chǎngsuǒ 명 장소

글자풀이 나무를 베는 모습을 나타낸 글자로, 후에 '장소'의 의미로 발전하고 조사로도 쓰이게 됐다.

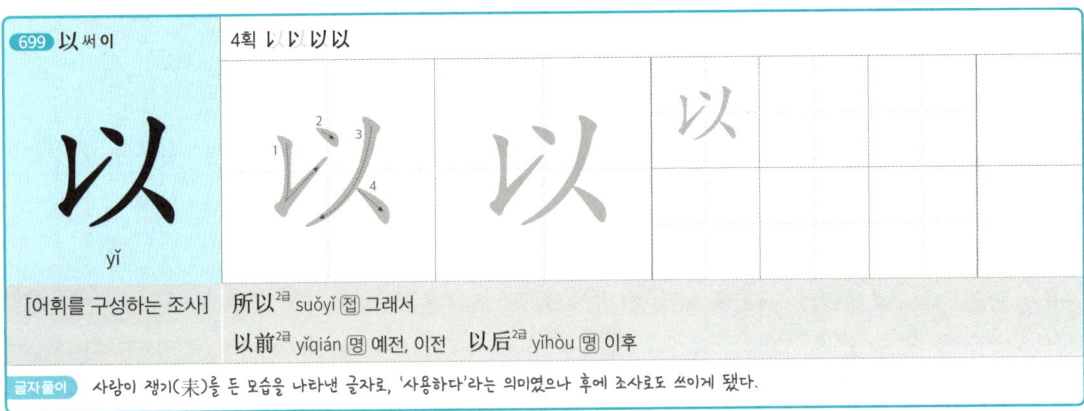

699 以 써 이

4획 ｌ Ｌ Ｌ 以

yǐ

[어휘를 구성하는 조사] 所以² suǒyǐ 접 그래서

以前² yǐqián 명 예전, 이전　以后² yǐhòu 명 이후

글자풀이 사람이 쟁기(耒)를 든 모습을 나타낸 글자로, '사용하다'라는 의미였으나 후에 조사로도 쓰이게 됐다.

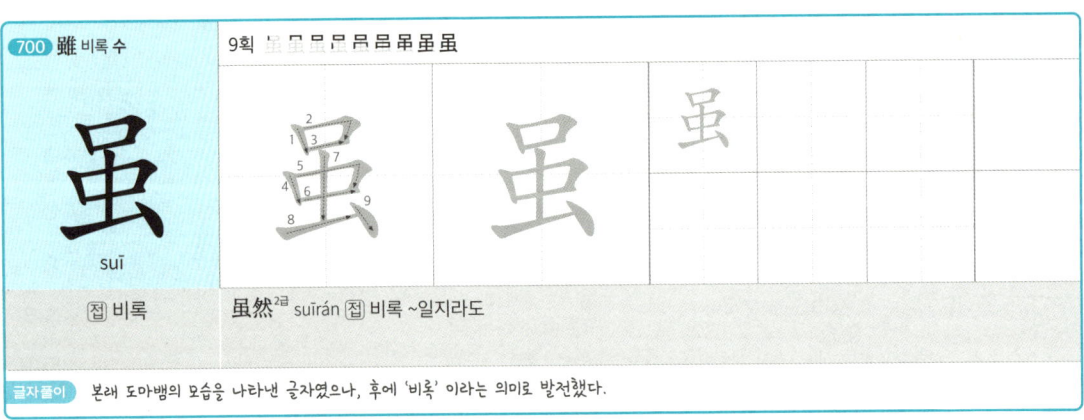

700 雖 비록 수

9획 虽 虽 虽 吊 吊 吊 吊 虽 虽

suī

접 비록

虽然² suīrán 접 비록 ~일지라도

글자풀이 본래 도마뱀의 모습을 나타낸 글자였으나, 후에 '비록' 이라는 의미로 발전했다.

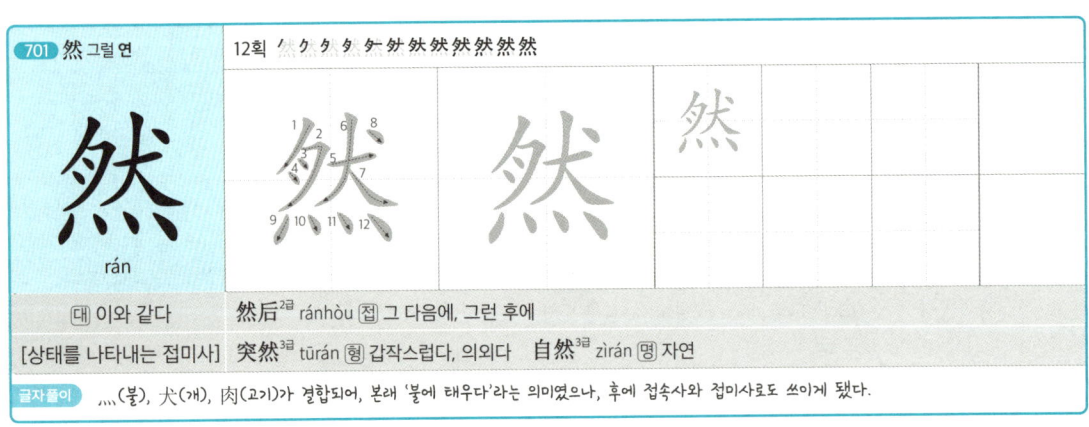

701 然 그럴 연

12획 ノ ク タ タ ﾀ ﾀ 外 然 然 然 然 然

rán

대 이와 같다

然后² ránhòu 접 그 다음에, 그런 후에

[상태를 나타내는 접미사] 突然³ tūrán 혱 갑작스럽다, 의외다　自然³ zìrán 명 자연

글자풀이 灬(불), 犬(개), 肉(고기)가 결합되어, 본래 '불에 태우다'라는 의미였으나, 후에 접속사와 접미사로도 쓰이게 됐다.

702 可 옳을 가

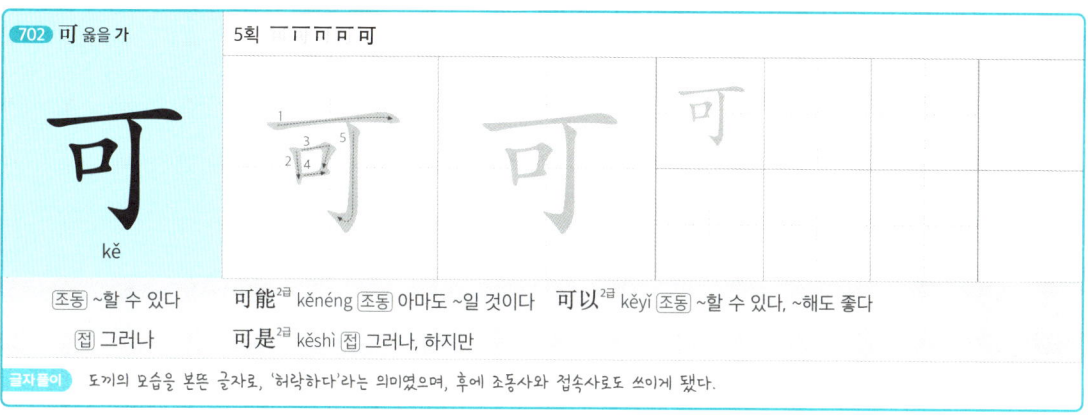

5획 一 丁 丁 亓 可

kě

[조동] ~할 수 있다
[접] 그러나

可能²급 kěnéng [조동] 아마도 ~일 것이다   可以²급 kěyǐ [조동] ~할 수 있다, ~해도 좋다
可是²급 kěshì [접] 그러나, 하지만

글자풀이 도끼의 모습을 본뜬 글자로, '허락하다'라는 의미였으며, 후에 조동사와 접속사로도 쓰이게 됐다.

703 但 다만 단

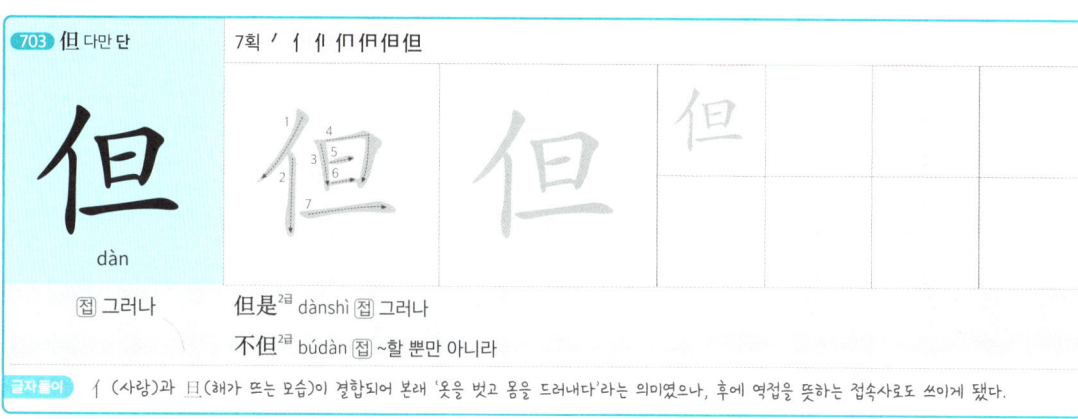

7획 丿 亻 亻 但 但 但 但

dàn

[접] 그러나

但是²급 dànshì [접] 그러나
不但²급 búdàn [접] ~할 뿐만 아니라

글자풀이 亻(사람)과 旦(해가 뜨는 모습)이 결합되어 본래 '옷을 벗고 몸을 드러내다'라는 의미였으나, 후에 역접을 뜻하는 접속사로도 쓰이게 됐다.

704 併 아우를 병 / 竝 나란히 병

6획 丶 丷 ᅭ 푸 并

bìng

[접] 또한, 그리고
[동] 합치다

并且³급 bìngqiě [접] 또한, 게다가, 그리고
合并 hébìng [동] 합병하다, 통합하다

글자풀이 두 사람이 나란히 걷는 모습에서 '합치다, 나란히 하다'라는 의미가 됐다.

705 且 또 차

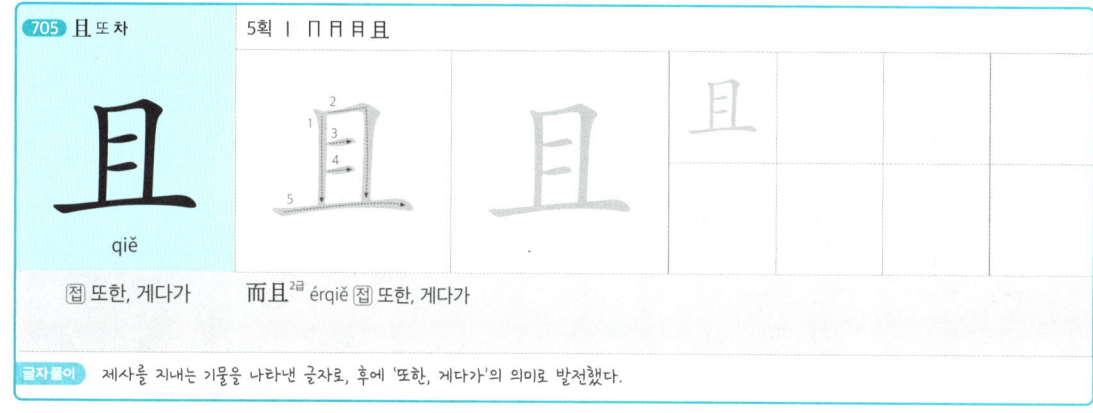

5획 丨 冂 冂 月 且

qiě

[접] 또한, 게다가

而且²급 érqiě [접] 또한, 게다가

글자풀이 제사를 지내는 기물을 나타낸 글자로, 후에 '또한, 게다가'의 의미로 발전했다.

706 而 말 이을 이

ér

~하고, ~지만

6획 而而而而而而

而且 ²급 érqiě 접 또한, 게다가   然而 ⁴급 rán'ér 접 그러나, 하지만
反而 ⁴급 fǎn'ér 부 오히려, 도리어, 반대로   而是 ⁴급 ér shì 대신 ~이다

글자풀이 본래 수염의 모양을 나타낸 글자였으나, 의미가 발전하여 각종 성분을 이어주는 접속사로 而을 사용하게 됐다.

707 跟 발꿈치 근

gēn

접 ~와
개 ~에게, ~와 함께

13획 跟跟跟跟跟跟跟跟跟跟跟跟跟

老师跟学生 lǎoshī gēn xuésheng 선생님과 학생
学生跟老师学习。 Xuésheng gēn lǎoshī xuéxí. 학생은 선생님에게 배운다.

글자풀이 足(발)과 艮(굳은 모양)이 결합되어 '발뒤꿈치'의 의미가 됐고, 여기서 '따르다, ~와 함께'라는 의미가 파생됐다.

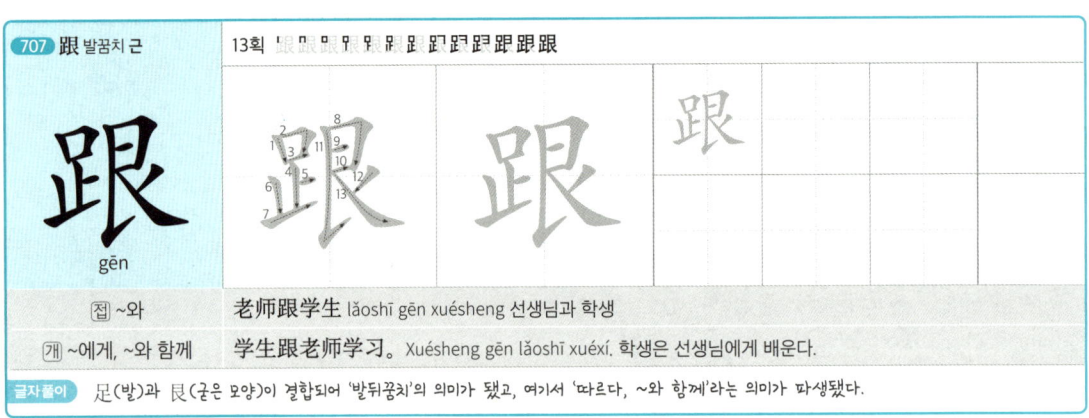

708 除 덜 제

chú

개 ~를 제외하고

9획 除除除除除除除除除

除了 ³급 chúle 개 ~외에, ~을 제외하고

글자풀이 본래 궁궐의 계단을 의미했으나, 후에 '제거하다'라는 의미로 파생되어 '~을 제외하고'라는 의미가 됐다.

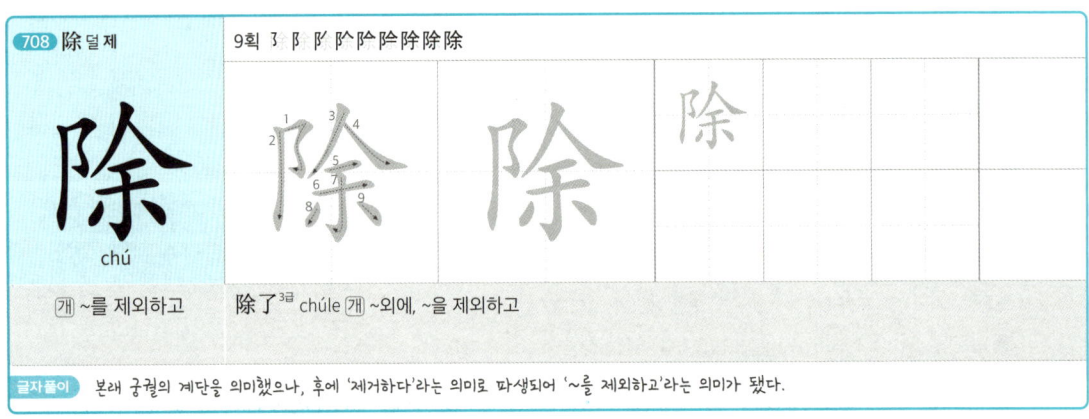

709 了 마칠 료

le

조 [동작이나 변화가
완료됨을 나타냄]

2획 了了

我吃了。 Wǒ chī le. 나는 먹었다.
天黑了。 Tiān hēi le. 날이 어두워졌다.

글자풀이 몸을 웅크린 아이의 모습을 본뜬 글자로, '어리다, 작다'라는 의미였으나 의미가 발전하며 조사로도 쓰이게 됐다.

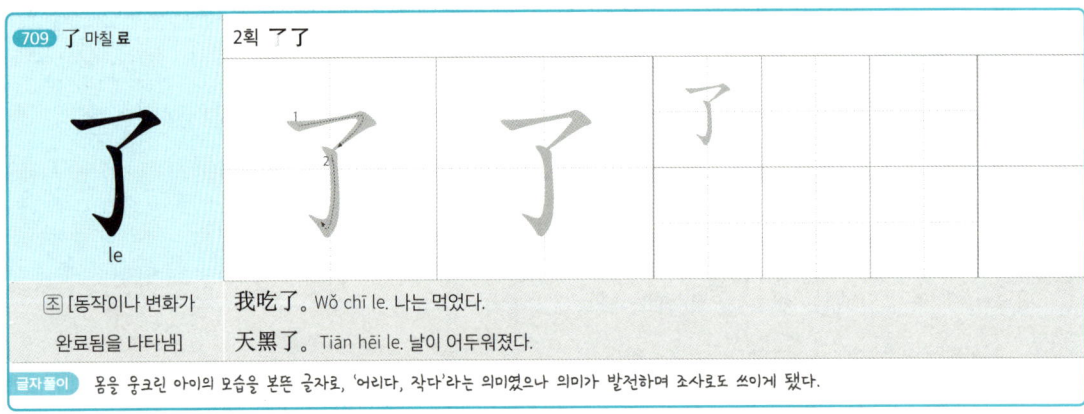

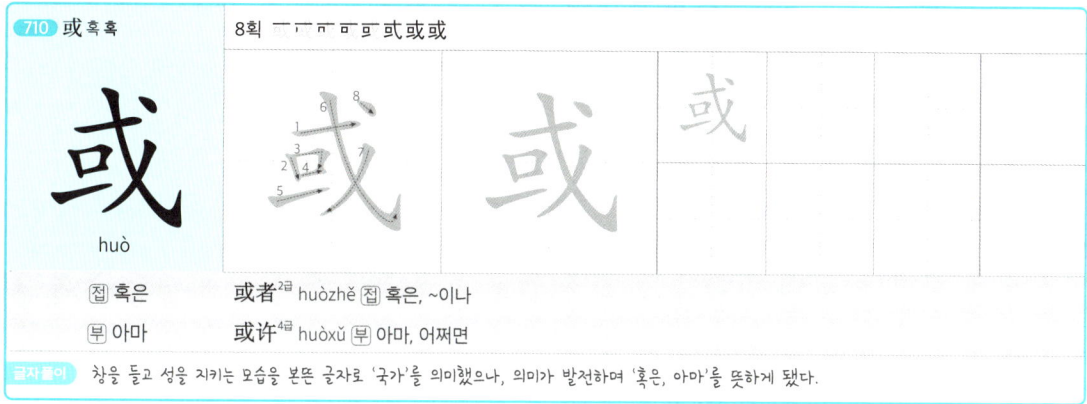

710 或 혹 혹

8획 一 丆 丆 冋 或 或 或

huò

- 접 혹은   或者 ²급 huòzhě 접 혹은, ~이나
- 부 아마   或许 ⁴급 huòxǔ 부 아마, 어쩌면

글자풀이 창을 들고 성을 지키는 모습을 본뜬 글자로 '국가'를 의미했으나, 의미가 발전하며 '혹은, 아마'를 뜻하게 됐다.

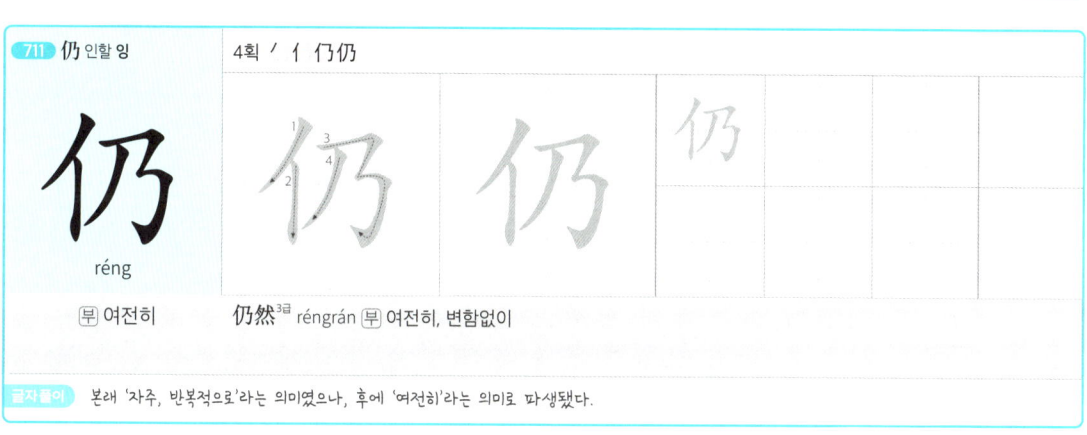

711 仍 인할 잉

4획 ノ 亻 仍 仍

réng

- 부 여전히   仍然 ³급 réngrán 부 여전히, 변함없이

글자풀이 본래 '자주, 반복적으로'라는 의미였으나, 후에 '여전히'라는 의미로 파생됐다.

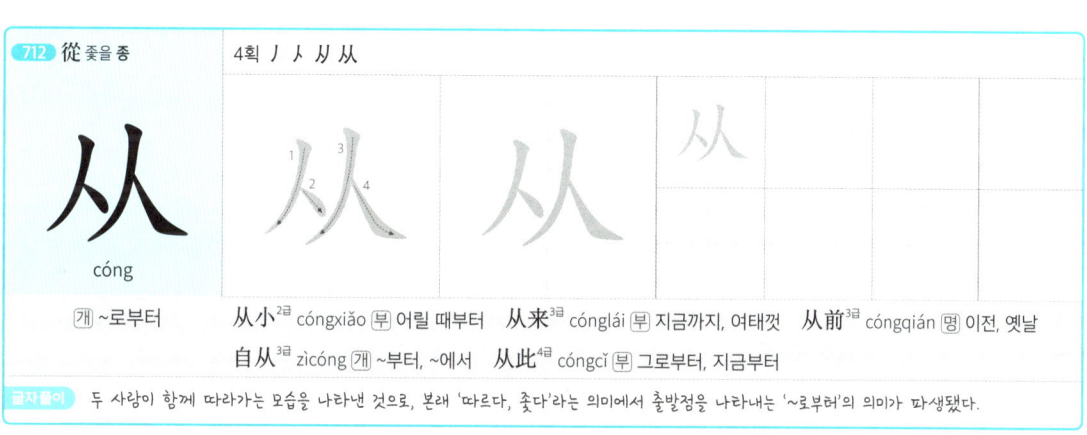

712 從 좇을 종

4획 ノ 人 从 从

cóng

- 개 ~로부터   从小 ²급 cóngxiǎo 부 어릴 때부터   从来 ³급 cónglái 부 지금까지, 여태껏   从前 ³급 cóngqián 명 이전, 옛날
- 自从 ³급 zìcóng 개 ~부터, ~에서   从此 ⁴급 cóngcǐ 부 그로부터, 지금부터

글자풀이 두 사람이 함께 따라가는 모습을 나타낸 것으로, 본래 '따르다, 좇다'라는 의미에서 출발점을 나타내는 '~로부터'의 의미가 파생됐다.

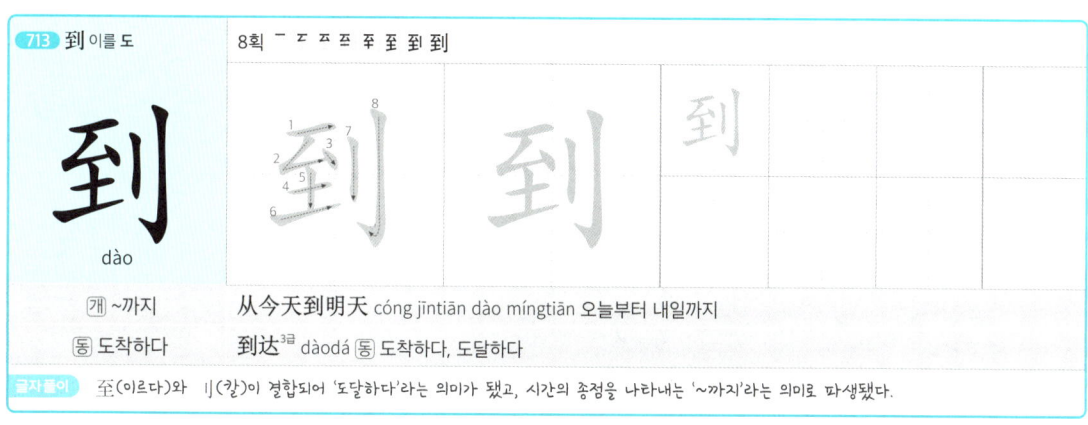

713 到 이를 도

8획 一 厂 工 互 互 至 至 到 到

dào

- 개 ~까지   从今天到明天 cóng jīntiān dào míngtiān 오늘부터 내일까지
- 동 도착하다   到达 ³급 dàodá 동 도착하다, 도달하다

글자풀이 至(이르다)와 刂(칼)이 결합되어 '도달하다'라는 의미가 됐고, 시간의 종점을 나타내는 '~까지'라는 의미로 파생됐다.

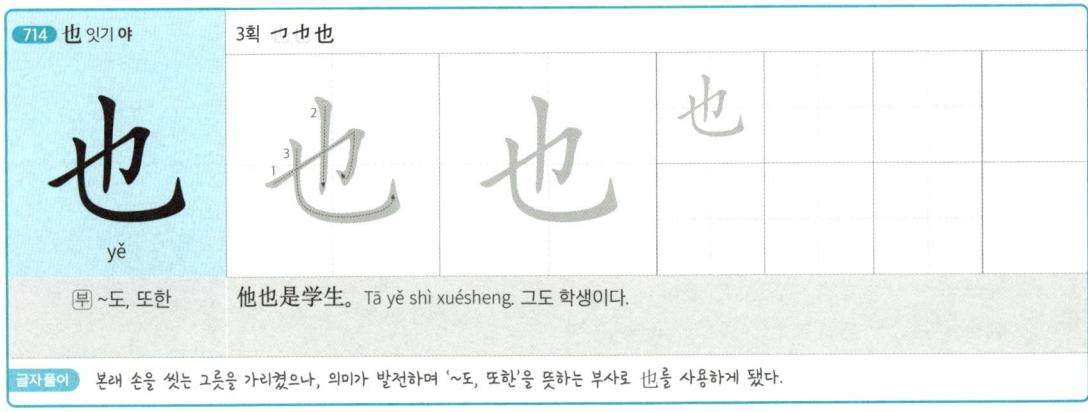

714 也 잇기 야

3획 ⼁⼄也

yě

부 ~도, 또한

他也是学生。 Tā yě shì xuésheng. 그도 학생이다.

글자풀이 본래 손을 씻는 그릇을 가리켰으나, 의미가 발전하며 '~도, 또한'을 뜻하는 부사로 也을 사용하게 됐다.

715 許 허락할 허

6획 ⼀⼁讠许许许

xǔ

부 아마

也许²급 yěxǔ 부 어쩌면, 아마   或许⁴급 huòxǔ 부 아마, 어쩌면

[정도가 많음을 나타냄] 许多²급 xǔduō 수 매우 많다

글자풀이 본래 '허락하다'라는 의미였으나, 의미가 발전하며 대략적인 수량이나 '아마'를 뜻하는 부사로도 许을 사용하게 됐다.

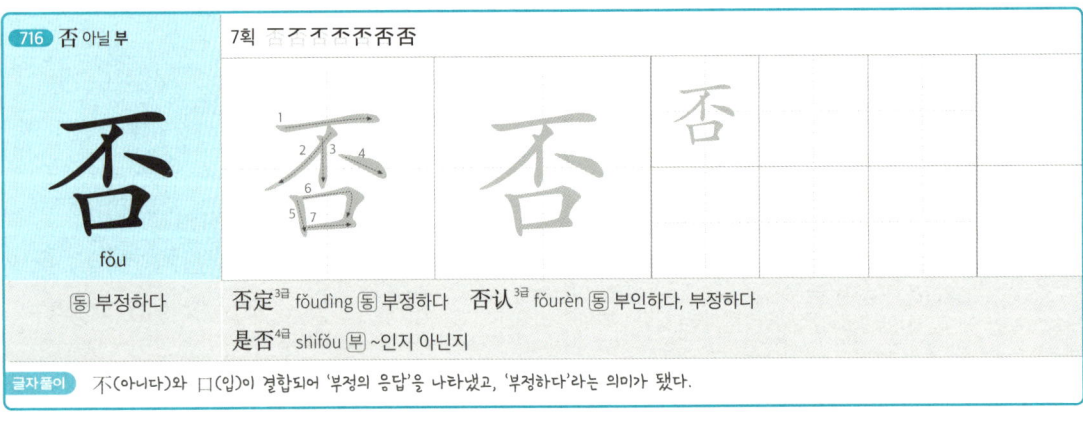

716 否 아닐 부

7획 一ナ不不否否否

fǒu

동 부정하다

否定³급 fǒudìng 동 부정하다   否认³급 fǒurèn 동 부인하다, 부정하다

是否⁴급 shìfǒu 부 ~인지 아닌지

글자풀이 不(아니다)와 口(입)이 결합되어 '부정의 응답'을 나타냈고, '부정하다'라는 의미가 됐다.

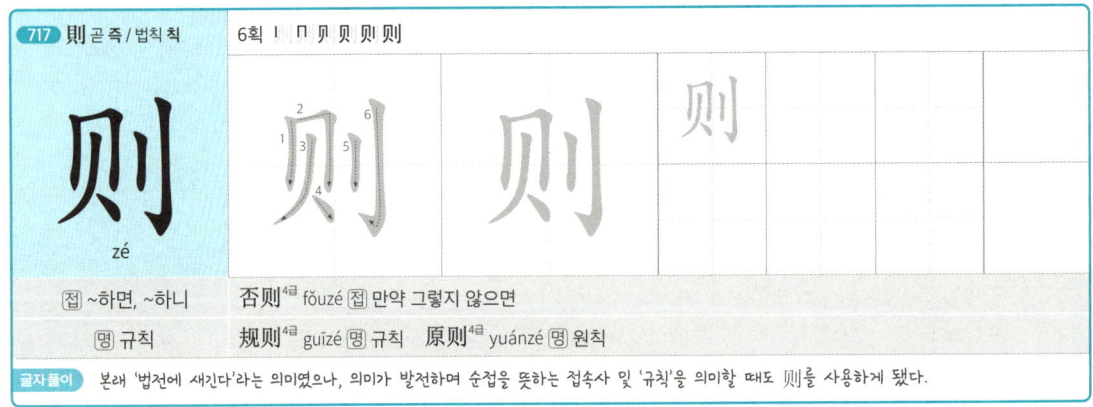

717 則 곧 즉/법칙 칙

6획 ⼁⼝贝则则则

zé

접 ~하면, ~하니

명 규칙

否则⁴급 fǒuzé 접 만약 그렇지 않으면

规则⁴급 guīzé 명 규칙   原则⁴급 yuánzé 명 원칙

글자풀이 본래 '법전에 새기다'라는 의미였으나, 의미가 발전하며 순접을 뜻하는 접속사 및 '규칙'을 의미할 때도 则을 사용하게 됐다.

단어로 써 보기

오늘 써 본 한자들로 조합된 HSK 빈출 단어들이에요. 칸에 맞춰 정확히 써 보세요.

因为 yīnwèi
접 ~때문에, 왜냐하면

所以 suǒyǐ
접 그래서

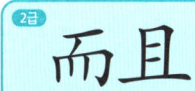
虽然 suīrán
접 비록 ~일지라도

而且 érqiě
접 또한, 게다가

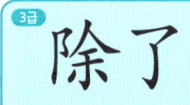
除了 chúle
개 ~외에, ~을 제외하고

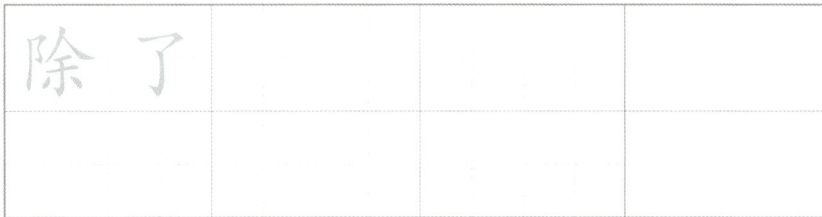

해커스 중국어 간체자 쓰기노트 717

간체자 717

A

爱	ài	동 사랑하다, 좋아하다	171
安	ān	형 안전하다 동 배치하다, 설치하다	220

B

八	bā	수 8, 여덟	12
爸	bà	명 아버지, 아빠	35
白	bái	형 하얗다, 밝다 형 분명하다, 이해하다	143
百	bǎi	수 100, 백 형 많다, 각종의	13
败	bài	동 패배하다	231
班	bān	명 반, 그룹 명 근무 시간	165
半	bàn	수 반, 절반	15
办	bàn	동 처리하다	222
帮	bāng	동 돕다, 도와주다	181
包	bāo	명 가방 동 포함하다	141
保	bǎo	동 보호하다 동 보증하다	64
饱	bǎo	형 배부르다	86
报	bào	동 알리다	159
杯	bēi	명 컵, 잔 양 컵, 잔	77
北	běi	명 북쪽	30
备	bèi	동 준비하다, 갖추다 명 설비	150
本	běn	양 권, 책 부 본래	92
笔	bǐ	명 펜 동 쓰다	76
比	bǐ	동 비교하다 동 비유하다	127
遍	biàn	양 번, 회 동 보편적이다	96
变	biàn	동 변하다, 바뀌다	190
便	biàn pián	형 싸다 형 편리하다	102
边	bian biān	~쪽, ~측 명 가장자리, 방면	27
表	biǎo	동 나타내다 명 표	190
别	bié	동 구별하다 대 다른, 그 외	183
冰	bīng	명 얼음	79
病	bìng	명 병	134
并	bìng	접 또한, 그리고 동 합치다	245
播	bō	동 퍼뜨리다, 전파하다	160
部	bù	양 편, 대 명 부분, 부문	95
步	bù	명 보폭, 걸음	125
不	bù	부 ~않다, 아니다	235

C

才	cái	부 방금, 이제야 명 재능, 인재	23
彩	cǎi	명 색채, 색깔 명 다채로운 모습	143
菜	cài	명 요리, 채소	83
参	cān	동 참가하다 동 참고하다	223
草	cǎo	명 풀	59
层	céng	양 층, 겹 명 층	94
察	chá	동 살피다, 조사하다	48
茶	chá	명 차	84
查	chá	동 검사하다, 조사하다	213
差	chà, chā chāi	형 다르다 동 공무, 임무	208
常	cháng	부 자주 형 보통이다	236

长	cháng zhǎng	형 길다 명 책임자 동 자라다	100
场	chǎng	명 장, 장소, 곳	70
唱	chàng	동 노래하다, 부르다	124
超	chāo	동 초과하다, 넘다	216
车	chē	명 차, 차량	147
衬	chèn	형 안에 받쳐 입는	141
城	chéng	명 도시, 성벽	69
成	chéng	동 이루다, 완성하다, 성숙해지다 동 ~이 되다	163
诚	chéng	형 진실하다	176
程	chéng	명 순서, 과정	214
吃	chī	동 먹다	115
持	chí	동 유지하다	196
出	chū	동 나가다 동 생기다, 발생하다	32
除	chú	개 ~를 제외하고	246
楚	chǔ	형 분명하다, 또렷하다	111
础	chǔ	명 기초, 초석	213
穿	chuān	동 입다, 신다	141
船	chuán	명 배, 선박	149
床	chuáng	명 침대	78
春	chūn	명 봄	55
词	cí	명 단어, 말	76
次	cì	양 번, 차례, 차	96
从	cóng	개 ~로부터	247
存	cún	동 축적하다 동 존재하다	207
错	cuò	형 틀리다	232

D

答	dá dā	동 대답하다 동 동의하다	164
打	dǎ	동 하다 동 치다, 때리다	139
大	dà	형 크다, 많다	99
带	dài	동 지니다 동 이끌다	119
戴	dài	동 쓰다, 착용하다	141
单	dān	형 단순하다, 단독의 명 장부, 명부	107
担	dān	동 부담하다, 지다	172
蛋	dàn	명 알, 달걀	84
但	dàn	접 그러나	245
刀	dāo	명 칼, 검	77
导	dǎo	동 인도하다	48
道	dào	명 길, 도로, 도리 동 말하다	71
到	dào	개 ~까지 동 도착하다	247
得	dé	동 얻다	206
灯	dēng	명 등, 램프	77
等	děng	동 기다리다 동 정도나 수량이 같다	116
低	dī	형 낮다	100
第	dì	제, ~번째	16
弟	dì	명 남동생	37
地	dì	명 땅, 장소	148
的	dì de	명 과녁의 중심 조 ~의, ~한	227
点	diǎn	명 시, 장소, 부분 양 좀, 조금	22
典	diǎn	명 서적 명 표준, 법칙	76
店	diàn	명 가게, 상점	70

电	diàn	몡 전기	80
定	dìng	동 결정하다, 고정되다	191
东	dōng	몡 동쪽 몡 주인	29
冬	dōng	몡 겨울	56
懂	dǒng	동 알다, 이해하다	200
动	dòng	동 움직이다, 행동하다	126
都	dū / dōu	몡 수도, 대도시 부 모두, 다	72
读	dú	동 읽다, 학교에 다니다	115
堵	dǔ	동 막다, 막히다	149
度	dù	몡 정도	174
短	duǎn	형 짧다	100
段	duàn	양 단락, 구간	95
断	duàn	동 끊다, 자르다 동 판단하다	192
对	duì	형 맞은편의 동 대응하다	31
队	duì	몡 줄, 대열	151
多	duō	형 많다	99

E

饿	è	형 배고프다	86
儿	ér	몡 아이, 아들	39
而	ér	~하고, ~지만	246
二	èr	수 2, 둘	11

F

发	fā	동 생기다, 밝히다 동 확대하다, 시작하다	222
法	fǎ	몡 법 몡 방법	224
烦	fán	형 귀찮아하다	174
反	fǎn	동 반대하다, 되돌리다 형 반대의	231
饭	fàn	몡 밥, 식사	83
方	fāng	몡 ~방, ~측, 장소 몡 방법	31
房	fáng	몡 방, 집	72
放	fàng	동 놓다, 두다 동 파하다, 자유롭게 하다	120
啡	fēi	몡 커피	85
飞	fēi	동 날다, 비행하다	148
非	fēi	부 아니다, 비정상적인	236
肥	féi	형 살찌다 형 비옥하다	136
费	fèi	몡 비용 동 소비하다	204
分	fēn	몡 분, 부분 동 나누다	23
份	fèn	양 인분, 세트, 부, 통	94
丰	fēng	형 풍부하다	221
否	fǒu	동 부정하다	248
夫	fū	몡 남편, 사나이	38
服	fú	몡 옷 동 이행하다, 복종하다	140
福	fú	몡 행복, 복	172
父	fù	몡 아버지	35
复	fù	동 중복하다	166
负	fù	동 부담하다	168
富	fù	형 부유하다 몡 재산	221

G

该	gāi	조동 ~해야 한다	196
改	gǎi	동 고치다, 바꾸다	190
干	gān / gàn	형 마르다 / 동 하다	110
感	gǎn	동 ~라고 느끼다 / 동 감동하다, 감사하다	135
敢	gǎn	동 용기 있다	176
刚	gāng	부 방금, 막	23
高	gāo	형 높다	100
告	gào	동 알리다	187
哥	gē	명 형, 오빠	36
歌	gē	명 노래	124
格	gé	명 격식, 격자 / 명 품성, 소질	139
各	gè	대 각, 모든	75
个	ge / gè	양 개, 명 / 형 개별적인	91
给	gěi	동 주다 / 개 ~에게 주다	181
根	gēn	명 뿌리, 근본 / 양 가닥, 대	197
跟	gēn	접 ~와 / 개 ~에게, ~와 함께	246
更	gèng / gēng	부 더, 더욱 / 동 바꾸다	238
公	gōng	형 공공의, 공동의 / 동 공개하다	67
工	gōng	명 일, 노동	167
功	gōng	명 공로, 공	231
共	gòng	부 모두, 전부 / 형 공통의	221
狗	gǒu	명 개	62
够	gòu	동 충분하다	240
顾	gù	명 손님, 고객 / 동 돌보다	45
故	gù	형 예전의 / 명 원인	158
怪	guài	형 이상하다	109
观	guān	동 보다, 관람하다	128
关	guān	동 닫다 / 동 관련되다	179
馆	guǎn	명 관, 건물, 회관	69
光	guāng	명 빛 / 부 오로지, ~만	61
广	guǎng	형 넓다, 크다	160
贵	guì	형 귀하다, 비싸다	102
国	guó	명 나라	219
果	guǒ	명 결과 / 명 열매	215
过	guò / guo	동 지나다, 경험하다 / 조 ~한 적이 있다	24

H

孩	hái	명 어린아이	39
还	hái / huán	부 아직, 또 / 동 돌려주다	237
海	hǎi	명 바다	60
害	hài	동 해치다 / 명 재해	173
寒	hán	형 춥다, 차다	53
汉	hàn	명 한족, 중국인	157
好	hǎo / hào	형 좋다 / 동 좋아하다	101
号	hào	명 기호, 명칭	184
喝	hē	동 마시다	116
和	hé	형 온화하다, 평화롭다 / 접 ~와(과)	53
合	hé	동 부합하다, 맞다	142
黑	hēi	형 검다	144

很	hěn	부 매우, 아주	236
红	hóng	형 빨갛다, 붉다	144
后	hòu	명 뒤, 후	16
候	hòu	명 때, 계절, 시기 동 안부를 묻다	20
护	hù	동 보호하다, 보살피다	64
互	hù	부 서로, 상호	180
花	huā	명 꽃 동 쓰다, 들이다	59
画	huà	동 그리다 명 그림	123
化	huà	동 변화하다	155
话	huà	명 말, 이야기	156
划	huà huá	동 계획하다, 나누다 동 (배를) 젓다	150
坏	huài	형 나쁘다, 고장 나다	101
欢	huān	형 즐겁다, 기쁘다	171
环	huán	동 주위를 돌다	64
换	huàn	동 바꾸다, 교환하다	189
回	huí	동 되돌리다 동 대답하다	32
汇	huì	명 외화 동 송금하다	205
会	huì	동 만나다 명 회, 모임 조동 ~할 줄 알다	219
婚	hūn	명 결혼 동 결혼하다	230
活	huó	동 살다, 활동하다 명 일, 노동	227
火	huǒ	명 불	60
或	huò	접 혹은 부 아마	247

J

机	jī	명 기계, 비행기 명 기회, 시기	47
鸡	jī	명 닭	84
积	jī	동 쌓다, 누적하다	175
基	jī	명 기초	213
急	jí	형 급하다	109
极	jí	동 정점에 이르다 명 정점, 극도	175
己	jǐ	대 자기, 자신	40
几	jǐ jī	수 몇, 얼마나 부 거의	15
记	jì	동 기록하다, 기억하다	46
季	jì	명 계절, 분기	54
计	jì	동 계산하다, 계획하다	150
绩	jì	명 성적, 업적	163
济	jì	동 돕다, 구제하다	203
技	jì	명 기술, 재능	211
际	jì	명 경계, 서로 간	219
继	jì	동 계속하다	232
家	jiā	명 가정, 집 ~하는 사람	40
加	jiā	동 더하다, 증가하다	223
价	jià	명 가치, 가격	139
间	jiān	명 사이, 중간 명 방, 칸	31
坚	jiān	형 견고하다	196
简	jiǎn	형 간단하다, 간략하다	107
减	jiǎn	동 줄이다	136
检	jiǎn	동 검사하다	213
件	jiàn	양 건, 벌 명 서류, 문건	93
见	jiàn	동 만나다, 보다 명 의견	179

建	jiàn	통 건설하다, 세우다		192
将	jiāng	부 곧 ~하려고 하다		228
讲	jiǎng	통 말하다, 해설하다		188
降	jiàng	통 떨어지다		208
交	jiāo	부 서로, 상호 통 사귀다		147
饺	jiǎo	명 만두		84
脚	jiǎo	명 발		133
教	jiāo	통 가르치다		68
叫	jiào	통 부르다, 외치다		179
较	jiào	부 비교적		238
觉	jiào / jué	명 잠, 수면 통 느끼다, 깨닫다		118
接	jiē	통 가까이하다 통 받다, 맞이하다		195
节	jié	명 절기, 명절, 사항 통 절약하다		55
结	jié / jiē	통 맺다, 이루다 통 (열매를)맺다		230
姐	jiě	명 언니, 누나		36
解	jiě	통 이해하다 통 풀다		200
界	jiè	명 경계, 범위		63
借	jiè	통 빌리다, 빌려주다		182
介	jiè	통 소개하다		182
今	jīn	명 지금, 현재		21
金	jīn	명 금, 돈		203
紧	jǐn	형 긴박하다		104
进	jìn	통 들어가다, 나아가다		32
近	jìn	형 가깝다		103
京	jīng	명 수도		157
经	jīng	통 경영하다 통 경과하다		203
警	jǐng	통 경계하다, 경고하다		48
景	jǐng	명 경치, 풍경		152
境	jìng	명 경계, 구역		64
镜	jìng	명 거울, 렌즈		78
净	jìng	형 깨끗하다		110
静	jìng	형 조용하다		112
九	jiǔ	수 9, 아홉 수 여러 번, 다수		13
酒	jiǔ	명 술, 주류		85
旧	jiù	형 낡다, 오래되다 형 예전의		104
就	jiù	부 곧, 벌써, 바로 통 맡다, 완성하다		238
局	jú	명 국, 부서		71
举	jǔ	통 개시하다 통 들어 올리다		222
具	jù	명 도구, 기구 통 갖추다		75
句	jù	명 문장, 구 양 마디, 구절		156
剧	jù	명 극, 연극		157
据	jù	개 ~에 근거하여 명 증거		197
决	jué	통 결정하다, 해결되다		191

K

咖	kā / gā	명 커피 명 카레	85
卡	kǎ	명 카드	205
开	kāi	통 열다, 시작하다	229
看	kàn	통 보다	115
考	kǎo	통 시험하다, 연구하다	163

科	kē	명 과[학술이나 업무의 분류]	211
渴	kě	형 목마르다	86
可	kě	조동 ~할 수 있다 접 그러나	245
客	kè	명 손님, 고객 형 독립적이다	45
刻	kè	양 1각 명 시간 형 정도가 심하다	23
课	kè	명 수업, 과목	164
空	kōng kòng	명 하늘, 공중 명 틈, 빈 공간	80
口	kǒu	명 입, 말 명 드나드는 곳	132
哭	kū	동 울다	173
苦	kǔ	형 쓰다, 괴롭다	88
快	kuài	형 상쾌하다 형 빠르다	54
筷	kuài	명 젓가락	78
块	kuài	양 위안 양 덩어리, 조각	93
况	kuàng	명 상황, 상태	112
困	kùn	형 곤란하다 형 피곤하다	134

L

拉	lā	동 당기다, 끌다	120
辣	là	형 맵다	88
来	lái	동 오다	228
蓝	lán	형 파랗다	144
老	lǎo	형 늙은, 오래된 부 늘, 항상	46
了	le	조 [동작이나 변화가 완료됨을 나타냄]	246
累	lèi lěi	형 피로하다 동 누적하다	134
冷	lěng	형 춥다, 차갑다 형 냉정하다	54

里	lǐ	명 안, 내부	28
礼	lǐ	명 선물 명 예절, 식	142
理	lǐ	명 이치, 도리 동 관리하다, 처리하다	200
丽	lì	형 아름답다	108
利	lì	형 이롭다, 편리하다 명 이윤, 이익	111
力	lì	명 힘	135
例	lì	명 예, 사례	197
俩	liǎ	수 두 사람, 두 개	14
联	lián	동 연결하다, 연합하다	182
脸	liǎn	명 얼굴	132
练	liàn	동 연습하다, 단련하다	166
凉	liáng	형 서늘하다, 선선하다	54
两	liǎng	수 2, 둘	14
辆	liàng	양 대[차량]	96
亮	liàng	형 밝다, 환하다	107
量	liàng	명 양, 수량	214
零	líng	수 0, 영 형 낱개의	13
留	liú	동 남기다 동 유학하다	207
六	liù	수 6, 여섯	12
楼	lóu	명 건물, 층	72
路	lù	명 도로	71
旅	lǚ	동 여행하다	149
绿	lǜ	형 푸르다, 파랗다	144
律	lǜ	명 법률, 규칙	224
乱	luàn	형 어지럽다, 혼란스럽다	110

论	lùn	동 논하다 명 이론, 주장	188
落	luò	동 떨어지다	208

M

妈	mā	명 어머니, 엄마	35
麻	má	형 얼얼하다, 마비되다	174
马	mǎ	명 말	62
码	mǎ	명 [숫자를 나타내는 부호]	184
买	mǎi	동 사다, 구매하다	140
卖	mài	동 팔다, 판매하다	140
慢	màn	형 느리다	102
忙	máng	형 바쁘다	108
猫	māo	명 고양이	62
冒	mào	동 (감기에) 걸리다 동 무릅쓰다	135
们	men	~들	43
么	me	[대명사나 부사 뒤에 붙는 접미사]	239
没	méi	동 없다 부 ~하지 않았다	235
每	měi	대 매, 각, 모두	16
美	měi	형 아름답다, 좋다 명 미국	108
妹	mèi	명 여동생	36
门	mén	명 분류, 부문 명 문	165
梦	mèng	명 꿈 동 꿈을 꾸다	228
米	mǐ	명 쌀 양 미터	83
面	mian / miàn	쪽, 면 명 얼굴, 표면	27
民	mín	명 국민, 백성	224

明	míng	형 내일의, 내년의 형 분명하다	21
名	míng	명 이름, 명칭	183
命	mìng	명 생명, 운명 동 명령하다	131
末	mò	명 끝, 마지막	21
母	mǔ	명 어머니 명 사물의 근본	35
目	mù	명 눈 명 항목, 명칭	227

N

拿	ná	동 잡다, 가지다	120
哪	nǎ	대 어디, 어느	240
那	nà	대 저것, 그것	75
奶	nǎi	명 할머니 명 젖, 우유	37
男	nán	형 남자의	38
南	nán	명 남쪽	30
难	nán	형 어렵다	104
脑	nǎo	명 뇌, 머리	80
内	nèi	명 안, 속, 내부	29
能	néng	조동 ~할 수 있다 명 능력	240
你	nǐ	대 너, 당신	43
年	nián	명 년, 해 명 한 시기, 시대	19
鸟	niǎo	명 새	62
您	nín	대 당신	43
牛	niú	명 소	63
弄	nòng	동 다루다, 행하다	119
努	nǔ	동 힘을 쓰다, 애쓰다	173

女	nǚ	형 여자의	38
暖	nuǎn	형 따뜻하다, 온화하다	53

P

爬	pá	동 기다, 오르다	125
怕	pà	동 두려워하다, 무서워하다	173
排	pái	동 순서대로 배열하다	151
判	pàn	동 판별하다	192
旁	páng	명 옆, 측	29
胖	pàng	형 뚱뚱하다	136
跑	pǎo	동 달리다, 뛰다	125
朋	péng	명 친구	45
批	pī	동 비평하다	199
啤	pí	명 맥주	85
篇	piān	양 편	96
片	piàn	명 얇은 조각, 영화	152
票	piào	명 표, 티켓	152
漂	piào / piāo	형 예쁘다 / 동 떠다니다	107
瓶	píng	명 병 양 병	77
平	píng	형 평온하다, 공평하다 / 형 평범하다	112
评	píng	동 비판하다, 평론하다	199

Q

七	qī	수 7, 일곱	12
妻	qī	명 아내	38
期	qī	명 시기, 기간	20
奇	qí	형 기이한, 이상한	109
骑	qí	동 (동물이나 자전거 등에) 타다	127
起	qǐ	동 일어나다, 시작하다	148
气	qì	명 기후, 공기 동 화내다, 성내다	51
汽	qì	명 증기, 수증기	147
千	qiān	수 1000, 천	14
前	qián	명 앞, 이전	28
钱	qián	명 돈, 화폐	204
且	qiě	접 또한, 게다가	245
亲	qīn	형 가족 관계의 형 사이가 좋다	36
轻	qīng	형 가볍다, 홀가분하다	101
清	qīng	형 맑다, 깨끗하다	111
晴	qíng	형 날이 맑다	52
情	qíng	명 상황, 정황 명 감정, 애정	112
请	qǐng	동 청하다, 부탁하다	180
秋	qiū	명 가을	55
球	qiú	명 공, 구	126
求	qiú	동 요구하다, 요청하다	195
取	qǔ	동 얻다, 취하다	166
去	qù	형 과거의, 이전의 동 가다, 떠나다	24
全	quán	형 완전하다	220
缺	quē	동 부족하다	208

R

然	rán	대 이와 같다 [상태를 나타내는 접미사]	244
让	ràng	동 ~하게 하다 동 양보하다	240
热	rè	형 덥다, 뜨겁다 형 열정적이다	52
人	rén	명 사람, 인간	40
任	rèn	동 맡다, 믿다	168
认	rèn	동 알다 동 동의하다	175
仍	réng	부 여전히	247
日	rì	명 일, 날, 해	19
容	róng	동 수용하다, 담다 명 모습, 용모	103
如	rú	동 ~와 같다 접 만약	197
入	rù	명 수입 동 들어가다	206

S

赛	sài	명 경기, 시합	127
三	sān	수 3, 셋 수 여러 번	11
伞	sǎn	명 우산	76
散	sàn	동 흩어지다	125
色	sè	명 색깔, 색상 명 광경, 종류	143
沙	shā	명 모래	60
山	shān	명 산	59
商	shāng	명 상업, 상인 동 상의하다	70
伤	shāng	명 상처 동 다치게 하다, 슬프다	133
上	shàng	명 위 동 오르다	27
少	shǎo shào	형 적다, 부족하다 형 젊다, 어리다	99
绍	shào	동 소개하다	182
社	shè	명 집단, 단체	219
谁	shéi	대 누구	239
深	shēn	형 깊다	104
身	shēn	명 몸, 신체	131
什	shén	대 무엇	239
生	shēng	동 태어나다 동 생기다	131
声	shēng	명 소리, 음성	158
省	shěng	동 절약하다 명 성[중국 지방 행정 구역 단위]	207
师	shī	명 스승, 전문가	30
失	shī	동 잃다, 이루지 못하다	231
十	shí	수 10, 열 형 완전한	13
时	shí	명 시, 시간, 시기	19
实	shí	형 실재하다 명 실제, 사실	176
识	shí	명 지식, 식견	211
始	shǐ	동 시작하다 명 처음, 시작	229
世	shì	명 세상, 세대	63
室	shì	명 방, 실	68
市	shì	명 도시, 시장	70
适	shì	동 적합하다, 적절하다	142
事	shì	명 일, 사건 명 직업 동 종사하다	158
视	shì	동 보다, 대하다	160
试	shì	동 시험하다, 시도하다	163
示	shì	동 보여주다, 나타내다	190
式	shì	명 양식, 형식	212

是	shì	동 ~이다	235
收	shōu	동 받다, 거두다	206
首	shǒu	부 먼저, 처음	15
手	shǒu	명 손	133
受	shòu	동 받다, 받아들이다	195
叔	shū	명 삼촌, 아저씨	37
书	shū	명 책, 서적	69
输	shū	동 지다 동 운송하다	128
树	shù	명 나무	59
术	shù	명 기술, 기예	155
束	shù	동 제한하다	229
数	shù / shǔ	명 수, 수량 / 동 세다, 계산하다	16
双	shuāng	양 쌍, 짝, 켤레 / 형 두 개의, 짝수의	91
水	shuǐ	명 물	60
睡	shuì	동 자다	118
顺	shùn	형 순조롭다, 가지런하다	111
说	shuō	동 말하다, 이야기하다	187
司	sī	동 경영하다, 담당하다	47
思	sī	동 생각하다	189
死	sǐ	동 죽다	227
四	sì	수 4, 넷	11
送	sòng	동 보내다, 선물하다	181
诉	sù	동 알리다 동 고소하다	187
速	sù	명 속도 형 빠르다	216
算	suàn	동 계산하다	216
虽	suī	접 비록	244
岁	suì	양 살, 세	93
孙	sūn	명 손자, 후손	39
所	suǒ	[동사 앞에 사용되는 조사] / 명 장소	244

T

他	tā	대 그 대 다른 것	44
她	tā	대 그녀	44
它	tā	대 그것[사람 이외의 것을 가리킴]	44
台	tái	양 대[기계·장비] 명 무대, ~국	91
太	tài	부 너무, 매우 / 형 나이가 가장 많은	61
态	tài	명 태도, 모습	174
谈	tán	동 토론하다, 말하다	187
汤	tāng	명 국, 탕	83
糖	táng	명 설탕, 사탕	87
讨	tǎo	동 토론하다	188
疼	téng	형 아프다 동 몹시 아끼다	134
题	tí	명 제목, 문제	164
体	tǐ	명 신체, 물체	131
天	tiān	명 날, 하늘	51
甜	tián	형 달다, 달콤하다	88
条	tiáo	양 [길고 가는 것을 세는 단위] / 명 가늘고 긴 것, 조항	92
调	tiáo / diào	동 조절하다 / 동 조사하다 명 어조	80
跳	tiào	동 뛰다, 뛰어오르다	124
铁	tiě	명 철, 쇠	148

听	tīng	동 듣다	123
停	tíng	동 정지하다	215
挺	tǐng	부 꽤, 매우	236
通	tōng	동 통하다 형 보통이다	147
同	tóng	형 동일한	221
头	tóu	명 머리 [명사 뒤에 붙는 접미사]	132
图	tú	명 그림, 도화	69
推	tuī	동 밀다, 추진하다	120
腿	tuǐ	명 다리 명 햄	133

W

外	wài	명 밖, 바깥 형 외국의, ~외에	29
完	wán	형 완전하다 동 완성하다	108
玩	wán	동 놀다, 가지고 놀다	117
晚	wǎn	명 저녁, 밤 형 늦다	22
碗	wǎn	명 그릇, 사발 양 그릇, 공기	78
万	wàn	수 10000, 만 부 절대	14
网	wǎng	명 그물 명 네트워크	126
忘	wàng	동 잊다	198
望	wàng	동 희망하다	199
危	wēi	동 위험하게 하다 형 위험하다	220
味	wèi	명 맛, 냄새 동 맛보다	87
位	wèi	명 위치, 직위 양 분, 명	151
为	wèi / wéi	개 ~때문에, ~을 위해 동 ~이 되다, ~이다	243
温	wēn	형 따뜻하다 명 온도	53

文	wén	명 글, 문자	155
闻	wén	명 소식 동 듣다, 냄새를 맡다	223
问	wèn	동 묻다 동 안부를 묻다	164
我	wǒ	대 나, 저	43
五	wǔ	수 5, 다섯	12
午	wǔ	명 정오	22
舞	wǔ	명 춤, 무용	124
物	wù	명 물건, 사물	142
务	wù	명 일, 업무, 사무	168
误	wù	형 틀리다	232

X

西	xī	명 서쪽, 서양	30
息	xī	명 소식 동 쉬다	198
希	xī	형 희망하다	199
习	xí	동 학습하다, 복습하다	166
洗	xǐ	동 씻다, 세탁하다	118
喜	xǐ	형 기쁘다, 즐겁다	171
戏	xì	명 연극, 놀이	158
系	xì / jì	동 연결하다 동 매다, 묶다	179
下	xià	명 아래, 다음 동 내려가다	27
夏	xià	명 여름	55
先	xiān	부 먼저, 우선 명 앞, 전, 윗대	15
咸	xián	형 짜다	88
险	xiǎn	형 위험하다 명 위험	220

한자	병음	뜻	페이지
现	xiàn	명 현재, 현금 동 나타나다	24
箱	xiāng	명 상자, 박스	79
香	xiāng	형 향기롭다, 맛있다	87
相	xiāng / xiàng	부 서로, 상호 / 명 외모, 상	180
想	xiǎng	동 생각하다, 그리워하다	188
向	xiàng	명 방향 개 ~을 향하여	31
象	xiàng	명 형상 명 코끼리	184
消	xiāo	동 사라지다	198
小	xiǎo	형 작다	99
校	xiào	명 학교	68
笑	xiào	동 웃다	171
效	xiào	명 효과	215
些	xiē	양 몇, 약간, 조금	95
写	xiě	동 쓰다, 적다	115
心	xīn	명 마음, 감정	172
新	xīn	형 새로운	223
信	xìn	동 믿다	204
星	xīng	명 별, 연예인	20
行	xíng / háng	동 여행하다, 행하다 / 명 기관, 업계	149
幸	xìng	형 행복하다	172
姓	xìng	명 성씨 동 성이 ~이다	183
性	xìng	명 성격, 성질	183
休	xiū	동 쉬다, 휴식하다	117
修	xiū	동 수리하다, 꾸미다	216
秀	xiù	형 우수하다	212
需	xū	동 필요하다	195
许	xǔ	부 아마 [정도가 많음을 나타냄]	248
序	xù	명 순서	214
续	xù	동 이어지다	232
选	xuǎn	동 선택하다, 고르다	191
学	xué	동 배우다, 학습하다	68
雪	xuě	명 눈	51

Y

한자	병음	뜻	페이지
压	yā	동 압박하다, 누르다	135
烟	yān	명 연기, 담배	61
颜	yán	명 색, 얼굴	143
言	yán	명 말, 언어	156
演	yǎn	동 공연하다, 연기하다	47
眼	yǎn	명 눈	132
阳	yáng	명 태양, 햇살	61
养	yǎng	동 기르다 동 요양하다	230
药	yào	명 약	136
要	yào / yāo	형 중요하다 동 원하다 / 동 요구하다	230
爷	yé	명 할아버지	37
也	yě	부 ~도, 또한	248
页	yè	양 쪽, 페이지 명 쪽, 페이지	93
业	yè	명 직업, 업종	167
一	yī	수 1, 하나 수 같다, 모든	11
医	yī	명 의사, 의학 동 치료하다	67

衣	yī	명 옷, 의복		140
宜	yí	형 적당하다, 알맞다		102
椅	yǐ	명 의자		79
已	yǐ	부 이미		237
以	yǐ	[어휘를 구성하는 조사]		244
易	yì	형 쉽다, 용이하다 동 교환하다		103
艺	yì	명 예술, 기예		155
意	yì	명 의미, 뜻 명 의향, 염원		189
议	yì	명 의견 동 상의하다		192
阴	yīn	형 날이 흐리다		52
音	yīn	명 소리, 음		123
因	yīn	접 ~ 때문에 명 원인		243
银	yín	명 은, 화폐		203
印	yìn	동 인쇄하다		184
应	yīng / yìng	조동 ~해야 한다 동 적응하다, 대응하다		196
赢	yíng	동 이기다 동 이익을 얻다		128
迎	yíng	동 맞이하다		180
影	yǐng	명 영상, 그림자		160
泳	yǒng	동 수영하다		127
勇	yǒng	형 용감하다		176
永	yǒng	부 영원히		228
用	yòng	동 사용하다, 유용하다		204
优	yōu	형 우수하다		212
游	yóu	동 유람하다, 놀다		48
邮	yóu	명 우편		71
油	yóu	명 기름, 오일		87
由	yóu	명 이유		243
友	yǒu	명 친구 형 우호적이다		45
有	yǒu	동 있다, 가지고 있다		235
右	yòu	명 오른쪽		28
又	yòu	부 또, 다시		237
鱼	yú	명 물고기, 생선		63
于	yú	개 ~에, ~에서		243
雨	yǔ	명 비		51
语	yǔ	명 말, 언어		156
预	yù	부 미리, 사전에		165
员	yuán	명 종사자, 구성원		47
园	yuán	명 유원지, 정원		67
元	yuán	양 위안 형 시초의, 처음의		92
远	yuǎn	형 멀다		103
院	yuàn	명 병원, 전문 기관		67
愿	yuàn	명 소원 조동 바라다		200
约	yuē	동 절약하다, 약속하다 부 약, 대략		207
月	yuè	명 월, 달		19
乐	yuè / lè	명 음악 형 즐겁다		123
云	yún	명 구름		52
运	yùn	동 운반하다, 운용하다 명 운		126

Z

杂	zá	형 잡다한, 섞인	159

在	zài	동 존재하다, ~에 있다 부 ~하는 중이다	24
再	zài	부 또, 재차, 다시	237
咱	zán	대 우리, 나	44
脏	zāng	형 더럽다	110
早	zǎo	명 아침 부 진작, 이미	22
澡	zǎo	동 몸을 씻다	118
责	zé	동 책임지다	168
择	zé	동 선택하다	191
则	zé	접 ~하면, ~하니 명 규칙	248
怎	zěn	대 어떻게	239
增	zēng	동 증가하다, 늘어나다	205
展	zhǎn	동 펼치다, 전개하다	222
站	zhàn	명 역, 정거장 동 서다, 일어서다	72
张	zhāng	양 장 동 잡아당기다	94
章	zhāng	양 (글 등의) 장 명 단락	95
找	zhǎo	동 찾다, 구하다	117
照	zhào	동 찍다, 촬영하다 개 ~에 따라	152
折	zhé	명 할인 동 접다	139
者	zhě	조 자[사람을 가리킴]	46
这	zhè	대 이것, 이	75
着	zhe zhuó	조 ~한 채로 있다 명 옷	109
真	zhēn	형 진실하다	175
证	zhèng	동 증명하다 명 증거, 증명서	198
正	zhèng	형 바르다	212
汁	zhī	명 즙, 주스	86

支	zhī	양 [길고 가는 것을 세는 단위] 동 지원하다, 지불하다	92
知	zhī	동 알다	211
只	zhī zhǐ	양 마리 부 다만, 오직	91
职	zhí	명 직무, 직책	167
值	zhí	명 가격, 가치	206
纸	zhǐ	명 종이	159
止	zhǐ	동 정지하다	215
志	zhì	명 문자의 기록 명 뜻, 지향	159
质	zhì	명 성질, 품질	214
中	zhōng	명 가운데, 안	30
终	zhōng	명 끝, 마지막 부 결국	229
种	zhǒng zhòng	양 종류 명 종류 동 심다	94
众	zhòng	명 많은 사람	128
重	zhòng chóng	형 중요하다, 무겁다 부 다시 동 중복하다	101
周	zhōu	명 요일, 주 명 주위, 주변	20
主	zhǔ	형 주요한 동 주장하다, 주관하다	189
住	zhù	동 살다 동 멈추어 서다	117
助	zhù	동 돕다, 도와주다	181
专	zhuān	형 전념한, 특별한	165
转	zhuǎn	동 바꾸다 동 전달하다	32
准	zhǔn	형 정확하다 명 표준, 기준	150
桌	zhuō	명 책상, 테이블	79
资	zī	명 금전, 자원	167
子	zǐ	명 사람, 자식	39
自	zì	대 스스로, 자기 개 ~에서부터	40

字	zì	몡 글자, 문자	157
走	zǒu	동 걷다, 가다	116
租	zū	동 세를 놓다, 세를 내다 명 세, 임대료	205
族	zú	명 민족, 가족	224
最	zuì	부 가장, 제일	238
昨	zuó	명 어제	21
坐	zuò	동 앉다	116
做	zuò	동 하다, 만들다 동 ~이 되다	119
作	zuò	동 하다, 제작하다	119
座	zuò	명 자리, 좌석	151
左	zuǒ	명 왼쪽	28

해커스
중국어 간체자
쓰기노트
717

초판 2쇄 발행 2026년 2월 2일
초판 1쇄 발행 2025년 6월 20일

지은이	해커스 중국어연구소
펴낸곳	㈜해커스 어학연구소
펴낸이	해커스 어학연구소 출판팀
주소	서울특별시 서초구 강남대로61길 23 ㈜해커스 어학연구소
고객센터	02-537-5000
교재 관련 문의	publishing@hackers.com
	해커스중국어 사이트(china.Hackers.com) 교재 Q&A 게시판
동영상강의	china.Hackers.com
ISBN	978-89-6542-785-8 (13720)
Serial Number	01-02-01

저작권자 © 2025, 해커스 어학연구소
이 책 및 음성파일의 모든 내용, 이미지, 디자인, 편집 형태에 대한 저작권은 저자에게 있습니다.
서면에 의한 저자와 출판사의 허락 없이 내용의 일부 혹은 전부를 인용, 발췌하거나 복제, 배포할 수 없습니다.

중국어인강 1위,
해커스중국어 china.Hackers.com

해커스중국어

- 해커스 스타강사의 **중국어 인강**(교재 내 할인쿠폰 수록)
- QR을 통해 언제 어디서든 들을 수 있는 **원어민 교재 MP3**
- HSK 1-4급 빈출 단어 300 쓰기 연습장, 모양이 비슷한 간체자 모아보기, 간체자 쓰기 연습장 등 다양한 쓰기 학습 자료
- HSK 무료 특강, 중국어 레벨테스트 등 다양한 학습 콘텐츠

[중국어인강 1위] 주간동아 선정 2019 한국 브랜드 만족지수 교육(중국어인강) 부문 1위